Religion und Aufklärung

Band 29

herausgegeben von der

Forschungsstätte
der Evangelischen Studiengemeinschaft
Heidelberg

Werteerziehung durch die Schule

Begriffliche Grundlagen,
staatstheoretische Basis
und institutionelle Ziele

Herausgegeben von
A. Katarina Weilert

Mohr Siebeck

A. Katarina Weilert, Studium der Rechtswissenschaft und Rechtsreferendariat in Berlin (Staatsexamina); Masterstudium am University College London (LL.M.); Promotion an der Freien Universität Berlin; Habilitation an der Ruprecht-Karls-Universität in Heidelberg (Privatdozentin); wissenschaftliche Referentin an der Forschungsstätte der Evangelischen Studiengemeinschaft e.V. (FEST), Institut für interdisziplinäre Forschung, in Heidelberg.
orcid.org/0000-0002-6143-5177

ISBN   978-3-16-162227-4 / eISBN 978-3-16-162228-1
DOI 10.1628/978-3-16-162228-1

ISSN   1436-2600 / eISSN 2569-4286 (Religion und Aufklärung)

Die Deutsche Nationalbibliothek verzeichnet diese Publikation in der Deutschen Nationalbibliographie; detaillierte bibliographische Daten sind im Internet über *http://dnb.dnb.de* abrufbar.

© 2023 Mohr Siebeck Tübingen. www.mohrsiebeck.com

Das Buch wurde von Gulde Druck in Tübingen auf alterungsbeständiges Werkdruckpapier gedruckt und gebunden.

Printed in Germany.

Vorwort

Der Ruf nach gemeinsamen Werten wird immer dann lauter, wenn gemeinsame Wertüberzeugungen schwinden und es gilt, den Zusammenhalt einer zunehmend kulturell und religiös diversen Gesellschaft, die Individualität und selbstbestimmte Freiheit als Teil ihrer Identität begreift, zu erhalten oder herzustellen. Gerade die Schule wird als ein Ort beschworen, der die Gesellschaft zukunftsfähig machen soll, da hier der Staat den wohl größten Einfluss auf die Bildung seiner Einwohner hat und zugleich erziehend tätig wird. Der Schule wird mithin gesellschaftspolitisch eine hohe Integrationsfunktion zugeschrieben. Vor dem Hintergrund eines intensiven politischen Rekurses auf Werte einerseits und kritischer Stimmen der Wissenschaft gegenüber einer solchen Werterhetorik andererseits entstand die Idee zur Tagung „Werteerziehung durch die Schule", die im Dezember 2021 als Zoom-Konferenz stattfand. Angestoßen wurde das Nachdenken über eine Werteerziehung bereits durch Diskussionen im Rahmen des Fachgesprächs „Religion in der Schule. Zwischen individuellem Freiheitsrecht und staatlicher Neutralitätspflicht" im November 2016 (publiziert in der Reihe „Religion und Aufklärung", Band 28). Schon dort wurden die Persönlichkeitsentwicklung einerseits und die Integration andererseits als die zu reflektierenden Grundaxiome einer staatlichen Schulpflicht beschrieben und am Rande die Frage aufgeworfen, ob dies überhaupt ohne ein gemeinsam geteiltes Bezugssystem und daraus abgeleitete „Werte" in einer pluralistischen Gesellschaft gelingen könne.

Die Tagung, die am Ende kurzfristig wegen Corona-Schutzmaßnahmen in den digitalen Raum ausweichen musste, hatte dank der inspirierenden Vorträge der Referierenden und der Lebhaftigkeit der Wortbeiträge auch der zusätzlichen Diskutanten eine hohe argumentatorische Dichte. Zusätzlich konnten die Beiträge auf Basis der Diskussionen im Nachgang noch einmal an Schärfe gewinnen und einige der Diskutanten wurden angeregt, ihre Ideen ebenfalls für diesen Band niederzulegen.

Dank schulde ich im Hinblick auf die Erstellung dieses Bandes Fabienne Clemann, die mich bei der Durchsicht der Manuskripte und Erstellung der Register tatkräftig unterstützt hat, und Anke Rahimi-Muno, die anschließend die Satzarbeiten mit großer Sorgfalt übernommen hat. Schließlich sei auch herzlich Herrn Prof. Dr. Horst Dreier stellvertretend für das wissenschaftliche Kuratorium der FEST gedankt, der seitens des Kuratoriums die Projektidee unterstützt und das Gutachten für die Reihe „Religion und Aufklärung" angefertigt hat. Beim Verlag Mohr Siebeck standen mir Dr. Katharina Gutekunst und Bettina Gade, die den Band betreut haben, mit Rat und Tat zur Seite – auch ihnen sei an dieser Stelle gedankt!

Während der Drucklegung dieses Buches verstarb völlig überraschend am 25. April 2023 Christian Polke (*11. September 1980). Ihm, der die Tagung durch seine lebhaften Diskussionsbeiträge so unverwechselbar mitgeprägt hat, und dessen Beitrag in diesem Band weiter den wissenschaftlichen Diskurs anregen wird, ist dieser Band gewidmet.

Heidelberg, im Mai 2023   A. Katarina Weilert

Inhalt

I. Der Wertbegriff in kritischer Reflexion – eine philosophisch-theologische Näherung

II. Die sogenannten Werte des Grundgesetzes – geeignete staatstheoretische Basis staatlicher Werteerziehung?

III. Werteerziehung durch die Schule – Erziehung zu Mündigkeit und Werturteilsvermögen

A. Katarina Weilert

Einleitung

Schule soll neben der Vermittlung von Bildung, verstanden als Vertiefung von Kenntnissen, Fähigkeiten und Fertigkeiten, auch eine Erziehungsfunktion ausüben. Strittig ist der Umfang dieser Erziehungskompetenz des Staates.[1] Es wird, nicht zuletzt landesverfassungsrechtlich[2], gefordert, dass Schule ein Ort der „Werteerziehung" und Persönlichkeitsbildung oder sogar „Gewissensbildung" sein solle.[3] Was aber heißt das eigentlich? Was sind „Werte"? Zu welchen Werten soll auf welche Weise erzogen werden? Darf der Staat im Rahmen der Schule Einfluss nehmen auf die Ausbildung der Persönlichkeit – muss er es sogar – und wo liegen die Grenzen?

Während im politischen Diskurs die „Werte des Grundgesetzes" immer wieder beschworen und landesverfassungsrechtlich sogar derartige Werte oder auch darauf basierende „Gesinnungen" identifiziert werden (etwa eine freiheitlich-demokratische Gesinnung; die Verantwortung für die Gemeinschaft und für künftige Generationen, ein Verantwortungsbewusstsein für Natur und Umwelt[4]) und sogar denjenigen, die diese Werte nicht teilen, politisch ein Platz außerhalb unserer Gesellschaft zugewiesen wird, ist im

---

[1] *Frauke Brosius-Gersdorf*, Religiös-weltanschauliches Elternrecht versus staatliches Schul- und Wächteramt – eine Vermessung am Beispiel von Homeschooling, Zeitschrift für evangelisches Kirchenrecht 2016, S. 141–161 (hier: 151): der Schule komme „lediglich ein akzessorischer Erziehungsauftrag" zu; dagegen *Wolfgang Loschelder*, Grenzen staatlicher Wertevermittlung in der Schule, Zeitschrift für Beamtenrecht 2001, S. 6–14 (hier: 8): Recht des Staates, in Schulen „den jungen Menschen nicht allein zu bilden und auszubilden, sondern ihn zu erziehen, d.h. auf seine Persönlichkeitsentfaltung einzuwirken, sie zu fördern und zu steuern".

[2] Zu den landesverfassungsrechtlichen Vorgaben einer Persönlichkeits- und Werteerziehung siehe nur *H. Hofmann*, Werteorientierte Erziehung in der Schule, in diesem Band.

[3] *Loschelder*, Grenzen staatlicher Wertevermittlung, S. 8. *E. Schmidt-Aßmann*, Verfassungsfragen staatlicher Gewissensbildung. Zur Verantwortung des Staates für eine freiheitliche Ausbildung des kollektiven und des individuellen Gewissens, in: *Schaede/Moos*, Das Gewissen, Tübingen 2015, S. 81–118 (hier: 86; 101); *J. Standop*, Werte in der Schule, 2. Aufl., Weinheim 2016, S. 77ff.; *W. Schubarth/Chr. Gruhe/B. Zylla*, Werte machen Schule. Lernen für eine offene Gesellschaft, Stuttgart 2017, S. 93ff.; *K. Zierer* (Hg.), Schulische Werteerziehung, Baltmannsweiler 2010; zu den politischen Initiativen siehe nur „Werte machen Schule" des bayerischen Kultusministeriums https://www.km.bayern.de/eltern/erziehung-und-bildung/werte.html.

[4] Näher siehe *H. Hofmann*, Werteorientierte Erziehung in der Schule, in diesem Band.

rechtswissenschaftlichen wie auch interdisziplinären Diskurs umstritten, ob
es überhaupt „Werte" des Grundgesetzes geben kann. Auch Deutschlands
rigoroses Verbot des Homeschooling, jedenfalls außerhalb von pandemi-
schen Zwängen, basiert nicht auf der primären Sorge, dass die Schüler zu
Hause den Stoff der Mathematik oder die korrekte Rechtschreibung nicht
sachgerecht lernen könnten, sondern ist motiviert von der Angst vor Paral-
lelgesellschaften, also von Menschen mit Anschauungen, die „unseren Werten" zuwiderlaufen und die sich deshalb nicht in unsere Gesellschaft inte-
grieren.[5] Hat Schule also damit vor allem eine Integrationsfunktion, um die
Gesellschaft entgegen aller Pluralitätsbekundungen doch in Richtung einer
„Grundhomogenität" zu formen? Verbergen sich hinter einer Werteerziehung in der Schule eigentliche Machtansprüche des Staates, eine „richtige
Gesinnung" zu bewirken? Kann der Staat seinen Anspruch oder wenigstens
seine Legitimation einer Werteerziehung aus dem Grundgesetz ableiten?

I. Der Wertbegriff in kritischer Reflexion –
eine philosophisch-theologische Näherung

Der Band setzt bei der Spannung zwischen der politischen Selbstverständlichkeit einer grundgesetzlich fundierten Wertegemeinschaft und dem kritischen wissenschaftlichen Blick auf die Werterhetorik an und versucht in einem ersten Abschnitt eine nähere Klärung dessen, was mit „Werten" überhaupt gemeint sein kann. Am Anfang dieses Klärungsversuches stehen zwei
philosophische Beiträge, die Werte jeweils in ein eigenes System einordnen. So wird einerseits der Wertbegriff durch die Abgrenzung zu Gütern
näher gefasst (Magnus Schlette), andererseits wird der unterschiedliche
Charakter von Werten als Qualitäten und Werten als Prinzipien herausgearbeitet (Moritz von Kalckreuth).

   Um sich der Frage zu nähern, was Werte aus philosophischer Perspektive
eigentlich sind, legt *Magnus Schlette* eine handlungstheoretische Unterscheidung von Werten und Gütern im Anschluss an John Dewey vor. In
seinem Beitrag „Axiologische Differenz" unterscheidet er theorie- bzw. me-
tasprachlich zwischen Werten und Gütern. Die Verwendung von „Gut" und
„Wert" sei dabei so festzulegen, dass etwas ein Gut aufgrund eines Wertes
sei, den es für jemanden hat und dass umgekehrt etwas für jemanden ein
„Wert" sei aufgrund des von ihm postulierten Geltungsanspruchs für ein
bestimmtes Gut. Die Wirklichkeit von Werten und Gütern sei dabei daran

---

[5] Vgl. zu dieser Thematik nur: *Brosius-Gersdorf*, Elternrecht versus staatliches Schul- und
Wächteramt, insbes. S. 149f.

zu messen, wie jemand sich praktisch zu ihnen verhalte. Schlette entfaltet Deweys „Theorie der Wertschätzung" von 1939, die in dem von Dewey analysierten Funktionskreis zwischen Organismus und Umwelt ihren Ausgangspunkt nimmt. In Beziehung zu und Reaktion auf unsere Umwelt entwickelten wir Wertschätzungen. Diese Wertschätzungen zeigten sich durch ein „Wollen", also einen Willen, der sich in einer aktiven Handlung des Menschen in Reaktion auf die Umwelt manifestiere und sich auf diese Weise von einem bloßen „Wünschen", das passiv verbleibt, unterscheide. Akte der Wertschätzung sind nach Dewey daher Tätigkeiten des Willens. Diese Wertschätzung bzw. der Wille seien dabei in Abhängigkeit von den gemachten Erfahrungen reversibel, indem erstens der Aufwand, ein Wertschätzungsziel zu erreichen, doch als zu hoch eingeschätzt werde oder sich, zweitens, herausstelle, dass bestimmte zunächst verfolgte Zwecke den eigentlich gewollten Zielen nicht dienlich seien. Werte verdankten sich demnach „einer induktiven Reflexion von Wertschätzungen auf ihre Gemeinsamkeit und Differenz im Lichte übergreifender, aber stets reversibler Zielorientierungen". Dabei können Wertschätzungen konkurrieren und in einem Über- Unterordnungsverhältnis (Verhältnis erster und zweiter Ordnung) zueinanderstehen. Diese Unterscheidung in Werte erster und zweiter Ordnung überträgt Schlette auf die Unterscheidung zwischen Gütern und Werten. Er entwickelt eine Werttheorie, die gleichzeitig naturalistische Elemente wie Geltungsansprüche umfasst. In Interaktion mit seinem Körper und der Umwelt entwickele der Mensch Werte, die dann handlungsleitend würden. Werte ergäben sich mithin „immer und ausschließlich aus dem Bewährungs- und Erfahrungszusammenhang der Umweltinteraktion, sind aber nicht auf den Sinngehalt einzelner Erfahrungen reduzierbar". Werte seien regelähnliche Konstrukte, die eine Ordnung des Vorzugs bzw. der Nachsetzung von Gütern postulierten und sich in Verhaltensweisen der Wertschätzung (erste Ordnung) und ihrer metareflexiven Bewertung (zweite Ordnung) manifestierten. Werte seien dabei nichts Starres, sondern unterlägen einem durch die eigene Lebenspraxis bedingten Wandel. Schließlich könnte nach Schlette die Unterscheidung von Werten und Gütern dazu beitragen, den gesellschaftlichen Streit um Werte zu entschärfen. So werde sich oft auf Werte berufen, obwohl Güter gemeint seien. Menschen mit unterschiedlichen Güterordnungen könnten sich aber gerade als Angehörige einer gemeinsamen Wertegemeinschaft anerkennen. Dies verlange allerdings, dass sich der Einzelne der fremden Güterordnung nicht verschließe und sich durch die Befassung mit dieser herausfordern lasse.

Moritz von Kalckreuth stellt sich in seinem Beitrag „Werterfahrung und ‚moralische Reife'" aus philosophischer Sicht der Frage des Zugangs zu Werten. Dabei geht er von zwei unterschiedlichen Dimensionen von Werten aus: Werten als Qualitäten und Werten als Prinzipien bzw. Idealen. Qualitäten würden in der Welt vorgefunden und durch „erlebtes Ergriffensein" oder jedenfalls „Wertfühlen" identifiziert, Prinzipien beanspruchten dagegen Geltung und zielten auf entsprechende Handlungen ab. Beide Dimensionen griffen ineinander, etwa wenn es um die Beschreibung von Kulturwerten gehe, seien aber voneinander in Bezug auf ihre normative Handlungsanweisung zu unterscheiden. Werte als Qualitäten ließen sich beschreiben und vorfinden, Werte als Prinzipien formulierten Sollensanforderungen. Was trägt diese Erkenntnis nun für den Prozess der Wertevermittlung aus? Wertevermittlung ereigne sich nicht nur in der Schule, sondern auch andernorts durch Autoritäten, aber auch durch schlichte Vorbilder. Die Art und Weise der Wertevermittlung könne zur Erlangung moralischer Reife beitragen. Moralische Reife anerkenne einerseits die „Mannigfaltigkeit von Wertqualitäten" und reflektiere andererseits die eigene Lebensführung anhand derjenigen Prinzipien, die selbst als verbindlich erachtet würden bzw. die in einer Gesellschaft anerkannt seien. Dieser Reflexionsprozess setze vielfach Lebenserfahrung voraus, die sich nicht „unterrichtsmäßig" vermitteln lasse. Dies zuspitzend endet der Beitrag thesenhaft mit der Erkenntnis: „Prinzipien und Wertordnungen ohne Erfahrung bleiben leer, Erfahrung ohne Prinzipien und Wertfühlen bleibt blind."

Auf diese philosophische Arbeit am Wertbegriff folgen zwei theologischen Abhandlungen. Da die katholische Theologie traditionell ein eher positives Verhältnis zum Wertbegriff pflegt und die evangelische Sicht im Gegenteil spätestens seit Karl Barth eine kritische bis gänzlich ablehnende Haltung gegenüber „Werten" einnimmt, war es hier geboten, beide Denominationen ins Gespräch zu bringen. Dass die benannten Divergenzen bloße Tendenzen sind, wird schnell deutlich, da sich in den Beiträgen Annäherungen abzeichnen und die vorgezeichneten Grundhaltungen einer differenzierteren Reflexion weichen, die nicht mehr auf den einfachen Nenner einer katholischen Wertetheologie und eines evangelischen Werteskeptizismus gebracht werden können.

Der katholische Theologe *Christof Mandry* räumt durch seine differenzierte Abhandlung zum Wertbegriff der katholischen Moraltheologie mit der gängigen Vorstellung auf, nach der „Werte" ein zentraler Ausdruck der ethischen Begrifflichkeit in der katholischen Theologie seien. Nicht die Wertbegrifflichkeit habe, so Mandry, in der katholischen Ethik eine tragende Rolle gespielt, sondern vielmehr die Idee eines objektiven Sollens, die im Kampf gegen einen moralischen Relativismus an Bedeutung gewonnen habe. Die Werteterminologie sei mithin Teil der Moralsprache, nicht aber der ethischen Begrifflichkeit. Der Wertbegriff bleibe mithin „äußerlich" und weise eher Züge soziologischen Charakters auf, wenn etwa der Wertewandel der Gesellschaft beschrieben werde. In Reaktion auf relativistische Strömungen habe der Wertbegriff, von Mitte des 19. Jahrhunderts bis etwa

Mitte des 20. Jahrhunderts eine etwas bedeutsamere Rolle eingenommen, wobei besonders die Wertphänomenologie Max Schelers zeitweilig einen größeren Einfluss auf die katholische Theologie habe entfalten können. Schelers Theorie sei besonders deswegen anschlussfähig gewesen, da sie das ohnehin katholisch ungeliebte kantische Vernunftdenken aus seiner Vorrangstellung herauslöste und einen phänomenologischen Zugang zur Intentionalität des Bewusstseins wählte, der für das augustinische Verständnis von „Liebe" als Teil der Erkenntnis eine passende theoretische Grundlegung geboten habe. Zudem stehe in Schelers Werthierarchie an der Spitze das Heilige, so dass Werte hier in eine Verbindung zum Göttlichen gebracht worden seien. Der eigentliche Tugendbegriff sei so durch den Wertbegriff zeitweise überlagert worden. Seit Mitte des 20. Jahrhunderts sei die katholische Ethik durch strebensethische philosophische und soziologische Theorien (Harry Frankfurt, Charles Taylor, Hans Joas) beeinflusst worden, in deren Rezeption zwar die Wertbegrifflichkeit nicht notwendigerweise im Vordergrund gestanden habe, der Sache nach aber der Werte-Diskurs geführt worden sei. Es gehe um die Frage nach der gelingenden Lebensführung im Gewand der Strebensethik, die von der theologischen Ethik kulturell-geschichtlich eingeordnet, aber auch in ihren subjekttheoretischen Voraussetzungen und Bedingungen ventiliert werde. Schließlich widmet sich Mandry dem Paradoxon, dass die Omnipräsenz der Werte im politischen Diskurs auf den ersten Blick nicht mit der Problematik des Wertbegriffs in Philosophie und theologischer Ethik übereinzubringen ist. Die begriffliche Unterbestimmtheit mache die Werte attraktiv als eine identifikationsfähige Orientierung. Hinzu komme, dass Werte positiv konnotiert seien und keine Verbote oder Zwänge, sondern Ideale und Zielvorstellungen verkörperten. Beides sei gerade in einer pluralistischen Gesellschaft nötig, die sich als „Nation" verstehe, aber nicht mehr über eine gemeinsame Herkunft und Kultur verfüge. Aus theologischer Perspektive seien christliche Werthaltungen wie Hingabe, Solidarität und Gelassenheit als Nährboden für eine funktionierende Demokratie einzubringen, die ihrerseits eine fragile Staats- und Gesellschaftsform ist und auf anspruchsvollen Voraussetzungen aufruhe.

„Werte – ein Stiefkind evangelischer Ethik?" – schon der Titel von *Christian Polkes* Beitrag bringt auf den Punkt, dass das Verhältnis von christlicher Ethik zur Wertethematik spätestens seit der Kritik der dialektischen Theologie an ihren liberalen Vorgängern ein schwieriges ist und sich hier gerade auch ökumenische Spannungen aufgetan haben. Das Wertdenken, so die Argumentation Karl Barths, führe zu einer Etablierung metaphysischer Elemente, die sich nicht mit einer auf der Offenbarung beruhenden Theologie vereinbaren lassen. Des Weiteren habe man einen zu starken katholischen Einfluss und des dort vertretenen Naturrechtsdenkens befürchtet. Mit

Eberhard Jüngel sei nun noch ein drittes – prinzipientheologisches – Argument hinzugetreten: Der Kern des Evangeliums, die Rechtfertigung des Sünders, könne wertethisch nicht gedacht werden, da der Sünder selbst keinen Wert generiere, der für seine Rechtfertigung einstehen könnte, die allein ein Akt der Gnade Gottes ist. Polke arbeitet anhand des Theologen H. Richard Niebuhr (1894–1962) heraus, inwieweit sich Barths und Jüngels Ablehnung von Werten mit einem Wertdenken vereinbaren lassen und wertethische Traditionen mithin konstruktiv auch für die evangelische Theologie fruchtbar gemacht werden können. Gott wird dabei nicht in ein Schema von Werten eingeordnet, so dass nicht etwa ein „Werteglaube" an die Stelle eines „Gottesglaubens" trete. Vielmehr wird Religion als „wertende Angelegenheit" betrachtet, bei der die Bewertung der Welt durch den Menschen auf dem Fundament göttlicher Offenbarung bzw. religiöser Erfahrung geschehe. Dabei basiere diese Wertung paradoxerweise darauf, dass es im eigentlichen nicht der Mensch sei, der wertschätzt, sondern der Mensch Wertschätzung durch Gott erfahre und darauf bauend sich selbst, sein Leben und seinen Wert neu bewerte. Gott wird somit zur „primären Instanz der Bewertung von allem und jedem", auf der aufruhend der Mensch als urteilendes Lebewesen agiere, dem etwas wichtig und bedeutsam werde. Was trägt nun eine so verstandene protestantische Wertethik für den Erziehungskontext aus? Zentraler Leitgedanke ist, dass Werte nicht in erster Linie diskursiv erfasst würden, sondern vor allem verkörpert durch das Leben von Personen vorgefunden werden müssten und durch Vorbildfunktion vermittelt würden. Werte seien ohne entsprechende Praktiken nicht zu denken und stünden daher in enger Verbindung zu „Tugenden", die ihrerseits verstanden werden müssten als „Einstellungs- und Verhaltensdispositionen", die auf Vorstellungen vom Guten und Werthaften beruhten. Wertevermittlung bedeutete dann vor allem Einübung von Haltungen, die im Zuge christlicher Werteethik vom Glauben als basaler Grundhaltung geprägt würden.

II. Die sogenannten Werte des Grundgesetzes – geeignete staatstheoretische Basis staatlicher Werteerziehung?

Nach diesen vielschichtigen philosophisch-theologischen Zugängen zum Wertbegriff, die die Rede von Werten nicht grundsätzlich als ausgedient einordnen, aber doch aufzeigen, dass wir mitunter sehr Verschiedenes meinen, wenn wir von „Werten" reden und dass aus wissenschaftlicher Perspektive „Werte" eine „Chiffre" für jeweils unterschiedliche Begriffsverständnisse sind, folgt im zweiten Abschnitt eine nähere Bestimmung des

Verhältnisses von Werten und Recht. An den Anfang gestellt ist eine rechtsphilosophische Untersuchung, da sich in dieser Disziplin traditionell umstrittene Ansichten zum notwendigen „Wertgehalt" des Rechts herausgebildet haben, die von einer Leugnung jedes notwendigen „moralischen" Gehalts von Normen (Positivismus) bis hin zu einem Naturrechtsdenken, das Niederschlag auch in der Rechtsprechung des BVerfG gefunden hat, reichen.

Der Jurist *Stephan Kirste* reflektiert Werte im Recht aus rechtsphilosophischer Perspektive und entfaltet die vielfältigen Beziehungen und Verwobenheiten von Recht und Werten. Finden Werte normativen Niederschlag (etwa in Präambeln von völkerrechtlichen Verträgen oder Verfassungstexten), so bekenne sich die Gemeinschaft zu bestimmten Gütern, die als „orientierend und fundierend" angesehen würden. Daraus ergäben sich allerdings noch keine Rechte und Pflichten. Werte seien identitätsstiftend und vermittelten der Gesellschaft Orientierung. Sind Werte nicht unmittelbar textlich normiert, sondern werden sie vielmehr in den Normtext hineingelesen, so bestehe nach Ernst-Wolfgang Böckenförde eine Gefahr für die Freiheit des Einzelnen. Eine radikale Abwendung von jedwedem Wertdenken sei aber mit dem südwestdeutschen Neukantianismus nicht notwendig, wenn Werte als Erkenntnisbedingungen des positiven Rechts betrachtet würden. Rechtsgeltung erlangten Werte erst, wenn sie in das Recht transformiert würden. Carl Schmitts Analyse einer „Tyrannei der Werte" sei in zweifacher Weise reduktionistisch, zum einen bezogen auf seine Geltungstheorie, die allein auf Setzung und Durchsetzung bezogen sei, zum anderen in Bezug auf den Wertbegriff selbst. Tyrannisch wirkten Werte nämlich nur dann, wenn behauptet werde, dass bestimmte moralische Werte unmittelbare Rechtsgeltung beanspruchen könnten. Dagegen hätten Werte nur diejenige Bedeutung, die ihnen bei ihrer Aufnahme ins Recht zugestanden worden sei. Es gehe also gerade nicht um den Rekurs auf überpositive Werte, denn jenseits des Rechts hätten Werte nur moralische Bedeutung. Demokratie sei die „notwendige Folge des Wertrelativismus", um zu klären, welche Werte mit welchem Rang gelten sollen. Insofern seien Werte relational, da sie prozedural begründet und konkretisiert werden müssten. Entscheidungen, die im Einklang mit in einem demokratischen Prozess verankerten Werten stünden, komme eine sachliche Legitimität zu.

Auf diese rechtsphilosophische Grundlegung folgen ein staatsrechtlicher und ein politikwissenschaftlicher Beitrag, die sich in ihrer Kritik gegenüber einer Verfassungsauslegung in Richtung einer Wertordnung bzw. aus der Verfassung abgeleiteten und justiziablen Werten einen. *Margrit Seckelmann, Paula Kirsten* und *Dorothea Steffen* gehen der Rede von den „Werten des Grundgesetzes" nach, die anzunehmen gerade in Bezug auf ein schulisches Erziehungsrecht des Staates sehr verlockend anmutet. Ausdrücklich verankert sind Werte im Primärrecht der Europäischen Union, namentlich Menschenwürde, Freiheit, Demokratie, Gleichheit, Rechtsstaatlichkeit und die Wahrung der Menschenrechte. Da die dort verbürgten Werte nach Art. 6 Abs. 3 dieses Vertrags auf den „gemeinsamen Verfassungsüberlieferungen der Mitgliedstaaten" aufsetzen, bedeute dies im Umkehrschluss, dass diese Werte auch als dem Grundgesetz immanent gälten. Gleiches träfe auf die Werte der Grundrechte-Charta zu. Das Grundgesetz selbst schweigt hingegen seinem Wortlaut nach zur Wertethematik. Nichtsdestotrotz könnten Werte durch zwei Stränge identifiziert werden: Zum einen durch eine entsprechende Interpretation der Ewigkeitsklausel des Art. 79 Abs. 3 GG, nach der die Menschenwürde und die in Art. 20 GG verbürgten Strukturprinzipien einen Rang oberhalb der Verfassung einnähmen und einen Teil der Verfassungsidentität bildeten; zum anderen durch die mit der Lüth-Rechtsprechung begründeten „objektive Wertordnung" des Grundgesetzes, bei der insbesondere die Grundrechtsgehalte zu einem Wertesystem avancierten. Grundrechte zu einem Wertesystem zu erheben, berge indes auch die Dimension freiheitsverkürzender Elemente. Problematisch an einem solchen Wertebezug von Normen sei die Unbestimmtheit und Unbestimmbarkeit von Werten, die nur subjektiv angenommen werden und daher insbesondere dann problematisch seien, wenn durch sie der Text des Grundgesetzes selbst relativiert werde. Dies geschehe insbesondere durch den Bezug auf Werte, die außerhalb des Verfassungstextes liegen und dennoch als rechtsbegründend herangezogen würden. Damit tue sich ein Dilemma auf: Das Grundgesetz könne nicht frei von Werten sein, zugleich bestehe die Gefahr, dass ein Wertdenken den Gehalt der Grundrechte beeinflusse. Dogmatisch betrachtet trete die Freiheitsfunktion in den Schatten der Integrationsfunktion, die dann problematisch sei, wenn sie den Rechtsunterworfenen eine innere Bejahung des Grundgesetzes abverlange. Darüber hinaus hätten Werte etwas Absolutes an sich und könnten nicht, wie unterschiedliche Grundrechte, durch Abwägung zum Ausgleich gebracht werden. Da die Trennung von Recht und Moral konstitutiv sei für eine freiheitliche Rechtsordnung, dürften Werte als Teil der Gesellschaft nicht staatlich verordnet werden. Das daraus resultierende Spannungsverhältnis von Gesellschaft und Staat müsste im Rahmen schulischer Bildung thematisiert und die Schülerinnen und Schüler hierfür sensibilisiert werden.

Ursula Münch stellt sich aus politikwissenschaftlicher Sicht der Frage, was es mit der politisch diffusen Rede von unserer „Wertegemeinschaft" auf sich hat. Sowohl in der Festlegung von Zielen schulischer Bildung als auch von Maßgaben im außerschulischen Kontext werde eine Wertegemeinschaft als gegeben vorausgesetzt, deren Existenz jedoch alles andere als offensichtlich sei. Während die fortschreitende Ausdifferenzierung unserer Gesellschaft gerade dazu führe, dass wertstiftende Einrichtungen wie

Kirchen, Gewerkschaften, politische Parteien oder Verbände zunehmend weniger Zulauf fänden, riefen politische, ökonomische und gesundheitsbezogene Krisen ein Bedürfnis nach einer Bewältigung durch gemeinsame Werte hervor. Eine staatlich geleitete Wertevermittlung sei jedoch ein Widerspruch in sich selbst. Münch weist auf das Paradoxon hin, dass einerseits gerade keine absoluten Wahrheiten gelten sollen, andererseits aber für die Wertordnung eine absolute Geltung beansprucht werde. Werte könnten nicht verordnet werden, sondern seien das Ergebnis eines Diskurses. Vor diesem Hintergrund bewertet sie die in Art. 2 des Vertrags über die Europäische Union verankerte Wertegemeinschaft und ihre Sanktionsmechanismen kritisch. Anstatt von einer emotional konnotierten Wertegemeinschaft zu reden, solle man sich auf den Zusammenhalt durch eine rational begründete Rechtsordnung konzentrieren. Kern der verfassungsmäßig verbürgten Grundrechte sei die „universale Anerkennung von Personen als Personen" mit der Möglichkeit, sich frei entfalten zu können.

Schon Münch zieht den Bogen zur konkreten Frage der Werteerziehung an Schulen und verweist vor dem Hintergrund des „Beutelsbacher Konsenses" darauf, dass die „Schulfamilie" nicht zu einer „Wertegemeinschaft" geformt werden dürfe. Der Jurist *Hans Hofmann* fokussiert in seinem auf Münch folgenden staatsrechtlichen Beitrag „Wertorientierte Erziehung in der Schule" die verfassungsrechtliche Ausgestaltung der Schule, für die der Staat Verantwortung trägt und die er in Rücksichtnahme auf das Elternrecht zur Erziehung auszuüben hat. Hofmann spannt in seinem Beitrag das Vieleck aus elterlichem Erziehungsrecht, Schulpflicht, staatlichen Bildungszielen und Neutralität des Staates und ergründet, wie sich eine werteorientierte Erziehung in dieser Spannungslage darstellt. Den Ausgangspunkt bilde mit Art. 6 Abs. 2 GG das Erziehungsrecht der Eltern, das grundgesetzlich nicht verliehen, sondern als vorstaatlich gegeben vorausgesetzt werde. Aus diesem Recht folge auch ein Abwehrrecht der Eltern gegen eine übergriffige Einmischung des Staates. Dem Staat sei ein Erziehungsrecht expressis verbis grundgesetzlich nicht verliehen worden. Doch lasse sich ein Bildungs- und Erziehungsauftrag aus Art. 7 Abs. 1 GG ableiten. Der Staat müsse daher die „vorrangigen Grundprinzipien des Grundgesetzes und die in ihm verankerten Ziele der Rechtsordnung" vermitteln. Allerdings geschehe Erziehung nicht nur in expliziter Form, sondern auch bereits durch die Auswahl und Darbietungsform des Lehrstoffes und die individuell-persönliche Haltung der Lehrkraft. In Ausübung seiner Schulaufsicht müsse der Staat die Art und Zulässigkeit dieser Einflussnahme steuern, so durch schulische Erziehungsziele in Landesverfassungen, in Gesetzen und durch Lehrpläne. In diesem Rahmen seien inhaltliche Erziehungsziele möglich und es gelte keine Verpflichtung zur strikten Wertneutralität. Das elterliche Erziehungsrecht erfahre also durch den so konturierten Erziehungsauftrag des Staates und die allgemeine Schulpflicht eine legitime Einschränkung. Geboten sei dabei allerdings Neutralität und Toleranz gegenüber den elterlichen Erziehungsvorstellungen und das Unterlassen staatlicher Indoktrination. Da Bildungspolitik in die Länderkompetenz fällt, liegt die Verantwortung für die Lehrinhalte bei den jeweiligen Kultusministerien. Vielfach enthalten bereits die Landesverfassungen gewisse Erziehungs- und Bildungsziele, die dabei teils nahezu lyrisch-philosophische Begrifflichkeiten verwendeten, so etwa die Brüderlichkeit aller Menschen, die Friedensliebe, den Leistungswillen oder auch die Erziehung zur Achtung vor der Wahrheit und zum Mut, diese zu bekennen und das als richtig und notwendig Erkannte auch zu tun. Hofmann identifiziert exemplarisch einundzwanzig Erziehungsziele, die teils Haltungen und Einstellungen ausdrückten, teils Tugenden, teils Güter und Werte, und die im Lichte des insoweit zurückhaltenderen Grundgesetzes nicht ohne Kritik geblieben seien. Das Grundgesetz postuliere allerdings seinerseits Werte, nämlich die „Menschenwürde und die selbstbestimmte Entfaltung der Persönlichkeit, die Grundentscheidungen für den demokratischen und sozialen Rechts- und Bundesstaat" sowie in der Präambel die „Verantwortung vor Gott und den Menschen" und die Staatszielbestimmung für den Zusammenschluss Europas und den Frieden in der Welt. Es sei also unzutreffend, aus der Neutralitätsverpflichtung des Grundgesetzes eine „*Werteneutralität oder -sterilität*" abzuleiten. Die Grundrechte ebenso wie Staatsziele (etwa der Schutz der natürlichen Lebensgrundlagen und der Tiere nach Art. 20a GG) und Staatsstrukturprinzipien des Art. 20 GG seien ein „Wertekompass" auch für die schulische Erziehung. Die Schule habe diese nicht nur positiv zu vermitteln, sondern dürfe ihnen auch – negativ – nicht zuwiderlaufen. Art. 7 Abs. 1 GG müsse also dahingehend verstanden werden, dass er den Staat dazu legitimiere, „Schüler in die Ordnung der Werte einzuführen, die als die Grundwerte der verfassten staatlichen Gemeinschaft insgesamt zugrunde liegen" und die damit die Grundlage für gesellschaftliche Integration durch die Schule bildeten. Dieses Integrationsbemühen dürfe allerdings nicht so weit gehen, dass Schüler die angebotenen Werte oder Verhalten anzunehmen, zu befürworten oder abzulehnen verpflichtet wären. Auch dürften politische Auseinandersetzungen um einen sich immer wieder erneuernden Wertekanon nicht in die Schule hineingetragen werden.

III. Werteerziehung durch die Schule – Erziehung zu Mündigkeit und Werturteilsvermögen

Im letzten Abschnitt des Bandes wird die Werteerziehung durch die Schule konkret in den Blick genommen. Angesichts der in den vorgehenden Beiträgen herausgestellten Unterbestimmung und „Verschiedenbestimmung" von Werten sowie der Skepsis gegenüber verbindlichen Werten des Grundgesetzes, wundert es nicht, dass sich die unter diesem Abschnitt versammelten Beiträge eines Rechtswissenschaftlers, eines Theologen, eines Philosophiedidaktikers und eines Religionspädagogen trotz mancher landesverfassungsrechtlichen Wertebestimmungen auf eine Erziehung zur (Werte-) Mündigkeit und zu Werturteilsvermögen verständigen.

Was eine Erziehung zur (Werte-)Mündigkeit austrägt, reflektiert der Jurist *Ino Augsberg* facettenreich in seinem Beitrag anhand einer Relektüre transkribierter Radiogespräche zwischen Theodor W. Adorno und dem Direktor des Berliner Max-Planck-Instituts für Bildungsforschung, Hellmut Becker. Ausgestrahlt in den 1960er Jahren, wurde in diesen Gesprächen die Erziehung zur Mündigkeit als Voraussetzung einer Demokratie postuliert. Anpassung und Orientierung an dogmatisch festgesetzten Werten hätten damals nach wie vor die Realität geprägt. Scheinbar sei dies auch durch die Rechtsprechung des BVerfG bestätigt worden, die die Verfassung als „Wertordnung" begriff. Jedoch habe das Gericht die Menschenwürde selbst zum „obersten Wert" erhoben, die im Verständnis des Gerichts den Menschen als geistig-sittliches Wesen begreife, der zur freiheitlichen Selbstbestimmung berufen und befähigt sei. Die hier aufgezeigte Dialektik einer Wertebindung bei gleichzeitig angenommenem oberstem Wert der Freiheitlichkeit finde eine gewisse Parallele in der Frage, ob eine Erziehung zur Mündigkeit im Sinne von Nicht-Anpassung und Widerstandsgeist überhaupt möglich sei oder ob der Erziehungsgedanke selbst der Freiheitlichkeit entgegenstehe. Becker und Adorno stimmten darin überein, dass Mündigkeit nicht einfach auf die Abschaffung von Autoritäten gerichtet sein könne, sondern Autoritäten vielmehr geradezu eine Voraussetzung auf dem Weg zur Mündigkeit seien. Nach Adorno ist es gerade die hohe Identifikation mit einer Autorität (etwa Vaterfigur), deren Ideal mehr und mehr einer neuen Realitätswahrnehmung weiche und durch die Loslösung von ihr zur Mündigkeit führe. Auf diese Weise werde der Anpassung dann doch ein gewisser Wert zuerkannt. Allerdings könne die vordergründige Ablösung von einer Autorität tiefgründig trotzdem zu einer umso größeren Bindung an diese führen oder die Autorität bestätigen. Das bekämpfte Ideal oder Vorbild beeinflusse unterbewusst den davon Losgelösten. Was folgt nun daraus für die Erziehung zur (Werte-)Mündigkeit? Augsberg verweist darauf, dass sich das Ziel der Mündigkeit weder durch völlige Aufgabe einer

Wertorientierung erreichen lasse, noch durch Umdeklarierung der Autonomie oder Mündigkeit selbst zum obersten Wert und Erziehungsziel. Vielmehr sei die Bindung an fremdbestimmte Werte notwendig, „um sich aus dieser Bindung lösen zu können und in diesem Sinne mündig zu werden". Selbstverschuldeter Unmündigkeit könne mit Kant nur durch Aufklärung abgeholfen werden. Eben deswegen bleibe die Mündigkeit aber auch in dieselbe bereits der Aufklärung innewohnende Dialektik verstrickt.

Im Anschluss an Augsbergs Reflexionen zur (Werte-)Mündigkeit steht der Beitrag des Theologen *Dennis Dietz* „Mündigkeit verpflichtet". Ausgehend vom Befund der Problematik des Wertbegriffs bei gleichzeitiger bildungspolitischer Aktualität der Wertevermittlung, entwickelt Dietz die Mündigkeit als „ein ‚Meta-Ziel' schulischer Wertevermittlung". Ziel sei die kritische Auseinandersetzung mit eigenen wie fremden Wertvorstellungen, für die eine Mündigkeit als Voraussetzung gelten könne. Dabei geht es Dietz nicht nur um die Fähigkeit zur Mündigkeit, sondern auch um eine Pflicht, von der Freiheit „verantwortlichen Gebrauch zugunsten anderer zu machen". Mündigkeit sei dabei als „regulative Idee der Bildung" zu verstehen, da Bildung mit Wolfgang Klafki als Ziel die Selbstbestimmungsfähigkeit, Mitbestimmungsfähigkeit und Solidaritätsfähigkeit habe, Mündigkeit und Bildung also beide auf Verstandesgebrauch und Meinungsbildung zielten. Die Fähigkeit zu einer selbstkritischen Reflexion führe zu einer solidarischen Verantwortung. Die selbstkritische Reflexion ist dabei ein besonderer Schlüssel, der eine ambivalente Voraussetzung hat: Wie auch Augsberg, so weist Dietz auf die These Adornos hin, nach der die Internalisierung einer von einer Autorität vorgebrachten Position eine wichtige Voraussetzung für den Ablösungsprozess sei, der schließlich zur Mündigkeit führe. Dort, wo keine Position von einer Autorität vertreten wurde und entsprechend nicht zu eigen gemacht werden konnte, könne eine solche kritische Selbstreflexion kaum stattfinden. Autorität durch Lehrer bedeute also die Möglichkeit zu Identifikations- und Kontrapunkten, dürfe aber nicht überwältigend wirken. Dietz entfaltet vor dem Hintergrund der hier angezeigten Spannung drei theologische Ansätze, um daraus zu entwickeln, wie eine kritische und zugleich solidarische Mündigkeit gedacht werden kann: Lernen könne man, erstens, aus Martin Luthers Freiheitsdiktum, das den Christenmenschen in der Ambivalenz einerseits der Freiheit von der Selbsterlösung beschreibt (was gleichzeitig bedeutet, dass ein Werte-Handeln für die Rechtfertigung vor Gott nicht mehr nötig ist), den so befreiten Menschen andererseits aber gleichzeitig als „dienstbaren Knecht aller Dinge und jedermann untertan" im Sinne einer Freiheit zugunsten des Nächsten ansieht. Dietz folgert daraus, dass für ein gelingendes Gemeinwesen „freie Subjekte" vonnöten seien, die sich gleichzeitig „nicht frei von diesem Gemeinwesen verstehen, sondern aus dem Privileg ihrer Freiheit heraus gerade diesem

Gemeinwesen verpflichtet wissen". Freiheit setze auch bei Luther eine Verankerung (hier bei Gott) und somit Positionierung voraus. Gewinn ziehen könne man, zweitens, aus Jürgen Moltmanns Christologie, die das Kreuz als „Skandalon" für weltliches Denken beschreibe und das Christentum in der Spannung von „Identität" und „Relevanz" sehe. Relevanz setze Anschlussfähigkeit und Selbstrelativierung voraus, die gleichzeitig eine Gefahr für die Identität bedeute. Relevanzbemühungen dürften daher nicht zur Selbstpreisgabe führen. Der Ausgleich von Identität und Relevanz habe am Maßstab der Solidarität zu erfolgen. Diesen Gedanken überträgt Dietz für die Spannung zwischen einer Positionierung des Lehrkörpers und gleichzeitig einer Zurückhaltung in wertebezogenen Ansichten. Einen dritten theologischen Impuls liefere Dietrich Bonhoeffers Radiovortrag bzw. Schrift mit Gedanken zum Führerbegriff. Bonhoeffer differenziere zwischen einer Autorität qua Amtes, die keine innere Gefolgschaft, sondern bloße äußere Anerkenntnis verlange, und einer solchen, die durch innerliche Zustimmung verliehen werde. Dietz erläutert, dass in der Lehrerpersönlichkeit beide Autoritätsformen zusammenfallen können. Mit Bonhoeffer sei davon auszugehen, dass der Missbrauch persönlicher Autorität schwerer wiege als der der Amtsautorität. Voraussetzung für eine Mündigkeit des Lernenden sei die (selbst-)kritische Mündigkeit der Lehrenden selbst. (Selbst-)kritische Mündigkeit sei damit nicht nur das *Ziel* der Bildung, sondern auch – in der Lehrperson – die *Voraussetzung* für die Erreichung dieses Ziels. Im Lichte dieser drei theologischen Referenzen lasse sich der Verpflichtungscharakter der Mündigkeit klarer profilieren, der auch für den schulischen Kontext der Werteerziehung im Sinne einer Erziehung zur „(selbst)kritischen, zur Solidarität verpflichtenden Mündigkeit" gelte.

In seinem Beitrag „Werten, Verstehen und Urteilen" geht der Philosophiedidaktiker *René Torkler* unter Einbezug von Erkenntnissen der Schul- und Religionspädagogik Überlegungen zur Wertorientierung in der ethischen Bildung nach. Zunächst wird der Begriff der Werteerziehung in seiner Problematik entfaltet: Verbindliche und konsensfähige Werte bestünden in einer pluralistischen Gesellschaft (fast) nicht und könnten daher auch nicht als Leitmaßstäbe eines „guten Lebens" vermittelt werden. Selbst wenn es einen Kanon akzeptierter Werte gäbe, könnten diese nicht einfach auf den Lernenden übertragen werden, da Bildung die Freiheitlichkeit der Person voraussetze, die zu einem eigenen Urteilsvermögen befähigt werden soll. Bildung könne dabei als ein Prozess des Wertenlernens verstanden werden. Es gehe also nicht um die Vermittlung feststehender Werte, sondern um das Erlernen des Wertens, also der Fähigkeit der Urteilsbildung einschließlich der Fähigkeit ihrer rationalen Begründung. Diese Wertungen der Lernenden seien für die Lehrenden unverfügbar. Diese These wird in einen Kontext mit der Annahme Michael Walzers gestellt, der drei Möglichkeiten der

Grundlegung moralischer Verbindlichkeit identifiziere: die „Entdeckung"
geoffenbarter oder sonst vorgefundener moralischer Prinzipien, die „Erfindung" derselben durch gedankliche Konstruktionsverfahren und die „Interpretation" gelebter Praktiken. Torkler lässt im Anschluss an Walzer allein
die Interpretation als Weg der Genese von Werten gelten. Dementsprechend
formuliert er als Ziel der Philosophiedidaktik auch nicht die Übernahme einer bestimmten Werthaltung, sondern dass der Lernende sich seiner eigenen
„intuitiven" Werthaltung bewusst wird, sie reflektiert und entweder in der
Begründungstiefe erweitert oder die eigene Werthaltung revidiert. Es gehe
also primär um die Schärfung der Urteilsfähigkeit, die im Bereich des ethischen Lernens im Anschluss an Charles Taylor als eng mit der Identitätsbildung verbunden gelten könne. Werthaltungen seien zudem kein Ergebnis
eines ausschließlich rationalen Prozesses, sondern verankerten sich in
Gefühlen und „vorreflexiven Intuitionen" und beträfen damit die „Persönlichkeit im Ganzen". Der Mensch könne sich nicht entscheiden, ob er Werthaltungen annehme, sondern diese seien unabdingbare Elemente der Identitätsbildung. Ethische Bildung bedeute damit Wertorientierung, das heißt,
seinen eigenen Standpunkt zu anderen möglichen Standpunkten auszuloten
und sich reflektiert zu positionieren. Bildung insgesamt sei mehr als nur die
Akkumulation von Wissen, es gehe um das Bewusstwerden über das eigene
Selbst im Weltverhältnis und damit um eine Transformation des eigenen
Selbst. Transformation meine dabei aber nicht notwendig die Aufgabe von
eigenen Positionen, sondern könne auch in einer vertieften Erkenntnis derselben liegen.

Der Band schließt mit dem Beitrag des Religionspädagogen *Bernhard
Dressler* „Werten lernen. Zur Förderung von Urteilskraft in Bildungsprozessen" und seiner kritischen Sicht auf die Rede von Werten. Er beschreibt
die Konjunktur und den Nährboden für die Werterhetorik, die schon als Reaktion auf die sogenannte „antiautoritäre Erziehung" in konservativen Kreisen in den 1970er Jahren angesetzt habe. Soziale Desintegration und der
damit einhergehende Verlust an sozialen Bindungskräften führten zu einer
Sehnsucht nach moralischer Orientierung durch Werte. Dabei sei der Rekurs auf Werte schon deshalb zweifelhaft, weil (wie bereits auch zuvor von
Margrit Seckelmann et al. betont) diese hoch unterbestimmt und subjektiv
seien. Problematisch sei es besonders, wenn sich „verfassungsrechtliche
Werte" zu einer Gesinnungskontrolle verdichteten. Daher seien grundrechtlich nicht „Werte", sondern „Rechte" verbürgt, die eine Handlungsorientie-
rung bei unterschiedlichen Weltanschauungen ermöglichten. Angesichts der
Probleme, die schon dem Wertbegriff selbst inhärent seien, und der begrenzten Möglichkeit, Werte durch „Belehrung" zu vermitteln, die an sich
eher in sozialen Handlungszusammenhängen erfahren werden müssten, die-
ne der schulische Unterricht nicht der Wertevermittlung. Vor allem dürften

Werte nicht in einer Weise vermittelt werden, die die Freiheit der Kinder und Jugendlichen unterläuft. Es dürfe nur der Vollzug bestimmter Handlungspraktiken eingefordert werden, aber nicht eine sie begleitende positive Gesinnung. Es dürfe mithin Wissen über moralische Regelungen vermittelt werden, aber nicht der Wille selbst überformt werden, sondern Erziehung müsse sich auf die Bildung einer eigenen Urteilsfähigkeit richten. In Anlehnung an Hannah Arendt plädiert Dressler dafür, dass die Erwachsenen mit Autorität ihre gesellschaftlichen Geltungsansprüche vertreten, allerdings nicht mit dem Ziel der unbedingten Verfolgung durch die nachfolgende Generation, sondern der eigenen Positionierung hierzu. Dies erinnert an die Position von Adorno in der Analyse von Augsberg und Dietz in diesem Band. Der Kollateralschaden einer auf „korrekte Gesinnung" gerichteten Erziehung sei der „Verlust an politischer und kultureller Partizipationsbereitschaft" – auch hier schließt sich der Bogen zum Gespräch von Adorno und Becker (Beitrag Augsberg), die die Erziehung zur Mündigkeit (nicht Gefolgschaft) als Voraussetzung einer Demokratie erachten. Dezidiert wendet sich Dressler dagegen, dass dem Religionsunterricht oder dem staatlichen Ethikunterricht die Funktion eines Werteunterrichts zugeschrieben werde. Werde Religion auf Werte reduziert, so würde sich Religion selbst auflösen. Aber auch staatlicher Ethikunterricht dürfe nicht – schon weil auf intransparenter Gesinnungsgrundlage – Werte vermitteln wollen, die „neutral" gar nicht vermittelbar seien. Religion könne ethische Orientierung leisten, was jedoch unverzweckt geschehen müsse in der Folge eines durch das Gottesverhältnis veränderten Selbstbildes.

IV. Fazit

Der Band „Werteerziehung durch die Schule" kann die aufgezeigten Dilemmata nur schärfer konturieren, aber nicht aus der Welt schaffen oder „lösen". Trotz aller Unschärfe und Problematiken ist der Wertbegriff nicht notwendig zu verdammen, sondern er kann in den unterschiedlichen Disziplinen oder auch politischen Diskursen seine je eigene Bedeutung finden. Heikel bleibt es allerdings, aus ihm in seiner Unschärfe etwaige „Vorschriften" für die Bürger – bzw. in diesem Kontext spezifisch: Schüler – abzuleiten. „Werte" bilden kein übergeordnetes staatliches Recht und Grundrechte dürfen nicht in Grundpflichten umgemünzt werden. Der politische Ruf nach einer Wertegemeinschaft, bei der der Schule die Rolle zukommt, die Bürger der nächsten Generation demokratietauglich und gemeinwohlorientiert zu erziehen, sie positiv-affirmativ entsprechend der in den Landesverfassungen explizierten „Werte" zu formen, muss – abgesehen von der Vermittlung zen-

traler Verfassungsprinzipien – in einer freiheitlich-demokratischen Grundordnung in ein *Angebot* an Werten und die Erziehung zur Urteilsfähigkeit,
die eine Mündigkeit voraussetzt, umgedeutet werden. Aber wie kann zu einer Mündigkeit erzogen werden, wenn Kinder und Jugendliche einer Beliebigkeit an Werten, Idealen und Vorstellungen eines guten Lebens und verantwortlichen Handelns ausgesetzt sind? Hier können Vorbilder eine
zentrale Rolle spielen.

Wird die Würde des Menschen als oberster „Wert" des Grundgesetzes nur
noch als freiheitliche Autonomie verstanden, ist damit in erster Linie nur
eine negative Aussage getroffen, gleichsam ein „Nichteinmischungsprin-
zip" verwirklicht, aber kein positiver Wert vermittelt oder kein Gut, dem
nachzustreben es sich lohnen würde. Offensichtlich fehlt einer Gesellschaft
der Zusammenhalt, wenn sie allein darauf gerichtet ist, die Menschen als
autonome und voneinander diverse Personen zu achten und zu ihnen heranzubilden. In dieser Spannung steht der Verfassungs- und Gesellschaftsdis-
kurs: Die Fokussierung auf das freiheitliche Individuum und das Gut der
Vielfalt gerät in Spannung zur gesellschaftspolitischen Notwendigkeit eines
Miteinanders, das über bloße Toleranz hinausreicht. Nicht ganz zufällig ist
das Böckenförde-Diktum in verschiedenen Beiträgen dieses Bandes zur
Sprache gebracht worden, da der verfassungsrechtlich verweigerte, über das
Anerkenntnis von Grund*rechten* hinausreichende, „positive" Wertebezug
eine Leerstelle hinterlässt. Es bedarf gemeinsamer Identifikationspunkte
und gemeinsamer Orientierungen, um ein Zugehörigkeitsgefühl zu vermitteln, das Grundlage für eine solidarische Form des Miteinanders ist. Unter
der „Werte-Chiffre" werden solche Identifikationspunkte definiert, die wie
die landesverfassungsrechtliche „Lyrik" hinreichend deutungsoffen sind,
aber doch gemeinsame Zielpunkte vorgeben. In der Bildung vermittelt werden sie über Lerninhalte, aber insbesondere auch über Vorbilder und
glaubwürdige Autoritäten, an denen sich die Lernenden „abarbeiten" bzw.
zu denen sie sich in Position setzen können.

In der Schule ist die Situation im Gegensatz zum Miteinander Volljähri-
ger von der Besonderheit geprägt, dass Kinder und Heranwachsende noch
keine „fertigen" Persönlichkeiten sind, die ohne Vorbilder und Leitmaßstäbe gleichsam aus sich selbst heraus das für sie selbst Gute und gesellschaftlich Erstrebenswerte erkennen und umsetzen können. In erster Linie sind
die Eltern aufgerufen, hier durch Vorbildfunktion und Vermittlung von
„Werten" zu wirken. Aber auch der Staat kann gewisse auf das gemein-
schaftliche und zukunftsorientierte Miteinander bezogene „Ziele", „Tugenden", „Güter" und „Werte" in Landesverfassungen, Schulgesetzen und Bil-
dungsplänen definieren, die er aber nur in Ergänzung und – bis auf die
verbürgten Verfassungsprinzipien, insbesondere den „Wert" einer demokratischen Gesellschaft – grundsätzlich nicht in Opposition zum Elternhaus

anbieten darf. Vor allem aber darf keine positive Gesinnungshaltung abverlangt werden und es muss der Widerspruch zu dem Vermittelten zulässig sein, will der Staat nicht totalitär werden. Das, was staatlich nicht verordnet werden darf, kann allerdings durch einzelne Lehrerpersönlichkeiten bewirkt werden, die als Vorbilder für ihre Werte und favorisierten Güter einstehen. Auch hier dürfen die Schüler sich nicht gezwungen sehen, diese zu teilen (sich etwa dem staatlichen Zwang durch Notengebung für ihre Gesinnung ausgesetzt zu sehen), sondern das Lehrervorbild soll vielmehr eine Grundlage für eine eigene Entscheidungsfindung der Schüler bilden, diese Werte und Güter als positiv und nachahmenswert anzunehmen oder abzulehnen. Hängt am Ende also vieles an der Lehrperson selbst, so bleibt jedoch die Schwierigkeit, wie der neutrale Verfassungsstaat solche positiven Vorbilder der Lehrenden für den Schulunterricht heranbilden kann, ohne am einen Ende in eine Gesinnungskontrolle der Lehrenden zu verfallen oder aber am anderen Ende an die Grenzen seiner Schulaufsichtspflicht zu stoßen.

Die Stärke der Wertesemantik im politischen Diskurs fällt also mit ihrer begrifflichen Schwäche zusammen, nämlich ihrer hohen Unterbestimmtheit. Seinem germanischen Ursprung nach bedeutet Wert etwas „Kostbares". Auf diese positive Konnotation wird in Zusammenhang mit dem hohen Ansehen, das das Grundgesetz genießt, unmittelbar rekurriert, wenn von „den Werten des Grundgesetzes" gesprochen wird. Wie die Beiträge des Bandes zeigen, ist hier Vorsicht geboten, wenn diese hoch unterbestimmten „Werte des Grundgesetzes" als eine Aufforderung zu einer „Gesinnungserziehung" verstanden oder wenn aus ihnen staatsrechtliche Pflichten abgeleitet werden. Rechtspflichten können sich nur aus dem positiv gesetzten Recht – und in Bezug auf eine „Werteerziehung" besonders den einschlägigen und wertekonkretisierenden Verfassungsprinzipien – ergeben. Eine über eine Rechtsbefolgung hinausgehende Gesinnung seiner Bürger hat der Staat nirgendwo, auch nicht im Schulkontext, zu kontrollieren oder einzufordern, wenngleich zu berücksichtigen ist, dass der Staat in der Schule über weitreichendere Erziehungskompetenzen verfügt als gegenüber Erwachsenen Der Schlüssel zur Vermittlung dessen, was sich als rechtlich verbindlicher Bildungskanon fassen lässt (wie etwa die Erziehung zu gewissen Tugenden, die Vermittlung von Prinzipien und die Sensibilisierung für Wertschätzungen gegenüber anderen Menschen und für den verantwortungsvollen Umgang mit der Umwelt sowie die Bewusstseinsstärkung für das hohe Gut der Demokratie) und was darüber hinaus gesellschaftlich nötig ist, um den „Kit" einer Gemeinschaft zu bilden und eine „Demokratietauglichkeit" der nächsten Generation zu fördern, kann wenigstens im Ansatz in Lehrerpersönlichkeiten liegen, die positiv für „Werte" einstehen, ohne die Schüler zu überwältigen. Ziel ist dabei, jenseits der stets zulässigen Vermittlung zentraler und für unsere freiheitliche Demokratie konstituierender Verfas-

A. Katarina Weilert

sungsprinzipien, nicht die Gesinnungserziehung, sondern die Erziehung zur Mündigkeit auf der Basis angebotener und vorgelebter „Werte".

I. Der Wertbegriff in kritischer Reflexion – eine philosophisch-theologische Näherung

Magnus Schlette

Axiologische Differenz

Eine handlungstheoretische Unterscheidung zwischen Werten und Gütern

I. Zum Begriff der axiologischen Differenz

Wortgeschichtliche Entwicklungen verraten viel über die Gepflogenheiten des Sprachgebrauchs. Das ist aufschlussreich im Falle der Analyse derjenigen theoretischen Begriffe, die keine rein metasprachlichen Konstrukte sind, sondern aus der Sprachgeschichte stammen und zum Wortschatz der gewöhnlichen Schrift- und Alltagssprache gehören. So im Falle der Begriffe von Werten und Gütern. Im Folgenden wird eine theorie- bzw. metasprachliche Unterscheidung von Werten und Gütern vorgeschlagen, die sich an wortgeschichtliche Unterscheidungen anlehnt und sich dadurch den Kontakt zum alltagssprachlichen Verwendungssinn dieser Begriffe erhält. Für beide Begriffe, den des Wertes wie den des Gutes, ist die Auskunft des Grimm'schen Wörterbuchs einschlägig.[1] Was den Wertbegriff anbelangt, so vermerkt das Wörterbuch die alle historischen Verwendungsweisen grundlegende Unterscheidung zwischen *Wertsein* und *Wertseiendem*. Zuerst tritt sie in monetären Zusammenhängen auf und bezeichnet hier die Differenz zwischen dem Preis oder der Geltung einer Währung auf der einen Seite und dem Zahlungsmittel, einer bestimmten Kaufsumme oder einem bestimmten Erlös oder Lohn auf der anderen. Die Differenz schreibt sich fort in der Unterscheidung zwischen dem *Wertsein* im Sinne der Geltung, Wertschätzung bzw. Bedeutung oder auch der Güte oder Qualität einerseits und dem *Wertseienden* im Sinne einer Wertsache oder eines Wertträgers zur Bezeichnung kostbarer Güter, Waren oder aber auch von immateriellen

---

[1] *J. Grimm/W. Grimm*, Wert, in: Deutsches Wörterbuch, digitalisierte Fassung im Wörterbuchnetz des Trier Center for Digital Humanities, Version 01/21, <https://www.woerterbuch netz.de/DWB>, abgerufen am 17.06.2022, Bd. 29, Sp. 460–471; *dies.*, Gut, in: Deutsches Wörterbuch, digitalisierte Fassung im Wörterbuchnetz des Trier Center for Digital Humanities, Version 01/21, <https://www.woerterbuchnetz.de/DWB>, abgerufen am 17.06.2022, Bd. 29, Sp. 1353–1375, Bd. 9, Sp. 1353–1375.

Wertobjekten andererseits. Im Wertartikel des Wörterbuchs wird also bereits der Begriff des Gutes eng mit dem Wert im Sinne des Wertseienden, des Trägers von Werten verbunden. Entsprechend die Angaben, die der Eintrag zum Begriff des Gutes macht: Hier vermerkt das Wörterbuch die Verwendung des Begriffs für eine Sache, „die infolge ihrer Nutzbarkeit, ihrer Kostbarkeit oder ihrer Ertragsfähigkeit den Charakter wertvollen Eigentums besitzt"[2], und zwar mit Bezug auf sowohl dingliche als auch ideelle Besitztümer.

Die faktische Geltung einer Sache oder auch eines Sachverhaltes ist für sich genommen ein psychologischer und damit kontingenter Sachverhalt – anders als der *Grund* seiner Geltung. In diesem Sinne wird vorgeschlagen, die Verwendung von ‚Gut‘ und ‚Wert‘ theoriesprachlich so festzulegen, dass etwas ein Gut aufgrund des Wertes ist, den es für einzelne oder für Angehörige von Kollektiven unterschiedlicher Skalierung repräsentiert oder verkörpert oder an dem es für sie Anteil hat, und dass umgekehrt etwas für einzelne oder für Angehörige von Kollektiven unterschiedlicher Skalierung ein Wert ist aufgrund des von ihnen erhobenen Geltungsanspruchs für bestimmte Güter. Dem entspricht unsere Rede von wertvollen Gütern, die eben besagt, dass die Güte dieser Güter darin besteht, voll eines Wertes zu sein, also: Anteil an einem oder mehreren Werten zu haben.[3] Im Alltag verwenden wir diese Begriffe allerdings eher lässig. Die Rede von Gütern ist weniger gebräuchlich als die von Werten, oftmals werden die Ausdrücke austauschbar verwendet oder – jedenfalls nach den Kriterien einer strengeren Unterscheidung – miteinander verwechselt. Dass die alltagssprachliche Differenzierung zwischen Werten und Gütern keineswegs stabil ist, besagt allerdings nur, dass die kognitive Zugänglichkeit von Werten durch Güter vermittelt ist. Evident werden uns Werte in Gütern, die ‚voll‘ ihres Wertes sind: ihn repräsentieren oder verkörpern und daher einfach selbst für einen Wert gehalten werden. Mit anderen Worten: Während die *sprachgeschichtlichen* Befunde der Unterscheidung zwischen Wertsein und Wertseiendem, zwischen einer Sache, die Geltung besitzt und der Geltung, die wir einer Sache zuschreiben, für eine grundlegende axiologische Differenz zwischen Werten und Gütern sprechen, deuten die *alltagssprachlichen* Befunde daraufhin, dass die besagte axiologische Differenz üblicherweise nicht ins Bewusstsein tritt.

Erklärungsbedürftig ist allerdings, was genau es heißt, dass Güter an Werten Anteil haben, sie repräsentieren oder verkörpern, und wie sich Werte via Güter erschließen. Zur Beantwortung dieser Frage wird eine handlungs-

---

[2] *J. Grimm/W. Grimm*, Gut, Sp. 1355.
[3] Äußerungen wie diejenigen, etwas habe einen Wert oder etwas sei ein Wert, werden gelegentlich austauschbar verwendet.

theoretische Antwort erprobt. Der Grund für den handlungstheoretischen Ansatz ist *erstens*, dass Werte und Güter stets Werte und Güter *für jemanden* sind, ob er sich in dieser Beziehung nun als Individuum unterschieden von Anderen, als Angehörigen einer Gruppe oder gegebenenfalls der Menschheit im Ganzen versteht, sowie *zweitens*, dass ihre Wirklichkeit sich im Verhalten des Betreffenden muss nachweisen lassen. So würde man einem Menschen, der behauptete, etwas sei ein Wert (für ihn) bzw. etwas sei (ihm) wertvoll, habe aber keinerlei Konsequenzen für sein Verhalten, mit Recht vorwerfen, dass er nicht wisse, wovon er rede. Die Wirklichkeit von Werten und Gütern ist daher stets empraktischer Natur: sie zeigen sich in der Art und Weise, wie wir uns zu unserer Umwelt verhalten.

Der nächstliegende Kandidat für den Nachweis der Wirklichkeit von Werten und Gütern sowie ihres Verhältnisses zueinander im Verhalten der Menschen sind wiederum Akte der Wertschätzung in der praktischen Auseinandersetzung mit unserer Umwelt. Dieser Ansatz bietet darüber hinaus den Vorteil, sich dem Verhältnis von Gütern und Werten auf einer möglichst basalen Ebene zuzuwenden und dann schrittweise und *bottom up* jeweils komplexere Wert-Güter-Beziehungen in den Blick zu nehmen. Wertschätzungen sind in der Tat ein axiologisch basales Phänomen. Sie liegen nicht etwa erst vor, wenn über die axiologische Bedeutung ‚der Natur‘, ‚des Friedens‘, ‚der Freiheit‘ usw. gestritten und daraus Konsequenzen für die Gestaltung des politischen Gemeinwesens gezogen werden, sondern bereits dann, wenn ein Kleinkind mit der rechten Hand den blauen Bagger in die Zimmerecke schleudert und den linken Arm ausstreckt, um das rote Feuerwehrauto zu sich heranzuziehen. Jedenfalls sollte es der Anspruch einer Theorie der Wertschätzung sein, solche unstrittigen Wertungsphänomene mit den komplexen Wertorientierungen konstitutionstheoretisch verbinden zu können.

II. John Deweys Theorie der Wertschätzung

1. Zur Tätigkeit der Wertschätzung im Organismus-Umwelt-Schaltkreis

Die handlungstheoretische Konzeptualisierung von Akten der Wertschätzung mit der Absicht, die axiologische Differenz zwischen Werten und Gütern in der Struktur menschlichen Handelns zu fundieren, ist gut beraten, sich an der Wertphilosophie John Deweys zu orientieren, und zwar in erster Linie an seiner „Theorie der Wertschätzung“ von 1939, die seine Wertphilosophie im Kern entwickelt.[4] Denn Deweys wertphilosophischer Ansatz geht vom Organismus-Umwelt-Schaltkreis aus, den er bereits 1899 in dem wirkmächtigen Aufsatz „The Reflex-Arc Concept in Psychology" gegen das klassische Reflexbogenschema der experimentellen Psychologie ins Spiel gebracht hatte.[5] Deweys Argument gegen das Reflexbogenschema lautet, dass die Behauptung einer Kausalrelation zwischen Reiz und Reaktion bereits einen Begriff des Handelns unterstellen müsse, der doch überhaupt erst aus ihr hergeleitet werden soll. Setzten wir keinen Handlungsbegriff voraus, könnten wir nur von einer Abfolge beobachtbarer Phänomene sprechen, nicht aber von deren kausaler Beziehung als Reiz und Reaktion. Die Begriffe von Reiz und Reaktion sind demzufolge unter Voraussetzung eines Begriffes des übergeordneten Ganzen zu bestimmen und nicht umgekehrt; „was wir brauchen", so Dewey, „ist, daß sensorischer Reiz, zentrale Verknüpfungen und motorische Reaktionen nicht länger als getrennte und an sich vollständige Entitäten, sondern als Arbeitsteilungen, als dienende Faktoren innerhalb des einzelnen konkreten Ganzen angesehen werden, das jetzt als Reflexbogen bezeichnet wird".[6] Dieses Ganze nennt er auch „sensori-motor circuit" oder „organic circuit", „weil die motorische Reaktion den Reiz bestimmt, genauso zutreffend, wie der sensorische Reiz die Bewegung bestimmt"[7].

Dem von Dewey analysierten Funktionskreis zwischen Organismus und Umwelt zufolge ist die Bedeutung des umwelthaft Begegnenden eine Funktion der Rolle, die es in der sensomotorischen Interaktion des Organismus mit seiner Umwelt einnimmt. Außerdem werden die Bedeutungen nicht nur in der umweltadaptiven Selbsterhaltung des Organismus hervorgebracht, sondern von diesem zugleich als seiner Selbsterhaltung dienliche oder schädliche Bedeutsamkeiten erfahren. Jede neue Wahrnehmungssituation ist daher von der *Erfahrungsgeschichte* des Organismus imprägniert. Gegenstand der Erfahrung sind die Valenzen der Zu- oder Abträglichkeit, welche die Aspekte der Umwelt eines Organismus für dessen Handlungs- und Überlebensfähigkeit besitzen. Die Art und Weise, wie die Qualitäten des Zu- oder Abträglichen erfahren werden, besteht näher besehen in den evo-

---

[4] *J. Dewey*, Theorie der Wertschätzung, in: *ders.*, Erfahrung, Erkenntnis und Wert, Frankfurt a.M. 2004, S. 293–361. Vgl. zu Deweys Werttheorie vor allem *M. Jung*, Die Natur der Werte – eine pragmatistische Perspektive, in: Deutsche Zeitschrift für Philosophie 2016, 64 (3), S. 410–423.

[5] *J. Dewey*, The Reflex-Arc Concept in Psychology, in: Psychological Review (3) 1896, S. 357–370.

[6] *J. Dewey*, Die Elementareinheit des Verhaltens, in: *ders.*, Philosophie und Zivilisation, Frankfurt a.M. 2003, S. 231. Bei diesem Aufsatz handelt es sich um eine überarbeitete Fassung des Aufsatzes, der unter dem Titel „The Reflex-Arc Concept in Psychology" 1896 erschienen war.

[7] *Dewey*, a.a.O., S. 236.

zierten emotional-volitionalen Einstellungen, die leibliche Reaktionen auf das Wahrgenommene einschließen. Dewey greift zur Illustration dieser Zusammenhänge auf das bereits von William James in seiner *Psychology* verwendete Beispiel eines Kindes zurück, das mit Kerzen als Lichtquellen Bekanntschaft gemacht hat, bis es sich schließlich einmal an einer von ihnen die Hand verbrennt. „Das Sich-Verbrennen ist das ursprüngliche Sehen, die ursprüngliche optisch-okulare Erfahrung – hier: der das Dunkel erleuchtenden Kerze –, deren Wert erweitert und transformiert worden ist. Es ist nicht länger bloßes Sehen; es ist Sehen eines Lichts, das Schmerz bedeutet, wenn Kontakt eintritt."[8] Dewey betont, dass Licht- und Schmerzerfahrung keineswegs zwei unterschiedliche Erfahrungen, sondern Phasen in der Entwicklung einer einzigen Erfahrung seien.

Unsere jeweiligen individuellen Erfahrungsgeschichten erschließen uns die Welt durch die sukzessive Entdeckung von Bedeutungen, die sich in unseren Handlungszusammenhängen immer weiter ausdifferenzieren. Dass Dewey diesbezüglich von der Erweiterung und Transformation von Werten spricht, deutet auf die enge Verbindung zwischen der Bedeutung und der Bedeutsamkeit (im Sinne von Wichtigkeit, Relevanz für uns) der Gegenstände unserer Interaktion hin. Deweys Theorie der Wertschätzung liefert darüber hinaus ein begriffliches Instrumentarium, mit dem sich ein handlungstheoretischer Zusammenhang zwischen dem Vitalwert der Selbsterhaltung und unterschiedlichen ‚höheren' Werten herstellen lässt, deren Geltung sich auf ihre Zuträglichkeit für die Selbsterhaltung des Organismus nicht reduzieren lassen. Es sei wichtig zu begreifen, schreibt er, „dass Wertschätzungs-Phänomene ihre unmittelbare Quelle in biologischen Verhaltensweisen haben und ihren konkreten Inhalt dem Einfluss kultureller Bedingungen verdanken"[9]. Natur und Kultur, organische Selbsterhaltung (in der Orientierung an Vitalwerten) und kulturelle Selbstverwirklichung (in Orientierung an ‚höheren' Werten) sind demnach also intrinsisch verschränkt.

Der Kern von Deweys Theorie der Wertschätzung besteht in der These, Wertschätzungen seien der Ausdruck des Wollens (*desiring*) einer Lage- oder Situationsveränderung. Dewey unterscheidet dabei Wollen vom „bloßen Wünschen" (*wishing*), und das Kriterium der Unterscheidung sind die Umsetzungsbereitschaft und Umsicht, die unser Wollen, hier fortan: unseren Willen (im Sinne von *desiring*), nicht aber unser Wünschen (im Sinne von *wishing*) charakterisieren. Der Wille bedeute „eine aktive Beziehung des Organismus zur Umwelt"[10], der die Berücksichtigung der nötigen Mittel

---

[8] *Dewey*, a.a.O., S. 233.
[9] *Dewey*, Theorie der Wertschätzung, S. 359.
[10] *Dewey*, a.a.O., S. 308.

zu seiner Umsetzung beinhalte. Erlebe ich beispielsweise anlässlich der Betrachtung strahlend-weißer Segel auf der sommerlichen Ostsee den tag-
träumerischen Wunsch nach dem Besitz einer Segelyacht, so folgt aus diesem Wunsch nach Deweys Sprachgebrauch noch gar nichts. Die
Willensbildung wird demgegenüber einerseits durch das Bewusstsein eines
handlungsmotivierenden Mangels qualifiziert, hier: der Ferne, der eben
bloß betrachtenden und daher passiv-abstrakt bleibenden Liebe zum Meer,
und sie wird durch eine Reihe von Handlungen individuiert, zu denen der
Aufbau eines realistischen Finanzplans gehört, die regelmäßige und zeit-
raubende Besichtigung von zum Kauf angebotenen Booten, die Suche nach
einem preisgünstigen Liegeplatz und Winterlager, gegebenenfalls die Bele-
gung von Kursen zum Erwerb des Sportküstenschifferscheins oder sogar
von Crashkursen in Bootsmechanik. Dabei webe ich mich in ein Netz von
Wertschätzungen einer Mittel-Zweck-Umsicht ein, die der Verwirklichung
eines Ziels dient: dem Erwerb und Erhalt eines küstengängigen Segelboots.

> „Es sind also folgende Momente im Spiel: (1) Eine Abneigung gegenüber einer bestehen-
> den Situation und ein sich Hingezogenfühlen zu einer zukünftigen möglichen Situation und
> (2) eine spezifizierbare und prüfbare Beziehung zwischen der Letzteren als einem Ziel und
> bestimmten Tätigkeiten als Mittel, um es zu erreichen."[11]

Akte der Wertschätzung begreift Dewey daher auch ganz einfach als die
Ausübung des Willens auf dem Wege der Veränderung aller seinem Ziel
hinderlichen Umweltbedingungen. Sobald sich ein Wille gebildet hat, „hef-
ten sich Wunsch und Interesse automatisch an alle anderen Dinge, die als
erforderliche Mittel angesehen werden, um das Ziel zu erreichen"[12]. Die
Vorstellung, wirkliche Hochschätzung beschränke sich auf *letzte* Zwecke,
weist Dewey zurück. In dem Maße, in dem wir bereit seien, unsere Zeit und
Anstrengung in Mittel zu investieren, um die unserem Handeln gesetzten
Ziele zu erreichen, verdienten auch diese Mittel Hochschätzung. Und umgekehrt sei auch die Hochschätzung unserer Ziele von der Einschätzung der
zu ihrer Erreichung verwendeten Mittel abhängig. Zwecke, die vermeintlich
jedes Mittel heiligen, Ziele, die wir um jeden Preis zu verfolgen beteuern,
beruhen laut Dewey entweder auf einer mangelhaften Einschätzung der
Handlungssituation oder erweisen sich als rhetorische Phrasen, die entweder leer sind oder mutwillig kaschieren sollen, was ihre Umsetzung tatsächlich kostet und wer für diese Kosten am Ende aufkommen muss. So gewinnen denn Ziele ihre Hochschätzung dadurch, dass wir auf der Grundlage
permanenten Feedbacks durch unseren Mitteleinsatz an ihnen festhalten.

---

[11] *Dewey*, a.a.O., S. 305.
[12] *Dewey*, a.a.O., S. 320.

Und sie gewinnen an Bedeutungs- und Bedeutsamkeitstiefe in dem Maße, in dem wir sie aufgrund permanenter Neueinschätzung der aufgewendeten Mittel gegebenenfalls auch modifizieren:

„In dem Grade, wie bestehende Wünsche und Interessen (und deshalb Wertschätzungen) in ihrem Zusammenhang mit vergangenen Bedingungen beurteilt werden können, werden sie in einem Kontext gesehen, der es erlaubt, sie auf der Basis des beobachteten und empirisch überprüften Beweismaterials neu zu bewerten."[13]

2. Zur Logik der höherstufigen Bewertung von Wertschätzungen

Damit ist nun aber eine neue Ebene der Willensbildung bzw. der Wertschätzung erreicht: die erfahrungsgesättigte Bewertung unserer bisherigen Wertschätzungen, die Neueinschätzung von Mittel-Zweck-Relationen und der Zielorientierungen, denen sie dienen.

„Da Wunsch und Wertschätzung von als Ziele vorgeschlagenen Objekten inhärent miteinander verbunden sind und da Wunsch und Zwecke als Mittel für Ziele eingeschätzt werden müssen [...], wird die Wertschätzung von Zwecken durch die Konsequenzen überprüft, die sich tatsächlich ergeben. [...] Eine fehlende Übereinstimmung ist, falls die Abweichungen sorgfältig beobachtet werden, nicht nur ein Misserfolg, sondern stellt die Mittel bereit, die Bildung späterer Wünsche und Zwecke zu verbessern."[14]

Die Erfahrungsgeschichte unserer Wertschätzungen ist die Geschichte permanenter Justierungen im Verhältnis von Mitteln, Zwecken und Zielen.

Als erfahrungsabhängig reversibel erweist sich die Wertschätzungstätigkeit und damit unser Wille an folgenden zwei Punkten: *Erstens* kann der Aufwand von Mittel-Zweck-Relationen hinterfragt werden, der zur Realisierung der ursprünglich gesetzten Ziele nötig ist; dies besonders darum, weil üblicherweise unterschiedliche Zielorientierungen unseres Handelns um den Aufwand von Zeit und Mühe konkurrieren, die jeweils zu ihrer Verwirklichung nötig sind. So kann beispielsweise der Wille, sich auf eigenem Boot zu einem geübten Nordseesegler zu entwickeln, auf den Willen treffen, von der Stadtwohnung in ein Landhaus mit großem Selbstversorgergrundstück zu ziehen, und beide können in eine Spannung zur Berufsarbeit treten, insbesondere dann, wenn diese sich nicht an einer festen Stundenzahl, sondern an der erfolgreichen Erledigung von Projekten orientiert, die üblicherweise nicht im Rahmen der geregelten Vollarbeitszeit bewältigt werden können. Die Distribution von Mühe und Aufwand in der Verfol-

---

[13] *Dewey*, a.a.O., S. 353.
[14] *Dewey*, a.a.O., S. 346.

gung der unterschiedlichen Ziele kann dann, wenn sich die Mittel nicht
zeit- und aufwandssparend rationalisieren lassen, zu einer Neubewertung
der Ziele führen. *Zweitens* könnte sich herausstellen, dass bestimmte Zwecke fälschlicherweise mit den ursprünglich intendierten Zielen identifiziert
wurden und die Verwirklichung der Zwecke nun zu einem vertieften Verständnis der in diesen Zwecken gerade nicht aufgehenden Ziele führen.
Wurde beispielsweise der Kauf und die Betreibung eines größeren Kajüt-
bootes zu dem Ziele bezweckt, die Sehnsucht nach der Nordsee zu befriedi-
gen, so mag sich nach nur einer Saison in überfüllten Marinas herausstellen,
dass das eigentliche Ziel offenbar war, zur See zu fahren, und dass nur aus
kleinmütiger Bemühung um die Vermittlung der Erfüllung dieses Wunsches
mit einer bürgerlichen Erwerbsbiographie das viel besser passende Berufs-
ziel des Kapitäns auf großer Fahrt zugunsten der Hobbysegelei in vergleichsweise überschaubaren Gewässern aufgegeben wurde.

So verdankt sich das Netz von Bedeutsamkeiten in unserem Leben einer
Vielzahl einander überlappender oder miteinander konkurrierender Wertschätzungen, deren Vergleich und Beziehung aufeinander im Horizont
übergreifender Ziele wiederum zum Gegenstand von Wertschätzungen gemacht wird.

> „Ähnliche Situationen wiederholen sich; Wünsche und Interessen werden aus einer Situati-
> on auf eine andere übertragen und gewinnen zunehmend an Festigkeit. Daraus ergibt sich
> ein Verzeichnis allgemeiner Ziele, wobei die enthaltenen ‚Werte‘ abstrakt in dem Sinne
> sind, nicht mit irgendeinem besonderen bestehenden Fall verknüpft zu sein, aber nicht im
> Sinne der Unabhängigkeit von allen empirischen Fällen.“[15]

Werte verdanken sich folglich einer induktiven Reflexion von Wertschätzungen auf ihre Gemeinsamkeit und Differenz im Lichte übergreifender,
aber stets reversibler Zielorientierungen. So führt Dewey denn auch den
Begriff der charakteristischen Wertschätzungsaussagen ein, um damit
Wertschätzungen zweiter Ordnung zu bezeichnen, die den Wert von Wertschätzungen erster Ordnung sprachlich explizit machen. Geht es darum zu
zeigen,

> „dass einige Arten von Akten des Hochschätzens besser sind als andere, werden Wertschät-
> zungsakte selbst bewertet, und die Bewertung kann weitere direkte Akte des Hochschätzens
> modifizieren. Wenn diese Bedingung erfüllt ist, dann werden Aussagen über Wertschätzun-
> gen, die tatsächlich stattfinden, zum Gegenstand charakteristischer Wertschätzungen
> […]“[16].

---

[15] *Dewey*, a.a.O., S. 337.
[16] *Dewey*, a.a.O., S. 312.

Wertungen zweiter Ordnung über die Wertschätzungswürdigkeit des Wertgeschätzten machen unsere Wertschätzungen explizit und wirken differenzierend und kontrastierend auf unsere Bedürfnisstruktur zurück, und zwar sowohl auf der Mittel- und Zweck- als auch der Zielebene: Wer entschlossen Ziele verfolgt, entwickelt über das Feedback der Erfahrung ein zunehmend reflektiertes Bewusstsein der zielführenden Mittel-Zweck-Beziehungen, aber auch der Ziele selbst, die im Lichte der für ihre Verfolgung aufgewendeten Mittel gegeneinander abgewogen und bewertet werden.

3. Dewey, Frankfurt, Taylor und , Volitionen zweiter Ordnung'

Mit seiner Theorie der Wertschätzung hat Dewey eine Unterscheidung von Volitionen erster und zweiter Ordnung vorgenommen, für die eigentlich zwei andere Autoren – ihrerseits ohne Bezugnahme auf Dewey – in der neueren philosophischen Literatur bekannt geworden sind. So entwickelt Harry Frankfurt diese Unterscheidung erstmals in seinem Aufsatz „Willensfreiheit und der Begriff der Person".[17] Frankfurt unterscheidet hier zwischen Wünschen und unserer Fähigkeit, diese Wünsche zu bewerten. Charles Taylor schließt sich in seinem Aufsatz „Was ist menschliches Handeln?" Frankfurt an[18] und führt eine zusätzliche Binnendifferenzierung der Bewertung unserer Wünsche ein: In *schwachen* Wertungen zweiter Ordnung versichern wir uns laut Taylor allein unserer Präferenzen – etwa des Verzehrs von Erdbeereis an einer Strandbude gegenüber der Möglichkeit, an einer Bootstour zum Sonnenbaden an den der Küste vorgelagerten Sandbänken teilzunehmen; das Entscheidungskriterium zwischen den Alternativen sei hier allein die Stärke der Neigung, die wir für sie empfinden. In *starken* Wertungen zweiter Ordnung gehe es uns demgegenüber um die Wünschens*würdigkeit* unserer Volitionen erster Ordnung im Lichte höherstufiger Wertorientierungen – so verzichte ich vielleicht auf das Sonnenbaden (und das Eis), um stattdessen an einer Demonstration für den Schutz der Sandbänke einzutreten, da sie zum Lebensgebiet der Robben zählen, die von den Touristen zuverlässig verscheucht werden; ich stelle hier also die moralische Orientierung am Schutz der Natur über eine persönliche Neigung. Ausschlaggebend für die starke Wertung sei, dass ich „eine bestimmte Person sein [will]"[19], in diesem Fall beispielsweise ein Mensch, der aus

---

[17] Vgl. *H. Frankfurt*, Willensfreiheit und der Begriff der Person, in: *Bieri* (Hg.), Analytische Philosophie des Geistes, Königstein/Ts. 1981, S. 287–302.
[18] *Ch. Taylor*, Was ist menschliches Handeln?, in: *ders.*, Negative Freiheit. Zur Kritik des neuzeitlichen Individualismus, Frankfurt a.M. 1992, S. 9–51.
[19] *Taylor*, a.a.O., S. 15.

Verantwortung gegenüber der Natur für die Intaktheit von Ökosystemen eintritt.[20]

Bereits Dewey hat dem Umstand Rechnung getragen, dass mit unseren unwillkürlichen Wertschätzungen etwas passiert, wenn wir genötigt werden, sie im Umfeld konkurrierender und gegebenenfalls höherstufiger Wertschätzungen zu reflektieren. Die Sprache, die wir dazu verwenden, verleiht den Wertschätzungen eine semantische Prägnanz, die uns überhaupt erst ein distinktes Bewusstsein davon verschafft, was uns wie wichtig ist. Sprache erschließt Relationen des Vergleichens und Hierarchisierens. Charles Taylor teilt diese Auffassung und betont darüber hinaus, dass wir uns die Erschließung unserer Volitionen nicht im Sinne der sprachlichen Abbildung einer Wertordnung vorstellen dürfen.

> „Im Gegensatz hierzu stellen Artikulationen Versuche dar, etwas zu formulieren, das anfangs unvollständig, konfus oder schlecht formuliert ist. Diese Art der Formulierung oder Reformulierung jedoch läßt ihren Gegenstand nicht unverändert. Etwas eine bestimmte Artikulation zu verleihen bedeutet, unser Verständnis von dem zu formen, was wir wünschen oder was wir in einer bestimmten Weise für wichtig halten."[21]

Taylor hat vor allem besonders tiefgreifende Wertschätzungen im Blick, die nur schwer von unseren Auffassungen darüber zu trennen sind, wer wir sind oder sein wollen.

> „Nun sind genau diese tiefsten Wertungen diejenigen, die am wenigsten klar, am wenigsten artikuliert, die am leichtesten Illusionen und Verzerrungen ausgesetzt sind. Es sind diejenigen, die dem, was ich als Subjekt bin, am nächsten stehen, in dem Sinne, daß ich, ihrer beraubt, mich als Person auflösen würde, die zu denen gehören, über die man sich am schwersten klar werden kann. Daher kann stets die Frage gestellt werden: Sollte ich meine fundamentalsten Wertungen umwerten? Habe ich wirklich verstanden, was für meine Identität wesentlich ist? Habe ich das, was ich als höchste Weise des Lebens empfinde, wahrheitsgemäß bestimmt?"[22]

Da wir laut Taylor über keine Metasprache verfügen, um zwischen konkurrierenden Selbstinterpretationen abzuwägen, gelte es unser jeweils „inners-

---

[20] Charles Taylors Fokus ist allerdings ein anderer als derjenige Deweys. Während sich Dewey in seiner Theorie der Wertschätzung zum Ziel setzt, auf handlungstheoretischer Grundlage eine Wertphilosophie zu entwickeln, die die Schwächen der zu seiner Zeit vorherrschenden subjektivistischen (emotivistischen) und objektivistischen (wertrealistischen) Ansätze vermeidet, geht es Taylor gar nicht um eine Theorie der Werte, sondern um eine Theorie personaler Identität und der Rolle, die Werte für unsere Identität spielen. Vgl. dazu *A. Laitinen*, Strong Evaluation without Moral Sources, Berlin/New York 2008, S. 13–61.

[21] *Taylor*, Was ist menschliches Handeln?, S. 39.

[22] *Taylor*, a.a.O., S. 44.

tes Gefühl [...] für das, was wichtig ist, das bis jetzt unentfaltet ist"[23], auf dem Wege einer stets reversiblen Artikulationsbemühung zu bestimmen.

Mit Bezug auf Deweys Theorie der Wertschätzung könnte man einwenden, dass sich die von Taylor aufgeworfenen Fragen zumeist gerade *nicht* stellen. Unsere ‚tiefsten Wertungen' sind uns in aller Regel einfach dadurch gewiss, dass wir auf ihrer Grundlage unser Leben meistern und daher auch nicht genötigt sind, sie zu hinterfragen und zum Gegenstand einer schöpferischen Artikulation zu machen. Sie sind gleichsam der Fluchtpunkt der Perspektive, die wir gegenüber den Bedeutsamkeiten des Lebens einnehmen. Die Reflexivierung von Wertorientierungen ist daher stets ein Krisenphänomen: „Wenn wir das tatsächliche Entstehen von Wunsch und Wunschobjekt sowie die diesem Objekt zugeschriebene Wert-Eigenschaft untersuchen [...], ist es so klar, wie nur irgendetwas klar sein kann, dass Wünsche nur dann auftreten, ‚wenn irgend etwas schief geht', wenn es in einer bestehenden Situation ein ‚Problem' gibt."[24] Es muss demnach also schon viel schief gehen, bevor uns unsere ‚tiefsten Wertungen' in einer existentiell relevanten Weise auffällig werden: Erfahrungen der Infragestellung unseres bisherigen Lebens oder unserer bisherigen Lebensform[25]: die sogenannten Schicksalsschläge, die Verstrickung in massive und irreversible Schuld gegenüber Mitmenschen, aber auch Erfahrungen eines existentiellen Neubeginns (naheliegenderweise zum Beispiel die Geburt von Kindern), ganz allgemein Umbruchsphasen und tiefe Einschnitte in unser Leben.

In solchen Fällen zeigt sich aber dann, dass die ‚tiefsten Wertungen' deshalb „am wenigsten klar, am wenigsten artikuliert" sind, weil es sich bei den dafür zur Verfügung stehenden sprachlichen Ausdrücken immer nur um Abstraktionen aus der gesamten Erfahrungsgeschichte eines Menschen handelt, in der sich eine bestimmte Ordnung von Wertschätzungen herausgebildet hat. Die Ausdrücke sind also schlechterdings nicht von der Art und Weise zu trennen, wie sich der von ihnen bezeichnete Wert im Leben jeweils jedes der Menschen, die sich auf ihn berufen, auf unverwechselbare Art und Weise individuiert hat. Dewey illustriert das am Beispiel des Arztes, der sich die Gesundheit seiner Patienten zum Ziel setzt.

„Er hat nicht eine Idee von Gesundheit als einem absoluten Selbstzweck, einem absoluten Guten, mit dessen Hilfe er bestimmen kann, was er zu tun hat. Ganz im Gegenteil, er bildet sich seine allgemeine Vorstellung von der Gesundheit als Ziel und Gut (Wert) für den Patienten auf der Basis dessen, was seine Prüfungstechniken ihm als die Probleme gezeigt haben, an denen der Patient leidet, und als die Mittel, durch die sie überwunden werden. Man

---

[23] *Taylor*, a.a.O., S. 47.
[24] *Dewey*, Theorie der Wertschätzung, S. 326.
[25] Vgl. *M. Schlette*, Die Idee der Selbstverwirklichung. Zur Grammatik des modernen Individualismus, Frankfurt a.M. 2013, Kap. 12.

braucht nicht zu bestreiten, dass sich schließlich eine allgemeine und abstrakte Vorstellung von Gesundheit entwickelt. Aber sie ist das Ergebnis einer großen Anzahl definiter, empirischer Untersuchungen, kein apriorischer, vorbedingender ‚Maßstab‘ für das Durchführen von Untersuchungen.“[26]

Was für den Arzt gilt, gilt *vice versa* auch für seinen Patienten: die Bedeutung von ‚Gesundheit‘ als Ausdruck für den Gegenstand seiner Wertschätzung ist abhängig von seiner spezifischen Erfahrungsgeschichte. Bringt er ‚der‘ Gesundheit höchste Hochschätzung entgegen, steht dieser Begriff für die Art und Weise, wie dieser Mensch unter seinen jeweiligen Lebensbedingungen sein Leben im Blick auf die Erhaltung und Optimierung *seiner* Gesundheit führt.

III. Güterordnung und Wertbildung

Dewey verwendet in der zuletzt zitierten Passage die Begriffe des Guts und des Werts synonym. Jedenfalls ist ihm nicht an einer begrifflichen Unterscheidung gelegen. Trotzdem ist Deweys handlungstheoretische Einbettung von Akten der Wertschätzung in den Organismus-Umwelt-Kreislauf einschließlich der Unterscheidung zwischen impliziten, handlungsförmigen Wertschätzungen einerseits und expliziten Wertschätzungsaussagen über die handlungsförmigen Wertschätzungen andererseits, die der Sache nach die diesbezüglich einschlägige Unterscheidung Harry Frankfurts und Charles Taylors zwischen Volitionen erster und zweiter Ordnung vorwegnimmt, für eine Fundierung der axiologischen Differenz zwischen Werten und Gütern ausgesprochen erhellend. Denn es ist nicht schwer, die wortgeschichtliche Unterscheidung zwischen dem Wertsein und dem Wertseienden im Lichte der Dewey'schen Unterscheidung zwischen Wertschätzungen erster und zweiter Ordnung als handlungstheoretische Unterscheidung zwischen Gütern und Werten zu rekonstruieren. Die Pointe dieser Unterscheidung ist es, eine Werttheorie zu entwickeln, die gleichzeitig naturalistischen Ansprüchen genügt – „[d]as ‚Wünschenswerte‘, oder das Objekt, das gewünscht (wertgeschätzt) werden sollte, steigt nicht vom *a priori* Himmel noch als ein Imperativ vom Berg Sinai herab“[27] – *und* einen Geltungsanspruch von Werten *sui generis* zu verteidigen – das Wünschenswerte ist nicht bloß oder auch nur primär ein Ausdruck von Gefühlen oder irgendwelchen mentalen

---

[26] *Dewey*, Theorie der Wertschätzung, S. 340.
[27] *Dewey*, a.a.O., S. 324. Deweys Quelle für diese von ihm scharf kritisierte wertrealistische Position ist *Ralph Barton Perrys* General Theory of Value, Cambridge/Massachusetts 1926.

Vorkommnissen ohne Bezug zu Eigenschaften und Vorkommnissen der be-
obachtbaren Welt.[28]

Einen illustrativen Hinweis darauf, wie eine handlungstheoretische Fundierung der axiologischen Differenz im Lichte von Deweys Theorie der
Wertschätzung aussehen könnte, gibt das eben erwähnte Beispiel des Arztes, der um die Gesundheit seiner Patienten bemüht ist. Der Patient lagert
gleichsam die Wertschätzung zweiter Ordnung, also die explizite Abwägung zwischen seinen Wertschätzungen erster Ordnung im Blick auf das er-
strebte Ziel der Wiederherstellung und Bewahrung seiner Gesundheit, an
den Arzt aus. Dieser verfügt über die Expertise zur Einschätzung der Mittel-Zweck-Relationen, die der Verfolgung des Gesundheitsziels im Rahmen
der konkreten Fallgeschichte seines Patienten am angemessensten ist. So
empfiehlt er ihm wohlmöglich eine bestimmte Diät, rät ihm dazu, wann er
wieviel und welchen Sport ausüben sollte, welche Tätigkeiten er meiden,
welche er pflegen soll. Kurzum: er rät seinem Patienten, seine Lebensweise
auf das übergeordnete Ziel seiner Gesundheit einzustellen und gegebenenfalls radikal zu verändern. Im Zuge dieser Veränderung bildet sich ein neues Netz von Bedeutsamkeiten aus, die von dem Patienten im täglichen Leben wertschätzend erfahren werden. Er wird zum Beispiel eine Schönwet-
terphase als Anreiz zur Nutzung seines Fahrrades wahrnehmen, während er
früher als Gewohnheitsautofahrer für Wetterumschwünge kein Auge hatte.
Er wird neue Essgewohnheiten ausbilden und beim Einkauf auf andere
Dinge achten usw.

Stellen wir uns nun vor, ein jüngst von einer lebensgefährdenden Krankheit genesener Mensch fädele sich langsam wieder in sein alltägliches Leben ein, das von der Krankheit jäh unterbrochen wurde. Die Erinnerung an
die Bewährungsprüfung seines Organismus durch die Krankheit ist ihm
durch ein verändertes Lebensgefühl präsent: er legt auf anderes wert als vor
der Krankheit, wägt seine Bedürfnisse und Interessen vorsichtig gegeneinander ab, setzt in seinem Leben völlig neue Akzente. Im Unterschied zu
dem Beispiel des Arztes verordnet er sich nicht zum Zwecke der Bewahrung seiner Gesundheit eine neue Lebensweise, sondern diese verändert
sich sukzessiv und von Grund auf im Lichte der Krankheitserfahrung. Sein
Körper gibt ihm ein ständiges Feedback auf sein Verhalten; alte Gewohn-
heiten werden nun als belastend erfahren und einer behutsamen Änderung
unterzogen, neue Verhaltensweisen werden tastend erprobt und verändern
sukzessive die bisherigen Maßstäbe des Wünschenswürdigen. Selbst wenn
der Betreffende vor seiner schweren Erkrankung bereits am Ziel einer ge-
sunden Lebensweise orientiert sein mochte, so verändert sich im Lichte der

---

[28] Für diese von ihm ebenso scharf kritisierte emotivistische Position beruft Dewey sich auf
Alfred Ayers Language, Truth and Logic, Oxford 1936.

neuen Wertschätzungen, die sich nach der Genesung *bottom up* langsam zu neuen Verhaltensweisen vernetzen, die Bedeutung dessen, was er sich darunter vorstellt.

Die Möglichkeit eines grundlegend veränderten Verständnisses von der Bedeutung der Wertorientierungen einer in die Krise geratenen Lebensführung beschränkt sich natürlich nicht auf Deweys Beispiel der Gesundheit. Wir können uns etwa auch vorstellen, dass ein Mensch mit starken kantianischen Moralvorstellungen durch die Verstrickung in eine schwere Schuld in eine Identitätskrise gerät, die ihm vormals sichere Verhaltensmaßstäbe fragwürdig macht. Der Rigorismus seiner gesinnungsethischen Handlungsweisen kann ihm plötzlich fremd und in einer wachsenden Anzahl von Einzelfällen, in denen er sich zu beweisen hätte, als völlig unangemessen erscheinen. Aus einer situationssensiblen Veränderung seiner moralischen Sichtweise erwächst langsam ein neues Netz von Wertschätzungen, das ihm die Bedeutung des Ziels eines moralischen Lebens in einer neuen Weise erschließt. Noch evidenter ist das Beispiel eines Menschen, der sich unsterblich in einen anderen verliebt. Er wird danach begehren, die Welt mit den Augen des anderen zu sehen, um auf diese Weise zutiefst Anteil an dessen Sosein nehmen zu können. Auf diese Weise lebt er sich in neue Sichtweisen auf die Welt ein, bildet sich ihm sein Netz von Bedeutsamkeiten im Leben um, und schließlich werden sich ihm andere Ziele oder seine bisherigen Ziele in einem anderen, erweiterten Sinne erschließen. Er wird wohlmöglich überrascht feststellen, dass er ein anderer Mensch geworden ist als er vormals war. Aber diese Veränderung ist mit ihm geschehen, ohne dass er sie ausdrücklich intendiert hätte. Sie hat sich durch einen Wandel seiner Wertschätzungen erster und zweiter Ordnung so unscheinbar und ‚wie natürlich' vollzogen, dass er irgendwann nur noch im Rückblick feststellt, die Dinge früher ganz anders gesehen zu haben.

Zusammenfassend kann man nun auch sagen, dass sich aus der Krise einer Lebenspraxis heraus – sei es durch Krankheit, durch Schuld oder Verliebtheit oder auch durch andere vielleicht weniger grundstürzende Erfahrungen – auf dem Wege über Wertschätzungen erster und zweiter Ordnung ein Netz von neuen *Gütern* erschließt, die in dem stets nur partiell, niemals vollständig explizierbaren Sinnzusammenhang eines oder mehrerer *Werte* miteinander stehen. Man könnte auch sagen, die Orientierung an bestimmten Werten bestehe in der Vorzugs- und Nachsetzungsordnung unserer Praktiken der Wertschätzung, mit denen wir den Gegenständen unseres täglichen Gebrauchs und Umgangs den Status von Gütern zuschreiben. Werte ergeben sich also immer und ausschließlich aus dem Bewährungs- und Erfahrungszusammenhang der Umweltinteraktion, sind aber nicht auf den Sinngehalt *einzelner* Erfahrungen reduzierbar.

Das *handlungs*logische Verhältnis zwischen Gütern und Werten lässt sich an dem *sprach*logischen Verhältnis von Prädikaten und Begriffen veranschaulichen: Begriffe gewinnen wir durch Abstraktion aus Prädikaten. Sie treten dann als intensionale Bedeutungen der Prädikate auf, wenn sie deren Gebrauch durch Regeln bestimmen.

„Endlich viele Regeln über endlich vielen exemplarisch eingeführten Prädikaten bilden ein Regelsystem, das es z.B. auch erlaubt, für zwei Prädikate eine Äquivalenz zu definieren. Zwei Prädikate P und Q sind in bezug auf ein Regelsystem R äquivalent (intensional äquivalent oder synonym), wenn die Regeln einen Übergang von Aussagen der Form ‚x ε P‘ zu Aussagen der Form ‚x ε Q‘ zulassen und umgekehrt, oder anders ausgedrückt: wenn sowohl P aus Q als auch Q aus P in R ableitbar ist (P R Q). Anstelle von ‚P und Q sind äquivalent (genauer R-äquivalent)‘ aber läßt sich sagen ‚P und Q stellen denselben Begriff dar‘, womit auch die gebrauchssprachliche Wendung ‚P und Q bedeuten denselben Begriff‘ gerechtfertigt ist.“[29]

Begriffe sind logische Systeme, die den regelartigen Gebrauch von Prädikaten bezeichnen. Es handelt sich bei ihnen genau genommen um logische Idealisierungen eines regelförmigen Sprachgebrauchs.

Das Verhältnis zwischen Werten und Gütern lässt sich als analog zu dem Verhältnis von Begriffen und Prädikaten veranschaulichen. So bezeichnen Werte, wenn nicht regel*förmige*, so doch regel*ähnliche*, d.h. in einer weitgehend stabilen, jedenfalls nicht von Fall zu Fall beliebigen Ordnung des Vorzugs bzw. der Nachsetzung von Gütern bestehende Verhaltensweisen der Wertschätzung (erster Ordnung) und ihrer metareflexiven Bewertung (zweiter Ordnung). Wie im Falle des Enthaltenseins bestimmter Prädikate in einem Begriff, so ist auch das Verhältnis der Güter zu den Werten nicht in einem umfangslogischen Sinn des Anteils der Güter an bestimmten Werten zu verstehen. Wertbegriffe verdanken sich einer Abstraktion aus den konkreten Vorzugs- und Nachsetzungsordnungen, in denen wir uns durch Wertschätzungen erster und zweiter Ordnung die für uns bedeutsamen (relevanten) Güter erschließen. Es gibt – wie Wittgenstein anhand des Schachspiels einsichtig dargelegt hat – keine Geltungsweise von Handlungsregeln jenseits ihrer allgemeinen praktischen Befolgung.[30] Im Verhältnis von Gütern und Werten steht es ähnlich: Es gibt keinen ontologischen Sonderstatus von Werten jenseits der alltagspraktischen Bedeutsamkeitsnetze der von uns erstrebten Güter, wie sie sich in unseren Verhaltensweisen ausbilden

---

[29] *J. Mittelstraß*, Begriff, in: Historisches Wörterbuch der Philosophie, Bd. 1, Basel 1971, S. 786.
[30] Vgl. *L. Wittgenstein*, Philosophische Untersuchungen, Frankfurt a.M. 1984, u.a. §§ 31, 198f., 208.

und stabilisieren. Werte sind also gewissermaßen Begriffe für die operationalen Schemata des Umgangs mit Gütern.

Mit Hilfe von Wertbegriffen machen wir uns unsere Wertschätzungspraktiken bewusst. Dabei kommt ihnen ein regulativer Status zu, da wir uns auf ‚unsere‘ Werte affirmativ beziehen, d.h. in Orientierung an diesen Werten die von den Wertbegriffen abstrakt bezeichnete, aber stets nur partiell zugängliche Güterordnung affirmieren. Werte sind daher auch nichts ‚Abgeschlossenes‘ oder ‚Fertiges‘: die Bedeutung unserer Wertbegriffe hängt von den Praktiken der Wertschätzung ab, durch die wir in der Interaktion ein Netz von Bedeutsamkeiten erschaffen. Die Lebenspraxis ist deshalb eine Quelle steten Werte*wandels*, erstens im Sinne der zunehmenden intensionalen Spezifizierung unserer Wertbegriffe, zweitens der Preisgabe bestimmter Werte zugunsten anderer. Verdanken sich Begriffe der Idealisierung eines regelförmigen Sprachgebrauchs, so Werte der Idealisierung regelähnlicher Güterordnungen, die sich in der Interaktion stabilisiert haben. Darum nimmt es die Alltagssprache auch nicht so genau mit der Unterscheidung von Gütern und Werten: Werte sind uns immer nur gegenwärtig in Gütern.

IV. Gesellschaftliche Konflikte um Güter und Werte

Öffentliche Debatten werden in der Gegenwart immer öfter im Zeichen eines Streites um gesellschaftlich maßgebliche Werte geführt. Allenthalben ist von Wertkonflikten zwischen unterschiedlichen gesellschaftlichen Gruppierungen oder gar allgemein vom Werteverlust und der Notwendigkeit einer gesellschaftlichen Besinnung auf gemeinsame Werte die Rede. Schaut man sich an, um welche Werte eigentlich gestritten wird, verliert man leicht den Überblick. Bereits zum Klischee herabgesunken ist der Streit über den Gartenzaun herüber: Angehörige unterschiedlicher kultureller Gemeinschaften, gesellschaftlicher Klassen oder sozialer Milieus geraten über Konventionen des nachbarschaftlichen Miteinanders aneinander. Ebenfalls ubiquitär: nach Fußballspielen kommt es zu Prügeleien zwischen ‚hooligans‘ unterschiedlicher Teams, bei Demonstrationszügen auf der Straße stehen einander ‚pro life‘- und ‚pro choice‘-Aktivistinnen unversöhnlich gegenüber und vor dem Redaktionsgebäude einer Satirezeitschrift protestieren Angehörige einer Religionsgemeinschaft gegen Karikaturen, die sie als Verballhornung ihres Glaubens verstehen. Freiheitsliebend sind mehr oder weniger wohl alle Menschen, aber nicht alle halten es für das geringere Übel, Lehrer mit Waffen zur Verteidigung gegen Amokläufer auszustatten, als den Zugang zu Waffen drastisch einzuschränken, selbst wenn die Verfassung ihres Landes ihn garantieren sollte. Viele Menschen wollen

‚die Natur' durch den Betrieb von Windkrafträdern bewahrt wissen, deren
Verbreitung andere der Zerstörung des kulturellen Landschaftserbes bezich-
tigen. Restriktionen in der Aufnahme von Flüchtlingen dienen den einen der
Aufrechterhaltung nationaler Souveränität und werden von den Anderen als
Beweis der Einigelung in eine xenophobe Festung gedeutet.

So unterschiedlich die Beispiele sind, so haben sie zumindest eines gemeinsam, dass sich nämlich die Akteure, die hier konflikthaft aufeinander-
treffen, als Grund ihres Konfliktes auf Werte berufen. Die öffentliche Berufung auf Werte steht zumeist im Zeichen der Gefahr eines gesellschaftlichen Kohäsionsverlustes. Nach einem bekannten Diktum des ehemaligen
Bundesverfassungsrichters Ernst-Wolfgang Böckenförde zehrt der demokratische Verfassungsstaat von Voraussetzungen seiner Bekräftigung, Bewahrung und Verteidigung durch die Bürgerinnen und Bürger, die er selbst
nicht garantieren kann.[31] Zu diesen Voraussetzungen werden üblicherweise
gemeinschaftlich geteilte Werte gezählt. Die Berufung auf Werte setzt mehr
oder weniger explizit auf die Sozialform der Gemeinschaft. Sollen Gemeinschaften gesellschaftliche Kohäsion verbürgen, muss freilich bedacht werden, dass die soziale Inklusion der *einen* in bestimmte Gemeinschaften der
Exklusion *anderer* korreliert sein kann; damit verbunden ist die Gefahr der
Ausbildung von Freund-Feind-Schemata und des Kommunikationsabbruchs
zwischen den ‚verfeindeten' Lagern. Darum hat der politische Liberalismus
grundsätzlich für öffentliche Wertenthaltsamkeit plädiert. Debatten der politischen Philosophie zwischen den Lagern des Liberalismus und des Kommunitarismus betreffen ganz wesentlich auch die Bedeutung von Werten für
die politische Gestaltung der Gesellschaft.

Aber ist die Berufung auf Werte immer gerechtfertigt? Werden nicht oft
genug Werte mit einzelnen Gütern verwechselt, die für die einen Anteil an
bestimmten Werten haben, sie repräsentieren oder verkörpern, für die anderen aber nicht? Die Debatte steht oft im Zeichen eines substantialistischen
Verständnisses von Werten, beispielsweise bei der Berufung auf die ‚Werte
des Abendlands', die unterschlägt, dass sowohl der Wertewandel als auch
die intensionale Bedeutungserweiterung, -vertiefung und -verschiebung unserer Wertbegriffe konstitutiv für die dynamische Wechselbeziehung zwischen Werten und Gütern ist. Oftmals wäre bei der Bemühung um Schlich-
tung von Wertkonflikten daher schon hilfreich, zwischen Güter- und
Wertgemeinschaften zu unterscheiden. Menschen mit unterschiedlichen Güterordnungen können gleichwohl einander als Angehörige einer Wertegemeinschaft anerkennen. Denn die Wertorientierungen transzendieren die

---

[31] *E.-W. Böckenförde*, Die Entstehung des Staates als Vorgang der Säkularisation [1967],
in: *ders.*, Recht, Staat, Freiheit. Studien zu Rechtsphilosophie, Staatstheorie und Verfassungsgeschichte, Frankfurt a.M. 1991.

konkreten Güterordnungen und halten einen Möglichkeitshorizont offen, in welche Richtung die faktischen Güterordnungen sich im Lichte gemeinsam geteilter Werte noch entwickeln können. Diesen gemeinsamen Grund zu erkennen, erfordert die Öffnung des Einzelnen für die ihm gegebenenfalls fremd anmutenden Güterordnungen des anderen. Dass es oftmals zu massiven Konflikten zwischen der Anerkennungsforderung und -versagung für Güterordnungen (als Ausdruck gemeinsamer Wertorientierungen) und insbesondere natürlich widerstreitender Wertorientierungen kommt, ist damit unbestritten.

Trotzdem sei abschließend auf das humanistische Potential der axiologischen Differenz hingewiesen: Güterordnungen fundieren Wertorientierungen, aber Wertorientierungen enthalten auch semantische Ressourcen, die von konkreten Güterordnungen niemals vollends ausgeschöpft werden und die darüber hinaus auch für Widersprüche in existierenden Güterordnungen empfänglich machen können. So ist beispielsweise der Wert der individuellen Freiheit aus Güterordnungen der bürgerlichen Gesellschaft erwachsen, die in der Folge unter Berufung auf eben diesen Wert als restriktiv kritisiert worden sind; zur Dynamik kultureller Individualisierung trägt auch das Spannungsverhältnis zwischen den Güterordnungen und der Wertorientierung individueller Freiheit bei. Aber auch in der Öffnung für als fremdartig empfundene Güterordnungen kann der Horizont der eigenen Güterordnung erweitert und damit zugleich das Verständnis der eigenen Wertorientierung vertieft und differenziert werden. Empathische Neugier und hermeneutische Sensibilität für andere kulturelle Lebensformen sind daher nicht nur aus Gründen der Toleranz geboten, sondern auch um der Bereicherung der eigenen Lebensform willen wünschenswert. Anlässe zur Initiierung dieser Differenzsensibilität können Reisen ebenso sein wie die Auseinandersetzung mit der ‚Weltliteratur‘. Zu den Praktiken der Einübung von Differenzsensibilität zählen Bemühungen um einen interkulturellen und -religiösen Dialog. Und Orte der Einübung sind nicht zuletzt auch die Schulen.

Literaturhinweise

Ayer, Alfred: Language, Truth and Logic, Oxford 1936.

Böckenförde, Ernst-Wolfgang: Die Entstehung des Staates als Vorgang der Säkularisation [1967], in: *ders.,* Recht, Staat, Freiheit. Studien zu Rechtsphilosophie, Staatstheorie und Verfassungsgeschichte, Frankfurt a.M. 1991.

Dewey, John: The Reflex-Arc Concept in Psychology, in: Psychological Review (3) 1896, S. 357–370.

Ders.: Theorie der Wertschätzung, in: *ders.* Erfahrung, Erkenntnis und Wert, Frankfurt a.M. 2004, S. 293–361.

Frankfurt, Harry: Willensfreiheit und der Begriff der Person, in: *Peter Bieri* (Hg.), Analytische Philosophie des Geistes, Königsstein/Ts. 1981, S. 287–302.

Grimm, Jacob/Grimm, Wilhelm: Gut, in: Deutsches Wörterbuch, digitalisierte Fassung im Wörterbuchnetz des Trier Center for Digital Humanities, Version 01/21, <https://www.woerterbuchnetz.de/DWB>, abgerufen am 17.06.2022, Bd. 29, Sp. 1353–1375.

Dies.: Wert, in: Deutsches Wörterbuch, digitalisierte Fassung im Wörterbuchnetz des Trier Center for Digital Humanities, Version 01/21, <https://www.woerter buchnetz.de/DWB>, abgerufen am 17.06.2022, Bd. 29, Sp. 460–471.

Jung, Matthias: Die Natur der Werte – eine pragmatistische Perspektive, in: Deutsche Zeitschrift für Philosophie 2016, 64 (3), S. 410–423.

Laitinen, Arto: Strong Evaluation without Moral Sources, Berlin/New York 2008, S. 13–61.

Mittelstraß, Jürgen: Begriff, in: Historisches Wörterbuch der Philosophie, Bd. 1, Basel 1971, S. 786.

Perry, Ralp Barton: General Theory of Value, Cambridge/Massachusetts, 1926.

Schlette, Magnus: Die Idee der Selbstverwirklichung. Zur Grammatik des modernen Individualismus, Frankfurt a.M. 2013.

Taylor, Charles: Was ist menschliches Handeln?, in: *ders.*, Negative Freiheit. Zur Kritik des neuzeitlichen Individualismus, Frankfurt a.M. 1992, S. 9–51.

Wittgenstein, Ludwig: Philosophische Untersuchungen, Frankfurt a.M. 1984.

Moritz von Kalckreuth

Werterfahrung und „moralische Reife"

Philosophische Überlegungen zum Zugang zu Werten[1]

I. Einleitung

Sobald in philosophischen Debatten (und darüber hinaus) von Werten die Rede ist, gehört es gewissermaßen zum guten Ton, auf den durchaus nicht unproblematischen Charakter von Werten hinzuweisen: Selbst bei grundsätzlicher Sympathie für eine Theorie der Werte wird für gewöhnlich eingestanden, dass der Wertbegriff ‚schwammig' bzw. ‚mehrdeutig' ist und es zudem problematische Fassungen von Werten gibt.[2] Entsprechend verwundert es nicht, dass die Auseinandersetzung mit klassischen oder auch möglichen Einwänden im Rahmen von Werttheorien oftmals eine erhebliche Rolle spielt – etwa indem die eigenen systematischen Überlegungen von vornherein im Dialog mit einschlägigen Einwänden entwickelt werden.[3]

Der vorliegende Beitrag beschäftigt sich mit dem Problem des *Zugangs* zu Werten, wobei versucht wird, sowohl dem systematischen wie auch dem praktischen Anspruch einer Werttheorie gerecht zu werden, indem systematische Probleme und Fragen nicht einfach ‚freischwebend', sondern unter Beachtung ihrer Verbindung zu konkreten Phänomenen behandelt werden. Die Frage, wie unser Zugang zu Werten aussehen kann, ist einerseits eine systematische Frage: Wenn eine Theorie der Werte annimmt, dass der Zugang zu Werten ‚spontan' bzw. ‚intuitiv' sei und so von positivem Wissen

[1] Dieser Beitrag entstand im Rahmen des von der Deutschen Forschungsgemeinschaft (DFG) geförderten Projekts „Zur interdisziplinären und innerphilosophischen Rechtfertigung einer Philosophie der Werte", DFG-Projekt Nr. 457895741. Ich danke dem Organisationsteam sowie den Teilnehmerinnen und Teilnehmern der Tagung „‚Werteerziehung' und ‚Integration' durch die Schule – staatliche Bildungs- und Erziehungsziele in interdisziplinärer Reflexion" für die anregenden Diskussionen, die mich letztlich zu der vorliegenden Fragestellung motiviert haben.
[2] Vgl. exemplarisch *M. Jung*, Die Natur der Werte – eine pragmatistische Perspektive, in: Deutsche Zeitschrift für Philosophie 64.3 (2016), S. 410–412.
[3] Vgl. *Jung*, ebd., siehe auch *M. v. Kalckreuth*, Das Wertproblem und die religiösen Werte, in: *ders.*, Philosophische Anthropologie und Religion, Berlin/Boston 2021, S. 186–191.

(z. B. dem Wissen, dass die Berliner Mauer 1989 fiel) abgrenzt, dann stellt sich natürlich die Frage, wie eine Vermittlung von Werten innerhalb einer solchen Theorie verstanden werden kann. Zugleich gibt es praktische Erfahrungen, die mit dieser Frage korrespondieren: Irgendwie scheint es uns manchmal leicht zu fallen, die Augen für bestimmte Werte zu öffnen oder bestimmte Prinzipien zu verinnerlichen, während sich uns andere erst später erschließen oder vollends fremd bleiben. Zuletzt spielt natürlich auch die Frage, für *welche* Werte wir uns nun eigentlich interessieren, eine nicht unerhebliche Rolle: Ob der Zugang zur *Behaglichkeit* eines Sommerabends auf der Terrasse mit dem Zugang zur *Tiefe* einer Freundschaft oder dem Zugang zu einer *solidarischen* Gesinnung vergleichbar ist, kann nicht einfach vorausgesetzt werden. Je nachdem, wie weit oder eng der Wertbegriff gezogen wird, sind also eventuell verschiedene Formen des Zugangs zu berücksichtigen.

Das weitere Vorgehen wird nun folgendermaßen aussehen: In einem ersten Schritt werden zwei grundlegende Varianten dargestellt, wie Werte verstanden werden können – nämlich entweder als *Qualitäten*, die wir in der Welt vorfinden, oder aber als *Prinzipien*, die wir als ein ‚Sollen‘ an die Welt und an unser Handeln herantragen (I.). In einem zweiten Schritt wird untersucht, welche Zugänge zu Werten sich aus den jeweiligen Theorien ergeben (II.). Während bei einer Theorie der Wertqualitäten unser erlebtes Ergriffensein und Wertfühlen im Vordergrund steht, setzt eine Prinzipientheorie bei der soziokulturellen Tradierung von Prinzipien an. Zuletzt wird sich in einem dritten Schritt die Frage stellen, welche Folgen diese Überlegungen für die Idee einer Wertevermittlung haben (III.). Dabei soll auch gezeigt werden, dass sich einige wesentliche Momente dessen, was wir (in einem weiten Sinne) moralische Reife nennen, gut auf der Basis einer Erschließung von Werten verstehen lassen.

II. Nach Werten fragen:
Qualitäten in der Welt oder artikulierte Prinzipien?

Aufgrund der oft konstatierten ‚Weite‘ des Wertbegriffs liegt es nahe, zunächst einmal zu erörtern, was eigentlich mit Werten gemeint sein könnte – schließlich wirkt sich die angenommene Lesart von Werten unmittelbar auf die Frage nach unserem Zugang zu ihnen aus. Dabei erscheint es mir trotz der schwer überschaubaren Menge an Werttheorien besonders hilfreich, überblickshaft zwei Gruppen von Theorien – basierend auf der Auffassung von Werten als *Qualitäten* oder als *Prinzipien* – zu unterscheiden. Beide sind sich einig, wenn sie sich auf die grundlegende Intuition berufen, dass es Erfahrungen von „Sinn" bzw. „Bedeutsamkeit" gibt: In unserer Lebenserfahrung begegnen uns die Dinge, Personen, Handlungen, Situationen, Güter usw. nicht nur als ‚sterile' Objekte von Erkenntnissen, sondern sie berühren uns, ergreifen uns und bedeuten uns etwas.[4] Ein Picknick in der Natur kann *idyllisch* sein, eine Handlung *edel* oder *gemein*, eine Institution *gerecht* usw. Beide Theoriegruppen gehen davon aus, dass wir derartige Erlebnisse von Bedeutsamkeit und Sinn durch die Annahme von Werten verstehen können. Sie divergieren jedoch an dem Punkt, an dem gefragt wird, was denn Werte nun genau sind und wie sie unsere Erfahrungen prägen.

Eine erste Möglichkeit besteht darin, Werte als etwas Seiendes *in der Welt* zu verorten. Dies kann etwa geschehen, indem Werte als „Qualitäten" aufgefasst werden, die wir in der Welt an Dingen, Handlungen, Kulturgütern usw. vorfinden. Ein prominentes Beispiel für eine solche Theorie ist die phänomenologische Werttheorie Max Schelers.[5] Gemäß seiner Auffassung würde es sich etwa bei der *Behaglichkeit* eines Bades, bei der *Tiefe* einer Freundschaft, bei der *Güte* einer Handlung oder auch bei der *Heiligkeit* um verschiedene Werte handeln, wobei diese Werte eben als Qualitäten in der Welt seien. Es liegt wohl auf der Hand, dass es sich hier um eine sehr weit gefasste Lesart von Werten handelt, denn immerhin schließt sie auch „sinnliche" Werte wie Behaglichkeit oder „vitale Werte" (Werte des biologischen Lebens) ein, ist also nicht auf komplexe Ideale, moralische Werte oder Kulturwerte festgelegt.[6] Darüber hinaus unterscheidet er Werte als Qualitäten von Gütern (Gebilden, die wesensmäßig Werte realisieren) sowie ferner von Tugenden und Gesinnungen.[7] So wären etwa eine Freundschaft, eine Tradition oder ein Roman Beispiele für *Güter*, während etwa Tapferkeit eine *Tugend* wäre und Verlässlichkeit oder Integrität vielleicht als *Gesinnungen* bezeichnet werden könnten. Dabei ist grundsätzlich zu beachten, dass Güter, Tugenden und Gesinnungen zwar prinzipiell mit der Verwirklichung von Werten zusammenhängen, aber selbst keine Werte sind. Diese Beobachtung ist insofern wichtig, als es sich ausgehend von Schelers Terminologie bei vielen Phänomenen, die im Alltag zuweilen als ‚Werte' bezeichnet werden – z.B. Verlässlichkeit, Tradition, Autonomie,

---

[4] Vgl. exemplarisch *Ch. Taylor*, Quellen des Selbst, Frankfurt a.M. 1996, S. 15–104, *H. Joas*: Die Entstehung der Werte, Frankfurt a.M. 1997, S. 10 sowie *J. Raz*, Value, Respect, and Attachment, Cambridge 2001, S. 10–20. Die These, dass Erfahrung nicht *entweder* rein kognitiv *oder* qualitativ-wertend ist, sondern dass in unserer Lebenserfahrung beides miteinander verschränkt ist, hat in jüngster Vergangenheit insbesondere Matthias Jung verteidigt. Siehe *M. Jung*, Gewöhnliche Erfahrung, Tübingen 2014, S. 37–56.

[5] Vgl. *M. Scheler*, Der Formalismus in der Ethik und die materiale Wertethik, Hamburg 2014, S. 11–38. Für den Forschungsstand zu Schelers Phänomenologie siehe die einschlägigen Beiträge in *M. Schloßberger*, Max Scheler Handbuch, Stuttgart 2023 (im Erscheinen).

[6] Vgl. *Scheler*, Formalismus, S. 92–107.

[7] Vgl. *Scheler*, a.a.O., S. 24, 112.

Selbstverwirklichung – genaugenommen um Güter, Tugenden oder Gesinnungen handelt.

Da Werte für Scheler materiale Qualitäten und somit in der Welt verortet sind, wird auch deutlich, was er mit der Annahme eines „materialen" *Apriori* meint.[8] Dabei handelt es sich um prinzipielle Gesetzlichkeiten, die für die Werte, ihre Relationen untereinander und zu den verschiedenen Wertträgern gelten. In diesem Sinne steht beispielsweise *a priori* fest, dass Kunstwerke ästhetische Werte tragen und keine Lebenswerte, dass sinnliche Werte das Sein von Lebewesen und somit vitale Werte voraussetzen und dass Tugenden und Gesinnungen Personen zugeordnet werden. Die Rede von einem ‚*Apriori*' hebt also auf Gesetzlichkeiten ab, die unabhängig von konkreten Realisierungen gelten und nicht (wie zuweilen behauptet) auf eine Art ewigen Wertehimmel. Genau genommen scheinen viele dieser ‚apriorischen' Gesetzlichkeiten nicht einmal besonders strittige Anleihen zu erfordern.

Zuletzt ist darauf hinzuweisen, dass eine Beschreibung und Einordnung von Wertqualitäten in der Welt keinesfalls als Wert*ethik* auftreten muss: Wir können z. B. eine Freundschaft, eine Liebesbeziehung oder politische Ideale als höchst wertvoll erleben, ohne uns deswegen zu fragen, wie wir handeln oder unser Leben gestalten sollen. Erst wenn wir uns fragen, welche Werte unser Leben bestimmen und realisiert werden *sollen*, bzw. welcher Vorzugsordnung zur Geltung verholfen werden sollte, gelangen wir zu einer Wertethik. Das *Sollen* wird also nicht unmittelbar ‚in' der Welt ‚erschaut', sondern im Umweg über eine Beschreibung von Werten und eine daran anknüpfende Auslegung gewonnen.[9] Umgekehrt kann unsere lebendige Welt- und Werterfahrung aber auch als Ausgangspunkt zur Kritik bestehender Werturteile, Imperative usw. dienen, denn letztere müssen unserer Werterfahrung gerecht werden.[10]

Eine zweite, grundlegend andere Möglichkeit der Betrachtung von Werten besteht darin, sie als *Prinzipien* oder *Ideale* aufzufassen, wobei in der deutschen Tradition an die Wertphilosophie des Neukantianismus gedacht werden kann.[11] Allerdings gibt es auch in der Philosophie der Gegenwart

---

[8] *Scheler*, a.a.O., S. 49.

[9] Entsprechend wird in der Scheler-Forschung betont, dass sein *Formalismusbuch* genau genommen keine ausgearbeitete Wertethik, sondern eine werttheoretische Grundlegung sei. Vgl. *Chr. Bermes*, Einleitung: Die Erkundung der Moralität, in: *M. Scheler*, Der Formalismus in der Ethik und die materiale Wertethik, Hamburg 2014, S. XI.

[10] An diesem Punkt zeigt sich eine deutliche Übereinstimmung von phänomenologischer und pragmatistischer Werttheorie. Generell ließen sich auch die pragmatistischen Ansätze als Versuche verstehen, Werterfahrungen ausgehend von unserem lebendigen Weltzugang zu beschreiben. Vgl. u.a. *J. Dewey*, Erfahrung und Natur, Frankfurt a.M. 1995, S. 369–407.

[11] Die neukantianischen Werttheorien mögen in den aktuellen philosophischen Debatten selbst keine allzu große Rolle spielen, allerdings ist zu bedenken, dass sie im Umweg über Denker wie Max Weber bis heute einen gewissen Einfluss ausüben.

verschiedene Ansätze (insbesondere aus dem angelsächsischen Raum), die mit sehr ähnlichen Wertbegriffen arbeiten.[12] Aus einer solchen Auffassung von Werten als Prinzipien folgt, dass sie nichts Seiendes ‚in der Welt' sein können, sondern durch unser Handeln „verwirklicht" werden und auf diese Weise „Geltung" erlangen.[13] In diesem Sinne wären etwa die Ideale *Freiheit*, *Gleichheit* und *Brüderlichkeit* als Werte zu verstehen, wobei auch deutlich wird, dass wir sie nicht einfach als etwas Seiendes in der Wirklichkeit vorfinden, sondern als verbindliche Prinzipien unseres Handelns anerkennen und dann zu verwirklichen suchen. Zudem dürfte auffallen, dass dieser Wertbegriff recht genau derjenigen Lesart von Werten entspricht, wie wir sie aus gesellschaftspolitischen Debatten kennen: Die Rede von ‚Grundwerten' unserer Gesellschaft oder von Europa als ‚Wertegemeinschaft' hebt offenkundig nicht auf Qualitäten (im Sinne Schelers) ab, die wir in der Welt erleben, sondern auf Prinzipien, die als grundlegend für unser staatliches und gesellschaftliches Handeln angesehen werden und zu denen wir uns deshalb bekennen.[14]

Was für Wertarten lassen sich ausgehend von dieser Auffassung denken? Eine zentrale Rolle spielen zunächst einmal normative Prinzipien des individuellen und sozialen Handelns, also moralische, politische oder ggf. rechtliche Werte.[15] Als Beispiele für derartige Werte könnten etwa Integrität, Loyalität, Gerechtigkeit oder Wahrhaftigkeit genannt werden, wobei sich auch schon eine gewisse Nähe zu Tugenden andeutet.[16] Bei einer weiteren bedeutsamen Gruppe von Werten handelt es sich um ästhetische Werte wie Schönheit oder Harmonie, und zuletzt wird gelegentlich auch von Werten der Wissenschaft – etwa Wahrheit – gesprochen.[17] Anhand all dieser Beispiele wird zweierlei deutlich: *Erstens* kann gemäß dieser Lesart erst dann von Werten gesprochen werden, wenn wir uns innerhalb der Sphäre eines von Prinzipien geleiteten, kulturellen Lebens und Handelns befinden. Oder zugespitzt formuliert: Erst durch (menschliche) Personen, die ein von der faktischen Welt losgelöstes Sollen durch die Teilhabe an einer begrifflichen Ordnung in der Kultur verwirklichen können, ergibt die Rede von

---

[12] Vgl. exemplarisch *R. Dworkin*, Gerechtigkeit für Igel, Berlin 2012.
[13] *H. Rickert*, System der Philosophie, Tübingen 1921, S. 112–113. Für eine exzellente Darstellung der neukantianischen Wertphilosophie im Vergleich zur Theorie Schelers siehe *A. N. Wendt*, Unsichtbar und unerhört. Kontroversen um Max Schelers Wertphilosophie, in: *E. Dzwiza-Ohlsen* u. *A. Speer* (Hg.), Philosophische Anthropologie als interdisziplinäre Praxis, Paderborn 2021, S. 114.
[14] Vgl. *H. Joas* u. *K. Wiegandt* (Hg.), Die kulturellen Werte Europas, Frankfurt a.M. 2005.
[15] Rickert fasst die individuell-moralischen und die sozialen Werte unter dem Begriff der „Sittlichkeit" zusammen. Vgl. *Rickert*, System, S. 150.
[16] Vgl. auch *Chr. Halbig*, Ethische und ästhetische Werte, in: *G. Althoff* (Hg.), Zeichen – Rituale – Werte, Münster 2004, S. 37.
[17] Vgl. *Rickert*, System, S. 118–119, 134.

Werten überhaupt Sinn.[18] Hier liegt ein tiefgreifender Unterschied zur oben besprochenen Auffassung von Werten als Qualitäten, denn letztere bestehen auch ‚unterhalb' von Kultur und Vernunft. *Zweitens* sind Werte als Prinzipien in besonderem Maße auslegungsbedürftig: Wir mögen uns zwar alle einig sein, dass Freiheit und Gerechtigkeit bedeutsame Werte sind, haben aber sehr unterschiedliche Vorstellungen davon, worin diese Prinzipien *en detail* bestehen und wie wünschenswerte Verwirklichungen aussähen.[19] Zudem kann kaum ein Zweifel daran bestehen, dass die Auffassungen von Freiheit oder Tapferkeit nicht nur im Vergleich verschiedener Kulturen, sondern auch im Verlauf der Geschichte variieren. Selbst wenn angenommen wird, dass Werte einen überzeitlichen Kern o.ä. aufweisen, so besteht doch Klärungsbedarf hinsichtlich der Frage, worin nun jeweils die überzeitlichen und die geschichtlichen Momente der Wertbegriffe bestehen. Diese Überlegung spricht zwar keineswegs gegen die Annahme von Werten als Prinzipien, sollte aber Anlass geben, eine allzu große Selbstverständlichkeit bei der Rede von ‚den' Werten zu vermeiden.

III. Der Zugang zu Werten: Fühlen, Vorbilder, Soziokultur

1. Der Zugang zu Werten aus der Perspektive einer Theorie der Wertqualitäten

Wie lässt sich nun ausgehend von den beschriebenen Werttheorien unser Zugang zu Werten rekonstruieren? Werden Werte als Qualitäten in der Welt verstanden, so wird in der Regel betont, dass unser Zugang zu Werten ein emotionaler, intuitiver sei.[20] Dinge, Personen, Güter usw. ergreifen uns, *weil* sie bestimmte Werte tragen. Entsprechend vertritt etwa Scheler die Auffassung, dass Werte „gefühlt" bzw. „erfühlt" werden.[21] Dieses Wertfühlen tritt in vielen Fällen gemeinsam mit einem Ergriffensein auf: Wenn ich beispielsweise die Behaglichkeit in der Badewanne genieße oder wenn mich die Schönheit eines Romans ergreift, dann fühle ich dabei auch einen Wert. Das bedeutet aber nicht, dass ein Wertfühlen ohne starkes Ergriffensein unmöglich sei, weshalb Scheler zwischen dem „Wertfühlen" (im Sinne einer intuitiven Einsicht in das Vorhandensein eines Wertes) und verschie-

---

[18] Vgl. *Chr. Korsgaard*, The Dependance of Value on Humanity, in: *J. Raz*, The Practice of Value, Oxford 2005, S. 63–85 (hier: 67, 85).
[19] Vgl. *Taylor*, Quellen des Selbst, S. 52–204.
[20] Vgl. *Chr. Demmerling*, Werte, Wertschätzen und Gefühle, in: Deutsche Zeitschrift für Philosphie 61.1 (2013), S. 69. Siehe auch *Í. Vendrell Ferran*, Die Emotionen, Berlin 2008.
[21] *Scheler*, Formalismus, S. 263.

denen „Gefühlen", die durch unseren Kontakt mit Gütern hervorgebracht werden, unterscheidet.[22]

Dass ein diskretes Wertfühlen ohne starkes Ergriffensein möglich ist (auch wenn es nicht die Regel darstellt), kann ein Beispiel aus dem Feld der ästhetischen Werte illustrieren: Es scheint recht häufig vorzukommen, dass wir einem Kunstwerk, Film oder Theaterstück ästhetischen Wert zusprechen, obwohl uns das Werk nicht unbedingt ‚gefällt' oder zumindest beeindruckt. In diesem Fall ist uns ein ästhetischer Wert gegeben, *ohne* dass es zu einem starken Ergriffensein kommt. Dass uns ein Kunstwerk gefällt, berührt oder etwas bedeutet, ist also umgekehrt nicht zwingend erforderlich, um einen Wert zuzusprechen, sondern zeigt genau genommen das Ergriffensein durch den Wert oder eine Wertbindung an.[23] Insgesamt wird also deutlich, dass uns die These, unser Zugang zu Werten sei ein fühlender, intuitiver, nicht auf die Behauptung verpflichtet, dass es immer zu einem starken Ergriffensein komme.[24]

Der Umstand, dass unser Zugang zu Werten vor allem ein fühlender ist, deutet bereits auf ein Grundproblem hin: Welche der unendlich mannigfaltigen Werte in der Welt uns ergreifen und welche nicht, entzieht sich offenkundig unserer (rationalen) Kontrolle. Unsere Einflussmöglichkeit ist hier lediglich eine indirekte, indem wir versuchen können, unseren Blick für verschiedene Werte zu sensibilisieren und uns für verschiedene Werterfahrungen offen zu halten. Systematisch steht dahinter Schelers Annahme, dass verschiedene emotionale Akte, Haltungen und Phänomene der personalen Lebensführung in einem Sinn- und Fundierungszusammenhang stehen.[25] Wenn ich beispielsweise ausschließlich auf mich selbst, meine Ziele und eigenen Leistungen fixiert bin, kann dies dazu führen, die von und an anderen Personen realisierten Werte zu übersehen oder zu leugnen.[26] Inwiefern ich mich gegenüber anderen Personen öffnen und sie als wertvoll anerkennen kann, wirkt sich auch auf die Frage aus, ob ich im Stande bin, anderen Personen wirklich zu verzeihen (was gemäß Scheler eine bejahende Haltung zur anderen Person erfordert) oder ob ich Gefahr laufe, andere zu be-

---

[22] Vgl. *Scheler*, a.a.O., S. 262–265. Der Differenzierung zwischen diskretem Wertfühlen und Ergriffensein entspricht bei Joseph Raz die Unterscheidung von „respect" und „attachment". Vgl. *Raz*, Value, Respect, and Attachment, S. 161.

[23] Diese Überlegung ist insofern wichtig, als gerade im ästhetischen Bereich die Gefahr besteht, Wertqualitäten als Gegenstände von Geschmacksurteilen oder Assoziationen zu begreifen.

[24] Für Max Scheler besteht die Tugend der „Ehrfurcht" gerade in der erlebten Gewissheit, dass die eigenen Werthaltungen nicht die einzig möglichen sind, und einer daraus folgenden Zurückhaltung beim Urteil über die Werthaltungen anderer. Vgl. *M. Scheler*, Zur Rehabilitierung der Tugend, in: *ders.*, GW 3, Bern 1955, S. 13–31 (hier: 26–30).

[25] Siehe dazu *M. v. Kalckreuth*, Philosophie der Personalität, Hamburg 2021, S. 194–262.

[26] Vgl. *M. Scheler*, Das Ressentiment im Aufbau der Moralen, in: *ders.*, GW 3, Bern 1955, S. 33–147 (hier: 47–48).

neiden (was besonders dann vorkommt, wenn ich blind für die Werte und
Vorzüge anderer Personen bin, sodass mir ihre Verdienste ungerechtfertigt
erscheinen).[27] Ob wir einen Zugang zu bestimmten Werten und Gütern haben oder nicht, mag somit zwar nicht unserer unmittelbaren Kontrolle unterliegen, ist aber auch nicht komplett zufällig, denn unsere Zugänge zu
Werten hängen mit der Struktur unseres personalen Lebens zusammen.

Bei der Erschließung neuer Werte spielen für Scheler auch Beziehungen
zwischen menschlichen Personen eine Rolle: Eine geliebte oder geschätzte
Person kann als „Vorbild" fungieren, indem sie uns die Augen für Werte
öffnet, die wir zuvor nicht gesehen oder unterschätzt haben.[28] Dieses Vorbildverhältnis wird phänomenologisch so rekonstruiert, dass uns die lieben-
de Zuwendung zur anderen Person ermöglicht, wertfühlende Akte „mitzu-
vollziehen" – sodass wir selbst einen Zugang zu den jeweiligen Werten
oder Gütern gewinnen können.[29] Da die Liebe zu einer Person immer beinhaltet, sie als wertvoll zu erleben (einschließlich der Selbstliebe, in der wir
ein bejahendes Verhältnis zu uns selbst und unserem personalen Selbstwert
realisieren) und Liebe zudem Mitvollzug ermöglicht, verwundert es nicht,
dass Scheler die Liebe insgesamt als einen Werte „erschließenden" Akt bezeichnet.[30] Als Gegenakt wird der Hass aufgefasst, der uns gegenüber Werten verschließt und entsprechend zu einer „Verengung" unseres Wertbewusstseins führt.[31]

Scheler weist darauf hin, dass unsere Zugänge zu Werten auch soziokul-
turell geprägt sind: Jede Soziokultur bzw. die in ihr geltende Moral weist
eine eigene „Vorzugsordnung" auf, womit gemeint ist, dass bestimmte
Wertarten in der jeweiligen Moral als besonders hoch angesehen werden,
während andere weniger bedeutsam erfasst werden und weitere vielleicht
überhaupt keine Berücksichtigung finden.[32] Die jeweilige Vorzugsordnung
wirkt sich auf das individuelle Wertbewusstsein von Personen aus, indem
es Werterfahrungen vermittelt und sie dabei für manche Werte mehr, für

---

[27] Vgl. *Scheler*, a.a.O., S. 41–46; *ders.*, Formalismus, S. 382.

[28] Vgl. *Scheler*, Formalismus, S. 596–615. An dieser Stelle ist grundsätzlich anzumerken,
dass Scheler unter Liebe einen geistigen Akt der Zuwendung und Bejahung versteht, Liebe
wird also nicht nach dem Maßstab von romantischer Liebe bzw. Paarliebe aufgefasst.

[29] *Scheler*, a.a.O., S. 541. Als besonders schönes Beispiel ließe sich hier an Stefan Zweigs
Novelle „Verwirrung der Gefühle" denken: Nach seinem Wechsel an eine kleinstädtische
Universität begegnet der junge Student Roland einem Professor, dem es gelingt, die Schönheit der englischen Literatur erfahrbar zu machen und seine Studenten so zum Mitvollzug an-
zuregen. Als (der ebenfalls als Erzähler fungierende) Roland später bei der Durchsicht der
ihm anlässlich des 60. Geburtstags gewidmeten Festschrift bemerkt, dass seine Kollegen zwar
jede Kleinigkeit eines Lebenslaufs minutiös beschrieben haben, die entscheidende, ihn prägende Begegnung mit dem Vorbild jedoch fehlt, sagt er sich: „Alles ist wahr darin – nur das
Wesenhafte fehlt." *St. Zweig*, Verwirrung der Gefühle, Frankfurt a.M. 1983, S. 183.

[30] Vgl. *Scheler*, Formalismus, S. 267.

[31] *Scheler*, a.a.O., S. 268, 324.

[32] Vgl. *Scheler*, a.a.O., S. 309–319.

andere jedoch weniger sensibilisiert. So kritisiert Scheler beispielsweise die übertriebene Fixierung auf Nützlichkeitswerte in der Moderne, die mit einer Unterschätzung von Lebens- und Kulturwerten einhergehe und auch den Zugang zu religiösen Werten oder etwas Heiligem erheblich erschwere.[33]

Zuletzt wirkt sich die der eigenen Moral zugrunde liegende Vorzugsordnung auch auf das vorherrschende Verständnis von Tugenden, Prinzipien und Gesinnungen aus: So können z.B. in einer ‚postheroischen' Gesellschaft Tugenden wie Tapferkeit nur dann eine Rolle spielen, wenn sie gemäß der eigenen Vorzugsordnung neu formuliert werden – etwa indem der Einsatz für Schwache mit juristischen Mitteln, das öffentliche Anprangern von Problemen oder das Eingestehen eigener Fehler als ‚tapfer' verstanden wird. Gelingt eine solche Reformulierung im Sinne der eigenen Vorzugsordnung und mit den Mitteln des eigenen Zeitgeistes nicht, können Tugenden oder Gesinnungen als ‚altmodisch' in den Hintergrund treten und schließlich in Vergessenheit geraten, weil mit ihnen kein Erlebnisgehalt mehr korrespondiert.[34] Vorzugsordnungen und Moralen sind also keineswegs in Stein gemeißelt, sondern müssen sich immer wieder im Werterleben einzelner Personen bewähren. Sofern sie dies nicht mehr der Fall ist, kann es dazu kommen, dass Personen oder Gruppen Gegenentwürfe hervorbringen und als Vorbilder andere Personen zum Mitvollzug einladen.

Aus den bisherigen Darstellungen ergibt sich dreierlei: Erstens führt die Annahme, dass Werte Qualitäten in der Welt seien, nicht zu einem Zugang zu ihnen nach dem Modell sinnlicher Wahrnehmung von materiellen Dingen: Die Rede vom intuitiven, fühlenden Zugang zu Werten wird vielmehr explizit von einem kognitivistischen Wahrnehmungs- und Erkenntnismodell abgegrenzt. Zweitens soll die These, dass unser Zugang zu Werten ein fühlender sei, keineswegs zu einem Modell willkürlicher Assoziationen oder Geschmäcker führen: Ob Werte vorhanden sind oder nicht, entscheidet sich nicht allein auf der Basis meiner persönlichen Ergriffenheit, meines ‚Geschmacks' oder meiner ‚Meinung', zumal die emotionalen Akte und Phänomene gemäß Scheler eine Sinnordnung aufweisen. Drittens ist zu bedenken, dass der Zugang zu Wertqualitäten in der Welt keinesfalls isoliert stattfindet: Unser Zugang zu Werten wird durch die vorherrschende Moral vermittelt auf diese Weise beeinflusst, zudem können uns Vorbilder die Augen für neue Werte und Güter öffnen.

---

[33] Vgl. *Scheler*, Ressentiment, S. 126–147. Siehe auch *v. Kalckreuth*, Personalität, S. 244–250.
[34] In diesem Sinne weist Scheler darauf hin, dass es in der bürgerlichen Moderne besonders schwerfalle, religiöse Tugenden wie Demut und Ehrfurcht zu artikulieren. Vgl. *Scheler*, Tugend, S. 13–31.

2. Der Zugang zu Werten aus der Perspektive
einer Theorie der Prinzipien

Wie stellt sich nun aber der Zugang zu Werten dar, wenn Werte *als Prinzipien* verstanden werden? Wie im vorigen Abschnitt im Anschluss an Rickert und Taylor dargestellt, sind Prinzipien nichts Seiendes, sondern haben Geltung, wenn wir sie als verbindlich für das eigene Leben und Handeln anerkennen. Entsprechend kann der Zugang zu ihnen offenkundig nicht darin bestehen, dass sie uns irgendwie in der Welt begegnen und ergreifen. Schon an dieser Stelle liegt auf der Hand, dass der Zugang zu Prinzipien anders gedacht werden muss als der Zugang zu Qualitäten. Genau genommen stellt sich also die Frage, woher die Prinzipien kommen, wenn wir sie ‚von außen‘ an die Welt und unser Handeln herantragen.

Zunächst ist zu beachten, vor welchem Hintergrund Denker wie Rickert und Taylor überhaupt auf Werte zu sprechen kommen: Bei Rickert spielt die Auseinandersetzung mit Werten eine wichtige Rolle für die systematische Begründung einer „Weltanschauungslehre", also der philosophischen Untersuchung normativer Strukturen, die die Selbstauslegung des Menschen und die Beurteilung seiner Handlungen bestimmen.[35] Dabei heben die einzelnen Weltanschauungen die Bedeutsamkeit unterschiedlicher Werte hervor und machen ein Angebot hinsichtlich möglicher Auslegungen. Eine ähnliche, wenn auch systematisch wie methodisch grundlegend anders ausgearbeitete Grundintuition steht hinter der Position Taylors: Hier erfolgt die Unterscheidung verschiedener Werte und Güter vor dem Hintergrund der Frage nach kulturellen Identitäten und Selbstverständnissen.[36]

Entscheidend ist nun aber, dass Weltanschauungen und kulturelle Identitäten *überpersönliche* Gebilde sind, also von Gemeinschaften oder ganzen Soziokulturen geteilt werden und dabei geschichtlichem Wandel unterliegen. Ähnlich verhält es sich mit Moral bzw. Moralen und Sitten, die sich auch auf bestimmte Prinzipien (bzw. konkrete Auslegungen) berufen. Damit wird eine Dimension der Rede von Geltung expliziert, die bislang eher unterbestimmt blieb: Die Geltung eines Prinzips oder Ideals ist üblicherweise nicht nur eine Geltung für mich, sondern für eine Vielzahl menschlicher Personen. Wenn wir von Werten als Prinzipien sprechen, befinden wir uns also nicht auf dem Boden der isolierten Betrachtung des Individuums, das auf mysteriöse Weise zu solchen Prinzipien gelangt, sondern begreifen das Individuum als Teil einer Soziokultur, in der man sich immer schon über Prinzipien und ihre Auslegung verständigt. Damit wird auch deutlich, wie der Zugang zu Werten in einer Prinzipientheorie zu verstehen ist: Im gemeinschaftlichen und gesellschaftlichen Miteinander und der vorausge-

---

[35] Vgl. *Rickert*, System, S. 25–31.
[36] Vgl. *Taylor*, Quellen des Selbst, S. 15–104.

setzten Moral, den Sitten oder Weltanschauungen finden wir immer schon ein ganzes Spektrum an geltenden Prinzipien und Auslegungen vor.

Obwohl die Betrachtung von Moralen, Weltanschauungen usw. als Teil des geschichtlichen Lebens ein Thema für sich darstellen, sollen doch kurz einige relevante Überlegungen angesprochen werden. Besonders einschlägig ist hierfür Nicolai Hartmanns Werk über *Das Problem des geistigen Seins*. Hartmann beschreibt darin prominent den „objektiven Geist", der jedoch nicht metaphysisch, sondern kultur- und geschichtsphilosophisch rekonstruiert wird.[37] Bei den „Gebieten" des objektiven Geistes handelt es sich u.a. um Sprache, Wissenschaft, Kunst, Religion und Weltanschauungen, Moral, Sitten, Wirtschaft, Mode usw., wobei Hartmann grundsätzlich die These vertritt, dass der objektive Geist das Miteinander von menschlichen Personen vermittle.[38] Wenn sich beispielsweise jemand unhöflich, dreist oder moralisch verwerflich verhält, dann empfinden wir eine unmittelbare Ablehnung oder Missbilligung. Diese unmittelbare Reaktion wird jedoch dadurch ermöglicht, dass wir an einer Moral und einem Sittensystem teilhaben, sodass von einer Vermittlung durch Moral und Sitten gesprochen werden kann.[39]

Grundsätzlich sind für Hartmann drei Bestimmungen des objektiven Geistes besonders zentral: *Erstens* ist er „überpersönlich" – damit ist gemeint, dass der gesamte Bestand eines Gebietes die Möglichkeiten einzelner Personen grundsätzlich übersteigt.[40] So kann beispielsweise keine Person den gesamten Stand der Wissenschaft in sich vereinigen und niemand kennt die Sitten oder den ‚Slang' aller sozialen Teilgruppen. *Zweitens* wird das Verhältnis von Einzelperson und objektivem Geist als ein gegenseitiges Tragen und Getragensein expliziert.[41] Die einzelne Person wird von den Gebieten des Geistes getragen, indem sie zuerst in sie „hineinwächst" und sie dann in ihrem Verhalten voraussetzt. Zugleich trägt sie aber auch den Geist, indem sie durch ihr eigenes Verhalten letztlich darauf Einfluss nimmt, welche Inhalte eines Gebietes weitergeben werden. *Drittens* unterliegt der objektive Geist einem historischen und kulturellen Wandel, der in den einzelnen Gebieten unterschiedlich schnell voranschreitet und der sich

---

[37] Vgl. *N. Hartmann*, Das Problem des geistigen Seins, Berlin 1962. Hartmann schließt mit diesem Projekt an die geistesgeschichtliche Forschung Wilhelm Diltheys an, unternimmt jedoch den Versuch einer ontologischen Systematisierung. Siehe auch *A. Da Re*, Objective Spirit and Personal Spirit in Hartmann's Philosophy, in: Axiomathes 12 (2001), S. 317; *v. Kalckreuth*, Personalität, S. 127–133.

[38] Vgl. *Hartmann*, Das Problem des geistigen Seins, S. 212.

[39] Mit Helmuth Plessner kann diese Denkfigur als eine „vermittelte Unmittelbarkeit", also als eine Unmittelbarkeit, die durch eine Vermittlungsleistung hergestellt werden muss, bezeichnet werden. *H. Plessner*, Die Stufen des Organischen und der Mensch, Berlin 1975, S. 321.

[40] *Hartmann*, Das Problem des geistigen Seins, S. 72, 212–226.

[41] *Hartmann*, a.a.O., S. 257–259.

auch aus dem Umstand ergibt, dass die Individuen den Geist durch ihr Verhalten tradieren und dabei verändern.[42] Während sich etwa die Religion sehr langsam wandelt, erleben Forscherinnen und Forscher in der Wissenschaft im Laufe ihrer Tätigkeit mehrere ‚Turns‘ und in Bereichen wie Mode oder ‚Lifestyle‘ geht der Wandel besonders zügig von sich. Die Pointe dieser Beobachtung besteht darin, dass der historische und kulturelle Wandel einschließlich möglicher Generationenkonflikte oder Umbrüche als Standardphänomen, das zum geistigen Leben wesensmäßig dazugehört, begriffen werden kann. Dass es einen Wandel gibt, spricht also weder pauschal für eine Vervollkommnung noch für einen Niedergang.

Inwiefern könnten sich diese Überlegungen mit Blick auf den Zugang zu Werten als hilfreich erweisen? Zunächst einmal gestattet es Hartmanns Position, den Zugang zu den geltenden Prinzipien bzw. ihrer Auslegung als ein „Hineinwachsen" zu begreifen. Wenn wir in einer bestimmten Gesellschaft bzw. Gemeinschaft aufwachsen, werden wir von den geltenden Lesarten der Prinzipien beeinflusst, und dies geschieht zunächst, ohne dass wir uns explizit dazu verhalten. Auf der Basis unseres individuellen Verhaltens, der vorausgesetzten Prinzipien und Wertbindungen entscheidet sich schließlich, welche Inhalte der Moral wir tradieren und welche nicht. Zuletzt wird deutlich, dass die verschiedenen Auslegungen keine überzeitlich gültigen Wesenheiten darstellen, sondern in der Generationenfolge immer wieder aktualisiert werden, was auch die Möglichkeit mehrerer konkurrierender Moralen und Weltanschauungen in ein und derselben Gesellschaft einschließt. Wir werden also regelmäßig mit verschiedenen Angeboten konfrontiert, Werte auszulegen und zu artikulieren.

Die bisherige Darstellung könnte nahelegen, die individuelle Person werde in ihren Wertbindungen lediglich von ihrem Zeitgeist geformt. Ganz so einfach verhält es sich jedoch nicht: Hartmann weist zwar darauf hin, dass der objektive Geist (und alle enthaltenen Gebiete) „die große Selbstverständlichkeit unseres Menschenlebens" darstelle, gibt aber auch zu bedenken, wie leicht einzelne Selbstverständlichkeiten durch biografische oder historische Ereignisse erschüttert werden können.[43] Als einzelne Person stellt sich uns letztlich immer die praktische Frage, ob die in der Lebensführung vorausgesetzten Prinzipien mit der uns begegnenden Realität zusammenfinden. So könnte etwa eine junge Studentin aus einem bildungsbürgerlichen Milieu, die im Rahmen eines Praktikums in einem Kulturzentrum im sozialen Brennpunkt arbeitet, zu dem Schluss kommen, dass die von ihr bisher vorausgesetzten Auslegungen von ‚Solidarität‘ oder ‚Chancengleichheit‘ nicht geeignet sind, die neu erlebte Realität befriedigend zu

---

[42] *Hartmann*, a.a.O., S. 267–270.
[43] *Hartmann*, a.a.O., S. 177.

erfassen, weil sie zu kontraintuitiven Urteilen oder Handlungsempfehlungen führen. In der Lebensführung zeigt sich auch, ob wir bestimmte Werthaltungen wirklich verinnerlicht haben: Es kann durchaus sein, dass wir bisher meinten, bestimmte Werte als verbindlich anzuerkennen, im entscheidenden Augenblick aber von einer Verwirklichung absehen, weil sich uns ein bequemerer Weg bietet oder weil wir meinen, für uns selbst eine Ausnahme rechtfertigen zu dürfen. Die Frage, welche Prinzipien gemäß welcher Auslegung oder Artikulation verbindlich genommen werden, hängt also auch in großem Maße von der *Bewährung* dieser Prinzipien in der Lebensführung einzelner Personen und ihrer Begegnung mit der Welt ab.

Zuletzt können auch bei der Erschließung neuer Prinzipien bestimmte *Vorbildverhältnisse* eine Rolle spielen: In der Lebenshaltung von Personen, die wir lieben, schätzen oder zu denen wir aufblicken, können bestimmte Prinzipien greifbar werden oder an Plastizität gewinnen. Zudem können uns Vorbilder auf Widersprüche und problematische Konsequenzen hinweisen, die sich aus einer Anwendung der von uns vorausgesetzten Moral oder Weltanschauung in der Lebensführung ergeben.

Im Laufe dieses Abschnitts wurde deutlich, dass sich ausgehend von den verschiedenen Werttheorien die Frage nach dem Zugang zu neuen Werten recht unterschiedlich darstellt: Werden Werte als Qualitäten verstanden, dann wird in der Regel beim fühlenden, intuitiven Zugang der Einzelperson angesetzt. Dabei ist vor allem der Einwand einer subjektivistischen Versunkenheit in die eigenen Ergriffenheitserfahrungen zu vermeiden, weshalb es wichtig ist, auf die interpersonalen Verbindungen durch Vorbilder und eine überpersönliche Moral hinzuweisen. Ausgehend von einer Auffassung von Werten als Prinzipien ergab sich das umgekehrte Bild: Da Prinzipien Geltung beanspruchen, setzt die Frage nach dem Zugang hier bei der soziokulturellen Realisierung von Geltung an. Allerdings besteht die Gefahr, unsere Prinzipien als etwas zu begreifen, was uns durch die Gesellschaft oder Gemeinschaft einseitig aufoktroyiert wird. Eine adäquate Korrektur basiert auf der Einsicht, dass wir uns als individuelle Personen zu den jeweiligen Prinzipien verhalten und sie nur dann tradieren, wenn sie einen Beitrag zur normativen Strukturierung unserer Lebensführung leisten.

3. Die Werterfahrungen des Ebenezer Scrooge – ein Beispiel

Zum Abschluss dieses Abschnitts bietet es sich an, beide Auffassungen anhand eines Beispiels zu vergleichen. Als besonders geeignet erscheint mir dabei die Weihnachtsgeschichte von Charles Dickens, die man durchaus als

Geschichte über einen Zugang zu Werten lesen kann.[44] Aus der Perspektive
einer Theorie von Werten als Qualitäten in der Welt stellt sich die Geschichte dabei ungefähr folgendermaßen dar: Zu Beginn ist Ebenezer
Scrooge für die meisten Wertqualitäten blind: Er lässt eigentlich nur Nützlichkeitswerte (Reichtum, Besitz) gelten, während er von geistigen, religiösen und vitalen Werten kaum Notiz nimmt. Daher kann er nicht verstehen,
was die Menschen an den entsprechenden Gütern wie Freundschaften und
Liebesbeziehungen oder an Tugenden und Gesinnungen wie Wohltätigkeit
usw. finden. Andere Menschen begegnen ihm nicht als wertvolle Personen,
sondern lediglich als potentielle Kunden oder als Gestalten, die seine Zeit
und/oder sein Geld verschwenden. Die Begegnung mit dem Geist seines
Kompagnons Jacob Marley alarmiert ihn zwar, kann aber schon deshalb
nicht für eine Umkehr ausreichen, weil sich die Mahnung lediglich auf die
Ebene der Handlung, nicht aber der zugrundeliegenden Wertorientierung
bezieht. Die drei Geister hingegen zeigen ihm zunächst, wie Neid, Ressentiment, Gier und Hass in der Vergangenheit seinen Blick für die wichtigen
Wertqualitäten mehr und mehr verschlossen haben. Entscheidend ist jedoch
die Reise in die Gegenwart, da hier durch den *Mitvollzug* der Freude und
Liebe der Familie Cratchit und deren Besinnung auf geistige Güter erstmals
eine Alternative eröffnet wird. Damit sich der eigenständige Vollzug von
Liebe und Solidarität durchsetzt, ist es jedoch erforderlich, eine Abkehr von
den bisherigen Haltungen zu erreichen, die auch einer Orientierung an den
bisher übersehenen Werten im Wege stehen. Dies erfolgt durch den Blick in
die Zukunft, der die Einsicht bringt, dass die bisherige Lebensorientierung
letztlich zur Leugnung des eigenen personalen Selbstwertes und somit zur
Unmenschlichkeit führt. Am Ende gelingt es Scrooge, seine Augen für die
ihn umgebenen Wertqualitäten zu öffnen und seine Lebensführung in Liebe
und Solidarität zu fundieren.

Wie stellt sich die Geschichte dar, wenn Werte als Prinzipien verstanden
werden? Hier besteht der Ausgangszustand darin, dass es Scrooge an grundlegenden Werten wie z.B. Solidarität, Güte, Großzügigkeit, Fürsorge usw.
mangelt. Für sein Handeln und seine Lebensführung spielen diese Prinzipien keine Rolle, stattdessen geht es ihm lediglich um Gewinnstreben. Da
ihm die entscheidenden Prinzipien fehlen, vermag er die Begeisterung der
anderen für das Weihnachtsfest nicht zu begreifen. Die Begegnung mit

---

[44] Zur Erinnerung sei kurz rekapituliert, dass die Geschichte davon handelt, wie der geizi-
ge, hartherzige Ebenezer Scrooge in der Weihnachtsnacht zunächst von dem Geist seines
ehemaligen Geschäftspartners Jacob Marley heimgesucht wird, der ihm das Kommen dreier
Geister ankündigt. Diese drei Geister zeigen ihm Vergangenheit (die traurigen Erfahrungen
seiner Jugend), Gegenwart (u.a. das ärmliche, aber glückliche Fest von seinem Mitarbeiter
Robert Cratchit) und Zukunft (insbesondere die Genugtuung anderer angesichts seines To-
des), woraufhin er geläutert wird. Vgl. *Ch. Dickens*, Weihnachtslied, in: *ders.*, Weihnachtsgeschichten, Frankfurt a.M. 2008, S. 7.

Marleys Geist bereitet ihm zwar große Furcht, ändert aber nichts an seinen Prinzipien, weshalb sie für sich genommen noch nicht ausreichen kann, um ihn wieder auf den rechten Weg zu führen. Der Blick in die Vergangenheit lässt Scrooge verstehen, wie es zu seiner Abwendung von den im Weihnachtsfest verkörperten Werten kam. In der Gegenwart bemerkt er zum einen, dass die Grundsätze seines Lebens nicht geeignet sind, um sich auf Güter wie Familie, Freundschaft usw. einzulassen, und erhält zum anderen einen Einblick, wie sich die Welt gemäß derjenigen Werte, deren Geltung alle anderen anerkennen, präsentieren kann. Die Werte, die er bislang nur aus den Appellen und Belehrungen anderer kennt, werden auf diese Weise ‚mit Leben gefüllt'. Dennoch ist der Wandel noch nicht abgeschlossen, denn Scrooge hat die Werte noch nicht wirklich verinnerlicht – was sich an seinem Zögern zeigt, ihnen gemäß zu handeln. Bei der Reise in die (mögliche) Zukunft wird schließlich zweierlei gezeigt: Zum einen sieht Scrooge die Folgen seiner bisherigen Prinzipien und Handlungen. Zum anderen wird deutlich, wie ihn die anderen Menschen beurteilen würden, wenn sie ihn nach seinen eigenen, bisherigen Maßstäben und Prinzipien betrachten. Dann erscheint nicht einmal sein Tod als bemitleidenswert, sondern lediglich als Ereignis mit rein funktionalen Folgen (Schuldner müssen vielleicht nicht bezahlen, Geschäftspartner können bei der Trauerfeier essen und Diebe können sich seinen Besitz unter den Nagel reißen). So gelingt es Scrooge, sich von den alten Handlungsmustern zu lösen und sich an die im Weihnachtsfest verkörperten Werte zu binden.

Die doppelte Betrachtung dieses Beispiels macht deutlich, dass die verschiedenen Werttheorien unterschiedliche Ausgangspunkte einnehmen und Scrooges Problem unterschiedlich formulieren: Im Anschluss an eine Theorie der Wertqualitäten besteht Scrooges Problem in einer Blindheit für bestimmte Qualitäten und Güter in der Welt, entsprechend besteht das Ziel darin, ihm die Augen für den Reichtum an Werten zu öffnen. Anschließend verändert sich auch seine Haltung zur Welt und zu anderen, was sich in einer Veränderung der Lebensführung zeigt. Gemäß einer Prinzipientheorie mangelt es ihm an bestimmten Prinzipien, was sich in einer inadäquaten Bewertung der Wirklichkeit und verwerflichem Handeln niederschlägt. Die Lösung besteht darin, eine Einsicht in die Bedeutung der entscheidenden Werte zu erlangen und sie zu verinnerlichen. Nach dieser Verinnerlichung ist es ihm möglich, die Welt ‚mit neuen Augen' zu sehen und den anderen Menschen mit Güte und Sympathie zu begegnen. Trotz der unterschiedlichen Ansätze und Schwerpunkte führen also beide Ansätze zu recht ähnlichen Resultaten und erweisen sich als geeignet, den Wandel von Scrooge zu artikulieren.

IV. „Jeder kennt die Fruchtlosigkeit moralischer Belehrungen" – Folgen für die Frage nach moralischer Reife und die Vermittlung von Werten

Im letzten Abschnitt dieses Beitrags stellt sich die Frage, was aus den bisherigen Überlegungen für die Vermittlung von Werten folgt und wie die ‚moralische Reife' einer Person werttheoretisch zu verstehen wäre.[45] Dabei setzen wir bei einem Zitat Nicolai Hartmanns an:

> „Nichts ist bekannter als die Fruchtlosigkeit moralischer Lehren, Ratschläge, Ermahnungen. [...] Niemand wird durch fremde Erfahrung klug – nicht weil sie nicht auf ihn und sein Leben zuträfe, sondern weil sie nicht die seine ist. Man muß selbst Lehrgeld zahlen."[46]

Angesichts verschiedener Bemühungen, Werte in der frühkindlichen Erziehung, in der Schule oder im Erwachsenenalter (z.B. im Rahmen der Politischen Bildung in der Bundeswehr, wo der Bereich der Werte unserer Gesellschaft ein wichtiges Thema darstellt) zu vermitteln, wirkt Hartmanns Aussage nicht gerade ermutigend. Allerdings ist zu bedenken, gegen welche Vorstellung einer Vermittlung von Werten und Moral er sich wendet: Er wendet sich vor allem gegen die Vorstellung einer Vermittlung von Werten durch ein frontales ‚Beschulmeistern'. Auf der Basis der bisherigen Diskussion lässt sich Hartmanns Absage an eine solche Idee von Vermittlung durchaus begründen: Sie kann so nicht funktionieren, weil sie erstens die verschiedenen Auslegungen von Prinzipien, Tugenden usw. in der eigenen Gesellschaft unterschlägt. Zu sagen, dass etwa Freiheit ein überzeitlicher Wert sei, hilft wenig weiter, wenn bedacht wird, dass Freiheit sehr unterschiedlich ausgelegt werden kann. Zudem bleibt die Vermittlung von Werten als eine Art Aufzählung von Tatsachen auch deshalb sehr blass, weil sie an der Lebensrealität der Adressatinnen und Adressaten, also z.B. an den erlebten Wertqualitäten und der Frage nach der Bewährung von Prinzipien im Leben vorbeigeht. Hartmann legt besonderes Gewicht auf das zweite Argument, wenn er darauf hinweist, dass eine moralische, wertbezogene Reife nicht ohne eigene Erfahrung möglich sei.

Welche Formen von Vermittlung wären nun aber möglich? Zunächst ist in Erinnerung zu rufen, dass wir als Individuen, die an einer Soziokultur

---

[45] An dieser Stelle sei allerdings angemerkt, dass es sich nach wie vor um philosophische Schlussfolgerungen handelt, die nicht didaktisch ausbuchstabiert werden. Für eine bis heute einflussreiche Auseinandersetzung mit dem Begriff der moralischen Reife und der Frage, ob dieser Begriff neben dem distanzierten Verbindlichnehmen auch ein phänomenologisch beschreibbares Erleben einschließe, siehe *H. Dreyfus*, Was ist moralische Reife? In: Deutsche Zeitschrift für Philosophie 41.3 (1993), S. 435–458.

[46] *Hartmann*, Das Problem des geistigen Seins, S. 226–227.

teilhaben, immer schon nach bestimmten Prinzipien leben, handeln und Situationen beurteilen. Allerdings haben diese Prinzipien Hartmann zufolge oftmals den Status von Selbstverständlichem, wir greifen also gewohnheitsmäßig auf sie zurück, ohne uns ausführlich darüber zu verständigen. Hier wird eine erste Möglichkeit der Wertevermittlung deutlich: Die Auseinandersetzung mit Werten kann dazu beitragen, für uns selbst zu *explizieren*, welche Werte, Prinzipien und Vorzugsordnungen wir in unserem Handeln bislang *als geltend vorausgesetzt* haben, ohne vielleicht je darüber nachzudenken. Besonders wichtig ist an dieser Stelle auch die Besinnung auf verschiedene Auslegungsmöglichkeiten oder Fassungen von Tugenden. Ausgehend von einer Theorie der Wertqualitäten ergibt sich das sehr ähnliche Anliegen, ein Bewusstsein für die Begrenztheit des eigenen Wertbewusstseins zu schaffen.

Mit Blick auf die Frage nach moralischer Reife lässt sich bereits an dieser Stelle eine erste, durchaus wichtige Lehre aus der kultur- und geschichtsphilosophischen Betrachtung von Prinzipien und Moralen ziehen: Moralische Reife kann *nicht* darauf hinauslaufen, ‚die' vermeintlich ‚richtige' Auslegung oder Artikulation von bestimmten Werten zu erkennen und überzeitlich zu setzen, denn das widerspräche dem geschichtlichen Charakter unserer Wertartikulation. Stattdessen besteht ein wichtiges Moment moralischer Reife in der Einsicht, dass es in einer pluralen Gesellschaft *mehrere Auslegungen derselben Werte* und verschiedene Vorschläge mit Blick auf die Vorzugsordnung von Wertqualitäten gibt, die mit ähnlichem Anspruch auf Geltung nebeneinanderstehen – woraus folgt, dass die Handlungen anderer Personen, die auf anderen Auslegungen von Werten beruhen, nicht per se illegitim sind.

Ein weiteres Feld der Vermittlung von Werten kann darin bestehen, einen deutlichen Zusammenhang zwischen der konkreten Lebensführung und den geltenden Prinzipien oder Grundsätzen herzustellen: Gerade die Lesart von Werten als Prinzipien führt dazu, dass sie unter Umständen zu abstrakt sind, um ohne weiteres auf unsere tägliche Lebenserfahrung bezogen zu werden. Entsprechend kann es durchaus passieren, dass wir uns zwar nominell zu einem bestimmten Prinzip bekennen, uns aber zugleich in unserer konkreten Lebensführung in einer Weise verhalten, die mit der Verwirklichung dieser Prinzipien eigentlich unvereinbar ist – vielleicht sogar ohne diesen Widerspruch zu bemerken. So scheinen sich beispielsweise Täterinnen und Täter im Bereich Cybermobbing in den meisten Fällen mit den üblichen Werten unserer Gesellschaft zu identifizieren, sehen ihr Verhalten aber dennoch nicht als wertwidrig oder verwerflich, sondern als legitime Reakti-

on oder sogar als Scherz bzw. Spiel an.[47] Es fehlt also an einer adäquaten
Selbsterkenntnis im Lichte geltender Prinzipien. Mit Blick auf eine solche
(moralische) Selbsterkenntnis fällt auf, dass Hartmann der Idee, man könne
seine Wertbindungen ausschließlich durch Reflexion im Lehnstuhl erfassen,
eine klare Absage erteilt: Erst im Umweg über die Folgen unserer Lebensführung für uns und für andere können wir erkennen, wer wir eigentlich
sind und nach welchen Prinzipien wir wirklich handeln.[48] Ziel einer Vermittlung von Werten wäre somit, die Konsequenzen des Verbindlichneh-
mens von Werten für unser alltägliches Handeln *erfahrbar* zu machen und
uns dazu zu ermuntern, uns die Frage nach den eigenen Handlungsfolgen
und ihrer Vereinbarkeit mit unseren Prinzipien zu stellen.

Damit wird auch ein zweites Moment moralischer Reife deutlich: Es gehört offenkundig zur moralischen Reife, die *eigene Lebensführung* vom
Standpunkt der Handlungs- und Lebensprinzipien zu beurteilen – was auch
einschließt, sich für die Folgen unseres Handelns, die durch andere Personen auf uns zurückwirken, zu sensibilisieren. Aus der Perspektive einer
Theorie der Wert*qualitäten* wäre dabei zu ergänzen, dass die Frage nach
dem Verhältnis von Prinzipien und Lebensführung auch als Verhältnis
von Prinzipien und unserem lebendigen Umgang mit Wertqualitäten formuliert werden könnte: Nehme ich für mich in Anspruch, Personen und ihre
Einmaligkeit höher zu schätzen als beispielsweise Nützlichkeitswerte, dann
sollte sich dieses Prinzip in meinem konkreten Umgang mit Personen verwirklichen.

Zuletzt könnte noch gefragt werden, inwiefern eigentlich der Anspruch
bestehe, dass diejenigen, die Werte in bestimmten Unterrichtsformen vermitteln, auch *Vorbilder* im werttheoretischen Sinne sein sollen. Wie im vorigen Abschnitt herausgearbeitet, kann eine Person die Rolle eines Vorbil-
des einnehmen, indem sie entweder bestimmte Handlungsprinzipien auf
eine Weise verwirklicht, die diese Prinzipien für andere erfahrbar werden
lässt, oder indem sie auf Wertqualitäten in der Welt hinweist und anderen
durch Mitvollzug ‚die Augen öffnet'. So können beispielsweise militärische
Vorgesetzte in ihrem Verhalten Prinzipien der Fürsorge oder der Fairness
verkörpern, und ein Lehrer kann die Schülerschaft mit seiner Liebe zur Literatur beeindrucken und damit literarische Schönheit erfahrbar machen.
Dabei wird allerdings auch deutlich, dass die Vorbildhaftigkeit nicht an ein
Auftreten als Lehrperson in einem Unterricht zu Werten gebunden ist, sondern im alltäglichen Miteinander und ggf. angesichts von Ausnahmesituati-
onen realisiert wird.

---

[47] Vgl. exemplarisch *K. Marx*, Diskursphänomen Cybermobbing, Berlin u. Boston 2017,
S. 32. In diesem Zusammenhang ist auch die ARD-Reportage „Hass ist ihr Hobby" aus dem
Jahr 2018 sehenswert, die Interviews mit verschiedenen Tätern enthält.
[48] Vgl. *Hartmann*, Problem des geistigen Seins, S. 145–147.

Der Umstand, *dass* es zuweilen zu Vorbildverhältnissen kommt, muss natürlich keinesfalls bedeuten, dass es in (im weitesten Sinne) pädagogischen Verhältnissen notwendigerweise zur Realisierung von Vorbildverhältnissen kommen muss. Ein Vorbildverhältnis könnte etwa dadurch erschwert werden, dass Vorbild und Lernende die Auslegungen von Prinzipien, die die jeweils anderen voraussetzen, nicht verstehen oder auch nicht verstehen wollen. Zudem wäre denkbar, dass das potenzielle Vorbild und die andere Person (beispielsweise eine Universitätsprofessorin und eine Studentin) so unterschiedliche Lebensrealitäten haben, dass die Verkörperung von Prinzipien oder das Bewusstsein von Wertqualitäten des Vorbilds keinen Effekt auf die Lebensführung letzterer haben. Zu guter Letzt wäre mit Scheler zu bedenken, dass ein Vorbildverhältnis prinzipiell eine gewisse Bejahung oder Sympathie voraussetzt, die ebenfalls nicht immer gegeben sein muss.

Insgesamt wurde in diesem Abschnitt zweierlei deutlich: Dass die Vermittlung von Werten nicht nach dem Modell einer Vermittlung von Tatsachenwissen funktionieren kann, bedeutet nicht, dass es keine Ansatzpunkte für eine systematische Vermittlung von Werten gäbe: Wertevermittlung könnte insbesondere darauf abzielen, verschiedene Auslegungen von Werten zu explizieren, die eigenen Wertvorstellungen in dieser Pluralität zu verorten und eine Beziehung zwischen Werten und Lebensführung herzustellen. Zudem lassen sich die Einsicht, dass neben den eigenen noch weitere Auslegungen von Werten möglich sind, die Fähigkeit zur Verknüpfung von Werten und Lebensführung sowie eine Sensibilität für die Folgen eigener Handlungen als Momente einer *moralischen Reife* verstehen.

V. Fazit

Das Anliegen des vorliegenden Beitrags bestand darin, die Frage nach dem Zugang zu Werten als philosophisches Problem zu thematisieren. Um dabei keine unnötigen Missverständnisse zu produzieren, wurde erst einmal zwischen zwei unterschiedlichen Lesarten von Werten differenziert: Werte können entweder als *Qualitäten* in der Welt oder aber als Geltung beanspruchende *Prinzipien* verstanden werden. Obwohl sich die beiden Alternativen in ihren Untersuchungsgegenständen stark überschneiden (was sich daran zeigt, dass z.B. Kulturwerte von beiden Theorietypen beschrieben werden können), unterscheiden sie sich doch u.a. insofern, als Qualitäten als Teil der Wirklichkeit keine unmittelbare Handlungsanweisung enthalten, Prinzipien hingegen als etwas, was sein *soll*, nur durch unser Handeln verwirklicht werden können.

Diese Unterschiede wirkten sich auf die Versuche aus, unseren *Zugang* zu Werten zu begreifen: Aus der Perspektive einer Theorie der Qualitäten stellt sich hier insbesondere die Frage, wie es uns gelingt, unsere Augen für Wertqualitäten zu öffnen, während Prinzipientheorien vor allem danach fragen, auf welche Weise wir bestimmte Auslegungen von Werten als Prinzipien verinnerlichen. Trotzdem wurde deutlich, dass eine Annäherung beider Ansätze bis zu einem gewissen Punkt möglich ist, da eine Theorie der Wertqualitäten die Annahme einer soziokulturellen Moral und in ihr artikulierter Vorzugsordnungen und Wertvorstellungen einschließt, während umgekehrt auch die Prinzipientheorie nicht ohne die Betrachtung der qualitativen Lebenserfahrung und Weltverhältnisse der einzelnen Personen auskommt. Im Anschluss wurden die bisherigen Überlegungen anhand des Wandels in der Werterfahrung von Ebenezer Scrooge in Charles Dickens Weihnachtsgeschichte illustriert.

Der letzte Abschnitt befasste sich mit zwei Fragen, die parallel verhandelt wurden: Erstens wurde diskutiert, was aus den Überlegungen zum Zugang zu Werten für die Idee einer Vermittlung von Werten folgt. Dabei wurde festgehalten, dass eine Vermittlung von Werten u.a. darauf abzielen kann, ein Bewusstsein für die verschiedenen Auslegungen von Prinzipien bzw. für die Mannigfaltigkeit von Wertqualitäten in der Welt zu schaffen und das eigene Handeln im Lichte der jeweiligen Wertbindungen zu betrachten. Zudem boten die werttheoretischen Überlegungen einige Anhaltspunkte in Bezug auf die Frage, was es heißen könnte, ‚moralische Reife' zu erlangen: Moralische Reife könnte demzufolge u.a. bedeuten, einzusehen, dass die von den eigenen Wertbindungen vorausgesetzten Auslegungen und Vorzugsordnungen nicht die einzig möglichen sind und ferner in der Lage zu sein, die eigene Lebensführung im Lichte anerkannter Prinzipien oder Vorzugsordnungen zu beurteilen – was die Erfordernis einschließt, sich von den Folgen eigener Handlungen ‚treffen' zu lassen.

Trotz all dieser Überlegungen muss uns aber letztlich klar sein, dass es Bereiche gibt, in die auf der Basis einer unterrichtsmäßigen Behandlung von Werten kaum vorzudringen ist. Hierzu scheinen Prinzipien und Wertqualitäten zu gehören, die in der Selbstverständlichkeit des Alltagslebens eher abstrakt sind und die für uns erst in existenziellen Situationen konkret werden: Um Werte wie Gesundheit, Geborgenheit, Solidarität und Gerechtigkeit wirklich zu erfassen, bedarf es mancher Erfahrungen der Sorge, der Verletzlichkeit und Einsamkeit, wie wir sie im Laufe unseres Lebens wesensmäßig machen. Reife erfordert gewiss einen bestimmten Zugang zu sich selbst und zum eigenen Leben – hierzu können Arten der Vermittlung von Werten durchaus einen Beitrag leisten. Moralische Reife erfordert aber auch ein Durchgehen durch die Erfahrung, die jeder von uns vollziehen muss und die nicht im Zuge der Adoleszenz abgeschlossen werden kann.

Zugespitzt könnte man sagen: Prinzipien und Wertordnungen ohne Erfahrung bleiben leer, Erfahrung ohne Prinzipien und Wertfühlen bleibt blind.

Literaturhinweise

Bermes, Christian: Einleitung: Die Erkundung der Moralität. Schelers Grundlegung der Ethik, in: Scheler, Max: Der Formalismus in der Ethik und die materiale Wertethik. Neuer Versuch der Grundlegung eines ethischen Personalismus, Hamburg 2014, S. XI–XXX.

Da Re, Antonio: Objective Spirit and Personal Spirit in Hartmann's Philosophy, in: Axiomathes 12 (2001), S. 317–326.

Demmerling, Christoph: Werte, Wertschätzen und Gefühle, in: Deutsche Zeitschrift für Philosophie 61 (2013), H. 3, S. 69–72.

Dewey, John: Erfahrung und Natur, Frankfurt a.M. 1995.

Dickens, Charles: Weihnachtslied, in: *ders.,* Weihnachtsgeschichten, Frankfurt a.M. 2008, S. 7–140.

Dreyfus, Hubert: Was ist moralische Reife? Eine phänomenologische Darstellung der Entwicklung ethischer Expertise, in: Deutsche Zeitschrift für Philosophie 41 (1993), H. 3, S. 435–458.

Dworkin, Ronald: Gerechtigkeit für Igel, Berlin 2012.

Halbig, Christoph: Ethische und ästhetische Werte. Überlegungen zu ihrem Verhältnis, in: *Althoff, Gert* (Hg.), Zeichen – Rituale – Werte, Münster 2004, S. 37–53.

Hartmann, Nicolai: Das Problem des geistigen Seins. Untersuchungen zur Grundlegung der Geschichtsphilosophie und der Geisteswissenschaften, Berlin 1962.

Joas, Hans: Die Entstehung der Werte, Frankfurt a.M. 1997.

Ders./Wiegandt, Klaus: Die kulturellen Werte Europas, Frankfurt a.M. 2005.

Jung, Matthias: Gewöhnliche Erfahrung, Tübingen 2014.

Ders.: Die Natur der Werte – eine pragmatistische Perspektive, in: Deutsche Zeitschrift für Philosophie 64 (2016), H. 3, S. 410–423.

Kalckreuth, Moritz von: Das Wertproblem und die religiösen Werte. Eine Bestandsaufnahme, in: *ders.,* Philosophische Anthropologie und Religion. Religiöse Erfahrung, soziokulturelle Praxis und die Frage nach dem Menschen, Berlin/Boston 2022, S. 181–209.

Ders.: Philosophie der Personalität. Syntheseversuche zwischen Aktvollzug, Leiblichkeit und objektivem Geist, Hamburg 2021.

Korsgaard, Christine: The Dependance of Value on Humanity, in: Raz, Joseph: The Practice of Value, Oxford 2005, S. 63–85.

Marx, Konstanze: Diskursphänomen Cybermobbing. Ein internetlinguistischer Zugang zu digitaler Gewalt, Berlin/Boston 2017.

Plessner, Helmuth: Die Stufen des Organischen und der Mensch. Einleitung in die philosophische Anthropologie, Berlin/New York 1975.

Raz, Joseph: Value, Respect, and Attachment, Cambridge 2001.

Rickert, Heinrich: System der Philosophie. Erster Teil: Allgemeine Grundlegung der Philosophie, Tübingen 1921.

Scheler, Max: Zur Rehabilitierung der Tugend, in: *ders.*, Gesammelte Werke, Bd. 4. Vom Umsturz der Werte, Bern 1955, S. 13–31.

Ders.: Das Ressentiment im Aufbau der Moralen, in: *ders.* Gesammelte Werke, Bd. 4. Vom Umsturz der Werte, Bern 1955, S. 33–147.

Ders.: Der Formalismus in der Ethik und die materiale Wertethik. Neuer Versuch der Grundlegung eines ethischen Personalismus, Hamburg 2014.

Schloßberger, Matthias (Hg.): Max Scheler Handbuch. Leben – Werk – Wirkung, Stuttgart 2023 (im Erscheinen).

Taylor, Charles: Quellen des Selbst. Die Entstehung der neuzeitlichen Identität, Frankfurt a.M. 1996.

Vendrell Ferran, Íngrid: Die Emotionen. Gefühle in der realistischen Phänomenologie, Berlin 2008.

Wendt, Alexander Nicolai: Unsichtbar und unerhört. Kontroversen um Max Schelers Wertphilosophie, in: *Dzwiza-Ohlsen, Erik/Speer, Andreas* (Hg.): Philosophische Anthropologie als interdisziplinäre Praxis, Paderborn 2021, S. 114–133.

Zweig, Stefan: Verwirrung der Gefühle. Erzählungen, Frankfurt a.M. 1983.

Christof Mandry

Der Wertbegriff in der katholischen Moraltheologie

In deutlichem Unterschied zum öffentlichen Sprachgebrauch ist der Begriff der Werte in der theologischen Ethik ungeliebt. Das liegt zum einen daran, dass die Wertbegrifflichkeit zu wenig trennscharf ist, um die unterschiedlichen Arten von Geltungsansprüchen auseinanderzuhalten, die die Ethik mit Normen, Prinzipien, Tugenden oder Haltungen verbindet. Eine echte Wert-Ethik wird heute in der katholischen theologischen Ethik kaum noch vertreten, und die Frage nach dem Verhältnis der theologischen Ethik zur Wert-Ethik ist vor allem in historischer Hinsicht interessant, nämlich im Blick auf die neukantianische und phänomenologische Wert-Ethik, die von Ende des 19. Jahrhunderts bis in die Mitte des 20. Jahrhunderts eine kurze, niemals unbestrittene Blütezeit hatte. Neben dieser speziellen Frage stellt sich allerdings eine etwas anders gelagerte, nämlich nach dem Anliegen, das in der gegenwärtig so verbreiteten Werte-Semantik zum Ausdruck kommt und wie dieses in theologisch-ethischer Sicht wahrgenommen und diskutiert wird.

In Kontrast zur Distanz, die gegenüber Werten in der Ethik eingenommen wird, steht die Ubiquität der Wertesemantik in öffentlichen Diskursen. Warum sind Werte hier so bedeutsam und werden sie anderen moralischen Ausdrücken vorgezogen? Zwar sind die Differenzen zwischen Fachsprache und Alltagssprache in vielen Bereichen und Disziplinen auffällig und markieren geradezu die Unterschiede zwischen Fachlichkeit und Alltagsverständnis. Dennoch stellt sich die Frage, warum ausgerechnet Werte so beliebt sind und wie das, was sie in öffentlicher Rede zur Sprache bringen, im theologisch-ethischen Fachdiskurs verhandelt wird. Diesen Fragen wird in drei Schritten nachgegangen. Zuerst wird nachgezeichnet, wieso die Wertphilosophie und Wertethik des 19. und 20. Jahrhunderts in der katholischen Moraltheologie nie wirklich Fuß fassen konnte, obwohl zwischenzeitlich Max Schelers Wertethik durchaus eine gewisse Faszination auf zeitgenössische Moraltheologen ausgeübt hat. Im zweiten Schritt wird die Frage aufgeworfen, wie ‚Werte' oder das mit Werten Gemeinte in der gegenwärtigen Moraltheologie verhandelt wird. Im abschließenden dritten Abschnitt geht es um das oftmals aufgeworfene, aber schwer zu beantwortende Thema, welche Bedeutung gemeinsame Werte für den sozialen Zusammenhang einer Gesellschaft haben (könnten).

I. Die Rezeption der Wertethik in der Moraltheologie des 20. Jahrhunderts

1. Wertedenken als Antwort auf den Relativismus

Verglichen mit anderen philosophischen und theologischen Begriffen ist ‚Wert' ein Newcomer, gewissermaßen ein Emporkömmling, dessen Aufstieg in der Mitte des 19. Jahrhunderts begann. Ab der Mitte des 20. Jahrhunderts folgte dann ein ebenso rascher Abstieg. Sowohl diese kurze Konjunktur als auch die andauernde Relevanz der Werte in der Alltagssprache lassen sich erklären, wenn man auf die veränderten Problemlagen blickt, in denen die Wertphilosophie entstand.[1] Der Wertbegriff wurde aus der Nationalökonomie in die Philosophie übernommen, als nach Hegels Tod und dem Bedeutungsverlust des deutschen Idealismus der Begriff des Guten seine Integrationskraft verlor und seine Elemente – das Sein, das Wahre und das Schöne – als eigenständige Themen betrachtet wurden. Dieser grundlegende philosophische Bedeutungswandel hatte zur Folge, dass ‚Sein' nicht mehr ‚Sollen' einschloss, ebenso wenig wie es Wahrheit und Schönheit implizierte – alles Begriffe, die der Idealismus noch in einem metaphysischen Zusammenhang gesehen hatte. Seither wurde und wird Sein mehr und mehr als Faktizität verstanden, aus der kein Sollen zu folgern ist; so wie umgekehrt der ehemals philosophische Zentralbegriff des Guten seine ontologische Dignität verlor. In dieser geistesgeschichtlichen Situation versuchten die verschiedenen Wertphilosophien, ontologische und geltungstheoretische Fragen neu zu denken. Die Wertphilosophien, die nicht nur ethische, sondern auch theoretische und ästhetische Werte kennen, sind vor allem ein Versuch, mit dem Relativismus fertig zu werden, der daraus zu folgen scheint, dass Objektivität nun mehr und mehr auf die Faktizität von Seiendem reduziert wird. Der Aufschwung der Wertbegrifflichkeit ist nämlich im Kontext von Nietzsches provozierender Parole von der „Umwertung aller Werte" zu sehen und wird von ihr ebenso sehr angefeuert wie herausgefordert,[2] scheint Nietzsche doch alle Wertungen als subjektiv-voluntaristische Setzungen zu entlarven, die allein dem „Willen zur Macht" dienen. Demgegenüber wollen die Wertphilosophien die objektive Geltung von Wertungen darin begründen, dass diese auf Werte zurückgeführt werden, die als die Möglichkeits- und Geltungsvoraussetzungen den Wertungen zugrunde liegen und die unabhängig vom jeweils wertenden Subjekt zu denken sind. Die neukantianischen Wertphilosophien gehen einerseits davon aus, dass

---

[1] Ich stütze mich auf die philosophiegeschichtliche Einordnung von *H. Schnädelbach*, Philosophie in Deutschland, Frankfurt a.M. 1999, S. 198–231. Auf theologischer Seite vgl. *Chr. Breitsameter*, Individualisierte Perfektion, Paderborn 2009.
[2] Vgl. *Schnädelbach*, Philosophie, S. 197, 203f.

Werte nicht „sind" oder „existieren", sondern „gelten", und möchten andererseits daran festhalten, dass sie dennoch etwas Objektives sind. In der katholischen Theologie haben die neukantianischen Wertphilosophien keine
besondere Rezeption erfahren, was sicherlich auch mit der generellen Einstellung im Katholizismus dieser Zeit zusammenhängt, dass die kantische
Philosophie und ihr vermeintlich individualistisches und subjektivistisches
Erbe insgesamt zu überwinden seien.[3] Hingegen hat eine intensive Auseinandersetzung mit Max Schelers Wertphänomenologie stattgefunden. Der
Wertbegriff stand dabei nicht so sehr im Mittelpunkt, wie die Erkenntnis-
weise des Wertempfindens. Vorwegnehmend wird man sagen dürfen, dass
Schelers Einfluss auf die Moraltheologie des 20. Jahrhunderts nur episo-
disch und stets strittig gewesen ist; die Scheler-Rezeption in der Moraltheologie hat eher indirekt stattgefunden und der Wertbegriff ist dabei nicht
zentral gewesen.

2. Schelers begrenzter Einfluss auf die katholische Moraltheologie

In der ersten Hälfte des 20. Jahrhunderts läuft die katholische Moraltheologie gewissermaßen entlang zweier Linien: Die eine besteht im Ausarbeiten
von moraltheologischen Handbüchern, die dem lehramtlich geförderten
neuscholastischen Paradigma entsprechen; die andere sucht, vor allem in
der Zwischenkriegszeit, auf unterschiedlichen Wegen nach neuen Ansätzen.
Besinnung auf biblische Grundlagen wie christologische Fundierung finden
sich hier ebenso sehr – und nicht notwendigerweise alternativ zueinander –
wie die Suche nach Neuansätzen bei den philosophischen Grundlagen, die
aus den engen metaphysischen Bahnen der Neuscholastik herausführen.[4]
Nihilismus, Relativismus, Individualismus und Marxismus wurden als Phänomene einer Kulturkrise Europas gedeutet.[5] Vor allem nach den desaströ-
sen Erfahrungen des Weltkriegs 1914–1918 wurde die Suche nach neuen
philosophischen Grundlagen als dringend angesehen, und eine Minderheit[6]
an katholischen Theologen und Philosophen wollten in einer auch kirchlich
als bedrückend-eng empfundenen Situation neue Impulse aufnehmen. Max

---

[3] Vgl. *H. Schmiedinger*, Max Scheler, in: *Coreth/Neidl/Pfligersdorfer*, Christliche Philosophie im katholischen Denken, Bd. 3, Graz u.a. 1990, S. 89 (hier: 99).

[4] Vgl. *R. Grill*, Wegbereiter einer erneuerten Moraltheologie, Freiburg i.Br./Freiburg i.Ue.
2008.

[5] Vgl. *J. Chappel*, Nihilism and the Cold War, in: Rethinking History (2014), hier: S. 2–7.

[6] Die Mehrheit der Theologen antwortete (wie die katholische Kirche insgesamt) auf die
Krise mit erneuter Affirmation der aristotelisch-scholastischen Metaphysik und empfand somit – entgegen jenen, die das Ungenügen dieser Philosophietradition sowie die damit verbundene intellektuelle Ghetto-Situation als belastend wahrnahmen – gerade kein Metaphysik-
Defizit, auf das die Wertphilosophie eine Antwort anbieten würde.

Schelers Philosophie war hier in mehrfacher Hinsicht attraktiv.[7] Scheler hatte sich zum einen in seiner ‚mittleren Phase' dem Katholizismus zugewandt und verkehrte in katholischen intellektuellen Kreisen. Zweitens erhob er den Anspruch, die Ethik Kants mit ihren Vernunftverfahren, die als ‚formal' und ‚leer' galten, zu überwinden und die kantische Ethik aus ihrer Führungsstellung zu verdrängen. Schelers Hauptwerk dieser Zeit, „Der Formalismus in der Ethik und die materiale Wertethik", wurde daher auch in katholischen Kreisen intensiv gelesen und diskutiert. Drittens schickte Scheler sich an, die moderne Subjektivitätsphilosophie durch ein neues, objektivistisches Wirklichkeitsverständnis hinter sich zu lassen, wie es die Phänomenologie seit Husserls Programmruf „Zu den Sachen selbst!" sich vorgenommen hatte. Viertens schließlich erschien es vielversprechend, die Konzentration auf Vernunft und Verstand und die Unterordnung von Wille, Gefühl, Leiblichkeit aufzubrechen. Der phänomenologische Zugang zur Intentionalität des Bewusstseins, das Interesse für vorreflexive Erkenntnisweisen, wie sie mit Gefühlen und Stimmungen verbunden sind, waren für eine Theologie von großem Interesse, in der die Liebe eben weder nur ‚Emotion' noch ‚Begehren' darstellen konnte, sondern in augustinischer Linie mit schauender Erkenntnis und liebendem Hören und Verstehen wesentlich religiöse Bewusstseinslagen umfasst. Die katholische Rezeption des mittleren Scheler konzentrierte sich vor allem auf die religionsphilosophische Tragweite seiner Wertphilosophie sowie auf seine Anthropologie.[8] Gegenüber einem psychologischen Zugang, der das Ich als Gegenstand der inneren Wahrnehmung akzentuierte, und gegenüber der transzendentalen Subjektivität der Erkenntnistheorie zeichnete Scheler „Person" als ein Aktzentrum, das entweder sich im Aktvollzug unmittelbar „gegeben" ist (und eben nicht in Gestalt einer Introspektion) oder das von anderen allein im Mit- und Nachvollzug seiner Akte erfahren wird. „Person" ist daher nicht als Substanz oder als Ding, auch nicht in quasi-gegenständlicher Form als Charakter oder Akt-Existenz angemessen erfasst. Scheler schlägt zudem den Bogen zur Person als Wert: Die Person findet sich als Wert vor, aber setzt sich nicht als Wert oder gibt sich gar „autonom" einen Eigenwert. Schelers Wertethik ist für die katholische Theologie daher faszinierend, weil sie das Erfassen der Werte als eine Bewusstseinsrealität versteht, aber nicht auf einen rationalen Akt einengt, sondern als eine Gegebenseinweise, die der Differenzierung in Fühlen und Denken vorgelagert ist. Zugleich vermeidet er einen Subjektivismus, indem er den Werten eine eigenständige Realitätsweise zuschreibt und damit deren sittliche Objektivität verbürgt.

---

[7] Vgl. zum Folgenden *Schmiedinger*, Max Scheler, S. 98–103; sowie *R. Schaeffler*, Die Wechselbeziehungen zwischen Philosophie und katholischer Theologie, Darmstadt 1980, S. 166–168.

[8] Vgl. zum Folgenden *Schmiedinger*, Max Scheler, S. 104–108.

Schließlich sind ihm zufolge die erfassten Werte aufeinander bezogen und bilden eine Hierarchie, an deren Spitze das Heilige steht – das Werterfassen der Person, das sie als sittliche Realität ausmacht, wird damit in Verbindung zum Göttlichen gestellt. Sittlichkeit kann damit über eine bloße Verstandestätigkeit hinaus als ganzheitliche Existenzweise des Menschen angesichts und gegenüber dem Göttlichen gedacht werden, einem Göttlichen, das zudem selbst Person sein muss.

Das innige Verhältnis zwischen Scheler und einigen katholischen Theologen und Intellektuellen war freilich von kurzer Dauer und kühlte rasch ab. Dies hatte zum einen damit zu tun, dass Schelers Position sich bereits Anfang der 1920er Jahre deutlich wandelte. Sein Buch „Vom Ewigen im Menschen" (1921) fand zwar noch großes Interesse, doch stießen seine anthropologischen Thesen in der Folgezeit, die schließlich ins Buch „Die Stellung des Menschen im Kosmos" (1928) mündeten, unter seinen katholischen Anhängern auf erhebliche Kritik. Diese Kritik machte sich vor allem an Schelers anthropologischem Dualismus und seiner Abkehr von einem theistischen Weltbild fest.[9] Zum anderen war selbst der mittlere Scheler von weiteren, um Neuerung bemühten katholischen Theologen und Philosophen stets kritisch gesehen worden, etwa von Theodor Steinbüchel (1888–1949).[10] Scholastisch geprägte Theologen wiederum stellten in Frage, ob die phänomenologische Methode die gesuchte metaphysische Vergewisserung bringen konnte, wenn sie die Frage nach dem Sein der Wesenheiten ausklammert bzw. wenn ein hoher theoretischer Preis für die Annahme einer eigenständigen Ontologie der Werte zu entrichten sei.

Selbst der ‚mittlere' Scheler hat somit in der katholischen Moraltheologie nur geringe Spuren hinterlassen. Er hat vor allem die philosophische und religionsphilosophische Grundlagendebatte über die Personalität des Menschen und seine Verbindung zur Transzendenz angeregt.[11] Die Wertphilosophie hat dabei in erster Linie als phänomenologische Zugangsweise zur Wirklichkeit eine Bedeutung gehabt, während die genuin ethischen Aspekte der Wertethik selbst unter den Zeitgenossen nur geringe Rezeption erfahren haben. Es sollte jedoch nicht verschwiegen werden, dass Scheler gewissermaßen auf einem Umweg doch eine erhebliche Bedeutung für die katholische Moraltheologie im 20. Jahrhundert erfahren hat. Dies hängt damit zusammen, dass der polnische Philosophieprofessor Karol Wojtyła sich

---

[9] Vgl. dazu *Schaeffler*, Wechselbeziehung, S. 160–166.

[10] *T. Steinbüchels* Hauptwerk, Die philosophische Grundlegung der katholischen Sittenlehre (Düsseldorf 1938) geht ausführlich auf die Diskussionen der Zwischenkriegszeit ein und setzt sich dezidiert von Scheler ab; vgl. dazu etwa *Grill*, Wegbereiter, S. 191–278, v.a. 227–229.

[11] Zur Rezeption Schelers sowie zu den Rezeptionshindernissen vgl. *Schaeffler*, Wechselbeziehung, S. 172–186, sowie *H. Fries*, Die katholische Religionsphilosophie der Gegenwart, Heidelberg 1949.

intensiv mit Scheler auseinandergesetzt hatte und als Papst Johannes Paul
II. diese Denkprägung in sein theologisches und kirchliches Wirken einge-
bracht hat. Wojtyła zeigte sich von Scheler vor allem in seinem Denken der
Person und ihrer Würde in Gegenüber zu Gott sowie in der Bedeutung der
Liebe geprägt. Der Wertbegriff selbst wurde von ihm jedoch nicht in die
moraltheologische kirchliche Lehre eingefügt,[12] vielmehr ist der Hauptteil
seiner moraltheologischen Enzyklika *Veritatis Splendor* (1993) in einem
neuthomistischen Duktus gehalten, der mit „Werten" nichts anfangen
kann.[13]

3. „Werte" als begrifflicher Fremdkörper in der moraltheologischen Diskussion

In der zweiten Hälfte des 20. Jahrhunderts dreht sich die moraltheologische
Diskussion zunächst um die Frage, wie moralisches Sollen bzw. moralische
Normen begründet werden können. Der Ausgangspunkt der spezifisch katholischen Diskussion ist das lehramtliche Verbot der Empfängnisverhütung
in der Enzyklika *Humanae Vitae* (1968); der größere Kontext besteht in der
Normendiskussion der Nachkriegszeit, in der die Idee „unbedingten Sollens" generell in der philosophischen (und der gesellschaftlichen) Kritik
stand. Die moraltheologische Diskussion hat sich in diesem Zusammenhang
intensiv mit transzendentalen sowie später auch mit diskurstheoretischen
Konzeptionen auseinandergesetzt. Der Wertbegriff bleibt diesen Diskussionen äußerlich; „Werte" sind viel eher ein Begriff der Moralsprache und der
soziologischen Untersuchung der vorfindlichen Moral der Gesellschaft, in
der der „Wertewandel" beobachtet wird. Die katholischen Neuansätze in
Moraltheologie und Sozialethik fremdeln weiterhin mit dem Wertbegriff.[14]
Dies lässt sich etwa an Franz Böckles einflussreicher „Fundamentalmoral"
(1977) zeigen. Böckle verwendet das Begriffspaar „Güter und Werte", um

---

[12] Wojtyła verhält sich zu Scheler durchaus kritisch. Da seine vor-päpstlichen Veröffentlichungen vorwiegend auf Polnisch vorliegen und die Genauigkeit der vereinzelten Übersetzungen kritisch beurteilt wird, ist es schwer zu erfassen, wie er genau zu Schelers Wertethik
stand. Dies zu erörtern, würde hier außerdem zu weit führen. Vgl. dazu etwa *G. Borgonovo*,
Scheler, Kant, Tommaso d'Aquino, in: Actas del IV congreso internacional de la SITA, Barcelona 1999, S. 711–732; *J. Grondelski*, Nature and Law in the pre-pontifical thought of
John Paul II, in: Angelicum 74 (1995), S. 519–539.

[13] Es wird vielfach angenommen, dass nur die Meditation der Einleitung von Johannes Paul
II. selbst verfasst wurde, während der lehrmäßige Hauptteil von Theologen einer bestimmten
Thomas-Schule geschrieben wurde; vgl. *M. Vidal*, Die Enzyklika „Veritatis Splendor" und
der Weltkatechismus, in: *Mieth* (Hg.), Moraltheologie im Abseits?, Freiburg i.Br. 1994,
S. 244–270 (hier: 266–268).

[14] Im Folgenden greife ich auf eine Untersuchung zurück, die ich andernorts ausführlicher
und mit weiteren Beispielen veröffentlicht habe (*Chr. Mandry*, Europa als Wertegemeinschaft, Baden-Baden 2009, S. 29–37).

die ältere Begriffsunterscheidung zwischen „bonum physicum" und „bonum morale" aufzunehmen.[15] Beide sind in unterschiedlicher Weise für die moralische Urteilsbildung relevant. „Güter", so Böckle, sind als *bona physica* jene präsittlichen Werte, die unabhängig von Handlungen bestehen und selbst keine moralische Qualität haben, aber für das moralische Handeln beachtlich sind. Moralische Urteile beziehen sich Böckle zufolge allein auf menschliche Handlungen, und Güter geben keine direkte sittliche Handlungsanweisung, sondern müssen bei der Urteilsbildung einbezogen werden. Zu den Gütern zählt er beispielsweise die Menschenwürde, die menschliche Gemeinschaft, die leibliche Integrität und das Eigentum. Den Ausdruck „Werte" bezieht Böckle hingegen (als *bona moralia*) auf Handlungen, denn ihm zufolge handelt es sich um Begriffe, „die sich als eine Art Stereotype auf einen wertrealisierenden Akt beziehen".[16] „Werte" sind also typische sittliche Handlungsweisen. Als Beispiele nennte Böckle „Treue" als die Bereitschaft, ein Versprechen zu halten, und „Gerechtigkeit" als feste Einstellung, einem jeden das Seine zu geben. Offenkundig überführt Böckle hier das traditionelle Konzept von Tugenden in den Werte-Begriff, jedoch in einer kantianisch angehauchten Fokussierung auf die individuelle Einstellung, eine sittliche Einsicht im Handeln mit Festigkeit zu verfolgen. Damit wird bei Böckle das Bemühen erkennbar, individuelle, personal angeeignete Überzeugungen in ihrer sittlichen Relevanz wahrzunehmen – also den Aspekt des subjektiven „Werthaltens" aufzunehmen – ohne ihnen jedoch im Zusammenhang seiner normtheoretisch ausgerichteten Ethik eigenständige Aufmerksamkeit zu widmen.

In der katholischen Sozialethik bzw. Sozialverkündigung ist ebenfalls festzustellen, dass „Werte" ein begrifflicher Fremdkörper bleiben. Hier sei nur auf das vom Päpstlichen Rat für Gerechtigkeit und Frieden herausgegebene „Kompendium der Soziallehre der Kirche" (2006) eingegangen. Das normative Rückgrat der Soziallehre bilden die vier Prinzipien: Würde der Person, Gemeinwohl, Solidarität und Subsidiarität. Sie sind, so heißt es dort, die „wahren und eigentlichen Angelpunkte" der Soziallehre.[17] Diesen werden weitere Prinzipien zugeordnet, so dass sich aus den Prinzipien insgesamt die für die gesellschaftliche Wirklichkeit sowie ihre einzelnen Sachbereiche maßgeblichen normativen Orientierungen gewinnen lassen. Der einigende normative Bezugspunkt der Sozialprinzipien besteht in anthropologischen Einsichten über die „Natur des Menschen", die, so die Darstellung des Kompendiums, in Auseinandersetzung mit geschichtlichen

---

[15] Vgl. *F. Böckle*, Fundamentalmoral, 6. Aufl., München 1994, S. 23.
[16] *Böckle*, a.a.O., S. 21.
[17] *Päpstlicher Rat für Gerechtigkeit und Frieden* (Hg.), Kompendium der Soziallehre der Kirche, 2. Aufl., Freiburg i.Br. 2006, Nr. 160.

Problemstellungen „aus Glaube und Vernunft" gewonnen wurden.[18] Diese
anthropologischen Überzeugungen markieren letztlich den theologischen
Charakter der Soziallehre. Nun fragt sich, welche Bedeutung „Werte" für
eine solche Prinzipienethik haben können. Tatsächlich geht das Kompendium auf eine Reihe von „Grundwerten" ein, die in einer Art „Wechselver-
hältnis" mit den Prinzipien stehen sollen. Die Werte bringen nämlich, so die
Formulierung, „die Wertschätzung zum Ausdruck, die bestimmten Aspek-
ten des moralisch Guten entgegengebracht werden muss".[19] Beide, Werte
wie Prinzipien, beziehen sich also auf das Gute, doch wird nicht wirklich
geklärt, in welcher unterschiedlichen Weise sie das tun sollen. Als Grundwerte führt das Kompendium Wahrheit, Freiheit, Gerechtigkeit und Liebe
auf, ohne jedoch einsichtig machen zu können, warum es sich bei diesen
Begriffen nicht auch um „Prinzipien" handeln, oder in welcher spezifischen
Bezugsweise auf das Gute der Unterscheidungsgrund von Prinzipien bestehen sollte.

Fassen wir diese Bestandaufnahme zusammen. „Werte" finden in der ka-
tholischen theologischen Ethik keine sonderliche Beachtung, sie sind nicht
Teil der ethischen Begrifflichkeit. Die philosophische Wertethik des 20.
Jahrhunderts hat bestenfalls geringe Spuren im Zusammenhang mit dem
Bemühen hinterlassen, im Kampf gegen einen moralischen Relativismus die
Geltung des Sittlichen durch Erneuerung der metaphysischen Grundlagen
abzusichern. Die Geltungsproblematik eines objektiven Sollens, die in der
theologischen Ethik nach dem 2. Vaticanum eine zentrale Rolle gespielt
hat, wurde ohne maßgeblichen Bezug auf eine Wertbegrifflichkeit behandelt. „Werte" werden eher als Ausdruck der Moralsprache als der ethischen
Begrifflichkeit verwendet; die Fragen nach der individuellen Lebensaus-
richtung einer Person wurde schließlich zunächst wieder in der traditionellen Tugendbegrifflichkeit diskutiert.

II. Die strebensethische Fragestellung und die
Neuaufnahme des Werte-Themas

1. Das Streben nach einem gelingenden Leben als
Anknüpfung für Werttheorien

Die Thematik der Werte findet in der katholischen Moraltheologie wieder
mehr Aufmerksamkeit – wenn auch nicht unbedingt unter Verwendung der
Wertbegrifflichkeit – als mehrere gesellschaftliche und theologisch-

---

[18] *Päpstlicher Rat für Gerechtigkeit und Frieden*, a.a.O., Nr. 74f.
[19] *Päpstlicher Rat für Gerechtigkeit und Frieden*, a.a.O., Nr. 197.

ethische Entwicklungen zusammenkommen. Zunächst ist hier das bereits erwähnte Revival der Tugendethik zu nennen. Zwar war die Tugendtradition niemals ganz verschwunden, aber unter dem modernen Fokus auf moralische Regeln bzw. Normen diesen Begriffen untergeordnet worden. Bereits in den 1950er Jahren regte sich jedoch philosophischer Widerstand gegen die vorherrschende Konzentration auf moralisches Sollen und auf universal geltende Normen – etwa durch Elizabeth Anscombe oder Anthony Kenny – und ein neues Interesse für die praktische Ausrichtung am ‚Guten‘ artikulierte sich. Dieses Neuinteresse ging oftmals mit einer neuen Zuwendung zur aristotelischen Ethiktradition (und durchaus auch zu Thomas von Aquin) einher und verstand sich teilweise als Gegenentwurf zur neuzeitlichen Ethik. Letzteres ist etwa deutlich bei Alistair MacIntyres einflussreichem Buch „Verlust der Tugend" (After Virtue, 1981). Im Unterschied zur traditionellen Tugendethik wird hier die praktische Orientierung an Vorstellungen des Guten betont, erfährt mit der biographischen Entfaltung im Sinne eines Strebens nach einem gelingenden Lebensentwurf die temporale Dimension an Bedeutung und werden Tugenden als Ausdrucksformen von kulturellen und gemeinschaftlichen Vorstellungen des Guten aufgefasst – sie werden also historisiert, im Unterschied zum anthropologisch-universellen Horizont der traditionellen Tugendethik.

Der Aspekt des „Strebens" wird von einer zweiten Richtung aus verstärkt und mit „Wertungen" verbunden. Harry Frankfurts einflussreicher Aufsatz zum Personbegriff führt das Bezugspaar von Wertungen erster und zweiter Ordnung in die Diskussion ein.[20] Mit den Wertungen zweiter Ordnung, so Frankfurt, bezieht sich eine Person reflexiv auf ihre Wertungen erster Ordnung und unterzieht sie einer Beurteilung, ob sie sich diese „wirklich" zu eigen machen will. Es geht hiermit um die zentrale Frage, wie ein persönlich-individueller Lebensentwurf als die praktische Seinsweise einer Person von dieser als ihr eigener aufgefasst werden kann. Dies, so Frankfurts Beitrag, geschieht durch den Abgleich zwischen den Wertungen, die eine Person vornimmt, und der reflexiven Bewertung, ob sie darin mit ihrem Entwurf von sich selbst übereinstimmt. Diese Überlegungen hat vor allem Charles Taylor in einen weiteren handlungstheoretischen und kulturphilosophischen Zusammenhang gestellt. Er verwendet den Ausdruck „starke Wertungen", in denen sich die expliziten Stellungnahmen einer Person zu sich selbst artikulieren, die ihm zufolge in einer Wertordnung zueinander stehen und die nicht zuletzt eine überindividuelle Sprache (und Praxis) vor-

---

[20] *H. Frankfurt*, Freedom of the Will and the Concept of a Person, in: Journal of Philosophy 68 (1971), S. 5–20; siehe hierzu näher auch *M. Schlette*, Axiologische Differenz, in diesem Band.

aussetzen, innerhalb derer sie erst funktionieren können.[21] Den ausdrücklichen Brückenschlag zu „Werten" stellt schließlich Hans Joas her, der unter
dem Titel der „Entstehung der Werte" untersucht, wie starke Überzeugungen einer Person zustande kommen, und dafür eine Reihe soziologischer,
philosophischer und religionsphilosophischer Traditionen – einschließlich
Schelers – auswertet.[22] Werte im Sinne starker Überzeugungen sind, so
Joas, weder als Wertsetzungen in einem Entschlussakt dezisionistisch zu
verstehen noch in einem Vernunfturteil rational begründet, sondern vielmehr in einer komplexen Weise in Erfahrungen gegründet. Mit dem Begriffspaar „Selbstbindung" und „Selbsttranszendenz" erläutert Joas die
Charakteristik von Werten, in denen eine Person sich einerseits an eine ihr
attraktiv erscheinende Wertvorstellung bindet und damit ihrer Freiheit weniger Grenzen setzt als eine Gestalt verleiht; und andererseits mit dieser
höchst individuellen Bindung an den Wert doch sich selbst überschreitet,
indem in der Wertanerkenntnis nicht nur die erfahrungsbezogene Lebensre-
levanz „für mich", sondern zugleich die personunabhängige Werthaltigkeit
der Überzeugung „an sich" enthalten ist. Dem Wertbegriff wird mit dieser
Diskussion insgesamt wieder ein deutlicheres ethisches Profil verliehen, das
ihn auch von Begriffen wie Interessen oder Präferenzen abgrenzt, mit denen
er zuweilen konfundiert wird. In der theologischen Ethik finden diese Themen im Kontext der Strebensethik oder Ethik des guten Lebens Resonanz.

2. Theologische Anknüpfung an die Strebensethik

Die theologische Strebensethik profitiert dabei zum einen von diesen genannten Debatten sowie von der Diskussion um personale Identität und
Selbstheit. Hier ist insbesondere der Einfluss Paul Ricœurs zu nennen, dessen hermeneutische Theorie der Selbstheit in eine Ethik mündet, die als das
„Streben nach dem guten Leben, mit und für den anderen, in gerechten Institutionen" expliziert wird. Die Identitätsfrage des Selbst „Wer bin ich?"
ist Ricœur zufolge letztlich nicht anders zu beantworten als im Horizont
ethischer Verantwortung gegenüber einem Anderen, der nach der Verlässlichkeit des Selbst verlangt.[23] Zum anderen führt die theologische Ethik
Überlegungen der narrativen Ethik fort, die bereits seit den 1970er Jahren
entwickelt worden waren[24] und die nun – gerade auch unter den Einflüssen

---

[21] Vgl. *Ch. Taylor*, Human Agency and Language, Cambridge 1985; *Ch. Taylor*, Quellen
des Selbst, Frankfurt a.M. 1994.

[22] *H. Joas*, Die Entstehung der Werte, Frankfurt a.M. 1997.

[23] *P. Ricœur*, Das Selbst als ein Anderer, München 1990.

[24] Für die katholische Theologie ist insbesondere Dietmar Mieth zu nennen, etwa *D. Mieth*,
Moral und Erfahrung, 2 Bde., 4. Aufl., Freiburg i.Br./Freiburg i.Ue. 1999/1998.

von Taylor, MacIntyre und Ricœur – fortgeführt werden.[25] Die Frage nach der gelingenden Lebensführung wird nun als Strebensethik aufgegriffen und deutlicher hinsichtlich ihrer kulturellen und geschichtlichen, aber auch ihrer subjekttheoretischen Voraussetzungen und Bedingungen erörtert. Dabei führen die Fragen, welche Sprache und welche Sprachformen es erlauben, in welcher Weise authentische Vorstellungen gelingenden Lebens zu entwerfen und somit überhaupt erst wählbar zu machen, sowie wer es eigentlich ist, der diese Frage stellt und beantwortet, zuletzt in einen theologischen Horizont, den die moraltheologische Diskussion zunehmend erörtert.[26] Denn in diesem Zusammenhang erschließt sich die Bedeutung der christlichen Überlieferung weniger als Glaubenslehre, sondern als ein Zusammenhang von Sprache und Praxis (Lebensform), der Gestalten gelingenden Lebens einem geschichtlich situierten Subjekt konkret eröffnet. Dabei wird gleichzeitig die Transzendenzverwiesenheit dieses geschichtlichen Subjekts adressierbar, das sich mit den Fragen nach dem Lebensgelingen unter den Bedingungen der Endlichkeit des Lebens vor die Frage nach dem Sinn von Freiheit gestellt sieht. Diese theologisch-ethischen Fragestellungen werden zwar in einem begrifflichen Rahmen erörtert, der auf den Wertbegriff nur wenig Bezug nimmt, es ist jedoch nicht zu bestreiten, dass die Diskussionen über Werte und Wertbindungen der letzten Jahrzehnte Erhebliches dazu beigesteuert haben.

III. Geteilte Werte und Zusammenhalt der Gesellschaft – das gesellschaftliche Interesse an „Werten"

1. Die Unterbestimmtheit der Werte und die politische Werte-Vergewisserung

Auch wenn in der theologischen Ethik der Wertbegrifflichkeit nur eine geringe Bedeutung zukommt, ist noch darauf zurückzukommen, warum die „Werte" im öffentlichen Diskurs eine solche große Bedeutung haben. Denn zugegebenermaßen ist die Konzentration auf die ethische Fachsprache ein recht enger Ausschnitt, und der Ausfall einer spezifischen Begrifflichkeit könnte die doppelte Frage anregen, worum es in den öffentlichen Diskursen über „Werte" eigentlich geht und warum dafür ausgerechnet die Wertesemantik bemüht wird. Daraus dürfte sich dann auch ergeben, warum die

---

[25] Hier sind etwa zu nennen: *H. Haker*, Moralische Identität, Tübingen 1998; *W. Lesch*, Übersetzungen, Freiburg/Schweiz 2013; *J.-P. Wils*, Versuche über Ethik, Freiburg/Schweiz 2004.

[26] Vgl. *Chr. Mandry*, Christliche Lebensführung im Kontext des Pluralismus, in: Theologie der Gegenwart 54 (2011) S. 253–264.

Wertesemantik in der Alltagssprache und vor allem im öffentlichen Sprachgebrauch eine solche hohe Bedeutung hat – gewissermaßen im Gegensatz
zur Leerstelle der Werte in Ethik. Es ist ja auffällig, dass Werte im öffentlichen Sprechen von Personen des politischen und kulturellen Lebens – und
durchaus auch von kirchlichen Amtspersonen – sehr häufig vorkommen,
während die Ausdrücke der moraltheologischen Tradition wie ‚Gebote‘,
‚Normen‘, ‚Prinzipien‘ oder gar ‚Tugend‘ eher vermieden werden. Es wird
hier die These vertreten, dass sich sowohl die Bedeutung der Werte*thematik*
als auch die Präferenz für die Werte*semantik* aus dem gesellschaftlichen
Pluralismus erklären lassen. Im öffentlichen Diskurs wird nämlich vor allem über die ‚gemeinsamen Werte‘ der Gesellschaft, ihre ‚Grundwerte‘
oder Ähnliches gesprochen, d.h. es geht um kollektive Werthaltungen. Die
geteilten Werte, so die zugrundeliegende Annahme, stehen mit dem Zusammenhalt der Gesellschaft in Verbindung.[27] Es ist ein Charakteristikum
der modernen Gesellschaft, dass sie sich als ‚vorgestellte Gemeinschaft‘
nicht auf die alltägliche Erfahrung der Zusammengehörigkeit stützen kann,
wie sie in überschaubaren Gruppen gegeben sein kann. Vielmehr muss sie
eine Vorstellung jener Gemeinschaft entwickeln, deren Zusammenhalt sie
verbürgt, und dazu eine Art ‚kollektiver Identität‘ – eine Projektionsfläche
des Gemeinsamen – bereitstellen. Das moderne Modell dafür ist die Nation.[28] Eine pluralistische Gesellschaft als eine Gesellschaft, die über ein af-
firmatives Verhältnis zu ihrer inneren Vielfalt verfügt, steht nun vor der
Aufgabe, Zusammenhalt und Vielfalt in ihrer Vorstellung von sich selbst in
einen identifikationsfähigen Zusammenhang zu bringen. Dabei ist klar, dass
Pluralität nicht grenzenlos sein kann, sondern auf eine einigende Basis bezogen werden können muss. Diese kann jedoch wiederum nicht nach dem
Einheitsmodell eines Nationalcharakters vorgestellt werden, denn dessen
Homogenitätserwartungen stünden mit dem Pluralismus in Konflikt. Hier
kommen nun die Werte ins Spiel, die zumindest *einen* Lösungsweg abgeben
können: Geteilte Werte sind jene identifikationsfähigen, weil attraktiven
Orientierungen, die weniger anspruchsvolle Implikationen haben als eine
geteilte Herkunft, Geschichte, Kultur, o.ä. (wie das Nationsmodell), die
aber auf einer anderen Ebene noch hinreichend konturiert sind, um als gehaltvolle Gemeinsamkeiten gelten zu können. Da in modernen Gesellschaften auch diese Gemeinsamkeiten nicht einfach ‚vorhanden‘ sind, sondern

---

[27] Im Folgenden fasse ich recht knapp zusammen, was ich andernorts ausführlicher dargelegt habe, vgl. *Chr. Mandry*, Pluralismus als Problem und Pluralismus als Wert, in: *Bult-
mann/Rüpke/Schmolinsky* (Hg.), Religionen in Nachbarschaft, Münster 2012, S. 29–45; *Chr.
Mandry*, Weltanschaulicher Pluralismus und Wertekonsens, in: Handbuch Christentum und
Islam in Deutschland, im Auftrag der Eugen Biser-Stiftung hg. von *Rohe et al.*, Freiburg i.Br.
2014, Bd. 1, S. 558–578.
[28] *B. Anderson*, Die Erfindung der Nation, Frankfurt a.M. 2005.

nur vorgestellt, müssen sie permanent diskursiv vergewissert und in sozialer Interaktion ‚inszeniert' werden. Der Wertediskurs hat also selbst die Funktion, die ‚geteilten Werte' in der sozialen Wirklichkeit zu repräsentieren und sie damit als gemeinsam präsent zu halten. Der Vorzug der Wertesemantik für diese Funktion besteht nun in der begrifflichen Unterbestimmtheit der Werte. Anders als Normen, Prinzipien, Grundrechte oder Gebote sind Werte weitaus weniger definiert, sondern umfassen im allgemeinen Sprachgebrauch all jene Ideale und Güter, die von Menschen geschätzt werden und für schätzenswert gehalten werden. Damit ist auch bereits ihr zweiter Vorzug genannt: Werte repräsentieren keine Verbote, Zwänge oder Einschränkungen, sondern Ideale und attraktive Zielvorstellungen. Beide Eigenschaften machen sie zu wesentlich geeigneteren Kandidaten für einen öffentlichen Diskurs, der auf die Feststellung von Gemeinsamkeiten abzielt, als andere Begriffe der Moralsprache.

2. Verortung der Wertethematik innerhalb der katholischen theologischen Ethik

Nun muss hier nicht diskutiert werden, ob der öffentliche Wertediskurs die ihm hier zugeschriebene Funktion tatsächlich erfüllt oder wie effektiv er sie erfüllt, und auch nicht, welche Werte im Einzelnen mit Recht als Gegenstände dieses Wertediskurses vertreten werden sollten.[29] Vielmehr geht es abschließend darum, diese Wertethematik innerhalb der katholischen theologischen Ethik zu verorten. Die Frage nach dem Grund des gesellschaftlichen und politischen Zusammenhalts ist Gegenstand in der christlichen Sozialethik, wo er traditionell eine nur untergeordnete Rolle im Zusammenhang mit der Legitimität staatlicher Herrschaft eingenommen hat. Denn der Staat als ‚natürliche Institution' ist grundsätzlich eine legitime Ordnungsgestalt, und der gerechte wird vom ungerechten – in dieser Sicht: verderbten – Staat durch die Herrschaft jenes Rechts unterschieden, das die Personwürde und das Gemeinwohl befördert und daher gerechtes Recht ist. In der jüngeren Diskussion der theologischen Ethik wird dies für gewöhnlich neu formuliert durch das Kriterium der Geltung von Grund- und Menschenrechten sowie die demokratische Staatsform. Diese institutionenethische Perspektive hat für Werte nur eine geringe Aufmerksamkeit, insofern sie eher auf die Systemintegration der Gesellschaft setzt, d.h. den sozialen Zusammenhang

---

[29] Zumal in den meisten Gesellschaften die Integrationsfunktion nicht allein oder hauptsächlich über „Werte" verhandelt wird, sondern das – seinerseits vielfältige, aber auch strittige – Nationsmodell parallel weiterhin präsent ist. Für die Europäische Union, die sich als „Wertegemeinschaft" versteht, vgl. aus ethischer Sicht, *Chr. Mandry*, Europa als Wertegemeinschaft, Baden-Baden 2009; sowie unter Einbeziehung der empirischen Werteforschung *R. Polak/P. Rohs* (Hg.), Value, Politics, and Religion, Springer 2023.

durch legitime Institutionen gesichert sieht. Dies ist zwar insofern kein Gegensatz zur Werten, als Institutionen gewissermaßen geronnene Wertentscheidungen und Werthaltungen darstellen, aber enthebt der Notwendigkeit, Werthaltungen eine weitergehende Rolle als die des unterstützenden Kontextes beizumessen. Dies ändert sich erst dann, wenn Werte als geteilte Werthaltungen demokratischer Bürger in den Blick genommen werden und damit neben die Systemintegration die Frage nach der Sozialintegration der Demokratie gestellt wird. Es geht also um einen strebensethischen Blick auf die Gesellschaft und die demokratischen Institutionen bzw. um die ‚demokratische Lebensform'. Kann eine Demokratie allein durch demokratische Institutionen funktionieren oder braucht sie nicht auch Demokratinnen und Demokraten? Welche wertebesetzten Einstellungen und welche Selbstbilder müssen bei den Gesellschaftsmitgliedern vorhanden sein, damit sie bereit sind, ihre Rolle als eigennutzmaximierende Individuen und selbstinteressierte Rechteinhaber zu überschreiten und sich auch als verantwortliche Bürger zu verstehen, also eine am Gemeinwohl ausgerichtete Rolle einzunehmen? Und wie wiederum sollten diese Werthaltungen demokratischer Bürger beschaffen sein, dass sie sich nicht nur als demokratische Subjekte eines generell-abstrakten Gemeinwesens verstehen, sondern als solidarische Bürgerinnen und Bürger dieses konkreten Gemeinwesens mit konkreten Mitbürgerinnen und Mitbürgern? Die theologische Ethik kommt nicht umhin zu bemerken, dass die Demokratie in Europa (wie in der Welt) eine fragile Staats- und Gesellschaftsform sein kann und dass sie auf anspruchsvollen Voraussetzungen aufruht, die nicht nur in der Gestalt bestimmter öffentlicher Institutionen bestehen, sondern auch in den *mindsets* und Werthaltungen der Subjekte des Gemeinwesens und der von ihnen gestalteten politischen Kultur. Diese Fragen muss sie sich zur ethischen Aufgabe in politischer Hinsicht und in theologischer Perspektive machen. Dieser Aufgabe stellt sich die aktuelle katholische theologische Ethik in der Linie einer modernen politischen Theologie und Ethik, dabei muss sie auch die Funktion einer produktiven Gesellschaftskritik einnehmen. Aus der theologischen Tradition wird sie dabei christliche Werthaltungen eintragen können und diese auch weiterentwickeln müssen. Zu diesen zählen etwa die Werte der Hingabe (an Gott und den/die Nächsten), der Solidarität (in Anerkennung eigener und fremder Bedürftigkeit) und der Gelassenheit (aus realistischem Gottvertrauen).

Literaturhinweise

Anderson, Benedict R.: Die Erfindung der Nation. Zur Karriere eines folgenreichen Konzepts, 2. Aufl., Frankfurt a.M. 2005.

Böckle, Franz: Fundamentalmoral, 6. Aufl., München (1977) 1994.

Borgonovo, Graziano: Scheler, Kant, Tommaso d'Aquino. Il pensiero antropologico del giovane Karol Wojtyla nel confronto con la tradizione filosofica, in: Actas del IV congreso internacional de la SITA, tomo 2: comunicaciones, ed. a cargo de *A. Lobato*, Barcelona 1999, S. 711–732.

Breitsameter, Christoph: Individualisierte Perfektion. Vom Wert der Werte, Paderborn 2009.

Chappel, James: Nihilism and the Cold War. The Catholic reception of nihilism between Nietzsche and Adenauer, in: Rethinking History: The Journal of Theory and Practice, 2014, DOI: 10.1080/13642529.2014.913938.

Frankfurt, Harry: Freedom of the Will and the Concept of a Person, in: Journal of Philosophy 68 (1971), S. 5–20.

Fries, Heinrich: Die katholische Religionsphilosophie der Gegenwart. Der Einfluss Max Schelers auf ihre Formen und Gestalten. Eine problemgeschichtliche Studie, Heidelberg 1949.

Grill, Rupert: Wegbereiter einer erneuerten Moraltheologie. Impulse aus der deutschen Moraltheologie zwischen 1900 und dem II. Vatikanischen Konzil, Freiburg i.Ue./Freiburg i.Br. 2008.

Grondelski, John: Nature and Natural Law in the Pre-Pontifical Thought of John Paul II., in: Angelicum 72 (1995) 4, S. 519–539.

Haker, Hille: Moralische Identität. Literarische Lebensgeschichten als Medium ethischer Reflexion, Tübingen 1998.

Joas, Hans: Die Entstehung der Werte, Frankfurt a.M. 1997.

Lesch, Walter: Übersetzungen. Grenzgänge zwischen philosophischer und theologischer Ethik, Freiburg/Schweiz 2013.

Mandry, Christof: Christliche Lebensführung im Kontext des Pluralismus, in: Theologie der Gegenwart 54 (2011), S. 253–264.

Ders.: Europa als Wertegemeinschaft. Eine theologisch-ethische Studie zum politischen Selbstverständnis der Europäischen Union, Baden-Baden 2009.

Ders.: Pluralismus als Problem und Pluralismus als Wert. Überlegungen aus theologisch-ethischer Sicht, in: *Christoph Bultmann/Jörg Rüpke/Sabine Schmolinsky* (Hg.), Religionen in Nachbarschaft. Pluralismus als Markenzeichen europäischer Religionsgeschichte?, Münster 2012, S. 29–45.

Ders.: Weltanschaulicher Pluralismus und Wertekonsens im gesellschaftlichen Zusammenleben von Christen, Muslimen und Angehörigen anderer Religionen oder Weltanschauungen in christlicher Perspektive, in: Handbuch Christentum und Islam in Deutschland. Grundlagen, Erfahrungen und Perspektiven des Zusammenlebens, im Auftrag der Eugen Biser-Stiftung hg. von *Mathias Rohe et al.*, Freiburg i.Br. 2014, Bd. 1, S. 558–578.

Mieth, Dietmar: Moral und Erfahrung. Bd. 1: Grundlagen einer theologisch-ethischen Hermeneutik, 4. Aufl., Freiburg i.Br./Freiburg i.Ue. 1999; Bd. 2: Entfaltung einer theologisch-ethischen Hermeneutik, Freiburg i.Br./Freiburg i.Ue 1998.

Päpstlicher Rat für Gerechtigkeit und Frieden (Hg.): Kompendium der Soziallehre der Kirche, 2. Aufl., Freiburg i.Br. 2006.

Polak, Regina/Rohs, Patrick (Hg.): Values, Politics, and Religion. The European Values Study. In-depth Analysis – Interdisciplinary Perspectives – Future Prospects, Springer 2023 (im Erscheinen).

Ricœur, Paul: Das Selbst als ein Anderer, München 1996.

Schaeffler, Richard: Die Wechselbeziehungen zwischen Philosophie und katholischer Theologie, Darmstadt 1980.

Scheler, Max: Der Formalismus in der Ethik und die materiale Wertethik (1913/1916), hg. von *Christian Bermes*, Hamburg 2014.

Ders.: Die Stellung des Menschen im Kosmos (1928), hg. von *Wolfhart Henckmann*, Hamburg 2018.

Schmiedinger, Heinrich M.: Max Scheler (1874–1928) und sein Einfluss auf das katholische Denken, in: Christliche Philosophie im katholischen Denken des 19. und 20. Jahrhunderts, hg. von *Emerich Coreth/Walter M. Neidl/Georg Pfligersdorfer*, Bd. 3: Moderne Strömungen im 20. Jahrhundert, Graz u.a. 1990, S. 89–111.

Schnädelbach, Herbert: Philosophie in Deutschland 1831–1933, 6. Aufl., Frankfurt a.M. 1999.

Taylor, Charles: Human Agency and Language. Philosophical Papers 1, Cambridge 1985.

Ders.: Quellen des Selbst. Die Entstehung der neuzeitlichen Identität, Frankfurt a.M. 1994.

Vidal, Marciano: Die Enzyklika „Veritatis Splendor" und der Weltkatechismus. Die Restauration des Neuthomismus in der katholischen Morallehre, in: *Dietmar Mieth* (Hg.), Moraltheologie im Abseits?, Freiburg i.Br. 1994, S. 244–270.

Wils, Jean-Pierre: Versuche über Ethik, Freiburg/Schweiz 2004.

Christian Polke

Werte – ein Stiefkind evangelischer Ethik?

In vielen Märchen rangiert die Figur der Stiefmutter, oftmals begleitet von zumeist nicht minder unsympathischen Stiefkindern, hinsichtlich des Negativrankings von Charakteren meist ganz vorne. Immerhin lässt der Topos auch zu, dass gerade Stiefgeschwister bei sensibleren Leserinnen und Lesern Mitleid und Sympathien wecken, insofern sie im Grunde ebenfalls Opfer des jeweiligen Plots sind. Aber in beidem gilt: Stets schwingt ein grundlegender Verdacht mit, hier würde Legitimität von falscher Seite aus beansprucht, ja gar widerrechtlich angeeignet. Ohne solche infrage gestellte Rechtmäßigkeit, die eine umgekehrte Rechenschaftspflicht nach sich zieht, würde das Narrativ nicht funktionieren. Schließlich stellen insbesondere Stiefkinder – bewusst oder unbewusst – durch ihr pures Dasein eingespielte Selbstverständlichkeiten, Erbfolgen und somit Nachfolgeschaften infrage. Zumindest für ihre ‚natürlichen‘ Geschwister können sie so zur Bedrohung, ja Gefahr für das eigene Weiterkommen werden.

Nun soll mit diesen knappen Andeutungen keinesfalls der Anspruch erhoben werden, in Form einer literaturwissenschaftlichen Analyse dem Topos von Stiefmüttern und Stiefkindern auf den Grund zu gehen. Jedoch soll dieser metaphorische Einstieg verdeutlichen, was mitschwingt, wenn man mit Blick auf das Thema der Werte und ihrer Verhandlung am Ort evangelischer Ethik etwa einen Martin Heidegger zu Rate zieht: „Das Denken in Werten ist hier und sonst die größte Blasphemie, die sich dem Sein gegenüber denken lässt"[1], ja mehr noch: „[w]enn man Gott vollends als den höchsten Wert verkündet"[2], was nichts anderes sei als „eine Herabsetzung des Wesens Gottes."[3] Wertedenken – das erscheint nicht nur in einer ‚seinsgeschichtlich‘ aufgestellten Philosophie, sondern ebenso in der evangelischen Theologie und Ethik des 20. Jahrhunderts verdächtig, bis hinauf zum Hochverrat an der Sache selbst, was auch immer diese genau sein mag.[4] Bis

---

[1] *M. Heidegger*, Platons Lehre von der Wahrheit. Mit einem Brief über den Humanismus, 2. Aufl., Bern 1959, S. 99.

[2] *Heidegger*, ebd.

[3] *Heidegger*, ebd.

[4] In seiner *Einführung in die Metaphysik* (1935) polemisiert Heidegger ebenfalls gegen den Begriff des Wertes, indem er dem völlig seines Kontextes entrissenen (neukantianischen)

auf den heutigen Tag trifft man zumal in evangelischen Kreisen auf das weitverbreitete Vorurteil, das Hartmut Kreß so pointiert zur Sprache gebracht hat: „Der Wertbegriff wurde als ökonomisch, subjektivistisch, katholisch, als tyrannisch sowie auch als eine platonisierende Denkkategorie kritisiert."[5] Sind Werte somit die Stiefkinder jeder evangelischen Ethik?

Problemgeschichtlich wird man die Gründe hierfür vor allem in einer Verengung und damit Vereinseitigung der Debattenlage zu suchen haben. Das ist jedoch keine triviale Angelegenheit, weswegen in einem ersten Abschnitt – wenngleich holzschnittartig – dem ‚Für' und ‚Wider' des Wertedenkens in der protestantischen Theologie und Ethik seit den Tagen der Wertphilosophie nachgegangen werden muss (I.). Dabei leiten mich sachliche Gesichtspunkte. Sodann gilt es, in einem zweiten Teil zu einem konstruktiveren Verständnis wertethischer Traditionen zu gelangen. Diese lassen sich auch in protestantischer Perspektive reformulieren. Aus Platzgründen beschränke ich mich auf meta-ethische bzw. fundamentalethische Aspekte (II.). Zum Ende hin ist schließlich der Frage nachzugehen, wie vor diesem Hintergrund Werteerziehung gedacht und angegangen werden könnte oder vielleicht auch sollte (III.). Konkret soll es um die Frage gehen, inwiefern Religion – genauerhin: der christliche Glaube – einen konstruktiven Beitrag zur Vermittlung von bzw. Erziehung hin zu Werten bzw. Werthaltungen leisten kann. Demgegenüber ist die oftmals diskutierte Frage, ob Werteerziehung Religion braucht, als eher nachrangig zu betrachten.[6]

I. Zum schwierigen Verhältnis von Wertphilosophie und protestantischer Theologie

Unabhängig davon, ob die Wertesemantik ursprünglich dem ökonomischen Bereich und Aufstieg ökonomischen Denkens zuzuordnen ist oder nicht, die damit angesprochene ethische Sachfrage ist weitaus älter. Dennoch rückt

---

Grundsatz, wonach Werte gelten, eine positivistische Ontologie des Vorhandenen zur Seite und dann auch gegenüberstellt. Aus dieser überspitzten Kontrastkonstellation lässt sich dann scheinbar fraglos, vor allem aber suggestiv die eigene Position plausibilisieren: „Mit dem Sein der Werte ist ein Höchstmaß an Verwirrung und Entwurzelung erreicht" (*M. Heidegger*, Einführung in die Metaphysik, 4. Aufl., Tübingen 1976, S. 151). – Durchaus im Einklang mit dem Schwarzwälder ‚Seinsdenker' findet Georg Picht sich mit seinen grundsätzlichen Überlegungen zur Ethik. Vgl. *G. Picht*, Zum philosophischen Begriff der Ethik (1978), in: *ders.*, Hier und Jetzt: Philosophieren nach Auschwitz und Hiroshima, Bd. 1, Stuttgart 1980, S. 137–161 (hier: 158–160).

[5] *H. Kreß*, Ethische Werte und der Gottesgedanke. Probleme und Perspektiven des neuzeitlichen Wertbegriffs, Stuttgart u.a. 1990, S. 197.

[6] Vgl. dazu: *H. Joas* (Hg.), Braucht Werterziehung Religion? Mit Beiträgen von H. G. Nutzinger, A. Stöbener, St. Meyer-Ahlen und D. R. McGaughey, Göttingen 2007.

erst zur Mitte des 19. Jahrhunderts der Wertbegriff zu einer zentralen Kategorie ethischen Denkens und der religionsphilosophischen Betrachtung auf. Ideengeschichtlich sind vor allem zwei Gründe für eine Verschiebung des Diskurses anzuführen: Zum einen führt der Plausibilitätsverlust idealistischer Ansätze im Gefolge Hegels mit ihrer absolutheitstheoretisch gegründeten Passung von Vernunft und Wirklichkeit zur radikalen Infragestellung der nur metaphysisch zu wahrenden (*convertuntur*) Einheit (*unum*) von Wahrem (*verum*) und Gutem (*bonum*). Zum anderen forciert der Siegeszug empirischer Naturwissenschaften samt des von ihnen inaugurierten technischen Wandels eine positivistische Mentalität, die für Teile der keineswegs nur konservativen bürgerlichen Öffentlichkeit, vor allem aber für Kirchen, Theologie und Strömungen innerhalb der kontinentaleuropäischen Philosophie einer lebensgefährdenden Bedrohung der Fundamente des Sittlichen und seiner allgemeinen Geltung gleichkommt. Beide Tendenzen können an dieser Stelle nicht weiter nachgezeichnet werden. Jedoch sind sie maßgeblich für die Umstellung der ethischen Semantik und Theoriebildung auf den Begriff der Werte. Einer der maßgeblichen Initiatoren, wenigstens wirkungsgeschichtlich, für das Wertedenken, Hermann Lotze (1817–1881), formulierte prägnant: *„Seiendes ist, Werte gelten.“*[7] Sein eigener Ansatz geht dabei weit über das Feld des Ethischen hinaus und findet sein Fundament zugleich in einer philosophischen Anthropologie. Werte sind keinesfalls allein auf das Gebiet des Moralischen und Sittlichen begrenzt. Aber darin zeigt sich fokussiert die Eigenart des Menschen als eines wertenden Lebewesens, dem es um das ‚Wohl‘ und ‚Wehe‘ sowohl in individueller wie in kollektiver und kultureller Hinsicht geht.[8]

---

[7] Zitiert nach: *H. Schnädelbach*, Philosophie in Deutschland 1831–1933, Frankfurt a.M. 1983, S. 197 (hier: 199). – Zu Lotze siehe: *Schnädelbach*, a.a.O., S. 206–218. Zur grundlegenden Bedeutung des Geltungsmoment von Werturteilen, siehe: *H. Lotze*, System der Philosophie I: Drei Bücher der Logik (1874), Hildesheim u.a. ND 2004, S. 57–107.

[8] Vgl. *M. Neugebauer*, Der Wert des Lebens. Vom Sinn der Werte in der religiösen Selbst- und Weltdeutung, in: *Barth/Kubik/von Scheliha* (Hg.), Erleben und Deuten. Dogmatische Reflexionen im Anschluss an Ulrich Barth (FS zum 70. Geburtstag), Tübingen 2015, S. 41. – Für Lotze fundiert das Werten als kategoriale Fähigkeit des Menschen Sitte, Religion wie Kunst und Wissenschaft. Deshalb gilt für ihn, dass „in jenem Gefühl für die Werte der Dinge und ihrer Verhältnisse unsere Vernunft eine ebenso ernst gemeinte Offenbarung besitzt, wie sie in den Grundsätzen der verstandesmäßigen Forschung ein unentbehrliches Mittel der Erfahrung hat" (*H. Lotze*, Mikrokosmos. Ideen zur Naturgeschichte und Geschichte der Menschheit. Versuch einer Anthropologie, Bd. 1: Der Leib/Die Seele/Das Leben [1856]. Mit einer Einleitung und Registern hg. von *N. Milkov*, Hamburg 2017, S. 275). In seinen späten Vorlesungen zur praktischen Philosophie unterscheidet er dann Rechte, Pflichten, Güter und Tugenden als ethische Größen, betont aber erneut, dass diese stets auf der Erfassung von Werten beruhen, die weder rein ‚an sich‘ existieren, noch lediglich ‚für uns‘ bestehen, sondern nur im fragilen, da pluralen Zugleich von beiden Strukturmomenten beschrieben werden können. Vgl. *H. Lotze*, Grundzüge der praktischen Philosophie. Diktate aus den Vorlesungen, 3. Aufl., Leipzig 1889.

Von hier aus wird ersichtlich, warum mit dem Wertproblem für diese Theorietradition stets zugleich Fragen nach der Sinngebung des menschlichen Lebens und der Kultur verbunden sind. Zudem wird plausibel, warum insbesondere die protestantische Theologie und Ethik im letzten Drittel des 19. Jahrhunderts im wilhelminischen Kaiserreich, zumal bei ihrem bedeutendsten Vertreter, dem Kollegen Lotzes an der Universität Göttingen, Albrecht Ritschl (1822–1889), das werttheoretische Denken konstruktiv für die eigenen Anliegen verwenden konnten.[9] Angesichts des Plausibilitätsdrucks sollte das Proprium von Religion und Glauben – für Ritschl beides kulminierend im Christentum – vom wissenschaftlichen Welterkennen abgerückt und stattdessen durch ein werttheoretisches Fundament gerechtfertigt werden. Das hatte den zwiefachen Vorteil, der noch heute die Debatten um Religion und Werteerziehung mit prägt: Einmal wurde auf diesem Wege trotz der programmatischen Absage an die klassische Metaphysik die Vernunft der Religion gewahrt, an ihrer rationalen Anschlussfähigkeit festgehalten; zum anderen blieb durch den inneren Konnex zwischen Religion und Sittlichkeit die Relevanz der ersteren für die Kultur- und Lebensgestaltung gewahrt, ja sie wurde dadurch sogar noch unterstrichen – nicht nur damals dem mentalen Klima der gesellschaftlichen Eliten konform.[10] Doch ganz unabhängig davon gilt: Zumindest unter Protagonisten liberaler Theologie lässt sich bis weit in die Weimarer Jahre hinein eine große Offenheit für werttheoretische Ansätze festhalten. Mit unterschiedlicher Schwerpunktsetzung gilt dies für Wilhelm Herrmann (1846–1922) und Ernst Troeltsch (1865–1923)[11], aber auch für Rudolf Otto (1869–1837) und Georg Wünsch (1887–1964) behaupten. Gerade an den beiden Marburger Theologen, die

---

[9] Dies lässt sich bis hinein in die drei Auflagen von Ritschls (systematisch-theologischem) Hauptwerk *Rechtfertigung und Versöhnung* anhand seiner religionstheoretischen Überlegungen verfolgen. – Zur Beziehung der beiden Göttinger Gelehrten siehe: *M. Neugebauer*, Lotze und Ritschl. Reich-Gottes-Theologie zwischen nachidealistischer Philosophie und neuzeitlichem Positivismus, Frankfurt a.M. u.a. 2002.

[10] Eine gute Zusammenfassung von Ritschls Religionstheorie bietet jetzt: *A. von Scheliha*, Religion als Selbstdeutung des Geistes. Der Religionsbegriff bei Albrecht Ritschl (1822–1889), in: *Pfleiderer/Matern* (Hg.), Die Religion der Bürger. Der Religionsbegriff in der protestantischen Theologie vom Vormärz bis zum Ersten Weltkrieg, Tübingen 2021, S. 623–643 (hier: 623).

[11] Während in Herrmanns *Ethik* (1901) gerade durch ihren stark deontologischen Zug die Rede von Werten keine Rolle spielt, gilt dies nachgerade nicht für seine religionsphilosophische Grundlegung der Theologie. Hier dominiert die werttheoretische Fundierung. Vgl. *W. Herrmann*, Die Religion im Verhältnis zum Welterkennen und zur Sittlichkeit. Eine Grundlegung der systematischen Theologie (1879), ND Hildesheim u.a. 2005. Ernst Troeltschs Auseinandersetzung mit ihm wiederum kreist genau um die für diesen zwingend notwendige Ergänzung jeder deontologischen Theorie der Moral durch eine Ethik der Kulturwerte. Seine eigene (implizite) Religionsphilosophie wiederum basiert auf der geschichtsphilosophischen Verschränkung von Historie (Geschichtswissenschaft) und Axiologie einerseits und über eine Theorie religiösen Erlebens (Erfahrung) andererseits. Beides ist ebenfalls werttheoretisch fundamentiert.

politisch nicht unterschiedlicher sein konnten, zeigt sich, wie Lager lager-
übergreifend und derart disparat der Rückgriff auf die Wertesemantik ausfallen konnte.[12]

Es kann nicht verwundern, dass mit dem Zusammenbruch der (alt-)euro-
päischen Ordnung nach 1918 und mit der Krise, die mit dem Namen der
Dialektischen Theologie verbunden ist und deren wichtigste Protagonisten
von der Ritschl-Schule in ihrer akademischen Jugend geprägt wurden, alles
Wertedenken unter Generalverdacht gestellt wurde. Barths Invektiven gegen eine religiös gestützte Kultur und Sittlichkeit zielen nicht zuletzt auf
jenes werttheoretische Fundament. Als solches ist dies in seinen Augen
nichts anderes als „Unglaube" und „Götzendienst"[13]. Aus dieser Krise führt
nun kein anderer Weg heraus, so die Überzeugung der Stichwortgeber dieser Jahre, als die radikale Absage an jede natürliche Theologie (Metaphysik) als Stütze der Theologie und im gleichen Atemzug an jede Stützung
des christlichen Glaubens auf ethisches Wertdenken. Dieser ideenpolitische
Umsturz war so nachhaltig, zumal durch die verschärfte Situation in und
nach dem NS-Regime, dass selbst dort, wo sich protestantische Ethik wieder neu um eine konstruktivere Vermittlung von christlichem Glauben und
ethischer Lebenswirklichkeit bemühte, man dennoch auf den Rekurs auf
Werte verzichtete. Stattdessen präferierte man lieber ordnungstheologische
Figuren oder eine an Dekalog und biblischen Quellen orientierte deontolo-
gische Fassung christlicher Ethik. Verstärkt wurde das nicht zuletzt
dadurch, dass mit dem einflussreichen Entwurf Max Schelers (aus dessen
mittlerer katholischer Zeit) der programmatischste Entwurf einer auch materialen Wertethik vorlag, die wiederum stark konfessionell anders gelagerte Züge trug. Nimmt man dann noch die Renaissance des (katholischen) Na-

---

[12] Rudolf Otto, ein Distanzierter gegenüber dem NS-Regime, hat sich insbesondere in den
1930er Jahren, d.h. in der Spätphase seines Wirkens mit Fragen der Ethik und dem Zusammenhang von Würde, Wert, Autonomie und Theonomie beschäftigt. Diese stehen zugleich im
Zusammenhang seiner Theorie des Heiligen als auch seinen früheren religionstheoretischen
Arbeiten. Vgl. dazu: *R. Otto*, Aufsätze zur Ethik, hg. von *J. St. Boozer*, München 1981,
S. 53–126, 215–226, 237–259, 276–281. – Umgekehrt war derjenige Theologe und Ethiker,
der sich wohl am umfänglichsten einer werttheoretischen Grundlegung und Entfaltung einer
protestantischen Theologie und Ethik – beides verstanden als ‚Wirklichkeitswissenschaft' –
gewidmet hat, Ottos Fakultätskollege Georg Wünsch, ein offensiver Befürworter des NS-
Regimes. Seine äußerst konservative ordnungs- bzw. schöpfungstheologische Fassung einer
Begründung von Werten auf theonomer Basis lässt – wenigstens im Nachhinein – seinen eigenen Standpunkt nicht als lediglich den Umständen oder den eigenen politischen Ansichten
geschuldet erscheinen. Die umfänglichste Darstellung findet sich in: *G. Wünsch*, Evangelische Wirtschaftsethik, Tübingen 1927, v.a. Buch I: S. 1–269.
[13] Mit diesen Topoi wird insbesondere in der zweiten Auflage seines Römerbrief-
Kommentars von 1922 der liberaltheologische bzw. kulturtheologische Zusammenhang von
Glaube und Sittlichkeit, von Religion und Moral belegt. Vgl. nur die Röm 7 und 12 gewidmeten Partien in: *K. Barth*, Der Römerbrief. Zweite Fassung 1922, 15. Aufl., Zürich 1999,
S. 230–276, 447–506.

turrechtsdenkens in der jungen Bundesrepublik bis hinauf in die Spitze höchster Gerichte hinzu[14], dann wird klar, warum in sachlicher Hinsicht – ob so gerechtfertigt oder nicht – vor allem zwei wesentliche Gründe gegen das Wertedenken aus der Perspektive evangelischer Ethik sprachen: Einerseits bedrohte eine falsche Metaphysiklastigkeit das allein auf der Offenbarung beruhende Fundament des christlichen Glaubens, andererseits erwies sich gerade durch diesen anders gelagerten Zugriff der Verdacht als zutreffend, wonach hier – wie beim Rekurs auf das Naturrecht oder oft sogar im Zusammenspiel mit diesem – katholisierende Züge die evangelische Theologie und Ethik subkutan unterwanderten.

Aber es waren nicht allein der metaphysikkritische Unterton und das konfessionelle Profil, die verhindert haben, dass der Wertediskurs bis in unsere jüngste Gegenwart hinein eine maßgebliche Rolle in der evangelischen Ethik spielen konnte. In einem folgenreichen und breit rezipierten Aufsatz, der gleichwohl zu seinen argumentativ schwächsten gehören dürfte, hat sich Eberhard Jüngel (1924–2021) in Aufnahme einer allerdings völlig anders gemeinten Formel Nicolai Hartmanns die Rede von der ‚Tyrannei der Werte‘ zu Eigen gemacht, darin und damit sogar Nähen zu Carl Schmitt in Kauf nehmend.[15] Jüngels Argument läuft im Grunde auf eine prinzipielle, also nicht überbrückbare Feindschaft zwischen der wertlosen Wahrheit des Evangeliums und dem Denken in und mittels Werten hinaus.[16] Die Schärfe dieses Textes aus dem Jahre 1979 erklärt sich gewiss auch vor dem Hintergrund der sogenannten Grundwerte-Debatte desselben Jahrzehnts, in der die beiden Großkirchen ihre Skepsis gegenüber den rechtspolitischen Konse-

---

[14] Maßgeblich hierfür ist das folgenreiche und bis heute nachhaltig wirkende sogenannte Lüth-Urteil des Ersten Senates des Bundesverfassungsgerichts vom 15. Januar 1958, welches erstmals und, wenngleich aus anderen Gründen als denjenigen der oben dargestellten Positionen, höchst problematisch von einer „objektiven Werteordnung" des Grundgesetzes sprach. Vgl. BVerfG, Beschluss des Ersten Senats vom 15. Januar 1958, BVerfGE 7, 198 (205). – Zur Problematik der Rede von Werten in der Verfassung siehe meine Ausführungen in: *Chr. Polke*, Werte und Normen im Recht. Hans Kelsen und die weltanschauliche Neutralität des Staates, in: Der STAAT 52 (2013), S. 199–218.

[15] Vgl. *E. Jüngel*, Wertlose Wahrheit. Christliche Wahrheitserfahrung im Streit gegen die „Tyrannei der Werte" (1979), in: *ders.*, Wertlose Wahrheit. Theologische Erörterungen Bd. III, 2. Aufl., Tübingen 2003, S. 90–109. – Dieser Text ist ursprünglich in einer kleinen Sammlung zusammen mit Carl Schmitts einflussreichem Pamphlet zur Sache erschienen. Vgl. *C. Schmitt*, Die Tyrannei der Werte, in: *Schelz* (Hg.), Die Tyrannei der Werte, Hannover 1979, S. 9. – Schmitt wie Jüngel bedienen sich dabei einer Wendung Nicolai Hartmanns (vgl. *N. Hartmann*, Ethik [1926], 4. Aufl., Berlin 1962, S. 576), verwenden diese aber natürlich für ihre eigenen Anliegen. Denn Hartmann ist in seiner Ethik zwar darum bemüht, sensibel für aggressives Wertdenken und die Probleme des Wertabsolutismus zu machen. Jedoch spricht das, wie die prinzipielle Konfliktträchtigkeit von Werten (im Plural!), gerade nicht gegen eine werttheoretische Fundierung der Ethik. Schließlich gilt Hartmann neben Scheler als einer der beiden großen Wertethiker des 20. Jahrhunderts. Leider bleiben diese wie andere Partien seines Werkes nach wie vor unterschätzt.

[16] Vgl. *Jüngel*, Wertlose Wahrheit (Anm. 15), v.a. S. 100, 105.

quenzen jenes von Jürgen Habermas als „Fundamentalliberalisierung"[17] ge-kennzeichneten gesellschaftlichen Wandels zur Sprache brachten und dabei ständig die Grundwerte aus christlicher Perspektive zunehmend in Gefahr sahen.[18] Diese Haltung teilten in gar nicht so seltener Einigkeit weder links-liberale noch theologisch barthianisch geprägte Stimmen in der evangeli-schen Theologie. Aber die Folgen lassen sich noch bis hinein in das Werk eines so prominenten Ethikers, späteren Bischofs und öffentlichen Intellek-tuellen, wie Wolfgang Huber (*1942), aufspüren. Noch 2006 konnte Huber davor warnen, die Kirchen in der Öffentlichkeit auf so etwas wie eine „Bundesagentur für Werte"[19] zu reduzieren. In seinen Schriften lässt sich erst in den letzten Jahren ein gleichwohl konstruktiverer Zugang zum The-ma der Werte und ihres nicht bloß äußerlichen Verhältnisses zu Motiven der christlichen Glaubenstradition finden[20]. Hinter dieser Stimmung steht im Grunde jenes Argument, das Jüngel in besagtem Aufsatz nur besonders deutlich zur Sprache gebracht hat. Nach ihm

„[kennt] christliches Ethos keine Orientierung an einer Wertethik [...]. Wertethisches Den-ken kann die Rechtfertigung des Sünders und also die Schuld befreiende Wahrheit [sc. des Evangeliums; C.P.] schlechterdings nicht denken [...]. Wertethik und christliches Ethos sind einander feind."[21]

---

[17] So auf diese Zeit bezogen in: *J. Habermas*, Interview, in: Frankfurter Rundschau vom 11.03.1988; vgl. aber auch schon *ders.*, Protestbewegung und Hochschulreform, Frankfurt a.M. 1969.

[18] Siehe dazu die gemeinsame Erklärung der Deutschen Bischofskonferenz und des Rates der EKD: *Kirchenkanzlei der Evangelischen Kirche in Deutschland* (Hg.), Grundwerte und Gottes Gebot. Gemeinsame Erklärung des Rates der EKD und der Deutschen Bischofskonfe-renz, 3. Aufl., Gütersloh/Trier 1979. Überhaupt haben offizielle Kirchenvertreter kaum je Schwierigkeiten, sich auf (Grund-)Werte, wie sie im christlichen Glauben fundiert sind, in öf-fentlichen Debatten und Reden zu beziehen, wohingegen die akademische Theologie und Ethik, nicht nur protestantischer Provenienz, sich nach wie vor in Zurückhaltung übt.

[19] So Originalton in einem mit der F.A.Z. geführten Interview vom 27.02.2006, F.A.Z. Nr. 49 (2006), S. 40. Das ist umso überraschender als Huber bereits zuvor einen nachdenkli-chen Aufsatz zum Beitrag der jüdisch-christlichen Tradition zum europäischen Wertediskurs verfasst hat, vgl. *W. Huber*, Die jüdisch-christliche Tradition, in: *Joas/Wiegandt* (Hg.), Die kulturellen Werte Europas, Frankfurt a.M. 2005, S. 69–92. – Gleichwohl kann er zwei Jahre später die genannte Befürchtung einer Reduktion von Kirche als Werteleferantin bei einer Rede auf dem *Christival* wiederholen. Vgl. *M. Kamann*, „Der Huber ist so authentisch", in: Die Welt vom 05.05.2008, Nr. 104, S. 10.

[20] So etwa in der Neuauflage seiner Glaubenslehre: vgl. *W. Huber*, Glaubensfragen. Eine evangelische Orientierung, München 2017, Kap. 10, S. 283.

[21] *Jüngel*, Wertlose Wahrheit (Anm. 15), S. 105. – Die Begründung für diese Härte ist al-lerdings allein dann zutreffend, wenn man Nicolai Hartmanns These, die Jüngel als *taken for granted* jedwedem wertethischen Denken attestiert, zustimmt, wonach „Schuld [...] notwen-dig solange fort[besteht], als Werte bestehen, die sie verdammen" (*Hartmann*, Ethik [Anm. 15], S. 819). Das jedoch ist unter Preisgabe eines Wertrealismus, wie ihn Hartmann vertritt und der in sich problematisch ist, gar nicht zwingend.

Mit dieser Behauptung werden die zuvor genannten Gründe falscher Meta-
physikanfälligkeit sowie des Rekatholisierungsverdachts gesteigert zu der
prinzipientheologischen Problematisierung, wonach der *articulus stantis et
cadentis*, mithin der Glaube an die Rechtfertigung des gottlosen Sünders
jedwede Orientierung in und an Werten infrage stellt[22]; und dies nicht zufällig mittels einer auch politischen Kategorie im Stile Carl Schmitts. Würde
das aber wirklich zutreffen, so hätte man es als Vertreterin oder Vertreter
protestantischer Ethik schwer, einen konstruktiven Zugang zum Phänomen
und zu den damit anvisierten Problemen, die unter dem Begriff der Werte
und seiner ethischen Analyse rangieren, zu finden. Doch stimmt das überhaupt?

II. Plädoyer für eine Rehabilitierung wertethischen Denkens

Nun ist es nicht so, als hätte sich die evangelische Ethik den unter dem
Stichwort der Wertethik verhandelten Sachproblemen entzogen. Vielmehr
werden sie zumeist unter anderer Terminologie und mittels alternativer
Konstellierungen thematisiert. Vor allem, wenn man bedenkt, dass schon
Ernst Troeltsch mit der Differenzierung zwischen einem harten, normativen
Bereich der Moral und dem umfänglicheren, kulturell diversen Bereich der
Sittlichkeit bzw. eben der Kulturwerte gearbeitet hat.[23] Allerdings führt dies
bei ihm gerade nicht zu der bis heute vor allem in der Praktischen Philosophie dominierenden Verengung des Diskurses auf die Sphäre des moralisch
Rechten – im Anschluss an John Rawls und Jürgen Habermas. Zumal diese
seit längerem in der evangelischen Theologie und Ethik als problematisch
angesehen wird. Hinzu kommt, dass mit der Schleiermacher-Renaissance
dessen güterethische Position wieder stärker Beachtung findet. Bisweilen
dergestalt, dass wertethische Ansätze aufgrund ihres ebenfalls teleologischen Zuschnitts unter die Varianten von Güterethik subsummiert werden,
was sodann deren weitgehende Außerachtlassung als gerechtfertigt erschei-

---

[22] Nebenbemerkung: Es ist nur konsequent, dass Jüngel mit den gleichen Argumenten auch
die Sinnfrage in scharfen Kontrast, ja in ein faktisch kontradiktorisches Verhältnis zur Bot-
schaft von der Rechtfertigung setzt. Vgl. *E. Jüngel*, Das Evangelium von der Rechtfertigung
des Gottlosen als Zentrum des christlichen Glaubens. Eine theologische Studie in ökumenischer Absicht, Tübingen 1998, S. 221.

[23] Vgl. vor allem seine späten, für England und Schottland konzipierten, aber nicht mehr
gehaltenen Vorträge zu Ethik und Geschichtsphilosophie, v.a. Teil II: *E. Troeltsch*, Kritische
Gesamtausgabe Bd. 17: Fünf Vorträge zu Religion und Geschichtsphilosophie für England
und Schottland. Der Historismus und seine Überwindung (1924) / Christian Thought. Its History and Application (1924) [=KGA 17], hg. von *G. Hübinger* in Zusammenarbeit mit *A.
Terwey*, Berlin/New York 2006, v.a. S. 68.

nen lässt.[24] Jedoch sind Werte, wie schon Max Scheler wusste, keine Güter, sondern „ihrem Wesen nach Wert*dinge*".[25] Güter lassen sich zwar als Träger von Werten fassen, aber nicht alle Wertträger sind Güter. Wertträger können sowohl natürliche Objekte, Landschaften, Lebewesen als auch soziale Einheiten, Gruppen, geschichtliche Gebilde wie auch personale Instanzen sein.[26] Ihnen allen ist gemeinsam, dass sie Werte für jemanden oder für Gruppen *verkörpern*. Darin macht sich eine weitere Differenz zwischen wert- und güterethischen Ansätzen bemerkbar: Wertethische Ansätze, selbst diejenigen, die von überzeitlichen, ‚an sich' bestehenden Werten ausgehen, rücken deutlicher die Subjekte von Werten als Instanzen der Wertschätzung in den Fokus als dies bei güterethischen Positionen der Fall ist, die zumeist fundamentalanthropologische oder gesellschaftstheoretische Basisfunktionen als Ausgangspunkt für ihre (teleologischen) Überlegungen wählen.[27] Zwar folgen beide einem epistemischen Primat des Guten[28] – entweder in Gestalt von Gütern oder aber in Form von Wertqualitäten (in der Termino-

---

[24] Vgl. etwa die schmalen, kritischen Ausführungen bei: *D. Lange*, Ethik in evangelischer Perspektive. Grundfragen christlicher Lebenspraxis, Göttingen 1992, S. 269f., sowie schlicht konstatierend die Bemerkung bei: *W. Härle*, Ethik, Berlin/New York 2011, S. 82, Fn. 27.

[25] *M. Scheler*, Der Formalismus in der Ethik und die materiale Wertethik. Neuer Versuch der Grundlegung eines ethischen Personalismus (1916), Gesammelte Schriften Bd. 2, hg. von *M. Scheler*, 5. Aufl., Bern/München 1966, S. 32.

[26] Weil dem so ist, bleibt auch der konstruktive Zugriff von Martin Honecker auf die Wertethematik äußerst blass. Honecker, der mit Blick auf die Grundwerte-Diskussion eine eher zustimmende Haltung zur Wertsemantik eingenommen hat, fasst unter Werte in unklarer Abgrenzung zu Normen und meta-ethischen Regeln und Kriterien letztlich vor allem (sozial-) ethische Prinzipien, die dann auch als eine Art politische Leitvorstellung fungieren können. Vgl. seine Ausführungen in: *M. Honecker*, Theologische Ethik. Grundlagen und Grundbegriffe, Berlin/New York 1990, S. 213.

[27] Massiv wird diese Position derzeit von Eilert Herms vertreten. Vgl. jüngst die umfängliche Behandlung der Ethik im Rahmen seiner *Systematischen Theologie*: *E. Herms*, Systematische Theologie. Das Wesen des Christentums: In Wahrheit und aus Gnade leben, Bd. 2: §§ 60–804 und Bd. 3: §§ 85–100, Tübingen 2017. Bei ihm werden die Güter aus den Grundfunktionen menschlichen Zusammenlebens transzendentaltheoretisch hergeleitet und dann im Rahmen ihrer geschichtlichen Entfaltung an wiederum transzendentaltheoretisch wie – theologisch fundierten weltanschaulichen Prämissen normiert. Sowohl hinsichtlich des Umgangs mit historischer Kontingenz und Pluralität als auch hinsichtlich des begründungstheoretischen Zugriffs bestehen starke Anfragen, die ich angedeutet habe in: *Chr. Polke*, Rez. zu: Eilert Herms, Systematische Theologie I–III, in: Theologische Revue 114 (2018), S. 409.

[28] Diese Wendung übernehme ich von Johannes Fischer. Fischer ist einer der schärfsten Kritiker einer strikt am Prinzip der Rechtfertigung normativ ausgerichteten Ethik. Allerdings spielt in seinem eigenen, hermeneutisch wie pneumatologisch ausgerichteten Ansatz der Begriff der Werte ebenfalls kaum eine Rolle. In jüngster Zeit spricht er jedoch von „moralischen Werten" (vgl. *J. Fischer*, Präsenz und Faktizität. Über Moral und Religion, Tübingen 2019, S. 67), die er als spezifisches Produkt von unter das Gebot der Allgemeingültigkeit fallenden Wertungen versteht, was auf seine sprachphilosophische Prägung verweist und zugleich die Differenz zu hermeneutischen wie auch phänomenologischen Ansätzen, die für die Wertethik im engeren Sinne kennzeichnend sind, markiert.

logie von Scheler[29]). Aber ein Vorteil neueren wertethischen Denkens ist es, dass er handelnde Personen als wertende Instanzen stärker berücksichtigt, und dies in mehrfacher Hinsicht: *Erstens* gibt es keine Werte, die unabhängig von Subjekten ihrer Wertschätzung ‚existieren‘. Deshalb können sie auch nicht einfach entdeckt werden. *Zweitens* verdanken sich Werte bestimmten Situationen, in denen auf spezifische Herausforderungen handelnd reagiert und wertend interpretiert wird – in anderer Terminologie: in denen sie als Werte erfasst werden. Von daher verbietet sich die aus der ökonomischen Sprache entlehnte, allerdings anders gefasste Rede von der Wertschöpfung im Sinne eines instrumentellen Schaffens von Werten. Zudem sind Werte stets relativ. Deshalb trägt jede Wertethik einen (strikt) relationalen Charakter. *Drittens* weisen Werte stets einen attraktiven Zug auf, der sie einerseits von der restriktiven Welt der Normen trennt und der andererseits, wie vor allem Scheler gezeigt hat, die emotiv grundierte Strebenatur des Menschen ausrichten kann.[30] Erst hierüber erklärt sich ihre Relevanz bei und für die Ausbildung von Identität einzelner Menschen oder ganzer Gruppen. In diesem Sinne kann gerade für eine evangelische Ethik die These von Hans Joas, dem derzeit wohl wichtigsten Vertreter einer zeitgemäßen Werttheorie, von Interesse sein: „Werte entstehen in Erfahrungen der Selbstbildung und Selbsttranszendenz".[31]

Mit der Wahl der Termini ‚Selbstbildung‘ und ‚Selbsttranszendenz‘ kommt der stark personalistische Zug vieler, nicht unbedingt jeder Wertethik zur Geltung. Damit wird zugleich der Boden dafür bereitet, wie aus religiöser Perspektive zur Relevanz von Werten für die menschliche Lebensführung Stellung genommen und damit für eine religiös grundierte Ethik – über eine strikte Gebotsethik hinaus – plädiert werden kann. Selbst will ich dies mit Blick auf den zuvor benannten protestantischen Haupteinwand – rechtfertigungstheologisches Veto genannt – etwas genauer explizieren. Dazu greife ich zunächst auf einen Vertreter protestantischer Ethik zurück, der nicht im deutschsprachigen Raum beheimatet ist, jedoch deutlich von der hiesigen Theologie in seinem Denken geprägt war und zugleich eigene Wege beschritt, insbesondere im konstruktiven Rückgriff auf dieje-

---

[29] Zu Aktualität von Schelers Denken in diesen Debatten siehe jüngst: *M. von Kalckreuth*, Philosophie der Personalität. Syntheseversuche zwischen Aktvollzug, Leiblichkeit und objektivem Geist, Hamburg 2021, v.a. S. 175.

[30] Für Hans Joas sind Werte deswegen durch „subjektive Evidenz" und „affektive Intensität" gekennzeichnet, die sich säkularen oder eben religiösen Sakralisierungsprozessen verdanken, also das Resultat spezifischer Prozesse von Idealbildung darstellen. Vgl. *H. Joas*, Die Sakralität der Person. Eine neue Genealogie der Menschenrechte, Berlin 2011, S. 18, 163 u.ö. – Wichtig ist dass Joas hiermit den Aspekt der Selbstbildung wie Selbsttranszendenz (siehe nächste Fußnote) weiter spezifiziert und zugleich an der These von der nicht hart-teleologischen ‚Kreativität des Handelns‘ (vgl. sein gleichnamiges Buch aus dem Jahre 1993) festhält.

[31] *H. Joas*, Die Entstehung der Werte, Frankfurt a.M. (1997) 1999, S. 10.

nige philosophische Theorietradition, die meines Erachtens am angemessensten der Wertethematik gerecht wird: dem klassischen, amerikanischen Pragmatismus[32]. Die Rede ist von H. Richard Niebuhr (1894–1962), dem jüngeren, gleichwohl für die systematische Theologie und Ethik bedeutenderen Bruder des berühmteren Reinhold Niebuhr. Niebuhrs Denken lässt sich als Brücke zwischen Historismus und liberaler Theologie auf der einen, Pragmatismus und Elementen der dialektischen Theologie auf der anderen Seite begreifen. Ernst Troeltsch und der (mittlere) Karl Barth sind für ihn ebenso wichtig wie George H. Mead und Josiah Royce. Niebuhr hat in einem Festschriftaufsatz für seinen Lehrer, Douglas Clyde Macintosh, 1937 unter dem programmatischen Titel *Value-Theory and Theology* die für den theologischen Liberalismus seiner Zeit kennzeichnende Einordnung von Religion in eine vorgegebene (Kultur-)Wertehierarchie kritisiert. Eine strikt werttheoretische Fundierung von Religion und Glauben würde ihm zufolge im Grunde darauf hinauslaufen, auch Gott als gleichsam obersten Wert aufzufassen und ihn damit selbst in ein vorgegebenes oder konstruiertes Werteschema einzupassen, z.B. als der Heilige. Demgegenüber gilt es daran festzuhalten, dass Gott nicht in ein Schema von Werten eingeordnet oder darunter begriffen werden kann, und sei es als ‚an-und-für-sich' bestehende Realität. Dies mit Barth und Jüngel zugestanden, bedeutet aber umgekehrt nicht, zu leugnen, dass Religion stets durchaus als wertende Angelegenheit zu betrachten ist: „to interpret religion as an affair of valuation without assuming that such valuation must or can be made on the basis of a previously established standard of values."[33] Anders gesagt: Selbst, wenn man nicht an Werte glaubt, sondern an Gott, vollzieht dieser Glaube doch im Grunde stets eine Wertung. Nur ist das Objekt des (Be-)Wertens nachgerade nicht das Göttliche, sondern vielmehr der in der Erfahrung des und mit dem Göttlichen neu bewertete Mensch und seine Welt. Hierin kommt Niebuhr den Überlegungen von Albrecht Ritschl nahe, ohne dessen von Lotze geprägte philosophische Prägung zu übernehmen. Es geht somit nicht schlicht um eine ‚Umwertung aller Werte', als welche man mit Nietzsche die geistig-moralische Revolution des biblischen Monotheismus durchaus begreifen kann, sondern um die Anerkennung der Inversion der involvierten wertenden Instanzen. Nicht der Mensch wertschätzt etwas als das ihm bzw. für ihn Heiligste, ja Göttliche, sondern er wird durch etwas, das er als solches erfährt, neu und anders bewertet:

---

[32] Vgl. *H. R. Niebuhr*, Value-Theory and Theology, in: Bixler (Hg.), The Nature of Religious Experience. Essays in Honor of Douglas Clyde Macintosh, New York 1937, S. 93. Zur Bedeutung der werttheoretischen Grundlagen von Niebuhrs Theologie siehe die Studie von: *C. D. Grant*, God – The Center of Value. Value Theory in the Theology of H. Richard Niebuhr, Fort Worth (Tx) 1984.

[33] *Niebuhr*, Value-Theory (Anm. 32), S. 111f.

„The valuation of which man becomes aware in religious experience is not first of all his valuation of a being but that being's evaluation of him [...] Religious experience includes an evaluation on the part of man, but primarily it expresses itself in the judgement, ‚This is the being which values me or judges me, by relation to which I have worth or possibility of worth‘.“[34]

In der jüdisch-christlichen Tradition wird unter Gott somit die Quelle aller Werthaftigkeit verstanden, so wie die göttliche Wirklichkeit zur primären Instanz der Bewertung von allem und jedem wird. Der monotheistische Gottesglaube zwingt in Folge zur Anerkennung eines irreduziblen Wertepluralismus, zu dem auch harte Wertekonflikte gehören können; er bürgt mit seiner Ablehnung jedweden Wertabsolutismus (, der in sich totalitär wird,) für eine wohltuende Relativität, die sich aus der Relationalität von Werten und Werthaltungen bzw. -überzeugungen ergibt.[35]

Damit sollte deutlicher geworden sein, inwiefern Niebuhrs Zugangsweise gerade nicht den Jüngel'schen Bedenken gegenüber dem Wertedenken unterliegt. Denn die sich in der Vorstellung von der Rechtfertigung des Sünders allein aus Glauben durch Gott ausdrückende Anerkennung der Exklusivität des Göttlichen, der „Gottheit Gottes“, um es mit Paul Althaus zu sagen[36], bleibt nachgerade gewahrt. Zugleich wird damit nicht die Einsicht verspielt, die in der neuzeitlichen Theologiegeschichte dazu verholfen hat, das Verhältnis von Glauben und Leben, von Religion und Ethos genauer zu beschreiben und zu verstehen: nämlich, dass der Mensch ein stets zu sich und seiner Welt Stellung nehmendes, darin wertendes und somit urteilendes Lebewesen ist. Denn nur dadurch wird dem Menschen überhaupt etwas wichtig; kann er für oder gegen etwas kämpfen; Wichtiges von Unwichtigem unterscheiden; Liebe erfahren oder eben auch Hass. Kurzum: Nur dadurch wird sein Leben für ihn bedeutsam. Religion von dieser Dimension strikt abzugrenzen, führt nachgerade jedwedes Bemühen um Aufklärung über ihre existentielle Bedeutung und Humanität *ad absurdum*. Völlig absurd wäre es vor diesem Hintergrund allerdings auch, Religion zur Bedin-

---

[34] *Niebuhr*, a.a.O., S. 115.
[35] Genau dies ist der Tenor von Niebuhrs Montgomery Lectures, die er 1957 gehalten und unter thematisch orientierten Zugaben 1960 unter dem Titel *Radical Monotheism and Western Culture* veröffentlicht hat. In den Beigaben finden sich weitere werttheoretische Studien, vgl. *H. R. Niebuhr*, Radical Monotheism and Western Culture. With Supplementary Essays. Foreword by J. M. Gustafson, Louisville (KT) 1993, v.a. S. 100–126. – Zu diesem Thema mit Bezug auf Niebuhr, siehe auch: *H. Joas*, Im Bannkreis der Freiheit. Religionstheorie nach Hegel und Nietzsche, Berlin 2020, S. 426–468.
[36] Paul Althaus hat m.E. zu Recht in seiner Darstellung der Theologie Martin Luthers herausgehoben, dass dessen Rechtfertigungslehre bei aller soteriologischer, d.h. auf die Heilsfrage der Einzelnen bezogenen Perspektivierung letztlich eine Reflexion der Gottheit Gottes ist. Deshalb gilt es, „Gottes Gottheit als Sinn der Rechtfertigungslehre“ (*P. Althaus*, Die Theologie Martin Luthers. [1962], 6. Aufl., Gütersloh 1983, S. 109) zu begreifen.

gung von Moral und Sittlichkeit, den Glauben als Voraussetzung für Werthaltungen zu stilisieren. Diese Auffassung, die von Teilen der Öffentlichkeit, Kirchen und Politik inbegriffen, bis weit in unsere Gegenwart hinein vertreten wurde und immer noch wird, ist entweder eine hohle Phrase oder eine latent gefährliche Propagandaformel.

Gleichwohl teilt der religiöse Glaube mit anderen Weisen des wertenden Welt- und Selbstumgangs, dass er die Wirklichkeit mittels der Signatur des Wertvollen, Attraktiven und – als Rückseite damit immer auch gegeben – des Abscheulichen, Abstoßenden begreift und interpretiert. Nur lässt sich seine Form von Selbstbildung im Umgang mit Anderen und Anderem und seine Weise der Selbsttranszendierung nie anders beschreiben, als dass das ‚Selbst‘, d.h. die eigene Person selbst ebenfalls in ein anderes Licht gerückt wird. Diese damit verbundene Perspektivendifferenz lässt Überschneidungen mit Werterfahrungen ebenso zu wie Kontroversen über die richtige Einordnung von bestimmten Werthaltungen und Wertvorstellungen[37]. Überschneidungen können im moralischen wie im politischen Bereich Übereinstimmungen bedeuten, ohne jedoch die Unterschiede zu verschweigen. Kurz an einem Beispiel verdeutlicht: Man kann die Menschenwürde von unterschiedlichen Wertüberzeugungen und -traditionen her verstehen. Aber mehr noch verdankt sich die damit einhergehende Anerkennung und Einsicht in dieses ‚absolut‘ Wertvolle unterschiedlichen Erfahrungsweisen. Adolf von Harnacks Rede vom „unendlichen Wert der Menschenseele“[38] ist nicht nur ein schönerer Ausdruck für die Formel „Die Würde des Menschen ist unantastbar“ (Art. 1 GG), sondern verweist zugleich auf die religiösen Erfahrungskontexte, von denen her die Einsicht sich plausibilisiert, dass, egal, was ein Mensch ist oder was er (nicht) tut, er von Gott her als unendlich wertvoll befunden wird. Der Glaube besteht nachgerade in nichts anderem als in der Anerkennung dieses göttlichen Urteils, um es in der Sprache der traditionellen Rechtfertigungsterminologie zu formulieren. Erst vor diesem Hintergrund wird der ethische Wert der Menschenwürde für Christenmenschen sodann zu einer das Recht wie die Politik gleichermaßen ‚absolut‘ bindenden Grundnorm bzw. einem verpflichtenden Ideal. Zwar braucht man die Erfahrung des Unbedingt-Wichtig-Seins für Gott nicht, um die Menschenwürde zu verteidigen, aber womöglich hilft diese ‚zusätzliche‘ Erfahrung insbesondere in Momenten, in denen das Ideal so tief geschändet

---

[37] In diesem Beitrag sehe ich jetzt einmal von der Dramatik und Schärfe von Wertkonflikten ab, die eine realistische Sicht auf Ethos und Ethik stets zu beachten hat; ja, im Grunde beginnt sie allererst, wenn derlei Konflikte bestehen.
[38] *A. von Harnack*, Das Wesen des Christentums (1899/1900), hg. und kommentiert von T. Rendtorff, Gütersloh 1999, S. 95.

oder immer noch meilenweit von jeder Realisierung entfernt erscheint, um
der Gefahr des Abgleitens in Zynismus und Resignation zu wehren.[39]

III. Religion, christlicher Glaube und Wertevermittlung

Die hier aufgezeigten Darlegungen können nach der prinzipiellen Rehabilitierung wertethischen Denkens aus protestantischer Perspektive nicht mehr
umfänglich in die detaillierte Ausarbeitung eines konkreten, gar eigenen
Ansatzes ausgezogen werden. Stattdessen sollen – wie eingangs angekün-
digt – noch ein paar wenige Bemerkungen zu Fragen der Wertevermittlung
vor dem Hintergrund des Entwickelten folgen. Werte lassen sich nicht einfach diskursiv erörtern und dann ggf. auch in ihrer hyperbolischen Art kriti-
sieren. Die ‚Sprache‘ der Werte folgt eben nicht allein den Regeln diskursiven Schließens und logischen Schlussfolgerns. Vielmehr werden wir nicht
nur in jungen Jahren Werten und ihrer Bedeutung über Szenen, die sich
einprägen; Geschichten, die wir erinnern; Narrativen, die uns überliefert
werden, gewahr. Gerade dieser Umstand birgt Potentiale für jedwede religionspädagogische oder säkular(-philosophisch) ethische Didaktik, so sie
nicht kognitivistisch in ihren Grundlagen auftritt.

Zwei Momente möchte ich herausstreichen und an ihnen illustrieren, dass
sie nicht nur nicht gegen protestantische Traditionen sprechen, sondern sogar verkannte oder verdrängte Momente in ihnen neu zur Geltung bringen
können. Beginnen möchte ich mit dem Umstand, dass Werte sich glaubhaft
nur verkörpert vorfinden lassen, und zwar im Leben von Personen und in
der Art und Weise, wie sie ihr Leben gestalten und eigenständig führen.
Werte sind zwar immer auch geschichtlich gewordene und darin mit Bedeutung versehene Ideale, deren Herkunft wir erzählen können. Allerdings lagern sie sich stets ab in Gestalt von Praktiken, weswegen sie im Grunde in
Haltungen und Einstellungen übergehen, die unser Verhalten und Handeln
mehr oder minder unreflektiert prägen. Sie kommen in Lebensformen als
‚Bündel von Praktiken‘[40] zum Vorschein und machen darin zugleich ihre
Verbindung zu dem, was man mit der ethischen Tradition Tugenden nennen
kann, kund. Tugenden sind Einstellungs- und Verhaltensdispositionen, die

---

[39] Das ist aus ethischer Sicht gesprochen. Ethik sieht in der Religion in der Tat ein ‚Sur-
plus‘, dessen Eigenbewandtnis sie als theologisch nur dergestalt darstellen kann, dass sie darauf beharrt, dass das Wesentliche am Ort des Religiösen Nicht-Gemachtes, Nicht-
Reflektiertes, sondern ‚von-andernswärts-her‘ (Schleiermacher) Erfahrenes ist, das in sich
selbst würdig ist, anerkannt zu werden; sich somit einer letzten Funktionalisierung aus der
Perspektive des Glaubens, der Religion, stets entzieht; in dessen Horizont aber die ethischen
Themen nochmals anders zur Darstellung und bisweilen zur Geltung kommen.

[40] Vgl. dazu: *R. Jaeggi*, Kritik von Lebensformen, Berlin 2014.

wiederum auf Vorstellungen vom Guten, vom in diesem Sinne für sich und andere – potentiell und prinzipiell für alle – Werthaften beruhen. Auch eine protestantische Ethik, die dem Realitätsprinzip Folge leistet, kommt nicht umhin, anzuerkennen, dass es diese Schicht der prägenden Verhaltensorientierung ist, die unser Leben wesentlich unter ethischen Kriterien beurteilbar macht. Insofern gehört zu unserer Lebensführung eine mehr oder minder implizite, dann aber auch – z.B. im Ethik- oder Religionsunterricht – explizit zu machende Wertimprägnierung, und zwar dergestalt, dass und wie wir in diversen Lebenslagen und -situationen wertgebunden agieren und auftreten. Wertevermittlung, so heißt das dann umgekehrt, funktioniert weniger allein in der Präsentation von ethischem Wissen, sondern in der Einübung solcher Haltungen, auch und gerade erprobungsweise am Ort der Schule. Das schließt die diskursive Erörterung und kritische Reflexion über sie nicht aus, sondern loziert sie realistisch im Leben der Beteiligten und Betroffenen. Will man von hier aus den Zusammenhang zwischen Glauben und Werten beschreiben, so ließe sich sagen: Der Glaube als basale Grundhaltung und -einstellung zum Leben durchzieht dann (im besten Falle) alle diese Lebensformen, Praktiken und Einstellungen, mehr oder weniger bewusst; aber jedenfalls, wo er seiner selbst bewusst wird, stets auch in kritischer Reflexion auf die Unterscheidung der Werte von ‚demjenigen‘, der dem Glauben zufolge uns selbst als absolut wertvoll erachtet.

Das führt zum zweiten Gesichtspunkt. Es sind herausragende Gestalten, Vorbilder, wie schon Max Scheler wusste, an denen sich die Wirklichkeit und Kreativität von Werthaltungen, ihre ebenso wirklichkeitsbeurteilende wie -verändernde und darin lebensgestaltende Kraft zeigt. Solche Vorbilder, was ebenfalls Scheler hervorhob, prägen unsere eigenen Einstellungen zu Wertfragen viel mehr als abstrakte Ideale oder gar vertrackte Theorien.[41] Von daher ist es vor allem die Geschichte als Nachzeichnung der Entwicklung solch eindrücklicher Gestalten – die keineswegs alle historisch bedeutsam gewesen sein müssen, sondern viel häufiger noch dem normalen Lebensalltag zuzuordnen sind –, die hierfür als geeignet erscheint. An Narrativen, literarischen oder historischen Beispielen aus unterschiedlichsten kulturellen und religiösen Traditionen lassen sich Wertevermittlungsprozesse viel plastischer veranschaulichen, wie umgekehrt auch ein kriti-

---

[41] Sowohl Scheler wie Hartmann widmen sich der Rolle von Vorbildern für die ethische Erziehung und Einsicht in das, was sie Werte nennen. Auch wenn man ihren Wertrealismus nicht teilt, sind ihre Beobachtungen allerdings nach wie vor aufschlussreich. Bei Hartmann verweise ich auf: *Hartmann*, Ethik (Anm. 159, S. 129–131), für Scheler einerseits auf die einschlägigen Passagen im *Formalismus*-Buch (vgl. *Scheler*, Formalismus [Anm. 25], S. 558), sowie auf den erst im Nachlass erschienenen, gleichwohl aus der gleichen Werkphase (1915/6) stammenden Text: *M. Scheler*, Vorbild und Führer, in: Max Scheler. Schriften aus dem Nachlass. Bd. 1: Zur Ethik und Erkenntnistheorie (Gesammelte Schriften Bd. X), hg. von M. Scheler, Bern 1952, S. 255.

scher, weil kontextsensibler Diskurs sich daran entzünden kann. Wenn man
so will, nimmt dadurch auf moderne Weise die protestantische Auffassung
vom ‚Dienst der Heiligen' Gestalt und Sinn an, von der es schließlich in CA
XXI heißt: „dass man der Heiligen gedenken soll, auf dass wir unsern
Glauben stärken, so wir sehen, wie ihnen Gnad widerfahren, auch wie ihnen
durch Glauben geholfen ist; darzu, daß man Exempel nehme von ihren guten Werken, ein jeder nach seinem Beruf."[42] Er lebt auch in profaner Gestalt
weiter und ist nicht überall gleich als ‚Starkult' abzuurteilen.

                                    * * *

Sollte evangelische Ethik also künftig nurmehr als Wertethik, ethische Bildung allein als Wertevermittlung auftreten? Das würde nur dann gelten,
wenn zur menschlichen Lebensführung allein das Streben nach Wertvollem
gehören würde.[43] Offenkundig ist dies nicht der Fall. Aber wo es um ein
kritisches Nachdenken über das gute Leben geht, da kommt der Ebene des
Wertvollen, also der Frage nach den Werten, eine zentrale Bedeutung zu.
Werte verkörpern das Gute und dies am überzeugendsten in Lebensformen,
die für sich selbst sprechen und somit attraktiv werden[44]; mehr noch in Personen, die für solche Lebensweisen und Einstellungen bzw. Haltungen zum
Leben eintreten. Darum gebührt ihnen im Rahmen ethischer (und auch religiöser) Bildung eine vorzugswürdige Behandlung. Und insofern täte evangelische Ethik dann gut daran, ihre vermeintlichen Stiefkinder als das zu
sehen, was sie wirklich sind: ‚Fleisch' vom eigenen ‚Fleisch', ‚Geist' vom
eigenen ‚Geist'. Das wieder verstärkt ins Bewusstsein zu rufen abseits aller
anachronistischen Warnrufe vor einer angeblichen ‚Tyrannei der Werte'
und trotz aller berechtigten Kritik an tendenziösen Beschwörungen von
Grundwerten, will der bescheidene Beitrag meiner Ausführungen sein.

---

[42] Die Bekenntnisschriften der evangelisch-lutherischen Kirche (BSLK), hg. im Gedenkjahr der Augsburgischen Konfession 1930, 11. Aufl., Göttingen 1992, S. 83b.
[43] Weder die Perspektive von Normen und Rechten, noch die Berücksichtigung von Interessen und Strukturen lassen sich bspw. ausschließlich in wertethischen Darlegungen berücksichtigen. Es gilt vielmehr, einem keineswegs beliebigen, sehr wohl aber präzis bestimmten
Pluralismus an Methoden und Zugängen in der ethischen Theoriebildung das Wort zu reden.
[44] Vgl. dazu meine Ausführungen in: *Chr. Polke*, Lebensformen. Vom „Stoff" der Ethik,
in: Zeitschrift für Theologie und Kirche 115 (2018), S. 329.

Literaturhinweise

Althaus, Paul: Die Theologie Martin Luthers, 6. Aufl., Gütersloh 1983, S. 109–118.

Barth, Karl: Der Römerbrief. Zweite Fassung 1922, 15. Aufl., Zürich 1999.

Die Bekenntnisschriften der evangelisch-lutherischen Kirche (BSLK). Hg. im Gedenkjahr der Augsburgischen Konfession 1930, 11. Aufl., Göttingen 1992.

Fischer, Johannes: Präsenz und Faktizität. Über Moral und Religion, Tübingen 2019.

Grant, C. David: God – The Center of Value. Value Theory in the Theology of H. Richard Niebuhr, Fort Worth (Tx) 1984.

Habermas, Jürgen: Interview, in: Frankfurter Rundschau vom 11.03.1988.

Ders.: Protestbewegung und Hochschulreform, Frankfurt a.M. 1969.

Härle, Wilfried: Ethik, Berlin/New York 2011.

Harnack, Adolf von: Das Wesen des Christentums (1899/1900), hg. und kommentiert von T. Rendtorff, Gütersloh 1999.

Hartmann, Nicolai: Ethik, 4. Aufl., Berlin 1962.

Heidegger, Martin: Platons Lehre von der Wahrheit. Mit einem Brief über den Humanismus, 2. Aufl., Bern 1959.

Ders.: Einführung in die Metaphysik, 4. Aufl., Tübingen 1976.

Herms, Eilert: Systematische Theologie. Das Wesen des Christentums: In Wahrheit und aus Gnade leben, Bd. 2: §§ 60–804 und Bd. 3: §§ 85–100, Tübingen 2017.

Herrmann, Wilhelm: Die Religion im Verhältnis zum Welterkennen und zur Sittlichkeit. Eine Grundlegung der systematischen Theologie (1879), ND Hildesheim u.a. 2005.

Honecker, Martin: Theologische Ethik. Grundlagen und Grundbegriffe, Berlin/New York 1990.

Huber, Wolfgang: Die jüdisch-christliche Tradition, in: *Hans Joas/Klaus Wiegandt* (Hg.), Die kulturellen Werte Europas, Frankfurt a.M. 2005, S. 69–92.

Ders.: Interview, in: Frankfurt Allgemeine Zeitung vom 27.02.2006, Nr. 49.

Ders.: Glaubensfragen. Eine evangelische Orientierung, München 2017.

Jaeggi, Rahel: Kritik von Lebensformen, Berlin 2014.

Joas, Hans (Hg.): Braucht Werterziehung Religion? Mit Beiträgen von H. G. Nutzinger, A. Stöbener, St. Meyer-Ahlen und D. R. McGaughey, Göttingen 2007.

Ders.: Die Entstehung der Werte, Frankfurt a.M. (1997) 1999.

Ders.: Die Sakralität der Person. Eine neue Genealogie der Menschenrechte, Berlin 2011.

Ders.: Im Bannkreis der Freiheit. Religionstheorie nach Hegel und Nietzsche, Berlin 2020.

Jüngel, Eberhard: Das Evangelium von der Rechtfertigung des Gottlosen als Zentrum des christlichen Glaubens. Eine theologische Studie in ökumenischer Absicht, Tübingen 1998.

Ders.: Wertlose Wahrheit. Christliche Wahrheitserfahrung im Streit gegen die „Tyrannei der Werte", in: *ders.,* Wertlose Wahrheit. Theologische Erörterungen Bd. III, 2. Aufl., Tübingen 2003, S. 90–109.

Kalckreuth, Moritz von: Philosophie der Personalität. Syntheseversuche zwischen Aktvollzug, Leiblichkeit und objektivem Geist, Hamburg 2021.

Kamann, Matthias: „Der Huber ist so authentisch", in: Die Welt vom 05.05.2008, Nr. 104, 10.

Kirchenkanzlei der Evangelischen Kirche in Deutschland (Hg.): Grundwerte und Gottes Gebot. Gemeinsame Erklärung des Rates der EKD und der Deutschen Bischofskonferenz, 3. Aufl., Gütersloh/Trier 1979.

Kreß, Hartmut: Ethische Werte und der Gottesgedanke. Probleme und Perspektiven des neuzeitlichen Wertbegriffs, Stuttgart u.a. 1990.

Lange, Dietz: Ethik in evangelischer Perspektive. Grundfragen christlicher Lebenspraxis, Göttingen 1992.

Lotze, Hermann: Grundzüge der praktischen Philosophie. Diktate aus den Vorlesungen, 3. Aufl., Leipzig 1889.

Ders.: Mikrokosmos. Ideen zur Naturgeschichte und Geschichte der Menschheit. Versuch einer Anthropologie, Bd. 1: Der Leib/Die Seele/Das Leben [1856]. Mit einer Einleitung und Registern hg. von *Nicolay Milkov*, Hamburg 2017.

Ders.: System der Philosophie I: Drei Bücher der Logik (1874), Hildesheim u.a. 2004.

Neugebauer, Matthias: Der Wert des Lebens. Vom Sinn der Werte in der religiösen Selbst- und Weltdeutung, in: *Roderich Barth/Andreas Kubik/Arnulf von Scheliha* (Hg.), Erleben und Deuten. Dogmatische Reflexionen im Anschluss an Ulrich Barth (FS zum 70. Geburtstag), Tübingen 2015, S. 41–55.

Ders.: Lotze und Ritschl. Reich-Gottes-Theologie zwischen nachidealistischer Philosophie und neuzeitlichem Positivismus, Frankfurt a.M. u.a. 2002.

Niebuhr, H. Richard: Radical Monotheism and Western Culture. With Supplementary Essays. Foreword by J.M. Gustafson, Louisville (KT) 1993.

Ders.: Value-Theory and Theology, in: *J. Seeley Bixler* (Hg.), The Nature of Religious Experience. Essays in Honor of Douglas Clyde Macintosh, New York 1937, S. 93–116.

Otto, Rudolf: Aufsätze zur Ethik, hg. von *J. St. Boozer*, München 1981.

Picht, Georg: Zum philosophischen Begriff der Ethik (1978), in: *ders.,* Hier und Jetzt: Philosophieren nach Auschwitz und Hiroshima, Bd. 1, Stuttgart 1980, S. 137–161.

Polke, Christian: Lebensformen. Vom „Stoff" der Ethik, in: Zeitschrift für Theologie und Kirche 115 (2018), S. 329–360.

Ders.: Rez. zu: Eilert Herms, Systematische Theologie I–III, in: Theologische Revue 114 (2018), S. 409–412.

Ders.: Werte und Normen im Recht. Hans Kelsen und die weltanschauliche Neutralität des Staates, in: Der STAAT 52 (2013), S. 199–218.

Scheler, Max: Der Formalismus in der Ethik und die materiale Wertethik. Neuer Versuch der Grundlegung eines ethischen Personalismus (1916), Gesammelte Schriften, Bd. 2, hg. von *Maria Scheler*, 5. Aufl., Bern/München 1966.

Ders.: Vorbild und Führer, in: Max Scheler. Schriften aus dem Nachlass. Bd. 1: Zur Ethik und Erkenntnistheorie, Gesammelte Schriften Bd. X, hg. von *Maria Scheler*, Bern 1952, S. 255–344.

Scheliha, Arnulf von: Religion als Selbstdeutung des Geistes. Der Religionsbegriff bei Albrecht Ritschl (1822–1889), in: *Georg Pfleiderer/Harald Matern* (Hg.), Die Religion der Bürger. Der Religionsbegriff in der protestantischen Theologie vom Vormärz bis zum Ersten Weltkrieg, Tübingen 2021, S. 623–643.

Schmitt, Carl: Die Tyrannei der Werte, in: *Sepp Schelz* (Hg.), Die Tyrannei der Werte, Hannover 1979, S. 9–43.

Schnädelbach, Herbert: Philosophie in Deutschland 1831–1933, Frankfurt a.M. 1983.

Troeltsch, Ernst: Kritische Gesamtausgabe, Bd. 17: Fünf Vorträge zu Religion und Geschichtsphilosophie für England und Schottland. Der Historismus und seine Überwindung (1924) / Christian Thought. Its History and Application (1924) [=KGA 17], hg. von *Gangolf Hübinger* in Zusammenarbeit mit *Andreas Terwey*, Berlin/New York 2006.

Wünsch, Georg: Evangelische Wirtschaftsethik, Tübingen 1927.

II. Die sogenannten Werte des Grundgesetzes
– geeignete staatstheoretische Basis
staatlicher Werteerziehung

Stephan Kirste

Werte im Recht

I. Einleitung

Werte, Demokratie und Rechtsstaat gehören zusammen: Ohne Demokratie gibt es kein Bekenntnis zu Werten, die im Rechtsstaat zur Abwägung zwischen Rechten erforderlich sind. Wer dies bestreitet, will betrügen,[1] weil er doch mindestens den Wert des Staats,[2] der Demokratie[3] oder des Rechtsstaats voraussetzen muss.[4] Dieses Bestreiten macht die Rechtswissenschaft wertlos.[5] Bedeutet Recht aber auch Wertbezogenheit,[6] Wertverwirklichung[7] und Wertorientierung,[8] dann ist auch die Rechtswissenschaft wertbezogen[9] und wertvoll.[10] Das Recht arbeitet mit Werten – was bedeutet das? Recht schreibt nicht nur Werte vor; vielmehr werden in seine Form auch Werte eingeschrieben, sodass es den Prozess der verbindlichen Bestimmung, was eine Gesellschaft für sich als gut ansieht, gemäß den Grundwertungen dieser Gesellschaft filtern kann.

---

[1] Gegen Schmitt, der (*C. Schmitt*, Die Tyrannei der Werte, Berlin 2011, S. 41) zu Werten schreibt: „Wer ihre Geltung behauptet, muß sie geltend machen. Wer sagt, daß sie gelten, ohne daß ein Mensch sie geltend macht, will betrügen" (näher dazu unten S. 8).

[2] *C. Schmitt*, Der Wert des Staates und die Bedeutung des Einzelnen, Berlin 2014.

[3] *H. Kelsen*, Vom Wesen und Wert der Demokratie, Tübingen 1929.

[4] Wie Art. 2 EUV schon deutlich macht und wie gerade die aktuelle Diskussion um die Rechtsstaatlichkeit innerhalb der EU zeigt.

[5] *J. H. v. Kirchmann*, Die Wertlosigkeit der Jurisprudenz als Wissenschaft (1848), Nachdr. Darmstadt 1973, S. 5: Wertlos, weil ohne praktischen Wert und weil sie ohne Wert auch ihre spezifische Ausrichtung und damit ihren Charakter als Wissenschaft verliert. Freilich passen Werte nicht in sein szientistisches Rechtsverständnis.

[6] *G. Radbruch*, Rechtsphilosophie, in: *Kaufmann* (Hg.), Gesamtausgabe, Bd. 2, Heidelberg 1993, S. 227, 255: „Recht ist die Wirklichkeit, die den Sinn hat, dem Rechtswerte, der Rechtsidee zu dienen.".

[7] *Radbruch*, Rechtsphilosophie, S. 273, 318.

[8] *Radbruch*, Rechtsphilosophie, S. 274, 302, 331, 334f.

[9] *Radbruch*, Rechtsphilosophie, S. 222, 225 fasst er zusammen, „dass die wertbeziehende Haltung die methodische Haltung der Kulturwissenschaften ist".

[10] *Radbruch*, Rechtsphilosophie, S. 309.

II. Beispiele für Werte im Recht

Häufig finden sich Werte in Präambeln von völkerrechtlichen, von supranationalen verfassungsrechtlichen Verträgen oder von Verfassungen. Diese Vorsprüche erzählen nicht selten in pathetischen Worten nicht nur identitätsbildende Geschichten; sie sparen auch nicht mit Glaubenssätzen, Bekenntnissen und Willensbekundungen.[11] So bekräftigt die Präambel der Charta der Vereinten Nationen den „Glauben an die Grundrechte des Menschen, an Würde und Wert der menschlichen Persönlichkeit, an die Gleichberechtigung von Mann und Frau sowie von allen Nationen", will „sozialen Fortschritt und einen besseren Lebensstandard in größter Freiheit" ermöglichen, „den Weltfrieden und die internationale Sicherheit" wahren und den „sozialen Fortschritt aller Völker" fördern. Im Regelungsteil werden dann unter Zielen („Purposes") abermals der „Weltfriede", die „Gerechtigkeit", „Gleichberechtigung" und anderes genannt. Die Allgemeine Erklärung der Menschenrechte von 1948 anerkennt die Menschenwürde und die Menschenrechte, Freiheit, Gerechtigkeit und Frieden und nimmt das Bekenntnis der UN-Charta auf. Die Präambel der Europäischen Menschenrechtskonvention von 1950 bekräftigt den Glauben an Grundfreiheiten als Grundlage von Gerechtigkeit und Frieden in der Welt und dass die Staaten des Europarates „vom gleichen Geist beseelt sind und ein gemeinsames Erbe an politischen Überlieferungen, Idealen, Achtung der Freiheit und Rechtsstaatlichkeit besitzen". – 2009 schöpft der Vertrag von Lissabon nicht nur aus dem kulturellen, religiösen und humanistischen Erbe Europas und gewinnt daraus ein Bekenntnis zu Menschenrechten, Freiheit, Demokratie, Gleichheit und Rechtsstaatlichkeit „als universelle Werte", sondern wünscht auch die Solidarität der Völker Europas. Aber der Vertrag geht noch weiter: In Art. 2 spricht der Vertrag auch im Regelungsteil von Werten:

> „Die Werte, auf die sich die Union gründet, sind die Achtung der Menschenwürde, Freiheit, Demokratie, Gleichheit, Rechtsstaatlichkeit und die Wahrung der Menschenrechte einschließlich der Rechte der Personen, die Minderheiten angehören. Diese Werte sind allen Mitgliedstaaten in einer Gesellschaft gemeinsam, die sich durch Pluralismus, Nichtdiskriminierung, Toleranz, Gerechtigkeit, Solidarität und die Gleichheit von Frauen und Männern auszeichnet."

Auch in nationalen Verfassungen fehlt es nicht an Wertbekenntnissen: Das deutsche Grundgesetz von 1949 ist in seiner Präambel zurückhaltend, ent-

---

[11] *S. Kirste*, Die Zeit der Verfassung, in: Jahrbuch des öffentlichen Rechts der Gegenwart 56 (2008), S. 43f.; *P. Häberle*, Präambeln im Text und Kontext von Verfassungen, in: *ders.*, Rechtsvergleichung im Kraftfeld des Verfassungsstaates, Berlin 1992, S. 176ff.

hält dann aber in Art. 1 Abs. 1 die monolithische Formulierung: „Die Würde des Menschen ist unantastbar. Sie zu achten und zu schützen ist Verpflichtung aller staatlichen Gewalt", Abs. 2 bekennt sich zu der „Idee der
Menschenrechte",[12] bevor dann in Abs. 3 des ersten Artikels die Verbindlichkeit der nachfolgenden Rechte des Grundrechtskatalogs angeordnet
wird.

Das von Hans Kelsen geprägte Bundes-Verfassungsgesetz der Ersten Republik Österreich von 1920, das in der Zweiten Republik im Dezember
1945 wieder in Kraft gesetzt wurde, verzichtet demgegenüber sowohl auf
eine Präambel und auf die Erwähnung von Werten. 2005 aber gelangte in
den Art. 14 ein Abs. 5a, der lautet:

> „Demokratie, Humanität, Solidarität, Friede und Gerechtigkeit sowie Offenheit und Tole-
> ranz gegenüber den Menschen sind *Grundwerte* der Schule, auf deren Grundlage sie der ge-
> samten Bevölkerung, unabhängig von Herkunft, sozialer Lage und finanziellem Hinter-
> grund, unter steter Sicherung und Weiterentwicklung bestmöglicher Qualität ein höchst-
> mögliches Bildungsniveau sichert. Im partnerschaftlichen Zusammenwirken von Schülern,
> Eltern und Lehrern ist Kindern und Jugendlichen die bestmögliche geistige, seelische und
> körperliche Entwicklung zu ermöglichen, damit sie zu gesunden, selbstbewussten, glückli-
> chen, leistungsorientierten, pflichttreuen, musischen und kreativen Menschen werden, die
> befähigt sind, an den sozialen, religiösen und moralischen Werten orientiert Verantwortung
> für sich selbst, Mitmenschen, Umwelt und nachfolgende Generationen zu übernehmen".

Weitere Verfassungsgesetze und Österreichs Offenheit gegenüber dem Völ-
ker- und Europarecht haben aber schon zuvor die Verfassung weiteren Werten geöffnet.[13]

Schließlich finden sich gerade auch in den Landesverfassungen Werteer-
klärungen. In Baden-Württembergs Verfassung von 1953 zeigt sich das
Landesvolk „von dem Willen beseelt, die Freiheit und Würde des Menschen
zu sichern, dem Frieden zu dienen, das Gemeinschaftsleben nach den
Grundsätzen der sozialen Gerechtigkeit zu ordnen, den wirtschaftlichen
Fortschritt aller zu fördern [...]". Auch sie verpflichtet in Art. 16 die
„Christlichen Gemeinschaftsschulen" zur Erziehung der „Kinder auf der
Grundlage christlicher und abendländischer Bildungs- und Kulturwerte".[14]

---

[12] *S. Kirste*, § 204. Die naturrechtliche Idee überstaatlicher Menschenrechte, in: *Kirchhof/
Isensee* (Hg.), Handbuch des Staatsrechts, Bd. 10, Heidelberg 2012, S. 1ff.
[13] *S. Kirste*, Das B-VG als Werteordnung – Zum Abschied vom Mythos einer wertneutralen
Spielregelverfassung, in: Zeitschrift für öffentliches Recht 75 (2020), S. 173ff.
[14] Vgl. auch Art. 12 VI der Verfassung von Nordrhein-Westfalen; Art. 27 IV Verfassung
des Saarlandes: „Die öffentlichen Schulen sind Gemeinsame Schulen. In ihnen werden Schüler unabhängig von ihrer Religionszugehörigkeit bei gebührender Rücksichtnahme auf die
Empfindungen anders denkender Schüler auf der Grundlage christlicher Bildungs- und Kulturwerte unterrichtet und erzogen."

Die Bayerische Verfassung von 1946 enthält in der Präambel einige der bereits erwähnten Werte und hält in Art. 168 Abs. 1 fest: „Jede ehrliche Arbeit hat den gleichen sittlichen Wert und Anspruch auf angemessenes Entgelt."[15] Die Verfassung von Hessen von 1946 erklärt: „Leben und Gesundheit, Ehre und Würde des Menschen sind unantastbar."

In Österreich bringt die Verfassung des Burgenlandes den Wertbezug dadurch zum Ausdruck, dass es heißt: „Burgenland gründet auf der Freiheit und Würde des Menschen". Das Land Kärnten hebt in seinem Landesverfassungsgesetz die partizipatorische Bedeutung von Werten hervor, wenn dort Art. 1 Abs. 6 statuiert: „Das Land Kärnten bekennt sich zur Bedeutung des Engagements der Zivilgesellschaft in der Umsetzung von Werten und Visionen für Kärntens Zukunft." Ein ganzer Artikel der Tiroler Landesverfassung widmet sich den „Zielen und Grundsätzen des Staates", darunter dem Gemeinwohl und der freien Entfaltung der Persönlichkeit. Solche Ziele haben Oberösterreich und Vorarlberg mit einem Europabezug erst später in ihre Verfassungen eingefügt.

Diese Auflistung soll nun nicht bedeuten, dass Verfassungen Präambeln und diese notwendigerweise Werte enthalten müssten. *Sieben Aspekte* können aber festgehalten werden: *Erstens* bekennt sich die Weltgemeinschaft oder eine Gesellschaft mit der Aufnahme von Werten in ihrer grundlegenden Ordnung zu bestimmten Gütern. Diese werden *zweitens* als orientierend und fundierend angesehen. Werte sind also Güter und Maßstäbe.[16] Aus diesen Werten ergeben sich *drittens* unmittelbar weder Rechte noch Pflichten und doch sollen sie wegen der Wertsetzung beachtet werden. Häufiger wird *viertens* erwähnt, dass Werte für die Identität eines Volkes so wichtig sind, dass sie auch zur Grundlage des Schulunterrichts gemacht werden sollen. Auch daran zeigt sich *fünftens*, dass sie nicht nur staatsgerichtet sind, wie die Grund- und Menschenrechte, sondern auch der Orientierung der Gesellschaft selbst dienen. Schließlich fällt *sechstens* auf, dass in den früheren Texten einige wenige Werte genannt werden; im EUV aber viele. Das hängt sicherlich auch mit der Heterogenität der Weltanschauungen und Religionen in Europa zusammen. Zugleich wirft es aber auch ein Licht auf die Auffassung der Wertentstehung, die nicht aus einem Akt der Erkenntnis entspringt, sondern aus Kompromissen. Bemerkenswert ist auch, dass der EUV ausdrücklich darauf verweist, dass diese Werte aus einer toleranten, pluralistischen Gesellschaft hervorgegangen sind. In neueren Wertbekenntnissen wird also *siebtens* auch ein prozeduraler Aspekt erwähnt: An Werten kann jeder partizipieren und sie können aus Partizipation hervorgehen.

---

[15] Ähnlich auch Art. 37 der Verfassung von Bremen von 1947.
[16] *A. Regenbogen*, Werte, in: *Sandkühler* (Hg.), Enzyklopädie Philosophie, Hamburg 1999, S. 1743.

Bevor darauf zurückzukommen sein wird, soll kurz auf die Relevanz der Werte für Rechtswissenschaft und Rechtsphilosophie und sodann auf die rechtliche Form von Werten eingegangen werden.

III. Rechtsphilosophie, Rechtswissenschaft und Werte

In der Rechtsphilosophie neukantianischer Prägung wurden die Werte als ein Mittelweg zwischen Naturrecht und Rechtspositivismus eingeführt. Sie sollten einen kritischen Bezugspunkt der Rechtserkenntnis und -beurteilung darstellen. Daraus ergab sich dann die Konzeption der Rechtswissenschaft als einer Wertwissenschaft.

1. Die Werte zwischen Naturrecht und Rechtspositivismus

Kritische Stimmen gegenüber dem Wertdenken im Recht fürchten einen Verlust der rechtlichen Form und eine Verwischung der Grenzen zwischen Recht und Moral durch die Arbeit mit Werten. Dies führe letztlich nicht zu einem höheren Schutz, sondern zu einer Gefährdung der Freiheit des Einzelnen, wie Ernst-Wolfgang Böckenförde meint.[17] Kritisch wendet er ein, das Wertdenken in der Rechtswissenschaft verlängere die Basis der juristischen Argumentation hin zu außerrechtlichen Gründen und verschiebe die Machtbasis der Gesetzgebung zugunsten der Justiz, insbesondere der Verfassungsgerichtsbarkeit.[18] Jede Werttheorie verweise über das Recht hinaus: das subjektive Wertdenken des Neukantianismus auf ein plurales Wertempfinden, das objektive Wertdenken Max Schelers und Nicolai Hartmanns auf vorgefundene, aus sich heraus seiende und insofern über das positive Recht hinausführende Werte und schließlich das geisteswissenschaftliche Wert-

---

[17] *E.-W. Böckenförde*, Zur Kritik der Wertbegründung des Rechts, in: *ders.*, Recht – Staat – Freiheit. Studien zur Rechtsphilosophie, Staatstheorie und zum Verfassungsgeschichte, Frankfurt a.M. 1991, S. 83: „Die Gründung des Rechts auf Werte und seine Qualifizierung als Wertverwirklichung bietet durch einen simplen Übertragungsakt, der die eigene Aufgabe und das Um-willen des Rechts nicht reflektiert, die Legitimation dafür, ja fordert womöglich, alles das zum Inhalt rechtlicher, auf unbedingte Beachtung und Erzwingbarkeit gerichteter Normierung zu machen, was in den Werten dem moralischen Subjekt als an seine sittliche Freiheit gerichtete Anforderungen gegenübertritt. Das Ergebnis ist nicht ein Schutz, sondern die Bedrohung sittlicher Freiheit durch das Recht, auch wenn dies im Zeichen der Durchsetzung hoher und höchster Werte geschieht". Auch *E. Forsthoff*, Die Umbildung des Verfassungsgesetzes, in: *Barion/Forsthoff/Weber* (Hg.), Festschrift für Carl Schmitt zum 70. Geburtstag, Berlin 1959, S. 47.

[18] *C. Jabloner*, Prägende Elemente der geltenden Bundesverfassung, Wien 2003, S. 2.

denken Wilhelm Diltheys, Theodor Litts und Eduard Sprangers auf die Entwicklungen im gesellschaftlich-kulturellen Wertbewusstsein.[19] Demgegenüber haben insbesondere Rechtsphilosophen des südwestdeutschen Neukantianismus gezeigt, wie die Arbeit mit Werten im Recht eine Vermittlung zwischen Rechtspositivismus und Naturrecht ermöglicht.[20] Mit rechtspositivistischen Ansätzen teilen sie die Achtung des gesetzten Rechts; mit naturrechtlichen Theorien halten sie aber an der Notwendigkeit einer normativen Evaluation des positiven Rechts fest. Rechtsphilosophen wie Radbruch gehen vom positiven Recht aus, bewerten seine Bedeutung aber am Rechtswert der Rechtssicherheit.[21] Zugleich setzen sie keine Metaphysik der Werte im Sinne einer Naturrechtslehre voraus. Vielmehr sind ihnen die Werte Erkenntnisbedingungen des positiven Rechts. So wird für Radbruch die Frage, ob eine Maßnahme des positiven Rechts überhaupt als Recht zu verstehen ist, davon abhängig gemacht, dass sie auf den Rechtswert der Gerechtigkeit bezogen werden kann. Er nennt diesen Rechtswert dann auch „Rechtsidee" im Sinne der transzendentalen Apperzeption Kants, also eine Bedingung der Möglichkeit der Rechtserkenntnis.[22] Seine Aufgabe ist es, die nur vorläufig geordnete Wirklichkeit identifizierbar zu machen und als Recht im objektiven Sinn zu ordnen. Mit ihrer Hilfe wird der Erkenntnisgegenstand „Recht" erzeugt. Aber auch die Bewertung konkreter Rechtsakte wird über Rechtswerte möglich. Nur trägt er dem Umstand Rechnung, dass es hierbei keine absolut zu begründenden Antworten gibt, sondern vielmehr zwischen verschiedenen Grundauffassungen Streit besteht, sodass Radbruch zwischen Individualwerten, Kollektivwerten und transpersonalen Werten unterscheidet, die er verschiedenen Parteimeinungen zuordnet.

Das soll nicht vertieft werden; klar ist jedoch, dass nach Radbruch eine Maßnahme nicht als Recht verstanden werden kann, wenn sie nicht in irgendeiner Weise auf den übergeordneten Wert der Gerechtigkeit bezogen werden kann.[23] Hier ist der Wert eine erkenntnisleitende Rechtsidee. Wo diese Beziehung nicht möglich ist, liegt kein Recht vor. Dieser Rechtswert der Gerechtigkeit gliedert sich in die Gleichheit, die Zweckmäßigkeit und die Rechtssicherheit, die in einem Spannungsverhältnis stehen. Hierbei in-

---

[19] *Böckenförde*, Zur Kritik der Wertbegründung des Rechts, S. 70.

[20] *F. Wapler* (Werte und das Recht, Baden-Baden 2008, S. 22f.) streicht drei Aspekte des Werts in der neukantianischen Rechtstheorie heraus: 1. eine begriffsbildende Funktion, die erst die Erarbeitung von spezifischen Rechtsbegriffen im Unterschied zu naturwissenschaftlichen ermöglicht; 2. die normative Funktion, das positive Recht an ethischen Normen messen zu können; 3. eine wissenschaftstheoretische Funktion, Rechtswissenschaft und Rechtsphilosophie als Wissenschaften begründen zu können.

[21] *Radbruch*, Rechtsphilosophie, S. 302f.

[22] *Radbruch*, Rechtsphilosophie, S. 255f., 302f.

[23] *Radbruch*, Rechtsphilosophie, S. 261f.: „Die Idee des Rechtes kann nun keine andere sein als die Gerechtigkeit...das Gerechte ist wie das Gute, das Wahre, das Schöne ein absoluter, d.h. aus keinem andern Werte ableitbarer Wert".

teressiert besonders das Spannungsverhältnis zwischen dem Wert der Gleichheit und der Rechtssicherheit. Wird die Gerechtigkeit in einem unerträglichen Maß verletzt, so verliert eine Maßnahme ihre rechtliche Geltung. Rechtliche Entscheidungen können problematisch werden, wenn die Individual-, Kollektiv- oder Rechtswerte, wie sie in der Rechtsordnung als Ergebnis politischer Entscheidung enthalten sind, verletzt werden. Die Rechtswerte haben nun nicht mehr die Form der Rechtsidee, sondern sind als Rechtsgüter Inhalt von Normen. In diesem Sinn schreibt auch Alexander Hollerbach, dass dem positiven Recht „mitnichten ein bestimmtes naturrechtliches System oder eine wertphilosophische Konzeption [...] übergestülpt", sondern „gerade das positive Recht aus den Grundintentionen des Verfassungsgebers von 1949 ernstgenommen" werden würde.[24] Es gehe darum, den „Wertgehalt von Grundrechtsnormen im Einzelnen zu erkennen und juristisch zu operationalisieren".[25] Die Kontroverse zeigt, dass sich im Recht nicht positive Rechtsformen und materiale Werte unvermittelt gegenüberstehen, sondern vielmehr die Rechtsform selbst einen Wert – Rechtssicherheit – darstellt und der Rechtswert im Recht nur in dieser Rechtsform gilt.

2. Rechtswissenschaft als Wertwissenschaft

Kurz erwähnt werden soll hier, dass Werte dann auch eine wissenschaftstheoretische Bedeutung für die Jurisprudenz besitzen. Mit Max Ernst Mayer kann man sagen, dass es die Rechtswissenschaft als Kulturwissenschaft mit den in einer Gesellschaft konkret geltenden Werten, die Rechtsphilosophie es aber mit demgegenüber abstrakten Werten zu tun hat.[26] Bei Gustav Radbruch ist der Wertbezug der Versuch, die Rechtswissenschaft als Kulturwissenschaft gegen die Naturwissenschaften zu sichern. Er nimmt an, dass Rechtswissenschaft eine Wertwissenschaft ist. Recht selbst aber sei „die Wirklichkeit, die den Sinn hat, dem Rechtswerte, der Rechtsidee zu dienen".[27]

Auch Rechtstheorien, die eher von hegelianischen Vorzeichen ausgingen, betonten die Notwendigkeit, dass der Gesetzgeber zum Ausgleich von Interessen werten muss. Dies müssen dann die Gerichte wertend nachvollziehen und können eventuelle Lücken innerhalb der gesetzlichen Regelungen mit Rücksicht auf Werte schließen. Die Rechtswissenschaft, die dieses Werten rekonstruiert und konstruktiv weiterentwickelt, wird dann zur Wertungsju-

---

[24] *A. Hollerbach*, Grundwerte und Grundrechte in der Gesellschaft und im Staat, in: *ders.*, Ausgewählte Schriften, Berlin 2006, S. 159.
[25] *Hollerbach*, Grundwerte und Grundrechte, S. 159.
[26] *M. E. Mayer*, Rechtsphilosophie, Berlin 1926, S. 65f.
[27] *Radbruch*, Rechtsphilosophie, § 4.

risprudenz. Karl Larenz nimmt an, dass ihre Auslegungsarbeit mit den Wertungen einen übergesetzlichen Interpretationsmaßstab gewinnen soll, da diese Werte oft in Verfassungen oder Gesetzen nur angedeutet seien.[28] Dies mag freilich in der Entscheidungsvorschläge erarbeitenden Rechtswissenschaft möglich sein; bei den Entscheidungen der Rechtspraxis stellt sich die Frage nach der Legitimität einer solchen, das positive Recht überschreitenden Entscheidungspraxis.

Rechtswissenschaft als Kulturwissenschaft zu verstehen,[29] bedeutet gerade, die Leistung des Rechts bei der Transformation von gesellschaftlichen Wertvorstellungen in eine rechtliche Form zu untersuchen. Weder die Allgemeinheit von Werten im Recht noch das Verständnis der Rechtswissenschaft als einer Kulturwissenschaft führen dann zur Auflösung der Rechtsform bei der Arbeit mit Werten. Das soll im Folgenden gezeigt werden.

IV. Die rechtliche Form von Werten

In ihrer rechtlichen Form erhalten Werte rechtliche Geltung und Verbindlichkeit. Dabei ist die Rechtsform selbst Ausdruck von Werten. In dieser Form können Werte von Normen und absolute von relativen Werten unterschieden werden.

1. Werte in Rechtsform

Werte müssen ins Recht transformiert werden, um rechtliche Geltung und Bedeutung zu erlangen.[30] Recht unterscheidet sich durch seine reflexive Form von anderen Normen: Eine Norm wird dann Recht, wenn ihre Setzung und Durchsetzung normiert ist. Entscheidend ist nicht, *dass* die Norm gesetzt oder durchgesetzt wird, sondern dass ihre Setzung und Durchsetzung in einem normierten Verfahren erfolgt.[31] Mit der Rechtsform erlangen die Werte die erforderliche Rechtsgeltung – auch ohne dass sie wie Pflichten oder Rechte durchgesetzt zu werden bräuchten, nicht einmal könnten.[32]

Die obigen Beispiele zeigen, dass Werte sowohl in den Präambeln als auch im Regelungsteil von Verfassungen und Gesetzen nur durch die Ver-

---

[28] *K. Larenz*, Methodenlehre der Rechtswissenschaft, Berlin 1991, S. 119f.
[29] *S. Kirste*, Europäische Gerechtigkeit – 6 Thesen zu Art. 2 S. 2 EUV, in: Festschrift für Peter-Christian Müller-Graff, Baden-Baden 2015, S. 95ff.
[30] *S. Kirste*, Law as transformation, in: *Kassner/Starger* (Hg.), The Value and Purpose of Law, Stuttgart 2019, S. 166f. – Unter Transformation verstehe ich die Übertragung von moralischen, sozialen und rechtlichen Werten, Normen etc. in eine rechtliche Form.
[31] *Kirste*, Rechtsphilosophie, S. 98ff.
[32] Anders bekanntlich *Schmitt*, Die Tyrannei der Werte, S. 41 (oben Fn. 1).

fahren der Verfassungs- und Gesetzgebung ins Recht gelangen. Diese Verfahren müssen alle „Werterkenntnisse", „intellektuell angeschaute Werte" (Scheler[33]) und andere Wertvorstellungen durchlaufen, um verbindlich zu werden.

Werte werden also nicht nur in Rechtsform gebracht; die Rechtsform ist auch selbst Ausdruck von Werten, wie Radbruch gezeigt hat. Modernes Recht geht aus der politischen Autonomie seiner Autoren hervor. In ihm realisieren sie ihre Vorstellung von einem guten Leben ihrer äußeren Handlungen in einer verfahrensmäßig geläuterten Form. Recht ist nicht einfach Entscheidung plus Zwang; vielmehr zeichnen sich rechtliche Normen von anderen durch die Normierung ihrer Setzung und Durchsetzung aus. Recht ist also eine normierte Norm.[34] In dieser reflexiven Form, bei der Normen auf sich selbst angewendet werden, wird die natürliche Unmittelbarkeit von Interessen, Befindlichkeiten, Überzeugungen – und auch Werten – und Zwang gebrochen und in eine Form aus Freiheit gebracht. Werte werden so prozedural legitimiert, geläutert, verobjektiviert und der Begründungsregress auf (vermeintlich) höhere, außerrechtliche Werte abgeschnitten und auf andere Werte im Recht begrenzt. So können Wertekonflikte in Rechtsform ausgetragen werden. Das demokratische Verfahren führt hier zu einer „Erweiterung des Horizonts und Differenzierung der öffentlichen Meinung, da sie das Medium eines gewählten Gremiums von Bürgern durchläuft", wie es in den „Federalist Papers 1787" heißt.[35]

Hans Kelsen hat auf diese objektivierende Funktion der Rechtsform hingewiesen: Subjektive Werturteile statuieren etwas als wertvoll, postulieren einen Wert. Objektive Werturteile bezeichnen ein bestimmtes Verhalten als wertvoll mit Rücksicht auf einen in einem Sollen enthaltenen Wert. Wertvoll ist, was einer Norm entspricht; wertwidrig, was ihr widerspricht.[36] Die Norm wird zum Wertmaßstab.[37] In diesem Sinn sind „objektive Werte" durch Normen konstituierte Werte.[38] Insofern stehen Norm und Wert in einem notwendigen Zusammenhang.[39] Die Norm klärt das subjektive Werturteil zur objektiven Wertgeltung. Zugleich sind diese objektiven Werte aber relativ und nicht absolut. Denn nach Hans Kelsen wären absolut solche

---

[33] *M. Scheler*, Der Formalismus in der Ethik und die materiale Wertethik, Göttingen 1966, S. 173f., 282f., zu ihm *I. Augsberg*, Materielle Wertethik und Strafrechtsdogmatik, in: Archiv für Rechts- und Sozialphilosophie 80 (2003), S. 53ff.

[34] *Kirste*, Rechtsphilosophie, S. 130f.

[35] Federalist Papers, Art. 10, S. 55.

[36] *H. Kelsen*, Allgemeine Theorie der Normen, Wien 1979, S. 59.

[37] *Kelsen*, Allgemeine Theorie der Normen, S. 103f.

[38] *Kelsen*, Allgemeine Theorie der Normen, S. 140: „There is an essential connection between the concept of ‚value' and that of ‚norm'. A norm constitutes a value".

[39] *H. Kelsen*, A „Dynamic" Theory of Natural Law, in: Louisiana Law Review 16 (1956), S. 602.

Werte, die nicht mehr durch eine Norm begründet werden können. Sie seien nur noch Ausdruck subjektiver Emotionen.[40] Solche Werte seien nach Kelsen der Gegenstand der Naturrechtslehre.[41] Die Frage, ob es durch die Form des Rechts *notwendig* realisierte Werte gibt, stellt sich Kelsen jedoch nicht.

Wenn die Rechtsform einerseits verobjektivierend auf die Transformation von Werten ins Recht wirkt und andererseits Ausdruck von Werten ist, sind Werte im Recht immer bewertete Werte. Die Rechtsform realisiert Werte von Würde, Autonomie, Demokratie und Sicherheit. In diese Form und in durch sie normierten und bewerteten Verfahren werden dann weitere Werte ins Recht transformiert.[42] Deshalb kann die werthafte Rechtsform den Werten Legitimation verleihen, insofern die Werte nämlich Ausdruck der Selbstbestimmungspraxis ihrer Bürger sind.

Durch das normierte Verfahren zur Deliberation und Entscheidung über Werte wird der Begründungsregress zu immer höheren Werten, die ihrerseits begründungbedürftig sind, unterbrochen. Das Verfahren der Verfassunggebung tritt hier an die Stelle einer Letztbegründung, auch wenn die Werte, die dabei begründet werden, als Höchstwerte verstanden werden, die sogar – wie im Fall von inhaltlichen Veränderbarkeitssperren wie im Grundgesetz – ‚ewig‘ gelten sollen.

Insofern verbinden Werte im Recht eine Nietzscheanische und die Platonische Perspektive: Erstens ist die Frage: Was sagen Werte über uns? Die zweite hingegen fragt: Was sagen uns Werte? Sie sagen etwas über uns, indem wir sie aufgrund unserer Autonomie in eine verbindliche Form gebracht haben. Sie sind Ausdruck unserer Vorstellungen vom Guten: Die Werte, zu denen sich Verfassungen bekennen, sagen etwas über die Kultur, die Traditionen, die Ideale eines Volkes. Hält man eisern an überkommenen Werten fest und zementiert sie in Rechtsform? Stellt man sie als zu erreichende Ideale dar, denen sich ein Staat annähern soll? Oder sind sie gegenwärtig festgehaltene Orientierungspunkte des Handelns, die in offenen politischen Diskursen laufend fortentwickelt werden, so dass diese Diskurse selbst das Verfahren zur Integration eines Staatsvolkes und seiner Gesellschaft werden. Zweitens aber geben sie uns eine Orientierung und sagen uns etwas. Werte im Recht führen dem demokratischen Rechtsstaat die Kräfte zu, von denen er lebt und die er rechtlich garantiert – inklusive der bewertenden Grenzen dieser Garantie in Gestalt der rechtlich geschützten Freiheit. Sie sollen Orientierung geben, sollen konfligierende Interessen abwägbar machen und sollen dem Verfügungswissen der Naturwissenschaf-

---

[40] *H. Kelsen*, General Theory of Law and State, Cambridge 1949, S. 7.
[41] *H. Kelsen*, Vom Geltungsgrund des Rechts, Wien 2010, S. 1166.
[42] Zum Recht als Transformation *Kirste*, Law as Transformation, S. 149ff.

ten in der Politik erst die Orientierung geben, die politische Entscheidungen benötigen.

2. Die Geltung von Werten im Recht

Bei Carl Schmitt trifft sein reduktionistischer Geltungsbegriff auf sein reduktionistisches Wertverständnis und erzeugt – um mit Bentham zu sprechen[43] – den rhetorisch gestelzten Unsinn, der zu seiner „Tyrannei der Werte" führt:

> „[...] das Spezifische des Wertes liegt eben darin, daß er statt eines Seins nur eine Geltung hat. Die Setzung ist infolgedessen nichts, wenn sie sich nicht durchsetzt; die Geltung muß fortwährend aktualisiert, das heißt: geltend gemacht werden, wenn sie sich nicht in leeren Schein auflösen soll. Wer Wert sagt, will geltend machen und durchsetzen. Tugenden übt man aus; Normen wendet man an; Befehle werden vollzogen; aber die Werte werden gesetzt und durchgesetzt. Wer ihre Geltung behauptet, muß sie geltend machen. Wer sagt, daß sie gelten, ohne daß ein Mensch sie geltend macht, will betrügen".[44]

Reduktionistisch ist seine Geltungstheorie, weil sie Geltung nur als Setzung und Durchsetzung, nicht aber als rechtliche und moralische Geltung versteht.[45] Reduktionistisch ist sein Wertbegriff, weil er von einem ökonomistischen Begriff ausgeht, wonach einem Ding der Wert als Eigenschaft zugeschrieben wird, wie etwa dem empirischen Menschen die Würde.[46] Zur Tyrannei führen diese Werte nur, weil Schmitt sie als Behauptungskampf ums Dasein versteht: Jeder muss einen höheren Wert behaupten und geht unter, wenn er seine Geltungsbehauptung nicht durchsetzen kann. Statt Einheit zu stiften, säten sie Zwietracht und Zerstörung: Freund- und Feind-Denken im Bereich der Werte.

Einen differenzierten Begriff der Geltung von Werten hatten hingegen die südwestdeutschen Neukantianer entwickelt, gegen die sich Schmitt hier im-

---

[43] *J. Bentham*, in: *Bowring* (Hg.), The works of Jeremy Bentham, Edinburgh 1843, S. 501: „Natural rights is simple nonsense: natural and imprescriptible rights, rhetorical nonsense, – nonsense upon stilts. But this rhetorical nonsense ends in the old strain of mischievous nonsense: for immediately a list of these pretended natural rights is given, and those are so expressed as to present to view legal rights. And of these rights, whatever they are, there is not, it seems, any one of which any government can, upon any occasion whatever, abrogate the smallest particle."

[44] Das nennt *Schmitt* die „notwendige Logik der Werte" (*Schmitt*, Die Tyrannei der Werte, S. 41).

[45] Zu diesen Differenzierungen im Geltungsbegriff, *S. Kirste*, Rechtsbegriff und Rechtsgeltung, in: *Quante* (Hg.), Geschichte, Gesellschaft, Geltung. XXIII. Deutscher Kongress für Philosophie 28. September – 2. Oktober 2014 an der Westfälischen Wilhelms-Universität Münster. Kolloquienbeiträge, Hamburg 2016, S. 659f.

[46] *Schmitt*, Die Tyrannei der Werte, S. 28.

plizit wendet. Nach Heinrich Rickert existieren Werte nicht in einer natürlichen Wirklichkeit, sondern sie gelten.[47] In der historischen Wirklichkeit
gibt es Wertungen im Sinne von wertenden Verfahren.[48]. Der Sinn kultureller Verfahren ergibt sich aus der Bezogenheit auf Werte.[49] Anders als in der
materialen Wertethik Max Schelers oder dem erneuerten Idealismus Nicolai
Hartmanns, bleibt aber der Begriff des Wertes gegenüber der zu bewertenden Wirklichkeit formal und ist auf den Erkenntnisvorgang selbst bezogen.
Eine Wertordnung lässt sich daraus nicht leicht gewinnen.[50]

Die Geltung des Rechts bedeutet im Kern, dass eine Rechtsnorm oder ein
Wert einem bestimmten Rechtssystem zugeordnet werden kann.[51] Moralische Geltung hat das Recht, wenn sein Sinn mit einem Moralsystem zu-
sammenstimmt. Nur die faktische Geltung des Rechts begründet sich aus
der Zuordnung von Setzung und Durchsetzung des Rechts zu einer bestimmten sozialen Praxis, etwa der Anerkennung durch die Bürger. In diesem Sinn gelten Werte im Recht auch dann, wenn sie nicht durchgesetzt
werden: Sie haben moralische Geltung, wenn sie moralisch gerechtfertigt
werden können und rechtliche Geltung, wenn sie einer Rechtsordnung zugeordnet werden können.

Schmitts Kritik der Werte bezieht sich also nur auf die faktische Geltung
von Werten und abstrahiert von ihrer rechtlichen und moralischen Geltung.
„Tyrannisch" wirken Werte, wenn postuliert wird, bestimmte moralische
Werte hätten unmittelbare Rechtsgeltung. Denn sie verdrängen den Umstand, dass es in modernen Gesellschaften einen Pluralismus von Moralvorstellungen mit unterschiedlichen Werten und Rangverhältnissen dieser
Werte gibt. Unter diesen müssen in normierten Verfahren von völkerrechtlichen Verträgen oder Verfassungen erst Wertkonsense und gegebenenfalls
auch Wertehierarchien hergestellt werden. Schmitt ignoriert ferner die angesprochene Bedeutung der Rechtsform der Werte. Werte im Recht haben
den Umfang und die Bedeutung, die ihnen bei der Transformation ins Recht

---

[47] *H. Rickert*, Vom Begriff der Philosophie, in: Logos 1910/11, S. 12: „kommt der Wert als
Wert in Betracht, so ist die Frage nach seiner Existenz sinnlos. Man kann dann nur fragen, ob
er ‚gilt' oder nicht, und diese Frage fällt unter keinen Umständen mit der nach der Existenz
des Wertens zusammen".

[48] *H. Rickert*, Kulturwissenschaft und Naturwissenschaft, Tübingen 1926, S. 87: „Das
wertbeziehende Verfahren, von dem wir sprechen, ist also, wenn es das Wesen der Geschichte als einer theoretischen Wissenschaft zum Ausdruck bringen soll, auf das schärfste vom
wertenden Verfahren zu trennen, und das heißt: für die Geschichte kommen die Werte nur insofern in Betracht, als sie f a k t i s c h von Subjekten gewertet und daher faktisch gewisse
Objekte als Güter bezeichnet werden. Auch wenn die Geschichte es also mit Werten zu tun
hat, ist sie doch keine wertende Wissenschaft. Sie stellt vielmehr lediglich fest, was i s t".

[49] *H. Rickert*, Die Grenzen der naturwissenschaftlichen Begriffsbildung, Tübingen/Leipzig
1896, S. 309f.

[50] *G. Sprenger*, Rechte und Werte, in: *ders.*, Von der Wahrheit zum Wert. Gedanken zu
Recht und Gerechtigkeit, Stuttgart 2010, S. 125–146 (hier: 133f.).

[51] *Kirste*, Rechtsbegriff und Rechtsgeltung, S. 659ff.

zugemessen wurde. Sie müssen nun im System einer konkreten Rechtsordnung interpretiert und in ihrem Verhältnis bewertet werden. Für eine Durchbrechung der Rechtsform und einen Rekurs auf überpositive Werte fehlt aber jedenfalls den juristischen Entscheidern die Legitimation. Im Rahmen dieser Rechtsgeltung kommt dann der faktischen Geltung der Werte im Recht Bedeutung zu.

Werte können und sollen aus gesellschaftlichen Diskursen hervorgehen. Auch wenn Art. 2 Abs.1 EUV insoweit Werte von Standards abgrenzt, zeigen doch die Formulierungen, dass sie „einer Gesellschaft gemeinsam" sind und der Verweis auf entsprechende Traditionen, dass Diskurse zu ihrer Hervorbringung erforderlich sind. An diese gesellschaftlichen Diskurse knüpft das Recht an und rezipiert die dort deliberierten Werte und gibt ihnen eine rechtliche Form und Geltung. Im Völker- und staatlichen Recht ist diese Geltung von Werten besonders vielschichtig. Sie haben zunächst rechtliche Geltung, wenn sie in den dafür vorgesehenen Verfahren des Abschlusses völkerrechtlicher Verträge, der Verfassungs- und Gesetzgebung positiviert wurden. Sie haben als Werte im Recht moralische Geltung, wenn sie mit moralischen Werten zusammenstimmen; und sie haben soziale Geltung, wenn diese Werte nicht nur in völkerrechtlichen Normen, in Verfassungen und Gesetzen zu finden sind, sondern auch von den zuständigen Stellen und in der Gesellschaft geachtet und befolgt werden.

Die soziale Geltung der Werte ist dann aber keine statische Momentaufnahme, sondern Ausdruck ihrer geschichtlichen Entwicklung. Rudolf Smend verweist hier auf die angesprochene nietzscheanisch-platonischer Dialektik der Werte: „Die Werte führen ein reales Leben nur vermöge der sie erlebenden und verwirklichenden Gemeinschaft. Umgekehrt lebt aber auch die Gemeinschaft von den Werten".[52] Werte im Recht sind danach Sinnstiftungen, nicht vorgegebene Realitäten. Sie sind legitimationsstiftende Orientierungspunkte, die die Einheit einer Rechtsgemeinschaft ausmachen. Wenn auf dieser Basis die Verfassung als „Wertordnung" verstanden wird, dann ist es die konkrete Ordnung der Werte in der rechtlichen Form, die der Verfassunggeber geschaffen hat.[53] Die Interpretation hat hier im Wege von Abwägungen prima facie gegenläufiger Wertsetzungen wie der Grundrechte und der Staatsziele die Einheit immer wieder erneut herzustellen und im Wege „praktischer Konkordanz" zu optimieren.[54] In den Anwendungsdis-

---

[52] *R. Smend*, Verfassungsstaat und Verfassungsrecht (1928), in: *ders.*, Staatsrechtliche Abhandlungen, Berlin 1968, S. 160.

[53] Zur rationalen Argumentation in rechtlichen Werteordnungen *R. Alexy*, Theorie der Grundrechte, Frankfurt a.M. 2006, S. 480, 141f., auch *S. Kirste*, Das B-VG als Werteordnung, in: Zeitschrift für öffentliches Recht 75 (2020), S. 189ff.

[54] Konrad Hesse hat das Prinzip der praktischen Konkordanz entwickelt, wonach „verfassungsrechtlich geschützte Rechtsgüter […] in der Problemlösung einander so zugeordnet werden [müssen], daß jedes von ihnen Wirklichkeit gewinnt. Wo Kollisionen entstehen, darf

kursen – im Bereich der europäischen Werte Art. 11 EUV und Art. 17
Abs. 3 AEUV – werden sie konkretisiert und weiterentwickelt.[55] Das gesamte ,Rechtsleben' stellt sich als ein derartiger werthafter Sinnstiftungs-
prozess dar.

3. Werte und Normen

Mit dem Begriff der Rechtsnorm teilt derjenige des Wertes im Recht Gemeinsamkeiten und besitzt aber auch Unterschiede: Mit ihm teilt er, dass
Werte im Recht als positiv gesetzt und nicht vorausgesetzt werden, also die
Rechtsform. Wie die Norm ist auch der Wert Maßstab und Orientierung des
Handelns. „Die Norm, die ein bestimmtes Verhalten als gesollt setzt, konstituiert einen W e r t", wie Hans Kelsen schreibt.[56] Er bezeichnet das Bekenntnis einer Rechtsgemeinschaft zu einem für sie Guten als eine Sinnstif-
tung.[57] Von der Norm unterscheidet er sich aber dadurch, dass er nicht
selbst eine Verpflichtung (Gebot, Verbot, Erlaubnis) enthält, sondern das in
einer solchen ausgedrückte Rechtsgut.[58] Die Norm verbindet das Bekenntnis
zum Wert mit der Sollensanordnung, diesen Wert („Rechtsgut") auch verfolgen zu sollen (Gebot), verfolgen zu dürfen (Erlaubnis) oder nicht zu ver-
letzen (Verbot). Häufig können deshalb Werte durch Auslegung von Normen ermittelt werden. Der Wert selbst stellt – jedenfalls in Bezug auf ein
bestimmtes Normensystem – einen Endzweck dar. Grundlegende, Wert ent-
haltende Normen können dann Prinzipien genannt werden. Mit Robert Alexy lässt sich unterscheiden: Prinzip ist eine bestimmte Art von Gebot, nämlich ein Optimierungsgebot. Als Gebot ist es ein Sollenssatz und daher dem
deontologischen Bereich zugehörig. Werte sind Aussagen über das Gute
und gehören zum axiologischen Bereich.[59] Wird umgekehrt ein „Wert" als
Verpflichtung interpretiert, dann handelt es sich um ein Prinzip.

Werte müssen nicht notwendigerweise in jenen Fällen konfligieren, in
denen es Pflichten können: Wenn B und C auf einem zugefrorenen See ein-
gebrochen sind und A kann nur einen retten, ist er nicht in einem Wertekon-

---

nicht in vorschneller ,Güterabwägung' oder gar abstrakter ,Wertabwägung' eines auf Kosten
des anderen realisiert werden. Vielmehr stellt das Prinzip der Einheit der Verfassung die
Aufgabe einer Optimierung: beiden Gütern müssen Grenzen gesetzt werden, damit beide zu
optimaler Wirksamkeit gelangen können", *K. Hesse*, Grundzüge des Verfassungsrechts der
Bundesrepublik Deutschland, 20. Aufl., Heidelberg 1999, Rn. 72.

[55] *S. Kirste*, Rechtswissenschaft als Kulturwissenschaft, in: *Kirste/Brockmöller/Neumann*
(Hg.), Wert und Wahrheit in der Rechtswissenschaft, Stuttgart 2015, S. 1020f.

[56] *Kelsen*, Allgemeine Theorie der Normen, S. 47.

[57] *Alexy*, Theorie der Grundrechte, S. 126.

[58] Es lässt sich also sagen, dass eine gehaltvolle Normentheorie etwa der Grundrechte eine
Werttheorie voraussetzt, *Alexy*, Theorie der Grundrechte, S. 512.

[59] *Alexy*, Theorie der Grundrechte, S. 133.

flikt, sondern in einem Konflikt seiner Pflichten wegen der Absolutheit des Wertes des Lebens, sowohl B als auch C retten zu sollen. Wenn hingegen im Frankfurter Entführungsfall das Leben des Entführten nur durch die Folter gegenüber dem Entführer geschützt werden könnte, dann handelte es sich zunächst um den Wertekonflikt zwischen Leben und Würde des Menschen.

4. Absolute, relative und relativ absolute Werte

Böckenförde hatte Sorge, dass das Wertdenken letztlich zur Abwägbarkeit aller Verfassungsentscheidungen führe.[60] Dabei war ihm besonders an der im Grundgesetz absolut geschützten Menschenwürde gelegen. Gegenüber dieser Relativierung kann es aber Werte geben, die im Recht nicht relativiert werden können, ohne das Recht selbst in Frage zu stellen. In diesem Sinn hat auch das positive Recht selbst einen objektiven Wert.[61] Mit der Rechtsform ist so etwa der Wert der Rechtssicherheit gegeben, wie Radbruch gezeigt hatte.[62] Als solche relativ absoluten Werte im Recht sollen hier diejenigen Werte bezeichnet werden, die nicht in Frage gestellt werden können, ohne das Recht selbst in Frage zu stellen.

In diesem Sinn lässt sich auch fragen: Kann Menschenwürde auch *kein* Wert im Recht sein? Gemeint ist nicht, ob eine Rechtsordnung Menschenwürde nicht ausdrücklich regelt. Vielmehr geht es darum, ob bestritten werden kann, dass die Menschenwürde ein relativ absoluter Wert ist.[63] Das war etwa bei den Nürnberger Rassegesetzen und andere Rechtsvorschriften zur Vernichtung „lebensunwerten Lebens" der Fall. Personen wurden als des Lebens unwert angesehen. Damit wurden sie außerhalb der Rechtsordnung gestellt, so dass mit ihnen wie mit Sachen verfahren und sie insbesondere vernichtet werden konnten. *Innerhalb* der Rechtsordnung aber müssen alle Menschen als Subjekte anerkannt werden, damit zwischen ihnen Rechtsverhältnisse bestehen können. Insofern sie aber als Subjekte anerkannt sind, haben sie Würde als Personen. Wer die Würde von Menschen mit Anspruch

---

[60] *Böckenförde*, Zur Kritik der Wertbegründung des Rechts, S. 78: „Jeder Wert, einerlei ob objektiver oder subjektiver Wert, ist abwägbar, unterliegt der Bewertung, damit der Auf- und Abwertung [...]".
[61] *H. Kelsen*, Value Judgments in the Science of Law, in: Journal of Philosophy & Jurisprudence 32 (1942), S. 329.
[62] Siehe oben Fn. 21; auch *A. Verdross*, Die Rechtstheorie Hans Kelsens, in: Die Wiener Rechtstheoretische Schule II, Wien 2010, S. 1068.
[63] Näher *S. Kirste*, A Legal Concept of Dignity as a Foundation of Law, in: *ders./Brugger* (Hg.), Human Dignity as a Foundation of Law, Stuttgart 2013, S. 63ff.; *ders.*, Die Würde des Menschen als Grundlage des Rechtsstaats, in: *ders./Sprenger* (Hg.), Menschliche Existenz und Würde im Rechtsstaat. Beiträge zum Kolloquium für Werner Maihofer zum 90. Geburtstag, Berlin 2010, S. 103ff.

auf rechtliche Anerkennung in Frage stellt wie der nationalsozialistische Gesetzgeber, stellt seine eigene Würde in Frage und damit seinen Anspruch auf rechtliche Anerkennung als Subjekt. Würde kommt dem Menschen *als* Mensch zu. Mensch ist aber auch derjenige, dessen Würde in Frage gestellt wurde. Ein Grund für diese Differenzierung kann nicht angeben werden. So aber ist kein Rechtsverhältnis zwischen Menschen möglich, wenn sie nicht beide oder alle Subjekte von Rechten und Pflichten sein können. Alles andere sind faktische oder Gewaltverhältnisse, wie sie zwischen einem Sklaven und seinem Herrn, gehandelten Menschen und ihren Händlern bestehen. Um die Behauptung, im Recht hätten nicht alle Menschen eine Würde, zurückweisen zu können, musste also das Recht auf Anerkennung der Menschenwürde ins Recht transformiert werden. Denn nur so ist sie tatsächlich unantastbar.[64]

Wenn absolute Werterkenntnis nicht möglich ist, dann bedarf es der Verfahren zur Begründung von Vorrangverhältnissen von Werten. Insofern müssen Werte, die für alle Bürger gelten sollen, auch von allen Bürgern legitimiert werden. Die Demokratie ist insofern die notwendige Folge des Wertrelativismus. Demokratie bedarf der rechtlichen Institutionalisierung. Das Recht sichert die in ihr angelegte zeitliche Beschränkung der Legitimation und die weiteren Voraussetzungen einer effektiven Demokratie, etwa die Kommunikations- und Versammlungsgrundrechte. „Der Relativismus ist daher die Weltanschauung, die der demokratische Gedanke voraussetzt".[65] Nur eine andere Staatsform als die Demokratie und der Rechtsstaat möge dann Höchstwerte postulieren, wie es Despoten und Tyrannen tun. Die Tyrannei der Werte ist dann der Wert des Tyrannen. Die relativabsoluten Werte aber, die der demokratische Rechtsstaat zugrunde legt, sind keine Postulate der Herrschenden, sondern mit der demokratischen Rechtsform selbst gegeben. Das deutsche Grundgesetz trägt dem Rechnung mit der Nichtänderbarkeit von Menschenwürde, Rechtsstaat und Demokratie durch eine Verfassungsänderung (Art. 79 Abs. 3 GG).

Auch Freiheit ist ein notwendiger Wert von Recht, da Recht Normen bezeichnet, die sich an die freiwillige Beachtung richten und nur für den Fall ihrer Nichtbefolgung (normativ geordnete) Zwangsmittel vorsehen. Eine reine Zwangsordnung wäre keine Rechtsordnung. Vermutlich gehört auch Gleichheit zu diesen Werten, ohne die Recht zwischen Menschen nicht möglich ist. Freiheit und Gleichheit als Grundforderung gehören ebenso zu diesen Bedingungen des demokratischen Rechtsstaates. Kelsen schreibt daher treffend: „Tolerance, minority rights, freedom of speech, and freedom

---

[64] Näher zu dieser Konzeption der Würde *Kirste*, Legal Concept of Dignity, S. 63ff. und *ders.*, Menschenwürde als subjektives Recht – Selbstverhältnis in Rechtsverhältnissen, in: *Neumann/Tiedemann/Liu* (Hg.), Menschenwürde ohne Metaphysik, Stuttgart 2021, S. 123ff.
[65] *Kelsen*, Vom Wesen und Wert der Demokratie, S. 101.

of thought, so characteristic of democracy, have no place within a political system based on the belief in absolute values";[66] aber nicht weil sie selbst „relativistische Werte" sind, sondern weil sie in einer auf dem Relativismus aufbauenden staatlichen Rechtsordnung absolut sind.

Absolut-absolute, also von der Rechtsform losgelöste Werte, mögen zwar moralische, können aber keine rechtliche Geltung besitzen. Ihre Begründung würde naturrechtlich erfolgen und damit in einer werte-pluralistischen Gesellschaft schwer herzustellen sein. Jedenfalls die für die Rechtsform und die Demokratie notwendigen Werte, sind dann aber relativ absolut, nämlich für den demokratischen Rechtsstaat als Folge des Wertrelativismus selbst unverzichtbar.

Die Konzeption relativ-absoluter Werte nimmt also einerseits die Kritik des Relativismus ernst, dass es in einer pluralistischen Gesellschaft keine absoluten Werte gibt.[67] Der Relativismus richtet sich also nicht gegen die Werte überhaupt. Er verlangt jedoch nach einer prozeduralen Begründung und Konkretisierung von Werten. Auf der anderen Seite gibt diese Konzeption der Vorstellung von vorgegebenen Werten insofern Recht, als es strukturbildende Werte einer jeden demokratischen und rechtsstaatlichen Verfassungsordnung gibt, die von dieser nicht in Frage gestellt werden können, ohne sich selbst in Frage zu stellen. Hier kann noch einmal daran erinnert werden, dass in verschiedenen älteren Verfassungen zunächst nur einer oder wenige Werte hervorgehoben wurden, deren Rang häufig durch ihre Stellung oder ihre formale Stabilität unterstrichen wurde. In neueren Verfassungen und besonders im EUV stehen mehrere Werte nebeneinander, die zunächst nicht mehr an Kohärenz enthalten, als dass sie dem Verfassunggeber oder Vertragspartner wichtig sind. Ihre Genese wird aber nicht mehr als das Ergebnis einer Wesensschau, sondern der Geschichte, als Erbe usw. also, als das Ergebnis der Verarbeitung der historischen Erfahrung dargestellt. Zudem werden etwa im EUV pluralistische Verfahren unter Einbe-

---

[66] *H. Kelsen*, Absolutism and Relativism in Philosophy and Politics, in: The American Political Science Review 42 (1948), S. 913. In diesem Sinn hat Gerhard Luf die Toleranz für einen absoluten Wert angesehen. Sie sichere erst das Nebeneinander von verschiedenen Weltanschauungen und Religionen: „Das von Kelsen stillschweigend vorausgesetzte Toleranzprinzip gilt nicht relativ, sondern besitzt unbedingte Geltung. Denn es fungiert als Bedingung der Möglichkeit des Nebeneinanderbestehens unterschiedlicher Weltanschauungen, die in der geschichtlichen Rechtsgemeinschaft gelebt werden. Erst die Nichtrelativierbarkeit des Toleranzprinzips und die darin enthaltene Vorausgesetztheit grundlegender, und zwar nicht relativierbarer intersubjektiver Anerkennungsbedingungen gibt dem weltanschaulichen Relativismus jene Basis, die die gesellschaftliche Pluralität allererst ermöglicht", *G. Luf*, Zur Popularität des Rekurses auf Werte, in: *Jabloner et al.* (Hg.), Festschrift Heinz Mayer zum 65. Geburtstag, Wien 2011, S. 364.

[67] *H. Kelsen*, Die Reine Rechtslehre, Wien 1960, S. 69: „Eine relativistische Wertlehre bedeutet nicht [...], dass es keine Werte und insbesondere keine Gerechtigkeit gebe, sondern nur, dass es keine absoluten, dass es nur relative Werte, keine absolute, sondern nur eine relative Gerechtigkeit gibt".

ziehung der Zivilgesellschaft zu ihrer Weiterentwicklung vorgesehen. Das zeigt, dass sich Relativismus und Werte nicht ausschließen müssen.

V. Die Funktion von Werten im Recht

Werten im Recht kommt eine Orientierungs-,[68] Identitäts-, Mobilisierungs-, Legitimations-, Stabilisierungs-, Systembildungs- und Interpretationsfunktion zu.

Werte im Recht haben die mehrfach erwähnte dialektische Struktur, dass sie nicht nur Ausdruck von Autonomie sind, sondern autonomen Entscheidungen als Orientierung dienen. Diese Orientierungsfunktion teilen sie mit Ideen, die Zukunftsrichtung mit Idealen. Werte können im Sinne von Harry Frankfurt als Second Order Präferenzen zur Kontrolle der primären Präferenzen verstanden werden oder auch Charles Taylor folgend zur Identität einer Gemeinschaft beitragen. Sie müssen ihr weder vor- noch aufgegeben sein, sondern können von ihr bewusst zur Identitätsstiftung anerkannt und fortentwickelt werden. Diese Identitätsbildung kommt ihnen gerade in den Präambeln von Verfassungen und in Art. 2 EUV zu.[69] Dabei ist auffällig, dass diese Identitätsmerkmale nicht als objektiv gegeben, sondern erstens aus den Traditionen der Mitgliedstaaten hervorgehend angesehen und zweitens durch entsprechende Dialoge (Art. 11 Abs. 2 EUV, Art. 17 Abs. 3 AEUV) prozedural weiterentwickelt werden. Aus der Orientierung folgt dann auch eine mögliche Mobilisierungsfunktion des Einsatzes für die Werte und ihre Bedeutung in einer freiheitlichen Gesellschaft.[70]

Rechtlich legitimierte Werte können Entscheidungen, die auf ihrer Grundlage, bzw. nach ihrer Abwägung ergehen, eine materiale, sachliche Legitimität verleihen.[71] Sie strahlen so in die Verfassungsordnung aus.[72]

---

[68] *U. di Fabio*, Grundrechte als Werteordnung, in: Juristenzeitung 2004, S. 3.

[69] *Chr. Calliess*, Europa als Wertegemeinschaft – Integration und Identität durch europäisches Verfassungsrecht?, in: Juristenzeitung 2004, S. 1039, 1041f.

[70] *Di Fabio*, Grundrechte, S. 7: „Nur wenn wir es verstehen, unsere rationalisierte westliche Werteordnung wieder als System mit seinen Werten Freiheit, Rechtsgleichheit, Gleichheit von Mann und Frau, Sicherheit, Demokratie und Zusammenhalt im Zusammenhang deutlich zu machen, haben wir eine Chance, dem zunehmenden Protest gegen die Kühle und leere Rationalität der westlichen Kultur die Schärfe zu nehmen".

[71] *Luf*, Zur Popularität des Rekurses auf Werte, S. 369.

[72] Auch in Österreich: „So ist es heute im Prinzip nicht mehr stritig und in der Praxis der Gerichte anerkannt, dass die Grundrechte auf privatrechtliche Rechtsbeziehungen einwirken können und dass diese Wirkungen in der Regel durch das einfache Gesetzesrecht vermittelt werden, das sich im Privatrecht dem Ausgleich der privaten Rechtspositionen zuwendet und das in der Form von unbestimmten Rechtsbegriffen oder ausfüllungsbedürftigen Generalklauseln offen ist für die Ausfüllung durch grundrechtliche Wertungen, allenfalls auch durch Analogie oder durch andere Formen der legitimen Rechtsfortbildung grundrechtskonform ausge-

Ferner würden Werte, so meint Luf, bleibende Bezugspunkte in einer sich zunehmend pluralisierenden Gesellschaft darstellen und könnten so stabilisierend wirken. Dabei darf aber nicht übersehen werden, dass sie diese Bezugspunkte nur aufgrund einer prozeduralen Legitimation und nur im Rahmen einer rationalen juristischen Argumentation bei ihrer Abwägung und Anwendung entfalten können. Die erwartete Stabilisierung mag dann nicht so weit reichen, wie dies etwa von Luf erwartet wird. Lediglich diejenigen Werte, die im oben entwickelten Sinn relativ absolut sind, stellen solche festen Orientierungen dar.[73]

Dass Rechtsnormen in einer gewissen Ordnung stehen, gehört schon zu ihrem Begriff.[74] Eine Norm ist Recht, wenn ihre Setzung und Durchsetzung normiert ist.[75] Diese reflexive Struktur des Rechts als normierte Norm ist gewissermaßen der Nukleus der Rechtsordnung. Weil schon dieser reflexive Zusammenhang Werte wie etwa die Rechtssicherheit realisiert, ist er zugleich die Grundlage eines materialen Systems im Sinne einer Werteordnung.[76] Auf der Basis des formalen ist das materiale System zu entfalten, das der Verfassungsgesetzgeber selbst erstrebt.[77] Werte im Recht müssen aber nicht von vorneherein kommensurabel sein. Sie können – wie die europäischen Werte in Art. 2 EUV – Ergebnisse von Kompromissen sein. Sie sind dann nicht Ausdruck eines monistischen Verständnisses von einem Höchstwert, aus dem sich alle anderen ableiten, sondern eines Pluralismus von Werten.[78] Es wird Aufgabe der Interpretation in konkreten Abwägungs-

---

staltet werden kann", *W. Berka*, Grundrechtsgeschichte im Vorgriff auf eine Grundrechtsdogmatik: Anmerkungen zu einer ersten wissenschaftlichen Arbeit von Theo Mayer-Maly, in: *Harrer/Honsell* (Hg.), Gedächtnisschrift für Theo Mayer-Maly zum 80. Geburtstag, Wien/New York 2011, S. 111.

[73] *G. Luf*, Gerhard: Zur Problematik des Wertbegriffs in der Rechtsphilosophie, in: Ius Humanitatis. Festschrift zum 90. Geburtstag von A. Verdross, hg. von H. Miehsler/E. Mock/B. Simma/I. Tammelo, Berlin 1980, S. 129–146, S. 146: „Systematisch sind jedoch diese Wertprinzipien des Rechts weder voraussetzungslos verpflichtende Normen noch Produkte beliebiger Setzung, sondern bleiben der Aufforderung unterstellt, im Hinblick auf die Ermöglichung von Freiheit befragt und kritisiert zu werden. So gesehen ist diese Freiheit der sittlichen Person für das Recht kein Wert unter anderen, sondern Grundlage und Maßstab rechtlicher Wertsetzung innerhalb stetiger Änderungen unterworfenen gesellschaftlichen Bedingungen und ihrer politischen Gestaltung".

[74] *Kirste*, Rechtsphilosophie, S. 129f.

[75] Die nähere Begründung bei *Kirste*, Rechtsphilosophie, S. 113f.

[76] *A. Hollerbach*, Auflösung der rechtsstaatlichen Verfassung, in: Archiv des öffentlichen Rechts 1960, S. 255; *Kirste*, Das B-VG als Werteordnung, S. 173f.

[77] *Hollerbach*, Auflösung der rechtsstaatlichen Verfassung, S. 255: „Die Rede vom ‚Wertsystem', wie allgemein vom ‚Sinnsystem' oder von der ‚Sinnmitte' hat auch hier zunächst einmal die Bedeutung: Überwindung des punktualistischen Vereinzelung, Intendieren und Sehen des Zusammenhangs und der Bezogenheiten, die zwischen den vielen Einzelnormen einer Verfassung und Rechtsordnung obwalten".

[78] Zum Unterschied Wertepluralismus und Wertemonismus und ihrer Bedeutung für die Frage der Inkommensurabilität vgl. *M. Schroeder*, „Value Theory", in: *Zalta* (Hg.), The Stan-

verhältnissen sein, Vorrangrelationen herzustellen und so jedenfalls in diesen eine Vereinbarkeit zu sichern. Ausdruck einer generalisierten Interpretationspraxis kann dann eine Werteordnung sein. Dafür kann wiederum der Verfassunggeber die Voraussetzungen schaffen, indem er bestimmte Werte textlich heraushebt und etwa an den Anfang einer Verfassung stellt. In Präambeln wird zum Ausdruck gebracht, dass bestimmte weitere Werte Ausdruck des höheren Wertes sind und der Verfassunggeber sich etwa ‚deshalb‘ zu ihnen bekennt. Das erstere ist der Fall mit der Menschenwürde im Grundgesetz und in der EGrCh, das letztere bei der AEMR, die die weiteren Rechte als Konkretisierungen der Würde des Menschen sind. Lassen Gesetze Interpretationsspielräume zu, so sind sie gemäß diesen Wertungen auszufüllen. Kollidieren Grundrechte oder staatliches Handeln mit ihnen, ist der Ausgleich gemäß diesen Werten verhältnismäßig durchzuführen. Ist das Recht unbeabsichtigt vom Gesetzgeber unvollkommen, so kann die Rechtsprechung entsprechende Regelungslücken mit Rücksicht auf Werte im Wege teleologischer analoger Rechtsfortbildung schließen.[79]

Nimmt man die Identitätsfunktion von Werten hinzu, kann etwas als ein höherer Wert gelten, was zur Identität einer Rechtsordnung mehr beiträgt als andere. Das kann wiederum daran abgelesen werden, dass eine Verfassung materiale Veränderungssperren einbaut, wie etwa die Ewigkeitsklausel des Art. 79 Abs. 3 GG. Auch diese formale Schaffung von identitätsbildenden Höchstwerten ist im Wege der Auslegung möglich, wie die „Baugesetze" der österreichischen Bundesverfassung zeigen, also insbesondere Demokratie, Republik, Bundesstaatlichkeit, Rechtsstaatlichkeit und Gewaltentrennung.[80]

Werte im Recht als Ergebnis der Selbstbestimmungspraxis der Bürger und als Orientierung ihrer Rechtsverhältnisse sind damit geschichtlich geronnene und doch zugleich in rechtsförmigen Diskursen weiterzuentwickelnde Identitätskerne eines Staates. Aufgrund dieser dynamischen Legitimation können sie mobilisierend in die Verwirklichung der Rechtsordnung und in die Gesellschaft hineinwirken.

---

ford Encyclopedia of Philosophy (Fall 2021 Edition), URL: https://plato.stanford.edu/archives/fall2021/entries/value-theory/.
[79] *Larenz*, Methodenlehre, S. 119f.
[80] *L. K. Adamovic et al.*, Österreichisches Staatsrecht, Bd. 1, Wien 2020, S. 120ff.

VI. Wertkonflikte und Werteordnung

Im Sinne Heinrich Rickerts ließe sich sagen: Wer eine Tatsache negiert, vernichtet sie; wer einen Wert leugnet, schafft einen Gegenwert:[81] Recht – Unrecht, Gemeinwohl – Eigennutz. Diese Negationen erzeugen Geltungsansprüche, die zur Aufrechterhaltung der faktischen Geltung der Werte im Recht von der Wertegemeinschaft negiert werden müssen. In diesem eingeschränkten Sinn kann Schmitt Recht gegeben werden.

Wertordnungen in der Welt können konfligieren, weil unterschiedliche Gesellschaften unterschiedliche Identitäten haben oder sich geben.[82] Hans Kelsen wies aber zu Recht auf das Problem von Wertkonflikten im Recht hin.[83] Gegenläufige Werte müssen sich jedoch nicht ausschließen, sondern können im Wege der Abwägung optimiert werden. Man kann Schmitts Kritik der Werte ins Positive wenden: Die Verwertung von Ideen macht sie gerade kommensurabel.[84] Und ihre Verrechtlichung stellt dazu ein Bezugssystem der Werte bereit, auf das sich die Bürger geeinigt haben. Auf diese Weise wird aber ein vielleicht ausgeführter Kampf der Überzeugungen und Interessen der Werte nicht ins Recht verlängert,[85] sondern gerade ins Licht rationaler juristischer Argumentation gehoben.[86] Zwar würde es die Präambeln überfordern, aus den dort erwähnten Werten eine geschlossene Werteordnung oder ein Wertesystem ableiten zu wollen.[87] Gleichwohl handelt es sich um eine verfassungsartige Wertebasis.[88] Sie haben jedoch eine Appellfunktion für die Gesellschaft und sind Rechtserkenntnisquelle bei der Auslegung.

---

[81] *H. Rickert*, Zwei Wege der Erkenntnistheorie, in: Kant-Studien 1909, S. 169–228 (hier: 204).

[82] Weber meint aus seiner Zeit heraus sogar, dass „die Wertordnungen der Welt in unlöslichem Kampf untereinander stehen", *M. Weber*, Wissenschaft als Beruf (1917/1919), hg. von *Mommsen/Schluchter*, Tübingen 1992, S. 99.

[83] *H. Kelsen*, Was ist Gerechtigkeit? Wien 1975, S. 6: „Das Problem der Werte ist vor allem und in erster Linie das Problem der Wertkonflikte. Und dieses Problem kann nicht mit den Mitteln rationaler Erkenntnis gelöst werden. Die Antwort auf die sich her ergebenden Fragen ist stets ein Urteil, das in letzter Linie von emotionalen Faktoren bestimmt wird und daher einen höchst subjektiven Charakter hat".

[84] *Schmitt*, Die Tyrannei der Werte, S. 12.

[85] So aber *Böckenförde*, Zur Kritik der Wertbegründung des Rechts, S. 67.

[86] Anders wiederum *Schmitt*, Die Tyrannei der Werte, S. 49: „Richtig verstanden kann das Wort von der Tyrannei der Werte den Schlüssel zu der Erkenntnis liefern, daß die ganze Wertlehre den alten, andauernden Kampf der Überzeugungen und der Interessen nur schürt und steigert". Auch Böckenförde ist skeptisch: „Jeder Wert, einerlei ob objektiver oder subjektiver Wert, ist abwägbar, unterliegt der Bewertung, damit der Auf- und Abwertung [...]", *Böckenförde*, Zur Kritik der Wertbegründung des Rechts, S. 81.

[87] *M. Holoubek/G. Lienbacher*, in: *dies.*, GRC-Kommentar, Charta der Grundrechte der Europäischen Union, Präambel, Rn. 12.

[88] *Calliess*, Europa als Wertegemeinschaft, S. 1036.

Hierzu muss ihr relativer Rang festgelegt werden. Dafür bietet es sich an,
diese Werte in einer hierarchischen Wertordnung zu systematisieren. Der
„inhaltliche Sinn eines Grundrechtskatalogs", so meint Rudolf Smend, liege
darin, „eine sachliche Reihe von einer gewissen Geschlossenheit, d.h. ein
Wert- oder Güter-, ein Kultursystem normieren" zu sollen.[89] Diese Konzeption wurde dann vom deutschen Bundesverfassungsgericht zur Zeit der
zweiten Naturrechtsrenaissance vor allem im Lüth-Urteil[90] aufgegriffen, indem das Gericht von einem Wertsystem, das sogar hierarchisch gegliedert
ist und daher eine Wertrangordnung bezeichnet.[91]

Gegenüber dieser Konzeption sind immer wieder erhebliche Einwände
gemacht worden: Die Rangordnung falle unterschiedlich aus, je nachdem
ob sie von einem Christen oder einem Materialisten vorgenommen werde.[92]
Sie überspiele die Positivität der Verfassung. Die Behauptung vom Vorrang
bestimmter Werte bleibe eine bloß subjektive Einschätzung.[93] Sofern sich
dies auf die Vorstellung natürlich vorgegebener Werte, die in einer stati-
schen Ordnung zueinander stünden, bezieht, kann dem durchaus Recht gegeben werden. Als statische Ordnung soll sie Orientierung ermöglichen.
Gerade so verhindert sie aber notwendige Abwägungen: Die Waagschale
der Justitia hängt nicht fest.[94] Eine Ordnung soll hier kein „kryptonatur-
rechtliches System" aufstellen, sondern eine pointillistische Interpretation
der Verfassung durch das Aufzeigen von Zusammenhängen und „Sinngefü-
gen" überwinden.[95] Auch dürfte ein vollständiger Katalog von Werten kaum
erreichbar und daher eine abstrakte Rangordnung nicht festzulegen sein.[96]
Robert Alexy relativiert deshalb diese Kritik und zeigt, dass die Annahme
einer auf höchste Werte gegründeten Rechtsordnung nicht falsch, aber doch
unvollständig ist.[97] Denn diese Werte bedürfen noch der Auslegung und im

---

[89] *Smend*, Verfassung und Verfassungsrecht, S. 264.
[90] BVerfGE 7, S. 198ff.
[91] BVerfGE 7, S. 198ff. (215).
[92] *Kelsen*, Was ist Gerechtigkeit? S. 10f.: „Die Antwort auf die Frage nach der Rangordnung der Werte – wie Leben und Freiheit, Freiheit und Gleichheit, Freiheit und Sicherheit,
Wahrheit und Gerechtigkeit, Wahrhaftigkeit und Menschlichkeit, Individuum und Nation –
muß verschieden ausfallen je nachdem die Frage sich an einen gläubigen Christen richtet [...]
oder an einen Materialisten [...]; Und die Antwort wird stets den Charakter eines subjektiven
und daher bloß relativen Werturteils haben.".
[93] *Böckenförde*, Zur Kritik der Wertbegründung des Rechts, S. 85: „Es bleibt stets bei der
bloßen Behauptung: Werte und ihr Rang seien eben phänomenal gegeben, als apriorische Tatsachen der sittlichen Welt, sie würden durch das Wertgefühl im Erleben und in unmittelbarer
Anschauung erfaßt.".
[94] *Di Fabio*, Grundrechte als Werteordnung, S. 3.
[95] *Hollerbach*, Auflösung der rechtsstaatlichen Verfassung, S. 255.
[96] *Alexy*, Theorie der Grundrechte, S. 139, 141f.
[97] *Alexy*, Theorie der Grundrechte, S. 480: „Die Annahme einer objektiven Wertordnung in
Gestalt oberster objektiver Prinzipien ist [...] nichts an sich Nicht-Rationales, sondern vielmehr etwas höchst Unvollständiges, was sowohl auf eine rationale als auch auf eine nichtrati-
onale Weise verwendet werden kann. Die These, daß den Grundrechtsbestimmungen oberste

Wege der Abwägung herzustellenden Ordnung.[98] Im prima facie Konflikt der Werte im Recht muss gerade der konfligierende nicht als „Unwert" gebrandmarkt werden.[99] Mit außerrechtlichen Werten konfligieren Rechtswerte nicht rechtlich, sondern nur vielleicht politisch. Wer in rechtlicher Form Konflikte austragen will, muss den Wert des Anderen als Rechtssubjekt anerkennen, sonst kann er sich nicht rechtlich mit ihm streiten.

Die Europäische Union bildet insofern eine Wertegemeinschaft in der Integrationsdichte eines Werteverbundes, nicht eines Wertebundes.[100] Sie verdrängt nicht die nationalen Verfassungs- und insbesondere auch Werteordnungen,[101] beeinflusst sie jedoch. Die Werte haben unmittelbare Wirkung und genießen Anwendungsvorrang.[102] Widerstreitendes nationales Recht muss also unangewendet bleiben. Darüber hinaus müssen die Mitgliedsstaaten ihr nationales Recht einschließlich des Verfassungsrechts wertekonform auslegen.[103] Auf diese Weise können die europäischen Werte entsprechende nationale Verfassungswerte verstärken, Lücken in nationalen Verfassungen schließen und entgegenstehende nationale Werte verdrängen.

VII. Zusammenfassung

In seiner reflexiven Struktur ist das Recht nicht nur Ausdruck von Werten als Transformation der Auffassung einer Gesellschaft von dem für sie Guten in Rechtsform, sondern enthält auch Werte, die dieser Gesellschaft eine Orientierung geben sollen. Werte werden somit im Recht nicht vorausgesetzt oder gar übergestülpt,[104] sondern sind autonome Wertentscheidungen. Sie bedürfen der pluralistischen Weiterentwicklung durch Wertediskurse in

---

Prinzipien zuzuordnen sind, die in alle Bereiche des Rechtssystems ausstrahlen, ist deshalb weder falsch noch inadäquat, sie sagt nur sehr wenig".

[98] Sie statuieren also auch kein „Reflexionsverbot" (*N. Luhmann*, Gibt es in unserer Gesellschaft noch unverzichtbare Normen, Heidelberg 1993, S. 18f.), sondern – wenn schon – ein Reflexionsgebot".

[99] Anders einmal mehr *Schmitt*, Die Tyrannei der Werte, S. 51f.: „Jede Rücksicht auf den Gegner entfällt, ja sie wird zum Unwert, wenn der Kampf gegen diesen Gegner ein Kampf für die höchsten Werte ist. Der Unwert hat kein Recht gegenüber dem Wert, und für die Durchsetzung des höchsten Wertes ist kein Preis zu hoch. Hier gibt es dann infolgedessen nur noch Vernichter und Vernichtete".

[100] *Calliess*, Europa als Wertegemeinschaft, S. 1041f.

[101] So aber *T. Ritter*, Neue Werteordnung für die Gesetzesauslegung durch den Lissabon-Vertrag, in: Neue Juristische Wochenschrift 2010, S. 1114.

[102] *W. Obwexer*, in: *Mayer/Stöger* (Hg.), Wien 2020, EUV/AEUV, Art. 2 EUV, Rn. 68.

[103] *Obwexer*, in: Mayer/Stöger, EUV/AEUV, Art. 2 EUV, Rn. 69.

[104] *Hollerbach*, Grundwerte und Grundrechte, S. 159: In seiner Wertordnungsrechtsprechung habe das BVerfG „mitnichten ein bestimmtes naturrechtliches System oder eine wertphilosophische Konzeption dem positiven Recht übergestülpt, sondern gerade das positive Recht aus den Grundintentionen des Verfassungsgebers von 1949 ernstgenommen".

diesen Gesellschaften, bei der Institutionen wie dem Bundesverfassungsgericht und der Schule eine wichtige, aber nicht die einzige Rolle spielen. Sie
leben vielmehr vom pluralistischen Diskurs der Zivilgesellschaft. Werte im
Recht sind damit geschichtlich gewachsene und diskursiv veränderbare Bekenntnisse einer Gesellschaft zu dem für sie Guten, die zwar keine unmittelbaren Rechte und Pflichten enthalten, aber doch als Ausdruck von Identität einer rechtsstaatlichen Demokratie Orientierung geben und rückwirkend
die Gesellschaft mobilisieren können. Sie tragen damit dazu bei, dass dem
freiheitlichen Rechtsstaat diejenigen Ressourcen zugeführt werden, die er
nicht aus sich heraus garantieren kann, ohne seine Freiheitlichkeit zu verlieren.[105] Dieses Wagnis kann der demokratische Rechtsstaat eingehen, weil
sich die Bürger selbst auf relativ-absolute Werte des Rechts und Werte im
Recht geeinigt haben, die die weiteren Wertediskurse strukturieren.

Literaturhinweise

Adamovich, Ludwig K. et al.: Österreichisches Staatsrecht. Bd. 1: Grundlagen,
3. Aufl., Wien 2020.
Alexy, Robert: Theorie der Grundrechte, Frankfurt a.M. 2006.
Augsberg, Ino: Materielle Wertethik und Strafrechtsdogmatik. Zum Einfluss der
Lehren Max Schelers und Nicolai Hartmanns auf die deutsche Strafrechtswissen-
schaft, Archiv für Rechts- und Sozialphilosophie 89 (2003), S. 53–74.
Bentham, Jeremy: The works of Jeremy Bentham. Ed. by John Bowring. Vol. II,
Edinburgh 1843.
Berka, Walter: Grundrechtsgeschichte im Vorgriff auf eine Grundrechtsdogmatik:
Anmerkungen zu einer ersten wissenschaftlichen Arbeit von Theo Mayer-Maly,
in: *Friedrich Harrer/Heinrich Honsell* (Hg.), Gedächtnisschrift für Theo Mayer-
Maly zum 80. Geburtstag, Wien/New York 2011, S. 101–112.
Böckenförde, Ernst-Wolfgang: Die Entstehung des Staates als Vorgang der Säkula-
risation, in: *ders.*, Recht – Staat – Freiheit. Studien zur Rechtsphilosophie, Staats-
theorie und zum Verfassungsgeschichte, Frankfurt a.M. 1991, S. 92–115.
Ders.: Zur Kritik der Wertbegründung des Rechts, in: *ders.*, Recht – Staat – Freiheit. Studien zur Rechtsphilosophie, Staatstheorie und zum Verfassungsgeschichte, Frankfurt a.M. 1991, S. 67–91.

---

[105] Bekanntlich schreibt *E.-W. Böckenförde* (Die Entstehung des Staates als Vorgang der
Säkularisation, in: *ders.*, Recht – Staat – Freiheit, Frankfurt a.M. 1991, S. 112): *„Der freiheitliche, säkularisierte Staat lebt von Voraussetzungen, die er selbst nicht garantieren kann. Das
ist das große Wagnis, das er, um der Freiheit willen, eingegangen ist. Als freiheitlicher Staat
kann er einerseits nur bestehen, wenn sich die Freiheit, die er seinen Bürgern gewährt, von
innen her, aus der moralischen Substanz des einzelnen und der Homogenität der Gesellschaft,
reguliert. Anderseits kann er diese inneren Regulierungskräfte nicht von sich aus, das heißt
mit den Mitteln des Rechtszwanges und autoritativen Gebots zu garantieren suchen, ohne seine Freiheitlichkeit aufzugeben und – auf säkularisierter Ebene – in jenen Totalitätsanspruch
zurückzufallen, aus dem er in den konfessionellen Bürgerkriegen herausgeführt hat“.*

Calliess, Christian: Europa als Wertegemeinschaft – Integration und Identität durch europäisches Verfassungsrecht? In: Juristenzeitung 2004, S. 1033–1045.

Fabio, Udo di: Grundrechte als Werteordnung, in: Juristenzeitung 2004, S. 1–8.

Forsthoff, Ernst: Die Umbildung des Verfassungsgesetzes, in: *Hans Barion/Ernst Forsthoff/Werner Weber* (Hg.): Festschrift für Carl Schmitt zum 70. Geburtstag, Berlin 1959, S. 35–62.

Häberle, Peter: Präambeln im Text und Kontext von Verfassungen, in: *ders.*, Rechtsvergleichung im Kraftfeld des Verfassungsstaates, Berlin 1992, S. 176–212.

Hamilton, Alexander/Madison, James/Jay, John (Hg.): Die Federalist-Artikel. Politische Theorie und Verfassungskommentar der amerikanischen Gründerväter, Paderborn 1994.

Hesse, Konrad: Grundzüge des Verfassungsrechts der Bundesrepublik Deutschland, 20. Aufl., Heidelberg 1999.

Hollerbach, Alexander: Auflösung der rechtsstaatlichen Verfassung, in: Archiv des öffentlichen Rechts 1960, S. 241–269.

Ders.: Grundwerte und Grundrechte in der Gesellschaft und im Staat, in: *ders.*, Ausgewählte Schriften. In Verbindung mit Joachim Bohnert, Christof Gramm, Urs Kindhäuser, Joachim Lege, Alfred Rinken, hg. von *Gerhard Robbers*, Berlin 2006, S. 153–176.

Holoubek, Michael/Lienbacher, Georg (Hg.): Präambel, in: *dies.*, 2. Aufl., GRC-Kommentar, Charta der Grundrechte der Europäischen Union (Stand 01.04.2019, rdb.at).

Jabloner, Clemens: Prägende Elemente der geltenden Bundesverfassung, Ein Diskussionsbeitrag, Demokratiezentrum Wien 2003, <http://www.demokratiezentrum.org> (29.01.2020).

Kelsen, Hans: A „Dynamic" Theory of Natural Law, in: Louisiana Law Review 16 (1956), S. 597–620.

Ders.: Absolutism and Relativism in Philosophy and Politics, in: The American Political Science Review 42 (1948), S. 906–914.

Ders.: Allgemeine Theorie der Normen, Wien 1979.

Ders.: Die Reine Rechtslehre, 2. Aufl., Wien 1960.

Ders.: General Theory of Law and State, Cambridge 1945.

Ders.: Value Judgments in the Science of Law, in: Journal of Social Philosophy & Jurisprudence 32 (1942), S. 312–333.

Ders.: Vom Geltungsgrund des Rechts. Die Wiener Rechtstheoretische Schule II, Wien 2010, S. 1159–1168.

Ders.: Vom Wesen und Wert der Demokratie, 2. Aufl., Tübingen 1929.

Ders.: Was ist Gerechtigkeit?, 2. Aufl., Wien 1975.

Kirchmann, Julius Hermann von: Die Wertlosigkeit der Jurisprudenz als Wissenschaft. Ein Vortrag (1848), Nachdr. Darmstadt 1973.

Kirste, Stephan: A Legal Concept of Dignity as a Foundation of Law, in: *ders./Winfried Brugger* (Hg.), Human Dignity as a Foundation of Law, Stuttgart (Archiv für Rechts- und Sozialphilosophie-Beiheft 137) 2013, S. 63–83.

Ders.: Das B-VG als Werteordnung – Zum Abschied vom Mythos einer wertneutralen Spielregelverfassung, in: Zeitschrift für öffentliches Recht 75 (2020), S. 173–194.

Ders.: Die Würde des Menschen als Grundlage des Rechtsstaats, in: *Stephan Kirste/Gerhard Sprenger* (Hg.), Menschliche Existenz und Würde im Rechtsstaat. Beiträge zum Kolloquium für Werner Maihofer zum 90. Geburtstag, Berlin 2010, S. 103–120.

Ders.: Die Zeit der Verfassung, in: Jahrbuch des öffentlichen Rechts der Gegenwart 56 (2008), S. 35–74.

Ders.: Europäische Gerechtigkeit – 6 Thesen zu Art. 2 S. 2 EUV, in: Festschrift für Peter-Christian Müller-Graff, Baden-Baden 2015, S. 1013–1021.

Ders.: Law as Transformation, in: The Value and Purpose of Law. Essays in Honor of M.N.S. Sellers. Ed. by Joshua Kassner and Colin Starger, Stuttgart (Archiv für Rechts- und Sozialphilosophie-Beiheft 160) 2019, S. 149–168.

Ders.: Menschenwürde als subjektives Recht – Selbstverhältnis in Rechtsverhältnissen, in: *Ulfrid Neumann/Paul Tiedemann/Shing-I Liu* (Hg.), Menschenwürde ohne Metaphysik, Stuttgart 2021, S. 123–146.

Ders.: § 204. Die naturrechtliche Idee überstaatlicher Menschenrechte, in: *Paul Kirchhof/Josef Isensee* (Hg.), Handbuch des Staatsrechts, Bd. 10, Heidelberg 2012, S. 1–30.

Ders.: Rechtliche Vergangenheitsbewältigung – ein Beitrag des Rechts zur Vergangenheitsgerechtigkeit in rechtsphilosophischer Perspektive, in: Jahrbuch des öffentlichen Rechts 69 (2021), S. 1–36.

Ders.: Rechtsbegriff und Rechtsgeltung, in: *Michael Quante* (Hg.), Geschichte, Gesellschaft, Geltung. XXIII. Deutscher Kongress für Philosophie 28. September – 2. Oktober 2014 an der Westfälischen Wilhelms-Universität Münster. Kolloquienbeiträge, Hamburg 2016, S. 659–682.

Ders.: Rechtsphilosophie. Einführung, 2. Aufl., Baden-Baden 2020.

Ders.: Rechtswissenschaft als Kulturwissenschaft, in: *Stephan Kirste/Annette Brockmöller/Ulfrid Neumann* (Hg.), Wert und Wahrheit in der Rechtswissenschaft, Stuttgart (Archiv für Rechts- und Sozialphilosophie-Beiheft 145) 2015, S. 95–113.

Larenz, Karl: Methodenlehre der Rechtswissenschaft, 6. Aufl., Berlin 1991.

Luf, Gerhard: Zur Popularität des Rekurses auf Werte. Überlegungen zur Fragwürdigkeit des Redens von Werten, in: *Clemens Jabloner et al.* (Hg.), Vom praktischen Wert der Methode. Festschrift Heinz Mayer zum 65. Geburtstag, Wien 2011, S. 359–370.

Ders.: Zur Problematik des Wertbegriffs in der Rechtsphilosophie, in: Ius Humanitatis. Festschrift zum 90. Geburtstag von A. Verdross, hg. von *Herbert Miehsler/Erhard Mock/Bruno Simma/Ilmar Tammelo*, Berlin 1980, S. 129–146.

Luhmann, Niklas: Gibt es in unserer Gesellschaft noch unverzichtbare Normen, Heidelberg 1993.

Mayer, Max Ernst: Rechtsphilosophie, 2. Aufl., Berlin 1926.

Obwexer, Walter: Art 2 EUV, in: *Thomas Jaeger/Karl Stöger* (Hg.), EUV/AEUV, Wien 2020, 226. Lieferung Rn. 68, 69.

Radbruch, Gustav: Rechtsphilosophie, in: *Arthur Kaufmann* (Hg.), Gesamtausgabe, Bd. 2, Heidelberg 1993.

Regenbogen, Armin: Werte, in: *Hans Jörg Sandkühler* (Hg.), Enzyklopädie Philosophie, Hamburg 1999, S. 1743–1748.

Rickert, Heinrich: Die Grenzen der naturwissenschaftlichen Begriffsbildung, Tübingen/Leipzig 1896.

Ders.: Kulturwissenschaft und Naturwissenschaft, Tübingen 1926.

Ders.: Vom Begriff der Philosophie, in: Logos 1910/11, S. 1–34.

Ders.: Zwei Wege der Erkenntnistheorie, in: Kant-Studien 1909, S. 169–228.

Ritter, Thomas: Neue Werteordnung für die Gesetzesauslegung durch den Lissabon-Vertrag., in: Neue Juristische Wochenschrift 2010, S. 1110–1114.

Scheler, Max: Der Formalismus in der Ethik und die materiale Wertethik: neuer Versuch der Grundlegung eines ethischen Personalismus, 5. Aufl., Göttingen 1966.

Schmitt, Carl: Der Wert des Staates und die Bedeutung des Einzelnen, Berlin 2014.

Schroeder, Mark: „Value Theory", in: *Edward N. Zalta* (Hg.), The Stanford Encyclopedia of Philosophy (Fall 2021 Edition), URL: https://plato.stanford.edu/archives/fall2021/entries/value-theory/.

Ders.: Die Tyrannei der Werte, 3. Aufl., Berlin 2011.

Smend, Rudolf: Verfassung und Verfassungsrecht (1928), in: *ders.*, Staatsrechtliche Abhandlungen, 2. Aufl., Berlin 1968.

Sprenger, Gerhard: Rechte und Werte, in: *ders.*, Von der Wahrheit zum Wert. Gedanken zu Recht und Gerechtigkeit, Stuttgart 2010, S. 125–146.

Verdross, Alfred: Die Rechtstheorie Hans Kelsens, in: Die Wiener Rechtstheoretische Schule II, Wien 2010, S. 1063–1070.

Wapler, Friederike: Werte und das Recht. Individualistische und kollektivistische Deutungen des Wertbegriffs im Neukantianismus, Baden-Baden 2008.

Weber, Max: Wissenschaft als Beruf. 1917/1919, hg. von *Wolfgang J. Mommsen/ Wolfgang Schluchter*, Tübingen (Gesamtausgabe/Max Weber. Im Auftrag der Kommission für Sozial- und Wirtschaftsgeschichte der Bayerischen Akademie der Wissenschaften hg. von Horst Baier Abt. 1, Schriften und Reden, Bd. 17) 1992.

Margrit Seckelmann/Paula Kirsten/Dorothea Steffen

Gibt es „Werte des Grundgesetzes"?

I. Einleitung

Gibt es „Werte des Grundgesetzes"? Diese Frage ist in Bezug auf die staatlichen – schulischen – Bildungs- und Erziehungsziele, denen sich die Tagung widmet, zentral, denn für die Bestimmung dieser Erziehungsziele ist das Grundgesetz (neben den hier nicht weiter behandelten Verfassungen der deutschen Bundesländer) von entscheidender Bedeutung.

Der staatliche Bildungs- und Erziehungsauftrag ist in Art. 7 GG, besonders in dessen Abs. 1 und Abs. 4, fixiert[1] und mündet in die institutionelle Garantie von Bildung und Erziehung. Damit wird zum einen der Bildungsanspruch des Individuums gesichert,[2] zum anderen *„das Fundament des freiheitlich demokratischen und sozialen Staates"*[3]. Denn der Staat wird seinem Bildungsanspruch – und seiner Bildungspflicht – nicht durch eine reine Wissensvermittlung gerecht. Vielmehr kann und muss er eigene Erziehungsprinzipien und -ziele verfolgen, um das Individuum zu einem selbstverantwortlichen Mitglied der Gesellschaft heranzubilden[4] und dabei insbesondere *„die Offenheit gegenüber dem Pluralismus weltanschaulich-religiöser Anschauungen angesichts eines Menschenbildes, das von der Würde des Menschen und der freien Entfaltung der Persönlichkeit in Selbstbestimmung und Eigenverantwortung bestimmt ist"*[5] anstreben. Dabei hat er allerdings auch seine Neutralitätspflicht zu beachten: Aus der Pflicht

---

[1] Vgl. *H. D. Jarass*, in: *Jarass/Pieroth*, Grundgesetz für die Bundesrepublik Deutschland. Kommentar, 17. Aufl., München 2022, Art. 7 Rn. 1.

[2] So hat der Erste Senat des Bundesverfassungsgerichts in seiner Entscheidung vom 19. November 2021 aus einer Gesamtschau von Art. 2 Abs. 1 GG i.V.m. Art. 7 Abs. 1 GG ein Recht von Kindern und Jugendlichen auf schulische Bildung entwickelt, das verschiedene Gewährleistungsdimensionen umfasst, vgl. https://www.bundesverfassungsgericht.de/Shared Docs/Entscheidungen/DE/2021/11/rs20211119_1bvr097121.html, Leitsätze 1 und 2 (Bundesnotbremse II). Vgl. zuvor BVerfG, Urteil vom 26.03.1975, BVerfGE 6, 309 (355) und *Jarass*, in: *Jarass/Pieroth*, Art. 7 GG Rn. 1.

[3] *C. F. Germelmann*, Kultur und staatliches Handeln – Grundlagen eines öffentlichen Kulturrechts in Deutschland, Tübingen 2013, S. 92.

[4] Vgl. BVerfG, Urteil vom 06.12.1972, BVerfGE 34, 164 (hier: 182) – Förderstufe.

[5] BVerfG, Beschluss vom 17.12.1975, BVerfGE 41, 29 (hier: 50) – Simultanschule.

zur Respektierung der Selbstbestimmung des Individuums, konkret aus dem speziellen Diskriminierungsverbot in Art. 3 Abs. 3 GG und der Glaubens- und Gewissensfreiheit in Art. 4 Abs. 1 GG sowie aus weiteren Vorschriften, resultiert die Pflicht des Staats und der Schule, sich in religiösen und weltanschaulichen Fragen zurückzuhalten.[6]

Um diese Erziehungsziele (möglichst effektiv) zu verfolgen, werden prägende Entscheidungen des Grundgesetzes oft als Wertentscheidungen und das Grundgesetz insgesamt als Werteordnung begriffen und vorgestellt. Aus der Perspektive des Grundgesetzes heißt das: Mit dem Rekurs auf den Wertbegriff wird ein *Rahmen* gespannt, innerhalb dessen die Bedeutung des Grundgesetzes für die gesamtgesellschaftliche Ordnung und das gesellschaftliche Zusammenleben – das ‚Was‘ und ‚Warum‘ seiner zentralen Entscheidungen – beleuchtet und diskutiert werden kann.

II. Der Wertbegriff in Gesetzen, Rechtsprechung und (juristischer) Literatur

1. Werte im Primärrecht der EU

Der Rückgriff auf den Wertbegriff liegt nahe: Werte wirken wie Gesetze normativ, zwar trennen sie nicht das Erlaubte vom Unerlaubten, aber das Gesollte vom Nicht-Gesollten.[7] Da sich diese Normativität auf das menschliche (Zusammen-)Leben bezieht, wirken beide ordnend. Die „sozialordnende […] Funktion" des Rechts beschreibt Böckenförde folgendermaßen: Das Recht ist ihm zufolge „auf die zu ordnende soziale Lebenswirklichkeit notwendig bezogen" und zwar formell (durch seinen Geltungsanspruch und die „Möglichkeit seiner zwangsweisen Durchsetzbarkeit") und „sachlich-inhaltlich": Das Recht „besteht für die soziale Wirklichkeit und auf sie hin".[8]

---

[6] BVerfG, Beschluss vom 16.05.1995, BVerfGE 19, 206 (216) – Kirchenbausteuer. Diese Pflicht zur Neutralität leitet das Gericht wie erwähnt aus Art. 3 Abs. 3, Art. 4 Abs. 1 GG sowie aus Art. 33 Abs. 3 GG, Art. 136 Abs. 1 und 4 WRV, Art. 137 Abs. 1 und Abs. 7 WRV in Verbindung mit Art. 140 GG ab.

[7] Vgl. dazu *J. Detjen*, Die Werteordnung des Grundgesetzes, Wiesbaden 2009, S. 30–32 m. w. N., siehe auch *R. Alexy*, Theorie der Grundrechte, Frankfurt a.M. 1986.

[8] *E.-W. Böckenförde*, Die Historische Rechtsschule und das Problem der Geschichtlichkeit des Rechts, in: *ders.*, Recht, Staat, Freiheit. Studien zur Rechtsphilosophie, Staatstheorie und Verfassungsgeschichte, Frankfurt a.M. 1991, S. 9–41 (hier: 29). Wie genau dieser Bezug des Rechts auf die soziale Wirklichkeit zu beschreiben ist und welche (methodischen) Schlussfolgerungen sich daraus ergeben, wurde und wird in der Rechtswissenschaft überaus kontrovers diskutiert, zu einigen Möglichkeiten, das Verhältnis zu konzipieren und ihren Implikationen vgl. (beispielhaft) den genannten Beitrag von Böckenförde sowie *D. Grimm*, Methode als Machtfaktor, in: *ders.*, Recht und Staat in der bürgerlichen Gesellschaft, Frankfurt a.M. 1987,

Es erscheint von daher selbstverständlich, dass sich wichtige Rechtstexte explizit auf Werte beziehen. Das tut beispielsweise das Primärrecht der Europäischen Union (das die Funktion ihrer ‚Verfassung' hat). In Art. 3 Abs. 1 des Vertrags über die Europäische Union (EUV) heißt es, es sei das Ziel der Union, ihre Werte zu fördern. Nach Art. 2 EUV sind das namentlich die Menschenwürde, Freiheit, Demokratie, Gleichheit, Rechtsstaatlichkeit und die Wahrung der Menschenrechte. Art. 6 Abs. 3 des Vertrags gründet diese Werte auf die „gemeinsamen Verfassungsüberlieferungen der Mitgliedstaaten" (und bezeichnet sie als „allgemeine Grundsätze"). Diese – im EUV genannten und ihm zufolge in den mitgliedstaatlichen Verfassungen inkorporierten – Werte stehen zudem in engem Zusammenhang zur Charta der Grundrechte der Europäischen Union (Grundrechte-Charta), die, erklärtermaßen, ebenfalls auf der gemeinsamen Wertegrundlage der Mitgliedstaaten basiert.[9] Im Umkehrschluss heißt das, dass die Werte, die Art. 6 Abs. 3 EUV als „gemeinsame Verfassungsüberlieferungen der Mitgliedstaaten" (plus Grundrechte-Charta) ausweist, auch als dem Grundgesetz immanente Werte zu betrachten sind.[10]

2. Werte im Grundgesetz: Art. 79 Abs. 3 GG und die Rechtsprechung des Bundesverfassungsgerichts

Für diese Sichtweise spricht, so lässt sich jedenfalls argumentieren, wenigstens indirekt auch das Grundgesetz selbst. Zwar kennt sein Text den Begriff des Wertes nicht. Aber die Menschenwürde, die dem Grundgesetz vorangestellt ist, ist als Garantieerklärung mehr als ein bloßer Programmsatz. Vor allen Dingen aber hält das Grundgesetz bestimmte Regelungen für besonders fundamental oder, wenn man so will, für besonders ‚wertvoll': Art. 79 Abs. 3 GG enthält eine Bestandsgarantie abschließend aufgezählter Einrichtungen und Normen, konkret der Menschenwürde (Art. 1 GG) und der in Art. 20 GG fixierten Strukturprinzipien der Bundesrepublik (Republik, Demokratie, Bundes-, Rechts- und Sozialstaatlichkeit). Sie sind vor Veränderungen durch den Gesetzgeber geschützt.[11] Die Vorschrift beansprucht

---

S. 347–372 und *J. Schröder*, Recht als Wissenschaft. Geschichte der juristischen Methode vom Humanismus bis zur historischen Schule (1500–1850), München 2001; zu den erkenntnistheoretischen Schwierigkeiten einer Erfassung des ‚Realbereichs' durch das Recht vgl. aber *M. Seckelmann*, Evaluation und Recht. Strukturen, Prozesse und Legitimationsfragen staatlicher Wissengewinnung durch (Wissenschafts-)Evaluationen, Tübingen 2018, S. 525ff.

[9] *M. Hilf/F. Schorkopf*, in: *Grabitz/Hilf/Nettesheim* (Hg.), Das Recht der Europäischen Union: EUV/AEUV, 75. Aufl., München 2022, Art. 2 EUV Rn. 3.

[10] *Hilf/Schorkopf*, in: *Grabitz/Hilf/Nettesheim*, Das Recht der EU, Art. 2 EUV Rn. 9.

[11] Das gilt zumindest für den Kerngehalt der Normen, vgl. *M. Herdegen*, in: *Dürig/Herzog/Scholz*, Grundgesetz. Kommentar, 96. EL, München 2022, Art. 79 GG Rn. 110.

insoweit einen gegenüber dem sonstigen Verfassungsrecht höheren Rang.[12] Dass die Menschenwürde und die erwähnten Strukturprinzipien den Verfassungsvätern und -müttern zufolge den Charakter von Grundsatzentscheidungen haben, ist an dem Wortlaut des Art. 79 Abs. 3 GG zu erkennen, er spricht von den in den beiden Artikeln *„niedergelegten Grundsätze[n]"*. Die maßgebliche Werteordnung des Grundgesetzes könnte mithin auf Grundlage der Grundsätze, die in Art. 1 und Art. 20 GG verbürgt sind, bestimmt werden, sind diese doch unabänderliche Verfassungsbestandteile. Als solches ist der Schutz des Grundsätzlichen in Art. 79 Abs. 3 GG gleichbeutend mit dem Schutz der Verfassung in ihrer Identität.[13] Aus der Änderungsfestigkeit resultiert in dieser Lesart die grundlegende Bedeutung der in Art. 1 und Art. 20 GG normierten Prinzipien für das gesamte Grundgesetz.[14] Zu Werteentscheidungen avancieren damit namentlich der Menschenwürdegehalt, die Autonomie des Menschen sowie die genannten Staatsprinzipien.[15]

Neben Art. 79 Abs. 3 GG war (und ist) es aber vor allem die Rechtsprechung, konkret die des Bundesverfassungsgerichts, die den Wertebezug des Grundgesetzes herausgestellt hat. Die in Art. 1 Abs. 3 GG ausgedrückte Bildungswirkung (*„Die nachfolgenden Grundrechte binden Gesetzgebung, vollziehende Gewalt und Rechtsprechung als unmittelbar geltendes Recht"*) war (und ist) der Ankerpunkt für die sog. objektivrechtliche Rechtsprechung des Bundesverfassungsgerichts zu den Grundrechten:[16] In einer zentralen und berühmten Entscheidung, dem Lüth-Urteil, hat das Gericht am 15.01.1958 explizit erklärt, dass das Grundgesetz, genauer die Grundrechtsbestimmungen, Werte enthalten, ja sogar ein Wertesystem, bilden.[17] Im ersten Leitsatz des Urteils heißt es: *„[I]n den Grundrechtsbestimmungen*

---

[12] *H. Dreier*, in: *ders.*, Grundgesetz Kommentar. Bd. 3, 3. Aufl., Tübingen 2015, Art. 79 GG Rn. 14.

[13] *K.-E. Hain*, in: *von Mangoldt/Klein/Starck*, Kommentar zum Grundgesetz, 7. Aufl., München 2018, Art. 79 GG Rn. 43.

[14] *Hain*, in: *von Mangoldt/Klein/Starck*, Art. 79 GG Rn. 37.

[15] Vgl. auch das Urteil zum *SRP-Verbot*, in dem das BVerfG ausführt: „[Z]u den grundlegenden Prinzipien dieser Ordnung sind mindestens zu rechnen: die Achtung vor den im Grundgesetz normierten Menschenrechten [...], die Volkssouveränität, die Gewaltenteilung [...]", BVerfG, Urteil vom 23.10.1952, BVerfGE 2, 1 (hier: Leitsatz 1) – SRP.

[16] *U. di Fabio*, Grundrechte als Werteordnung, in: Juristenzeitung 2004, S. 1–8 (hier: 6).

[17] BVerfG, Urteil vom 15.01.1958, BVerfGE 7, 198 – Lüth. Zu seinem Zustandekommen seiner Bedeutung und seinen Auswirkungen vgl. *H. D. Jarass*, Grundrechte als Wertentscheidungen bzw. objektivrechtliche Prinzipien in der Rechtsprechung des Bundesverfassungsgerichts, in: Archiv des öffentlichen Rechts 110 (1985), S. 363–397 (hier: bes. 364–369); *T. Henne/A. Riedlinger* (Hg.), Das Lüth-Urteil aus (rechts-)historischer Sicht: Die Konflikte um Veit Harlan und die Grundrechtsjudikatur des Bundesverfassungsgerichts, Berlin 2005.

des Grundgesetzes verkörpert sich [...] eine objektive Werteordnung"[18] und „*das Grundgesetz [will] keine wertneutrale Ordnung sein*".[19]

Das Lüth-Urteil war und ist grundlegend, auf ihm bauten und bauen zahlreiche weitere Entscheidungen des Gerichts auf, zum Beispiel wichtige Urteile zur Wissenschaftsfreiheit.[20] Zudem bildete es gerade in Bezug auf die Grundrechte eine echte Zäsur – und effektuierte diese in einer bis dahin unbekannten Weise: Bis dahin wurden die Grundrechte primär als subjektive Abwehrrechte begriffen, die sich, das ist das klassisch-liberale Verständnis, gegen den Staat richteten:[21] Sie markierten eine individuelle Sphäre, in die der Staat entweder nicht oder nur aufgrund einer verfassungsrechtlichen Rechtfertigung und unter Wahrung der Verhältnismäßigkeit eingreifen durfte. Auf alle drei Dimensionen wirkte sich das Lüth-Urteil aus: Die Grundrechte sind seitdem nicht mehr ‚nur' als Berechtigungen eines Individuums etwas, was es will, zu tun oder zu unterlassen (oder von einem anderen ein Tun oder Unterlassen zu fordern) anzusehen, sondern auch als etwas vom (konkreten) Willen eines Individuums Unabhängiges, die Rechtsordnung Konstituierendes.[22] Deshalb richten sie sich auch nicht nur gegen den Staat, sondern entfalten eine *Ausstrahlungswirkung* in die gesamte Rechtsordnung: Beispielsweise verpflichten sie zur grundrechtskonformen Auslegung einfachen Gesetzesrechts und sind zu beachten, wenn es um die (rechtliche Würdigung der) Verhältnisse zwischen Privatpersonen geht. Anknüpfungspunkte sind hier oft die unbestimmten Rechtsbegriffe und Generalklauseln, wie sie etwa das Bürgerliche Gesetzbuch (BGB) kennt. Schließlich können mithilfe ‚objektiv-rechtlich' verstandener Grundrechte nicht mehr ‚nur'

---

[18] BVerfGE 7, 198 (hier: Leitsatz 1).

[19] Ebd.

[20] BVerfG, Urteil vom 29.05.1973, BVerfGE 35, 79 – Gruppenuniversität.

[21] Diese Einordnung ist eine eher generalisierende, die, wie Jarass zutreffend bemerkt, in „geschichtlicher Perspektive [...] verwirren" muss, da sie ausblendet, dass die Grundrechte in sehr verschiedener Weise konzipiert wurden und insbesondere die gleichzeitige Betonung ihrer subjektiv-rechtlichen und abwehrenden Qualität nur eine Position darstellte. Vgl. dazu *Jarass*, Grundrechte, bes. S. 368 und 372–374; *D. Grimm*, Grundrechte und Privatrecht in der bürgerlichen Sozialordnung, in: *ders.*, Recht und Staat der bürgerlichen Gesellschaft, Frankfurt a.M. 1987, S. 192–211; *M. Stolleis*, Geschichte des öffentlichen Rechts in Deutschland, Bd. 2: Staatsrechtslehre und Verwaltungswissenschaft 1800–1914, München 1992, S. 371–376 und passim.

[22] Diese objektiv-rechtliche Qualität der Grundrechte bedeutet für das Verfassungsgericht allerdings keine Negation ihrer subjektiven Dimension, sondern soll letztere vielmehr stärken und schützen. Siehe dazu (und zur Problematik der Terminologie) *Jarass*, Grundrechte, bes. S. 368 und 372–374. Dass Objektivität und Subjektivität sich bei den Grundrechten nicht gegenseitig ausschließen, wird auch daran deutlich, dass das Bundesverfassungsgericht auch Aussagen, die sich wie objektive Wertentscheidungen anhören, subjektivrechtlich interpretiert, vgl. die Entscheidung des Gerichts zur Entwicklung des Rechts auf schulische Bildung, BVerfG, Beschluss vom 19.11.2021, 1 BvR 971/21, BVerfGE 159, 355 (Bundesnotbremse II).

(staatliche) Eingriffe abgewehrt werden. Vielmehr wirken sie auch ‚positiv‘, aus ihnen werden zum Beispiel Schutzpflichten abgeleitet.[23]

Eine dergestalt weite Interpretation von ‚klassischen‘ Abwehrrechten ist jedoch nicht unproblematisch: Denn sie erlaubt es dem Staat, im Einzelfall schützend in den gesellschaftlichen Bereich einzugreifen, der ihm ja gerade entzogen sein soll.[24] Die Berufung auf Werte wirft zudem die Folgefrage auf, wer diese eigentlich definiert: der Staat oder der jeweilige Grundrechtsträger? Wenn es das Selbstverständnis des Grundrechtsträgers sein soll,[25] so droht allerdings eine „Gesellschaft der Singularitäten", in der es weniger um prinzipielle Überlegungen zum gesellschaftlichen ‚Sollen‘ als um ein subjektives Erleben geht – ja in dem sich das intensivere Empfinden als „authentischeres" argumentativ durchsetzen kann.[26]

Dem jedoch möchte das Bundesverfassungsgericht mit der Formulierung einer „*objektiven* Werteordnung" vorbeugen. Das Bundesverfassungsgericht versteht sie wohl im Sinne eines ‚vernünftigen‘ Durchschnittsbeobachters.

Wie dem auch sei – diese Begriffsschöpfung des Bundesverfassungsgerichts traf und trifft nach wie vor auf breite Zustimmung. Nahezu alle juristischen Lehrbücher machen ihre Leserinnen und Leser mit der Existenz und Bedeutung der durch das Grundgesetz verbürgten ‚objektiven Werteordnung‘ vertraut und diese wird in zahlreichen Monografien und Aufsätzen näher analysiert und in ihren einzelnen Facetten beleuchtet.[27] Die ‚objektive Werteordnung‘ des Grundgesetzes bzw. die Stärkung und Effektuierung der Grundrechte und damit der individuellen wie gesamtgesellschaftliche Freiheit(sausübung) und Selbstbestimmung sind somit klassische Themen der juristischen wie nicht-juristischen Forschung und Wissenschaft.

Allerdings gab und gibt es auch immer wieder kritische Stimmen.[28] Diese setzen in der Regel weniger am ‚Ergebnis‘ der verfassungsgerichtlichen Rechtsprechung, der Aufwertung der Grundrechte, als an der Begründung,

---

[23] Vgl. nur BVerfGE 39, 1 (Leitsätze 1 und 2) – Schwangerschaftsabbruch I; BVerfGE 49, 89 (Leitsätze 5 und 6) – Kalkar I bzw. jüngst BVerfGE 157, 30 (Leitsatz 1) – Klimaschutz.

[24] Die ‚Schutz durch Eingriff‘-Problematik wurde insbesondere bei der Rechtsprechung zum Schwangerschaftsabbruch offensichtlich, siehe dazu *Jarass*, Grundrechte, bes. S. 378–381.

[25] Dazu grundlegend *M. Morlok*, Selbstverständnis als Rechtskriterium, Tübingen 1993.

[26] *A. Reckwitz*, Die Gesellschaft der Singularitäten. Zum Strukturwandel der Moderne, Frankfurt a.M. 2017.

[27] Vgl. statt vieler *B. Jeand'Heur*, Grundrechte im Spannungsverhältnis zwischen subjektiven Freiheitsgarantien und objektiven Grundsatznormen, in: Juristenzeitung 1995, S. 161–167; *M. Dolderer*, Objektive Grundrechtsgehalte, Berlin 2000.

[28] Seinerseits zum Klassiker avanciert ist dabei der Beitrag von *E.-W. Böckenförde*, Zur Kritik der Wertebegründung des Rechts, in: *ders.*, Recht, Staat, Freiheit. Studien zur Rechtsphilosophie, Staatstheorie und Verfassungsgeschichte, Frankfurt a.M. 1991, S. 67–91, zuerst veröffentlicht in: *H. Dreier* (Hg.), Rechtspositivismus und Wertebegründung des Rechts. Vorträge der Tagung der deutschen Sektion der Internationalen Vereinigung für Rechts- und Staatsphilosophie Göttingen 12.–14. Oktober 1988, Stuttgart 1990, S. 33–46.

der Berufung auf Werte und eine Werteordnung, an.[29] Dabei fragen sie vor allem nach den methodischen und rechtsphilosophischen Voraussetzungen und Folgen eines solchen Wertebezugs. Sie zielen also darauf ab, wie Christoph Möllers es formuliert hat, Hintergrundannahmen „ausdrücklich zu machen, um sie auf Stimmigkeit überprüfen, korrigieren und in methodische Schranken weisen zu können" (und erfüllen damit eine originäre Aufgabe der Rechtswissenschaft). [30] Und tatsächlich lassen sich aus einer Analyse der ‚Annahmen', die im ‚Hintergrund' stehen, wenn das Grundgesetz als Werteordnung begriffen wird, Gründe dafür erkennen, warum das Grundgesetz und die Grundrechte jedenfalls nicht vorbehaltlos, ausschließlich und vollständig als Werte oder Konkretisierung von Werten gedeutet werden kann und sollte: Die (vollständige) Identifikation von gesetzlichen Normen und Werten kann dem Ziel, der Sicherung von Freiheit und Selbstbestimmung, zuwiderlaufen oder es sogar konterkarieren, da sie zu ‚Strukturveränderungen' von Gesetzen und Recht führt. Um es plastisch auszudrücken: Wird das Grundgesetz von einem Wertestandpunkt aus in den Blick genommen, ergibt sich ein spezifisches Erscheinungsbild: Ein strikter Wertebezug verändert Charakteristika, ‚Ausrichtungen' und Funktionen – beziehungsweise deren Beziehungsgefüge – von Normen und der Rechtsordnung im Allgemeinen. Das liegt vor allem daran, dass Werte und Gesetze zwar beide eine (starke) normative Dimension und Funktion haben, dabei aber unterschiedlich gestaltet sind.[31]

III. Probleme des strikten Bezugs von Normen auf Werte

1. Unbestimmtheit und Unbestimmbarkeit von Werten

Die Vorstellung, dass die Normen des Grundgesetzes in ihrem Inhalt und (verpflichtender) Bedeutung durch vorausliegende Werte bestimmt werden, wirft, gerade für Juristinnen und Juristen, schon deshalb Probleme auf, weil der Wertbegriff nicht eindeutig feststeht – jedenfalls existiert keine Legaldefinition. Der EUV und die Grundrechte-Charta beziehen sich zwar auf

---

[29] So zum Beispiel *Böckenförde*, Kritik, S. 88. Eine Ausnahme bildet insofern Di Fabio, wenn er vielleicht etwas polemisch, aber nicht zu Unrecht anmerkt, dass die Qualifizierung der Versammlungsfreiheit als eine sich (u.a.) aus der Volkssouveränität, dem Demokratieprinzip zwingend ergebene „,Grundentscheidung'" es „späteren Richtern zumindest nicht leichter" mache, „das behördliche Verbot einer Neonazi-Demonstration zu ‚Führers Geburtstag' nüchtern und systematisch abgewogen zu beurteilen", *Di Fabio*, Grundrechte, S. 2.
[30] *Chr. Möllers*, Religiöse Freiheit als Gefahr?, in: Veröffentlichung der Vereinigung der Deutschen Staatsrechtslehrer 68 (2009), S. 53f. (hier: Leitsatz 1).
[31] Genaueres dazu bei *O. Lepsius*, Relationen: Plädoyer für eine bessere Rechtswissenschaft, Tübingen 2016.

Werte, erklären aber selbst nicht, was sie darunter verstehen. Der juristische ‚Umgang' mit Werten ist aber nicht nur schwierig, weil Werte unbestimmt sind. Es kommt hinzu, dass sie zumindest tendenziell oder partiell auch ‚unbestimmbar' sind. Zwar lassen sie sich, wie es Joachim Detjen im Anschluss an den amerikanische Werteforscher Clyde Kluckhohn postuliert hat, als das „Wünschenswerte", also als Orientierungspunkte für Individuen und eine Gesamtgesellschaft verstehen.[32] Aber sie haben – in ihrer normativen Dimension – wie insbesondere Böckenförde ausführt, keine *rationale* Begründung, rational in dem Sinne, dass sie mit Hilfe diskursiver Logik ermittelt und von allen Beteiligten gleichermaßen erkannt werden können. Werte sind vielmehr subjektiv, wenigstens der Akt ihrer Erfassung – durch den sie erkennenden Menschen – ist (auch) irrational, emotional und intuitiv.[33] Eine Berufung auf Werte öffnet also eine „Schleuse für das Einströmen methodisch nicht kontrollierbarer subjektiver Meinungen und Anschauungen" – und zwar, wenn wir uns im Bereich des Rechts bewegen, für das Eindringen von „methodisch nicht kontrollierbarer subjektiver Meinungen und Anschauungen der Richter und Rechtslehrer".[34] Das Ergebnis der Anwendung und Auslegung von Normen kann zwar nicht von vorneherein feststehen, also selbstverständlich und eindeutig sein. Allerdings lassen sich Begründungserfordernisse aufstellen (Auslegungsregeln, Lückenschluss, Analogieschluss etc.)[35], um die zugrundeliegenden Wertungen intersubjektiv vermittelbar zu machen.[36] (Subjektive) Auffassungen und Wertungen werden so sichtbar, und es ist zumindest möglich nachzuvollziehen, aufgrund welcher Vorannahmen ein bestimmtes Ergebnis erzielt wurde.[37]

Mit anderen Worten: Wenn das Grundgesetz gilt, weil es außerhalb seiner selbst liegenden Werten verpflichtet ist, wird der – ausgebildeten und ausdifferenzierten Auslegungsmethoden zugängliche – Text des Grundgesetzes *relativiert*. Dies gilt insbesondere dann, wenn Werte als rechtsbegründend betrachtet werden, wenn also angenommen wird, dass das Grundgesetz außerhalb seiner selbst liegende Werte verwirklicht und dass daraus sein (ei-

---

[32] Vgl. *Detjen*, Werteordnung, S. 30 m.w.N.

[33] *Böckenförde*, Kritik, S. 73.

[34] *Böckenförde*, a.a.O., S. 81.

[35] Zu den Auslegungsregeln vgl. (beispielhaft) *Schröder*, Recht als Wissenschaft und die kurze Darstellung bei *R. Zippelius*, Das Wesen des Rechts. Eine Einführung in die Rechtsphilosophie, 5. Aufl., München 1997, S. 78–81.

[36] Das ist, zugegebenermaßen, ein Stück weit Theorie: Das Auffinden „konsensfähige[r] Regeln […], mit deren Hilfe juristische Entscheidungen rational nachvollziehbar und kontrollierbar begründet werden können", so die Formulierung bei *Zippelius*, Wesen, S. 73, hat zum Beispiel *Robert Alexy* über weite Teile seines wissenschaftlichen Lebens beschäftigt, vgl. nur *Alexy*, Theorie.

[37] *D. Grimm*, Recht oder Politik? Die Kelsen-Schmitt-Kontroverse zur Verfassungsgerichtsbarkeit und die heutige Lage, Berlin 2020 (= Carl-Schmitt-Vorlesungen, Bd. 4), bes. S. 39–45.

gentlicher) Rechtscharakter entsteht. Eine solche Annahme ist zwar keinesfalls zwingend (und stand auch gerade nicht am Anfang des Wertedenkens[38]), wurde aber vielfach formuliert und prägte das Rechtsdenken – und damit auch die Entstehung des Grundgesetzes – in der jungen Bundesrepublik durchaus.[39]

2. Spannungsverhältnis zur Selbstbestimmung

Letztlich handelt es sich um eine dilemmatische Situation: Frei nach Ernst Wolfgang Böckenförde kann das Grundgesetz nicht ohne Werte auskommen[40] – diese bergen aber zugleich die Gefahr zu seiner begrifflichen Umdeutung. Und das ist nicht zuletzt deswegen gefährlich, weil die von Kant vorgenommene (und erkenntnistheoretisch begründete) Unterscheidung von Recht und Moral aufgegeben zu werden droht.[41] Sittliche Autonomie – die moralische *Selbst*bestimmung – ist Ausgangs- und Bezugspunkt des Rechts. Paradoxerweise scheint die Sicherung aber dessen zu bedürfen, dass dieser Binnenraum verlassen – oder als Binnenraum belassen – wird und ‚nur' das Außen geregelt wird, nämlich die Möglichkeiten, Bedingungen und Grenzen des – individuell-moralischen Willensentschlüssen entspringenden, insofern freien – Handelns in den Blick genommen werden, das ‚Was' und ‚Wie' des Willensentschlusses aber gerade nicht.

Um es zusammenzufassen: Ein Verständnis des Grundgesetzes als Werteordnung macht dessen Wirkungen zugleich *extensiver* wie *intensiver*. Damit wird zumindest der Möglichkeit nach das Verhältnis der an der Gestaltung und Aufrechterhaltung der gesamtgesellschaftlichen Ordnung beteiligten

---

[38] Wie Böckenförde darlegt, war die Entwicklung des Wertedenkens eine Reaktion darauf, dass sich der philosophische Naturbegriff mit dem Aufkommen der modernen Naturwissenschaften aufgelöst hatte. Aus einem „radikal vergegenständlicht[en]" Naturbegriff konnte kein Sollen mehr abgeleitet werden, siehe dazu *Böckenförde*, Kritik, S. 69–71, das Zitat ist von S. 69.

[39] Vgl. rückblickend *J. Zajadło*, Überwindung des Rechtspositivismus als Grundwert des Grundgesetzes, Die verfassungsrechtliche Aktualität des Naturrechtsproblems, in: Der Staat 26 (1987), S. 207–230 (hier: 219f.) Dass die Annahme, das Recht erhalte seine Inhalte und seine (eigentliche) Geltung durch die Verpflichtung auf überpositives (Natur-)Recht, nach dem Krieg so verbreitet war, erklärt sich auch (und vielleicht sogar vor allem) daraus, dass nach es der allgemeinen Überzeugung nach der Positivismus gewesen war, der die Juristen während des Nationalsozialismus „wehrlos" gemacht habe. Dass diese These nicht zutraf, hat Bernd Rüthers nachgewiesen, vgl. *B. Rüthers*, Die unbegrenzte Auslegung. Zum Wandel der Privatrechtsordnung im Nationalsozialismus, 9. Aufl., Tübingen 2022. Gleichzeitig diente diese These aber auch der (Selbst-)Versicherung der juristischen „Identität und Autorität" der Nachkriegswissenschaft, vgl. *L. Foljanty*, Juristische Identität und Autorität in den Naturrechtsdebatten der Nachkriegszeit, Tübingen 2013.

[40] *Böckenförde*, Kritik, S. 82.

[41] *Böckenförde*, ebd.

Kräfte berührt[42]: Der – demokratisch gewählte – Gesetzgeber verliert an
Spielraum, die (Verfassungs-)Rechtsprechung gewinnt an Handlungsraum.
In den Worten von Dieter Grimm: Mit „jeder extensiven Verfassungsinterpretation erweitert das Verfassungsgericht zugleich seinen Prüfungsrahmen
und verengt die Handlungsfreiheit der Politik. Je feinmaschiger das verfassungsrechtliche Netz geknüpft wird, desto geringer der Raum für den demokratischen Prozess".[43] Und das gilt verstärkt, wenn das Grundgesetz als
Bekenntnis zu außerhalb seiner selbst liegenden Werten verstanden wird
und diese als im eigentlichen Sinne rechtsbegründend begriffen werden.

Das heißt – auf individueller wie auf gesamtgesellschaftlicher Ebene –
auch: Grundrechte verändern, werden sie (ausschließlich) als konkretisierte
Werte begriffen, latent ihre Struktur: ‚Freiheit zu' wird wichtiger als ‚Freiheit von'. Damit droht die entscheidende Dimension verloren zu gehen:
‚Freiheit von' (also die abwehrrechtliche Funktion der Freiheitsgrundrech-
te) ist gerade Ergebnisoffenheit, nämlich Willkür-Freiheit, also Beliebigkeit
und Unbestimmtheit inhärent.[44] Wird mithin das Grundgesetz als Werteordnung betrachtet, rückt die Integrationsfunktion von (Verfassungs-)Recht in
den Vordergrund, während die anderen Funktionen zurücktreten. Dass
(Verfassungs-)Recht eine Integrationsfunktion hat, hat sich als Erbe der
Smend-Schule in der Bundesrepublik Deutschland durchgesetzt und ist nahezu unbestritten.[45] Damit ist aber noch nicht die Frage nach dem ‚Wie'
dieser Integrationsleistung beantwortet: Findet sie primär durch die ‚Inanspruchnahme' der Rechte oder, was das Wertedenken nahelegt, durch eine
(innere) Bejahung des GG durch die Rechtsunterworfenen statt?

3. Das Problem der Funktionen des Rechts und ihres Verhältnisses

Dass mit Interpretation des Grundgesetzes als Werteordnung der Fokus auf
Integration gelegt wird, zeigt sich auch daran, dass in oder mit den entsprechenden Diskussionen regelmäßig die Grundhaltungen der jeweiligen Dis-

---

[42] Das geschieht möglicherweise schon dadurch, dass Werte für ihre Geltung keinen allgemeinen formalisierten Willensentschluss brauchen. Der Verpflichtungscharakter liegt in den
Werten selbst, siehe dazu *Böckenförde*, Kritik, S. 75. Der anordnende – gesetzgeberische und
damit (in einer Demokratie) demokratische – Wille rückt damit zumindest potenziell in den
Hintergrund, damit auch Bewusstsein, dass Recht, auch das GG, (auch) ‚gesetzt' – und als
solches Ergebnis eines demokratischen Prozesses – ist.
[43] *Grimm*, Recht oder Politik?, S. 32, dort auch Hinweise auf die entsprechende (kritische)
Literatur.
[44] S. dazu *E.-W. Böckenförde* (unter Mitarbeit von *Chr. Enders*), Freiheit und Recht, Freiheit und Staat, in: *ders.*, Recht, Staat, Freiheit. Studien zur Rechtsphilosophie, Staatstheorie
und Verfassungsgeschichte, Frankfurt a.M. 1991, S. 42–57 (hier: bes. 44f.).
[45] Zu Rudolf Smend (1882–1975), seinen Thesen, Werken und zu seiner Wirkung in der
Bundesrepublik vgl. *F. Günther*, Denken vom Staat her. Die bundesdeutsche Staatsrechtslehre zwischen Dezision und Integration 1949–1970, München 2004.

kussionsteilnehmer, also ihre Vorannahmen, sichtbar werden. Eine Hochzonung derselben zu *Werten* kann jedoch eine eigene Dynamik entfalten. Das liegt an einem weiteren Charakteristikum von Werten: Ihre Existenzform ist die Geltung, das bedeutet, dass ‚Sein' und ‚Sollen' in einer besonderen Beziehung stehen: „Werte erscheinen als der Ort normativer Verhaltenserwartung, die in ihnen konkret und faßbar wird".[46] Werte drängen also nicht nur zur Verwirklichung, sie sind vielmehr darauf angewiesen, jede Nicht-Verwirklichung bedroht sie existenziell. Das heißt auch, dass Wertekollisionen und -konflikte aus sich heraus kaum lösbar sind,[47] die Berufung auf sie wirkt daher potenziell eskalierend. Das aber würde dem Charakter der Rechtsordnung als Friedensordnung bzw. der Vorstellung von dieser Friedensordnung widersprechen: Die Rechtsordnung ist eine Konflikt*verhinderungs*ordnung, aber zugleich auch eine Konflikt*lösungs*ordnung. Sie geht gerade nicht davon aus, dass Friede ausschließlich durch Eliminierung von Konflikten und Kollisionen gewährleistet wird – durch Entwicklung, Etablierung und konsequente Durchsetzung eines widerspruchsfreien Systems –, sondern davon, dass auch Konflikte und Kollisionen notwendig dazugehören, normal sind und – jeweils – durch Abwägungen gelöst oder eingehegt werden müssen und können.

Wird in Konflikten (ausschließlich) mit Werten argumentiert, hat das zudem Konsequenzen dafür, wie die Position des anderen (also desjenigen, der meine Freiheit bedroht) beschrieben wird. Er hat (im Extremfall) nicht nur eine andere Rechtsauffassung, sondern ist im Zweifelsfall auch „wertblind"[48] oder jedenfalls blind für ‚meine' Werte – gerade in der ersten Formulierung liegt ein hartes moralisches Urteil über die gesamte (innere) Persönlichkeit, das der (legitimen) Identifizierung, Markierung und Stärkung der eigenen Position dient, zur Konfliktlösung aber eher nicht geeignet ist.

In noch stärkerem Maße gilt das für Versuche, die im Grundgesetz verkörperten Werte auf eine spezifisch „abendländische" (christlich-jüdische) Tradition zurückzuführen.[49] Zum einen leistet eine solche Einordnung eher der Ab-, wenn nicht Ausgrenzung Vorschub, wirkt also jeder (wie auch immer bewerkstelligten) Integration geradezu entgegen. Wie Christoph Möllers formuliert hat, „entzieht", die „Unterstellung abendländischer Identität als Verfassungsvoraussetzung [...] gesellschaftliche Probleme wie die

---

[46] *Böckenförde*, Kritik, S. 76.
[47] Zu Rangfolgen von Werten und ihrer Problematik siehe *Böckenförde*, Kritik, S. 76–81.
[48] Zu diesem Begriff *Böckenförde*, Kritik, S. 85f. und (dort) Fußnote Nr. 44.
[49] Eine solche Annahme stand bei der Entstehung des Grundgesetzes nicht einmal im Hintergrund, der Parlamentarische Rat bezog sich in der Arbeit an der Verfassung nicht so sehr auf das Christentum als auf die Fehlbarkeit des Menschen, die der Nationalsozialismus vor Augen geführt hatte. Auf Formulierungen wie: „Der Mensch soll Rechte haben, über die auch der Staat noch soll verfügen können" konnten sich dann Gewerkschafter wie Kirchenvertreter einigen.

Einbeziehung neuer Religionen demokratischer Gestaltung."⁵⁰ Zum anderen, so Möllers, „verwischt" die Vorstellung einer abendländischen Identität als „Verfassungsvoraussetzung [...] die schwierige Unterscheidung zwischen Religion, Politik und Kultur" ⁵¹ und, so ließe sich hinzufügen, leugnet die Interdependenzen und Spannungsverhältnisse. Viele der Freiheiten, die in den Grundrechten ausgedrückt und geschützt werden, lassen sich zwar religiös begründen und werden auch so begründet, wurden aber zu einem guten Teil gerade gegen Religion(en) und Kirche(en) entwickelt und ausgeformt⁵². Nicht zuletzt ist eine Identifikation von im Grundgesetz niedergelegten Werten und einer spezifischen religiösen Tradition nicht unproblematisch: Denn wenigstens der Möglichkeit nach bilden das Grundgesetz, beziehungsweise seine Werte, den End-, wenn nicht Zielpunkt der Religion, diese wird also auf einige, konsensuale Basisaussagen reduziert. In der zugespitzten Formulierung von Christoph Möllers droht die „Identifikation von christlichem Abendland und Grundgesetz" zumindest „aus dem Christentum eine mausgraue Zivilreligion zu machen." ⁵³

IV. Bilanz

Anstelle einer Antwort auf die zuvor gestellten Fragen sei hier eine vorsichtige Bilanz formuliert: Recht umfasst nicht nur die Dimension des ‚Was‘, also der Inhalte, sondern auch die Dimension des ‚Wie‘, der Durchsetzung(stechnik). Beides ist nicht zu trennen und das ‚Wie‘ hat Auswirkungen auf das ‚Was‘: Denn dieses wird sozusagen operationalisiert. Grundlegend ist dabei die Konzentration auf das Äußere: Es knüpft an das nach außen tretende und von außen wahrnehmbare Handeln (oder Unterlassen) an, nicht an die Gesinnung und an zugrundeliegende Werte, und es garantiert die „äußeren Entfaltungsbedingungen"⁵⁴ der Einzelnen – im Zusammenleben mit allen anderen. Und gerade dadurch wirkt es freiheitssichernd und wird den grundrechtlichen Freiheiten gerecht: Würde das Recht anstelle der „Gesetzestreue" seiner Bürgerinnen und Bürger „sich ihrer positiven, die beste-

---

⁵⁰ *Möllers*, Veröffentlichung der Vereinigung der Deutschen Staatsrechtslehrer 68 (2009), S. 63.

⁵¹ *Möllers*, ebd.

⁵² Nach wie vor lesenswert ist in diesem Zusammenhang E.-W. *Böckenförde*, Die Entstehung des Staates als Vorgang der Säkularisation, in: *ders.*, Recht, Staat, Freiheit. Studien zur Rechtsphilosophie, Staatstheorie und Verfassungsgeschichte, Frankfurt a.M. 1991, S. 92–142.

⁵³ *Möllers*, Veröffentlichung der Vereinigung der Deutschen Staatsrechtslehrer 68 (2009), S. 63.

⁵⁴ *Böckenförde*, Kritik, S. 82.

hende Ordnung bejahenden Gesinnung zu versichern such[en]", gäbe es „ein Stück dessen auf, was seinen Freiheitscharakter ausmacht".[55]

Dieser enge und direkte Bezug auf die Gesinnung ist Werten und Moral gemeinsam. Und wie die Unterscheidung von Recht und Moral ist auch die Differenzierung zwischen Recht und Werten folglich konstitutiv für die nicht zuletzt durch das Grundgesetz errichtete Rechtsordnung. Wenn die Frage nach ihrem Verhältnis, nach der Bedeutung von Wertungen und Werten für das Recht und die Rechtsordnung trotzdem virulent bleibt, so hat das mit einem Spannungsverhältnis zu tun, das einer freiheitlichen Demokratie inhärent ist. Denn die Unterscheidung fällt, so die abschließende These, leichter, wenn Staat und Gesellschaft als getrennte, einander gegenüberstehende Größen gedacht werden, wie es im Konstitutionalismus der Fall war. Hier bedeutete Recht vor allem die (Selbst-)Beschränkung des Staates im Verhältnis zu seinen Bürger(inne)n. Das hieß auch, dass alles, was diese Bürger(innen) für sich dachten und unter sich taten, als privat galt, ihre hier bestehende Freiheit also als private gedacht wurde. Wenn man so will, war die Freiheit der Gesellschaft, die allen ihren Mitgliedern zukam, nicht die ‚der' Gesamtgesellschaft, die es, jedenfalls als politische Größe, gerade nicht gab. Das änderte sich mit der Demokratie: Das Recht diente nicht mehr ‚nur' dem individuellen Freiheitsschutz und der freien Gestaltung des individuellen Lebens, sondern wird auch zum Mittel der gesamtgesellschaftlichen Gestaltung (und der des Staates). Damit stellten sich (neue) Fragen nach Ausrichtung, Umfang und Reichweite dieses Gestaltungsanspruchs, also nach der Bestimmung dessen, was, aus welchen Gründen oder mit welchen Zielen und wie gesamtgesellschaftlich gestaltet werden soll, was der privaten Entscheidung vorbehalten bleiben muss – und was das eine mit dem anderen tun hat. Denn, um ein letztes Mal Böckenförde zu paraphrasieren: Ein freiheitliches Gemeinwesen, wie es das Grundgesetz konstituiert, kann nur „bestehen, wenn sich die Freiheit, die [es] seinen Bürgern gewährt von innen her, aus der moralischen Substanz des einzelnen und der Homogenität der Gesellschaft reguliert."[56] Diese „inneren Regulierungskräfte" können gerade nicht „mit den Mitteln des Rechtszwanges und autoritativen Gebotes" garantiert werden, ohne dass diese Freiheitlichkeit aufgegeben wird.[57]

Wenn also die Frage nach der Existenz von ‚Werten des Grundgesetzes' ihre Berechtigung haben soll, dann darin, uns die Frage nach der Bedeutung und Bestimmung des (Spannungs-)Verhältnisses von Privatheit und Öffentlichkeit, von ‚Innen' und ‚Außen', von Gesellschaft und Staat immer wie-

---

[55] Böckenförde bezieht sich dabei auf den Staat bzw. staatliches Recht, vgl. *Böckenförde*, Freiheit und Recht, S. 56.
[56] *Böckenförde*, Entstehung des Staates, S. 112.
[57] *Böckenförde*, a.a.O., S. 112f.

der vor Augen zu führen. Und es ist die Aufgabe schulischer Bildung, uns hierfür immer neu zu sensibilisieren.

Literaturhinweise

Alexy, Robert: Theorie der Grundrechte, Frankfurt a.M. 1986.

Böckenförde, Ernst-Wolfgang: Die Entstehung des Staates als Vorgang der Säkularisation, in: *ders.*, Recht, Staat, Freiheit. Studien zur Rechtsphilosophie, Staatstheorie und Verfassungsgeschichte, Frankfurt a.M. 1991, S. 92–142.

Ders.: Die Historische Rechtsschule und das Problem der Geschichtlichkeit des Rechts, in: *ders.*, Recht, Staat, Freiheit. Studien zur Rechtsphilosophie, Staatstheorie und Verfassungsgeschichte, Frankfurt a.M. 1991, S. 9–41.

Ders. (unter Mitarbeit von *Christoph Enders*): Freiheit und Recht, Freiheit und Staat, in: *ders.*, Recht, Staat, Freiheit. Studien zur Rechtsphilosophie, Staatstheorie und Verfassungsgeschichte, Frankfurt a.M. 1991, S. 42–57.

Ders.: Zur Kritik der Wertebegründung des Rechts, in: *ders.*, Recht, Staat, Freiheit. Studien zur Rechtsphilosophie, Staatstheorie und Verfassungsgeschichte, Frankfurt a.M. 1991, S. 67–91.

Detjen, Joachim: Die Werteordnung des Grundgesetzes, Wiesbaden 2009.

Dolderer, Michael: Objektive Grundrechtsgehalte, Berlin 2000.

Dreier, Horst: Art 79, in: *ders.* (Hg.): Grundgesetz Kommentar: GG, 3. Aufl., Tübingen 2015.

Fabio, Udo di: Grundrechte als Werteordnung, in: Juristenzeitung 2004, S. 1–8.

Foljanty, Lena: Juristische Identität und Autorität in den Naturrechtsdebatten der Nachkriegszeit, Tübingen 2013.

Germelmann, Claas Friedrich: Kultur und staatliches Handeln – Grundlagen eines öffentlichen Kulturrechts in Deutschland, Tübingen 2013.

Grabitz, Eberhard/Hilf, Meinhard/Nettesheim, Martin: Das Recht der Europäischen Union: EUV/AEUV, 75. Aufl., München 2022.

Grimm, Dieter: Grundrechte und Privatrecht in der bürgerlichen Sozialordnung, in: *ders.*, Recht und Staat der bürgerlichen Gesellschaft, Frankfurt a.M. 1987, S. 192–211.

Ders.: Methode als Machtfaktor, in: *ders.*, Recht und Staat in der bürgerlichen Gesellschaft, Frankfurt a.M. 1987, S. 347–372.

Ders.: Recht oder Politik? Die Kelsen-Schmitt-Kontroverse zur Verfassungsgerichtsbarkeit und die heutige Lage, Berlin 2020 (= Carl-Schmitt-Vorlesungen, Bd. 4).

Günther, Frieder: Denken vom Staat her. Die bundesdeutsche Staatsrechtslehre zwischen Dezision und Integration 1949–1970, München 2004.

Hein, Karl-Eberhard: Art 79, in: *Mangoldt, Hermann von/Klein, Friedrich/Starck, Christian:* Kommentar zum Grundgesetz, Bd. 2 (Artikel 20–82), 7. Aufl., München 2018.

Henne, Thomas/Riedlinger, Arne (Hg.): Das Lüth-Urteil aus (rechts-)historischer Sicht: Die Konflikte um Veit Harlan und die Grundrechtsjudikatur des Bundesverfassungsgerichts, Berlin 2005.

Herdegen, Matthias: Art. 79, in: *Dürig, Günter/Herzog, Roman/Scholz, Rupert:* Grundgesetz. Kommentar, 96. EL, München 2022.

Jarass, Hans Dieter: Grundrechte als Wertentscheidungen bzw. objektivrechtliche Prinzipien in der Rechtsprechung des Bundesverfassungsgerichts, in: Archiv des öffentlichen Rechts 110 (1985), S. 363–397.

Ders.: in: *ders./Pieroth, Bodo:* Grundgesetz für die Bundesrepublik Deutschland. Kommentar, 17. Aufl., München 2022.

Jeand'Heur, Bernd: Grundrechte im Spannungsverhältnis zwischen subjektiven Freiheitsgarantien und objektiven Grundsatznormen, in: Juristenzeitung 1995, S. 161–167.

Lepsius, Oliver: Relationen: Plädoyer für eine bessere Rechtswissenschaft, Tübingen 2016.

Möllers, Christoph: Religiöse Freiheit als Gefahr?, in: Veröffentlichung der Vereinigung der Deutschen Staatsrechtslehrer 68 (2009), S. 47–93.

Morlok, Martin: Selbstverständnis als Rechtskriterium, Tübingen 1993.

Reckwitz, Andreas: Die Gesellschaft der Singularitäten. Zum Strukturwandel der Moderne, Frankfurt a.M. 2017.

Rüthers, Bernd: Die unbegrenzte Auslegung. Zum Wandel der Privatrechtsordnung im Nationalsozialismus, 9. Aufl., Tübingen 2022.

Schröder, Jan: Recht als Wissenschaft. Geschichte der juristischen Methode vom Humanismus bis zur historischen Schule (1500–1850), München 2001.

Stolleis, Michael: Geschichte des öffentlichen Rechts in Deutschland, Bd. 2: Staatsrechtslehre und Verwaltungswissenschaft 1800–1914, München 1992.

Zajadło, Jerzy: Überwindung des Rechtspositivismus als Grundwert des Grundgesetzes, Die verfassungsrechtliche Aktualität des Naturrechtsproblems, in: Der Staat 26 (1987), S. 207–230.

Zippelius, Reinhold: Das Wesen des Rechts. Eine Einführung in die Rechtsphilosophie, 5. Aufl., München 1997.

Ursula Münch

Was ist unsere „Wertegemeinschaft"?

Wer weiß: Womöglich gibt es nicht nur in der praktischen Politik, sondern auch in der politikwissenschaftlichen Wertedebatte ein ‚vorher' und ein ‚nachher'. Der vom russischen Staatspräsidenten veranlasste kriegerische Angriff auf die Ukraine, der seit 24. Februar 2022 nicht nur die westliche Welt in Atem hält, belebt die Debatte, ob es eine ‚westliche' Wertegemeinschaft gibt und welche Elemente diese kennzeichnen. Es wird sich zeigen, ob und wie die unheilvolle Entwicklung der internationalen Sicherheitslage sich auch auf das sogenannte „Midasphänomen" auswirken wird. Damit ist der Umstand gemeint, dass sich ungeachtet der Unbestimmtheit des Wertbegriffs „fast alle relevanten Fragestellungen des Lebens und Handelns" zwar nicht in Gold wie in der antiken Sage um König Midas, aber „in Wertfragen" verwandeln können.[1]

Die neue sicherheits- und wirtschaftspolitische Polarisierung bestätigt diejenigen, die auch schon vor dieser Konfrontation grundsätzlich vor einer „binären Verführung von Werten" gewarnt hatten.[2] Als „wertrelativistischer Begriff" laufe der Begriff der Wertegemeinschaft auf die Feststellung hinaus, das Gute sei entweder relativ oder aber wir seien die Gemeinschaft der Guten: „Wir schätzen diese und jene Verhaltensweisen, und nur wer sie auch schätzt, gehört zu uns. Und wer sie nicht schätzt, der wird etwas erleben".[3] Sie nährt in ganz anderer Hinsicht aber auch Zweifel an der früheren nicht-binären Charakterisierung der Beziehungen zur Russischen Föderation als sogenanntem „strategischem Partner".[4] Die neue geopolitische Konstellation wird, so viel ist sicher, zur Folge haben, dass sich Bezugnahmen auf die „westliche Wertegemeinschaft" häufen werden, und die Zweifel an

---

[1] *W. Schiewek*, Kann man Werten trauen? Anmerkungen zum Wertediskurs in der Polizei, in: *Trappe* (Hg.), Verwaltung, Ethik, Menschenrechte. Geschichte und Ethik der Polizei und öffentlichen Verwaltung., Wiesbaden 2021, S. 191–210 (hier: 192).

[2] *Schiewek*, a.a.O., S. 203.

[3] *R. Spaemann*, Europa – Wertegemeinschaft oder Rechtsordnung? Transit – Europäische Revue, Nr. 21/2001https://www.iwm.at/transit-online/europa-wertegemeinschaft-oder-rechtsordnung.

[4] Vgl. *H. Adomeit*, Russland und der Westen: Von ‚strategischer Partnerschaft' zur strategischen Gegnerschaft, in: SIRIUS. Zeitschrift für Strategische Analysen 2021, Jg. 5, Heft 2, S. 107.

deren Existenz und vor allem Legitimität weniger zu vernehmen sein werden als bislang.[5] Dieses (vorübergehende) Zusammenrücken angesichts der Bedrohung eines europäischen Nachbarstaates der Europäischen Union, der dieser vorgeblichen Wertegemeinschaft mit größerer Inbrunst angehören möchte als manches ihrer tatsächlichen Mitglieder, sollte jedoch nicht den Blick auf die Probleme verstellen, die mit dem Konzept der Wertegemeinschaft verbunden sind.

I. Die Vorstellung von einer Wertegemeinschaft als mögliche Referenzgröße in der politischen Bildung

Vor allem in der schulischen politischen Bildung, durchaus aber auch in ihrem außerschulischen Pendant, spielt nicht nur die Wertedebatte, sondern indirekt auch der Bezug auf eine Wertegemeinschaft eine Rolle.[6] Die Mehrzahl der politischen Bildner[7] dürfte sich der unter Verweis auf das Grundgesetz sowie dessen Institutionen und Regeln getroffenen Feststellung anschließen, dass der „demokratisch verfasste Staat an sich schon werthaltig ist".[8] Die konkrete Rolle des Staates mit Blick auf die Vermittlung von mit unserem liberalen Demokratieverständnis verbundenen Werten wie Freiheit, Gerechtigkeit, Pluralismus, Partizipation, Toleranz oder Respekt bleibt hingegen schon deshalb unbestimmt und sogar umstritten, weil der Widerstreit zwischen dem Wunsch nach einer Absicherung der zentralen Elemente der liberalen Demokratie einerseits und der Notwendigkeit, auf antipluralistisch wirkende Festlegungen zu verzichten andererseits, offensichtlich ist. Souverän bleibt das Volk schließlich nur dann, wenn im Sinne des Konzepts der Streitbaren Demokratie beschränkende Regelungen „das jederzeit revidierbare Resultat dieser Selbstbestimmung sind".[9]

Dieses Dilemma ist über die Jahre auch deshalb gewachsen, weil die Herausforderungen für die Demokratie größer werden und sich gleichzeitig sowohl die Gesellschaft als auch das sogenannte intermediäre System ständig verändern. Hinzu kommt die Unsicherheit darüber, ob und wenn ja welche

---

[5] *H. A. Winkler*, Was heißt westliche Wertegemeinschaft?, in: Internationale Politik (IP) April 2007, S. 66.

[6] Vgl. *S. Schiele*, Möglichkeiten und Grenzen der politischen Bildung bei der Vermittlung von Werten, in: *Breit/Schiele* (Hg.), Werte in der politischen Bildung. Schwalbach/Ts. 2000, S. 1.

[7] Unter politischen Bildnerinnen und Bildnern werden sowohl Lehrkräfte an Schulen als auch Multiplikatoren in der Erwachsenenbildung (u.a. politische Stiftungen, Akademien, Volkshochschulen) verstanden.

[8] *Schiele*, in: *Breit/Schiele* (Hg.), Werte in der politischen Bildung, S. 3.

[9] *A. Scherb*, Der Bürger in der Streitbaren Demokratie. Über die normativen Grundlagen Politischer Bildung, Wiesbaden 2008, S. 24.

Werte tatsächlich von allen Gesellschaften geteilt werden. Während „falscher Universalismus" sich darin äußert, „Eigenschaften zu universalisieren", die „nur einigen Menschen zukommen", behauptet Universalismus, dass „moralische Werte unabhängig von Gruppenzugehörigkeiten und damit für alle Menschen" gelten. „Das Gute, Neutrale und Böse selbst sind [...] Werte, die unabhängig davon bestehen, welche Wertvorstellungen eine gegebene Menschengruppe oder ein Individuum hat".[10]

II. Die Bedeutung des Konzepts einer Wertegemeinschaft angesichts gesellschaftlicher und politischer Veränderungen

Moderne Gesellschaften unterliegen einer fortschreitenden Ausdifferenzierung, die mit den Schlagworten Individualisierung, Wertewandel und Säkularisation umschrieben werden. Als Folge der damit verbundenen Emanzipationsprozesse verlieren Großorganisationen wie Kirchen, Gewerkschaften, politische Parteien oder Verbände sowohl Mitglieder als auch Unterstützung. Zudem verändert der demografische Wandel die Gesellschaft. Diese Entwicklungen fordern nicht nur diese Organisationen heraus, sondern sie sind schon deshalb auch geeignet, das gesamte gesellschaftliche Gefüge zu verändern, weil diese Institutionen zum Teil auch als politische „Taktgeber" oder als ethisch-moralische „Leitplanken" fungieren und den öffentlichen Diskurs beeinflussen.[11]

Die Digitalisierung oder auch die Folgen der Pandemie beanspruchen Individuen und Familien und führen im Kontext „multipler krisenhafter Entwicklungen" zur Wahrnehmung der „kollektiven Hilflosigkeit" nationaler und internationaler Politik in Teilen der Bevölkerung.[12] Gleichzeitig erleben wir das Paradox sowohl einer Disintermediation, also eines Rückgangs der Bedeutung von Redaktionen und Journalisten als „Gatekeeper", als auch einer „Hyperintermediation", also einer Durchdringung der Welt durch Netzwerkeffekte: Klassische Medien werden schwächer; Medieneffekte werden stärker.[13] Aber nicht allein auf der Ebene der Gesellschaft und in der Medienlandschaft verändert sich vieles. Wir sehen, dass die Demokratie auch durch Veränderungen und sogar Fehlentwicklungen seitens der Politik

---

[10] *M. Gabriel*, Moralischer Fortschritt in dunklen Zeiten. Universale Werte für das 21. Jahrhundert, Bonn 2021, S. 105.

[11] *Gabriel*, a.a.O., S. 120.

[12] Vgl. *Münchner Sicherheitskonferenz* (Hg.), Turning the Tide. Unlearning Helplessness, Munich Security Report 2022.; https://securityconference.org/assets/02_Dokumente/01_Publikationen/MunichSecurityReport2022_TurningtheTide.pdf.

[13] Vgl. *B. Pörksen*, Die große Gereiztheit. Wege aus der kollektiven Erregung, München 2018, S. 64.

beeinträchtigt wird. Zum einen verlagert sich der Ort politischer Entscheidungen angesichts der Häufung der Krisen noch mehr hin zu den Regierungen und vor allem zu den Regierungschefs; gleichzeitig spielen Expertengremien und externe Berater eine zunehmend wichtige Rolle. Beide Trends schwächen die Bedeutung der Parlamente: Sie verkommen zu Akklamationsorganen. Das zerreißt die Legitimationskette demokratischer Entscheidungsprozesse, und es schmälert die Gemeinwohlorientierung. Zu allem Überfluss beobachten wir gleichzeitig, dass die klassische staatliche Steuerung mittels Regulierung angesichts der Macht trans- und international agierenden Akteure an Wirksamkeit verliert. Dieses „Verschwinden der Politik" (Jacques Rancière) gegenüber einer globalisierten Wirtschaft hat Folgen für die Demokratien.

Vor der Pandemie befand sich das öffentliche Vertrauen in politische Führung und demokratische Institutionen im Dauertief. Die Wählerinnen und Wähler sind in ihren grundsätzlichen politischen Orientierungen und damit auch in ihrem Wahlverhalten flexibler geworden, die klassischen Strukturen und Prozesse politischer Entscheidungsfindung büßen ebenso Glaubwürdigkeit ein wie die so genannten Qualitätsmedien. Beide werden bezichtigt, einen Meinungsmainstream zu befördern, von dem sich ein Teil der Bevölkerung nicht vertreten fühlt. Für die Bundesrepublik und andere Mitgliedstaaten der Europäischen Union kann man feststellen, dass sich ein Teil der Wählerschaft offenbar bereits seit geraumer Zeit nicht mehr angemessen von der Politik repräsentiert fühlt. Indizien dafür sind die zurückgehende Wahlbeteiligung, die Wahlerfolge dezidierter Protestparteien sowie das Anwachsen von Protestbewegungen, die durch den Widerstand gegen Maßnahmen der Pandemiebekämpfung weiter genährt wurden. Die großen Transformationen – allen voran die janusköpfige Globalisierung, die Digitalisierung, der Klimawandel, die Pandemie und nun auch noch die Bedrohung der internationalen Sicherheit – führen uns vor Augen, dass das Nichterwartbare mehr denn je den Normalfall darstellt. Dies verunsichert und beeinflusst zugleich auch politisches Handeln. Das tägliche (Kommunikations-)Verhalten, aber selbst Wahlentscheidungen, werden vom Zwiespalt zwischen individuellem Freiheitsbedürfnis und allgemeinen Sicherheitserwartungen geprägt.[14] Die Erwartungen sowohl an die Handlungsfähigkeit als auch an die Responsivität des Staates steigen, gleichzeitig aber auch die Sorge vor einem möglichen Machtmissbrauch von Akteuren in Po-

---

[14] *Chr. Calliess*, Aktionsplan Resilienz und Demokratie. Wie Deutschland Angriffe auf Demokratie und Gesellschaft abwehren kann, in: *Möller/Schwarzer* (Hg.), Smarte Souveränität: 10 Aktionspläne für die neue Bundesregierung, Berlin: Forschungsinstitut der Deutschen Gesellschaft für Auswärtige Politik 2021, S. 67; https://dgap.org/de/forschung/publikationen/aktionsplan-resilienz-und-demokratie.

litik und Wirtschaft.[15] Diese Dynamiken sind geeignet, die Nachfrage nach der Zugehörigkeit zu einer Wertegemeinschaft zu begünstigen: Gleichzeitig zeigt der jüngste gesellschaftliche Grundkonflikt zwischen „Kommunitarismus" und „Kosmopolitismus", bei dem es sich nicht nur um eine kulturelle, sondern auch eine sozioökonomische Konfliktlinie handelt,[16] dass die Interpretation um welche Werte es sich dabei handelt, deutlich auseinandergeht. Etwas holzschnittartig lassen sich folgende Zuordnungen vornehmen: Die „Kosmopoliten" als Angehörige der „neuen Mittelklasse" treten für offene Grenzen, liberale Zuwanderungsgesetze, kulturelle Vielfalt, Gleichberechtigung und eine globale Verantwortung sowohl für die Menschenrechte als auch den Schutz der Umwelt ein. Kommunitaristen wollen ihr Leben in einer überschaubaren Gemeinschaft von unter ethnischen und konfessionellen Gesichtspunkten grundsätzlich Gleichen im wahrsten Sinne des Wortes abgrenzen – gegen die Zumutungen des globalisierten Manchesterkapitalismus und gegen Migranten. Das Lager der Kommunitaristen ist heterogener: So stößt in einem kleinen, extremen Teil eine völkische Form von Identitätspolitik auf Resonanz. Das gemäßigte kommunitaristische Wählermilieu, das Angehörige sowohl der alten Mittelklasse als auch der Unterklasse umfasst, ist wiederum empfänglich für anti-pluralistische Botschaften der Populisten. Grund dafür sind aber nicht nur Abstiegsängste oder Misstrauen gegenüber der Elite. Diese Wähler wollen ‚die Politik' auch dafür strafen, dass sie einerseits Regelverletzungen – seien es die überschuldeter Staaten oder die von Migranten – nicht ausreichend sanktionieren, andererseits ihnen selbst aber die durchaus widersprüchlichen Coronaregeln zumuten. Anders positionieren sich die gemäßigten liberalen Kommunitaristen: Deren Wunsch nach Zugehörigkeit zu einer vertrauten Gemeinschaft mit konservativer Werteorientierung geht einher mit dem grundsätzlichen Verständnis für das Erfordernis pluralistischer Strukturen.

III. Erwartungen an die politische Bildung

Angesichts dieser sehr verschiedenen gesellschaftlichen, politischen und ökonomischen Entwicklungen wird von unterschiedlichen Akteuren die Erwartung an den Staat – allen voran an die für das Bildungs- und Erziehungswesen zuständigen Länder – herangetragen, gerade Kindern und Ju-

---

[15] Vgl. dazu *O. Renn*, Gefühlte Wahrheiten. Orientierung in Zeiten postfaktischer Verunsicherung, Opladen/Berlin/Toronto 2019, S. 194f.
[16] Vgl. *T. Meyer*, Gespräch mit Wolfgang Merkel und Michael Zürn, in: Neue Gesellschaft. Frankfurter Hefte, Ausgabe 6/2019, https://www.frankfurter-hefte.de/artikel/die-neue-konflikt linie-und-die-rolle-des-politischen-2750/.

gendlichen die Leitbilder zu vermitteln, die den für notwendig erachteten Bestand an Werten garantieren sollen.[17] Welche Werte dies im Einzelnen sein sollen, bleibt dabei oft ebenso im Vagen wie die Frage, welche spezifischen Defizite durch eine stärkere Werteorientierung überhaupt behoben werden sollen.[18]

Gleichzeitig ist den meisten Akteuren bewusst, dass in einem freiheitlichen Rechtsstaat eine staatlich verantwortete Wertevermittlung ein Widerspruch in sich selbst wäre: Liberale Demokratien können keine allgemeinverbindlichen Werte produzieren, und sie können sich auch nicht selbst zur Wertegemeinschaft ausrufen. Wozu sie aber in der Lage und auch berufen sind, ist durch ihre Institutionen und Regelungen „Werte zum Ausdruck [zu] bringen".[19] Mit Blick auf eine mögliche Wertebildung sind Schulen an die im „Beutelsbacher Konsens" formulierten Grundsätze gebunden: Dessen Überwältigungsverbot gilt jedoch gerade auch mit Blick auf die Vermittlung von Werten. Diesem Umstand wird dadurch Rechnung getragen, dass es keine verbindlichen Vorgaben gibt und die jeweiligen Wertformulierungen abstrakt genug sind, um nicht kontrovers zu sein. Vielmehr gehe es darum, „in demokratischen Prozessen eine gemeinsame Wertebasis auszuhandeln und einzuüben".[20]

Jenseits dieses grundsätzlichen Problems, das es zwangsläufig verbietet, die jeweilige sogenannte ‚Schulfamilie‘ zu einer ‚Wertegemeinschaft‘ zu formen, kommt hinzu, dass die Schulen hinsichtlich ihrer Bildungs- und Erziehungsfunktion ohnehin schon längst an ihre Grenzen stoßen. So bürden Wirtschaft und Gesellschaft der Schule immer mehr Aufgaben auf: Sie sollen Kinder und Jugendliche ‚wettbewerbsfähig‘ machen und sie auf Transformationen wie die Digitalisierung von Wirtschaft und Kommunikation vorbereiten. Mehr denn je werden die Schulen außerdem mit der Erwartung konfrontiert, mögliche Defizite auszugleichen, die durch Lücken in der Erziehungskompetenz der Eltern entstehen. Hinzu kommt die Hoffnung, Schulen könnten Kindern und Jugendlichen die Werteerziehung zuteilwerden lassen, die Intermediären wie den Religionsgemeinschaften entweder

---

[17] Vgl. *K. Zierer* (Hg.), Werte in Bayern. Antworten auf die Herausforderungen des 21. Jahrhunderts in Bildung, Politik und Kultur, München 2020.

[18] Vgl. das im Jahr 2010 vom Bayerischen Ministerpräsidenten initiierte „Wertebündnis Bayern", dem inzwischen mehr als 200 Bündnispartner angehören; https://www.wertebuend nis-bayern.de/das-wertebuendnis/.

[19] *Schiele*, in: *Breit/Schiele* (Hg.), Werte in der politischen Bildung, S. 4.

[20] So der Bayerische Staatsminister für Unterricht und Kultus; vgl. *M. Piazolo*, Alte Werte – neue Relevanz: Bedeutung von Werten in Krisenzeiten, in: *Zierer* (Hg.), Antworten auf die Herausforderungen des 21. Jahrhunderts in Bildung, Politik und Kultur, München 2020, S. 89.

nicht mehr zugetraut oder von den Adressaten weniger als früher nachgefragt wird.[21]

IV. Wertegemeinschaft als Konzept für die Europäische Union?

Während im bundesdeutschen Diskurs zwar viel von Werten gesprochen, aber das Stichwort Wertegemeinschaft selten bemüht wird, verhält es sich im Kontext der Europäischen Union anders: Mit der „nüchternen Selbstdarstellung" der Europäischen Union als friedenssichernde und wohlstandsfördernde Organisation wollen sich gerade die Kommentatoren europäischer Politik schon seit längerem nicht mehr begnügen:[22] Der Bezug auf die Europäische Union als Wertegemeinschaft ist inzwischen nicht nur in der Literatur gängig,[23] sondern hat mit Art. 2 des Vertrags über die Europäische Union (EUV) Eingang in die Europäischen Verträge gefunden: „Die Werte, auf die sich die Union gründet, sind die Achtung der Menschenwürde, Freiheit, Demokratie, Gleichheit, Rechtsstaatlichkeit und die Wahrung der Menschenrechte einschließlich der Rechte der Personen, die Minderheiten angehören. Diese Werte sind allen Mitgliedstaaten in einer Gesellschaft gemeinsam, die sich durch Pluralismus, Nichtdiskriminierung, Toleranz, Gerechtigkeit, Solidarität und die Gleichheit von Frauen und Männern auszeichnet." Art. 7 EUV sichert die Einhaltung der Werte sogar mit einem Suspendierungsverfahren, wonach bestimmte Rechte eines Mitgliedstaats ausgesetzt werden können. Diese scheinbar klare, im Einzelnen dann aber doch wieder vieldeutig interpretierte und interpretierbare Festlegung der Werte der Europäischen Union wurde durch den Vertrag von Lissabon getroffen, der ebenso wie die Charta der Grundrechte der Europäischen Union am 1. Dezember 2009 in Kraft getreten ist. In der Präambel der Grundrechtecharta, auf die man sich bereits Jahre vorher im Zuge der Beratungen des Europäischen Konvents grundsätzlich verständigt hatte, wird gleich mehrfach auf die Wertebasiertheit verwiesen:

---

[21] Vgl. die Beiträge von Landesbischof *Bedford-Strohm*, der Präsidentin der Israelitischen Kultusgemeinde München und Oberbayern *Knobloch* sowie von Kardinal *Marx* im Band von *Zierer*, Antworten auf die Herausforderungen des 21. Jahrhunderts in Bildung, Politik und Kultur.

[22] Vgl. *M. Nettesheim*, „Gegründet auf Werten ...": Das Narrativ der Wertegemeinschaft und der Sanktionsmechanismus des Art. 7 EUV, in: *Franzius/Mayer/Neyer* (Hg.), Die Neuerfindung Europas. Gesprächskreis „Recht und Politik der Europäischen Union", Baden-Baden 2019, S. 91–110 (hier: 91 m.w.N.).

[23] Vgl. den damaligen Staatsminister für Europa im Auswärtigen Amt, *Michael Roth*: „Die EU ist eine Wertegemeinschaft", Interview vom 27.02.2018; https://www.auswaertiges-amt. de/de/newsroom/roth-tagesspiegel/1625460.

„Die Völker Europas sind entschlossen, auf der Grundlage gemeinsamer Werte eine friedliche Zukunft zu teilen, indem sie sich zu einer immer engeren Union verbinden. In dem Bewusstsein ihres geistig-religiösen und sittlichen Erbes gründet sich die Union auf die unteilbaren und universellen Werte der Würde des Menschen, der Freiheit, der Gleichheit und der Solidarität."

Und weiter heißt es, die Union trage zur

„Erhaltung und zur Entwicklung dieser gemeinsamen Werte unter Achtung der Vielfalt der Kulturen und Traditionen der Völker Europas sowie der nationalen Identität der Mitgliedstaaten und der Organisation ihrer staatlichen Gewalt auf nationaler, regionaler und lokaler Ebene"

bei.[24] Bezogen auf die Europäische Union wird ausgeführt: „Die Formulierung, Anrufung und Beschwörung von Werten sollte damit eine politisch-konstitutionelle Antwort auf die Sinnfrage sein. Sie sollte die Leerstelle ausfüllen, die man allgemein in der Gesellschaftstextur der Moderne, vor allem aber in einem auf den Markt ausgerichteten Verband zu erblicken glaubte".[25] An Einwänden gegen diese Instrumentalisierung des allgegenwärtigen Bezugs auf gemeinsame Werte fehlt es nicht. Robert Spaemann hat sogar auf die „Gefährlichkeit der Rede von der Wertegemeinschaft" hingewiesen und diese in der Neigung gesehen, „die Rede von Grundrechten allmählich mehr und mehr zu ersetzen durch die Rede von Grundwerten".[26]

Der ursprünglich erhobene Vorwurf, bei Art. 2 EUV handele es sich um eine ‚rein akademische', also abstrakte und mehr oder minder unverbindliche Festlegung, ist seit der Entscheidung des Europäischen Gerichtshofs vom 25. Juli 2018 und dessen Hinweis auf das Bestehen einer „Rechtsunion" überholt: Es sei „daran zu erinnern, dass das Unionsrecht auf der grundlegenden Prämisse beruht, dass jeder Mitgliedstaat mit allen anderen Mitgliedstaaten eine Reihe gemeinsamer Werte teilt – und anerkennt, dass sie sie mit ihm teilen –, auf die sich, wie es in Art. 2 EUV heißt, die Union gründet."[27]. Die Europäische Union, allen voran die Europäische Kommis-

---

[24] In den verschiedenen Amtssprachen der EU lesen sich diese Festlegungen aber durchaus unterschiedlich; vgl. Amtsblatt der Europäischen Union, Charta der Grundrechte der Europäischen Union (2010/C 83/02); https://www.europarl.europa.eu/germany/resource/static/files/eu ropa_grundrechtecharta/_30.03.2010.pdf.

[25] *Nettesheim*, in: *Franzius/Mayer/Neyer* (Hg.), Die Neuerfindung Europas, S. 96.

[26] *R. Spaemann*, Europa – Wertegemeinschaft oder Rechtsordnung? Transit – Europäische Revue, Nr. 21/2001; https://www.iwm.at/transit-online/europa-wertegemeinschaft-oder-rechts ordnung (Hervorhebungen im Original).

[27] EuGH, Rs. C-220/18 PPU, Urteil vom 25.07.2018, Rn. 48; siehe auch *U. Hufeld*, Die Europäische Union als Wertegemeinschaft, in: *Müller-Graff* (Hg.), Kernelemente der europäischen Integration, Baden-Baden 2020, S. 239–270 (hier: 250).

sion, will inzwischen also als Wertegemeinschaft gesehen werden und der Europäische Gerichtshof steht grundsätzlich bereit, daraus Konsequenzen zu ziehen.

Diese Hoffnung auf die legitimationsstiftende Wirkung einer (und womöglich auch im Sinne einer Magnettheorie funktionierenden) europäischen Wertegemeinschaft ist ein Kind der ‚guten Jahre' nach dem vorübergehenden Ende des Ost-West-Konflikts. Damals schien sich „der Horizont der weltpolitischen Zukunft auf das liberale Verfassungs- und Gesellschaftsmodell zu verengen".[28] Gleichzeitig war der Wunsch groß, die Europäische Union nicht allein auf die ökonomischen Facetten des Binnenmarktes, also den freien Verkehr von Waren, Personen, Dienstleistungen und Kapital zu beschränken. Zudem erhofften sich die politischen Akteure vom Bezug auf die gemeinsame europäische Wertebasis womöglich auch eine Entlastung vom Vorwurf durch die jeweilige heimische Bevölkerung, die nationalen Regierungen würden einer Einschränkung der nationalen Souveränität z.B. durch das Mehrheitsprinzip Vorschub leisten. Wirksamer Widerstand gegen das Konzept einer europäischen oder zumindest westlichen Wertegemeinschaft und die daraus abgeleiteten moralischen Überlegenheitsansprüche kam vor allem aber von denjenigen, von denen man sich auf diese Weise abgrenzen wollte: So offenbarte sich einerseits der Widerstand der nichtwestlichen Staaten gegen „alle Versuche, Demokratie, Verrechtlichung und Institutionalisierung zu fördern".[29] Andererseits verlor die ‚westliche' Politik durch Doppelstandards und ihr häufig eigennütziges und widersprüchliches Handeln massiv an Glaubwürdigkeit. Spätestens seit der Finanzkrise 2008 sind „wir" in eine „sehr tiefe Wertekrise geraten".[30] Im Mittelpunkt der Kritik steht die Warnung vor einem „Wertabsolutismus", also einer Verabsolutierung der eigenen Wertevorstellungen, die zwar die Verdammung absoluter Wahrheiten fordert, aber für die Wertordnung eben diese absolute Geltung dann doch verlangt.

> „Das künftige Europa wird nur dann eine Rechtsgemeinschaft sein können, in der alle Bürger der Länder europäischer Tradition ein gemeinsames Dach finden, wenn es Gemeinschaften mit gemeinsamen Wertschätzungen ermöglicht und schützt, selbst aber darauf verzichtet, eine Wertegemeinschaft zu sein."[31]

---

[28] *Nettesheim*, in: *Franzius/Mayer/Neyer* (Hg.), Die Neuerfindung Europas, S. 91.

[29] *C. Masala*, Weltunordnung. Die globalen Krisen und das Versagen des Westens, München 2016, S. 64.

[30] *M. Gabriel*, Moralischer Fortschritt in dunklen Zeiten. Universale Werte für das 21. Jahrhundert, Bonn 2021, S. 17.

[31] *R. Spaemann*, Europa – Wertegemeinschaft oder Rechtsordnung? Transit – Europäische Revue, Nr. 21/2001. https://www.iwm.at/transit-online/europa-wertegemeinschaft-oder-rechtsordnung.

Die Selbsteinschätzung der Europäischen Union als Wertegemeinschaft und
deren Festschreibung in Art. 2 EUV ist aber noch aus anderen Gründen umstritten. Aus der Europäischen Union selbst heraus wird der Versuch kritisiert, in Verbindung mit dem „Präventions- und Beugemechanismus" in
Art. 7 EUV Wertaussagen in Rechtspflichten zu verwandeln, deren Einhaltung von der EU-Kommission überwacht wird.[32] Diese Konstruktion wider-
spreche dem grundlegenden Charakter von Werten in einer pluralistischen
Ordnung. Diese können schließlich nicht verordnet werden, sondern sind
höchstens das Ergebnis eines Diskurses. Gemäß dem Wertverständnis pluralistischer Gesellschaften muss bei Konflikten in Wertefragen ein Verstän-
digungsprozess herbeigeführt werden; mittels eines hermeneutisch-
diskursiven Prozesses macht man sich – im Idealfall – auf die Suche nach
Werteverständigung. Die Regelungen im Vertrag über die Europäische
Union zeugen jedoch davon, dass das, wenn überhaupt, nur ansatzweise erfolgt: Durch Art. 7 EUV können Wertaussagen zu durchsetzbaren Rechtspflichten gemacht werden. Immerhin ist gemäß Art. 7 Abs. 2 EUV aber die
Initiative der Mitgliedstaaten bzw. der Kommission vorgeschaltet, und der
betroffene Mitgliedstaat ist mit seiner Stellungnahme zu hören.

Nicht nur zwischen den Mitgliedstaaten ist umstritten, ob es sinnvoll und
angemessen ist, der Europäischen Union den Charakter einer Wertegemeinschaft zuzuschreiben. Die Uneinigkeit zwischen den Mitgliedstaaten über
die grundsätzliche Ausrichtung der Europäischen Union und über das Verhältnis zwischen Nationalstaatlichkeit und Supranationalität widersprechen
dem Anspruch, tatsächlich eine Wertegemeinschaft zu verkörpern. Hinzu
kommt die Entfremdung zwischen den Unionsbürgerinnen und -bürgern
sowie der institutionellen Ebene der Europäischen Union, allen voran der
EU-Kommission. Auch wenn der Krieg der Machthaber in der Russischen
Föderation gegen die Ukraine dazu beiträgt, die Mitgliedstaaten der Europäische Union wieder stärker zusammenrücken zu lassen: Der Konflikt über
die Zulässigkeit einer Sanktionierung von Rechtsstaatsverstößen einzelner
Mitgliedstaaten lässt sich auch durch externe Schocks nicht lösen. Dass die
Europäische Union bei der Umsetzung ihrer Migrationspolitik gegen ihre
eigenen Werte verstößt, untermauert die Kritik. Insgesamt hat sich – spätestens seit der Migrationskrise 2015/2016 und befeuert durch den Erfolg po-
pulistisch argumentierender Parteien – ein Bild der Europäischen Union als
einer „Wertegemeinschaft" verbreitet, „[...] die sich gegen Menschen und
Staaten mit anderen Werten zur Wehr zu setzen habe".[33]

---

[32] *Nettesheim*, in: *Franzius/Mayer/Neyer* (Hg.), Die Neuerfindung Europas, S. 105.
[33] *M. Seel*, Gastkommentar. Ohne Rechte sind Werte nichts wert, in: Neue Zürcher Zeitung
vom 26.09.2016, https://www.nzz.ch/meinung/kommentare/wertegemeinschaft-ohne-rechte-
sind-werte-nichts-wert-ld.118416.

Eine andere Stoßrichtung kommt in dem Argument zum Ausdruck, es gebe keine europäischen, sondern nur westliche Werte: Europa habe „noch nie" eine Wertegemeinschaft gebildet, und die Menschenrechtserklärungen des späten 18. Jahrhunderts seien das Ergebnis transatlantischen Zusammenwirkens gewesen: „Zusammen legten sie den Grund für das politische Projekt des Westens".[34] Diese „Verwestlichung des Westens" sei ein langwieriger und streiterfüllter Prozess gewesen, der angesichts des Widerstands gegen die demokratischen Ideen und die Rechtsstaatlichkeit, immer auch umstritten gewesen sein. Als sein Hauptmerkmal gilt die ‚Ungleichzeitigkeit'.

V. Wertegemeinschaft oder besser doch: Rechtsgemeinschaft?

„Wenn von einer ‚Wertegemeinschaft' die Rede ist, ist eine Form einer grundlegenden kulturellen Strukturierung des gesellschaftlichen Selbstverständnisses angesprochen".[35] Menschen sind nicht mit Werten geboren, sie können wohl aber Übung darin entwickeln, Wertebewusstsein zu haben, danach zu leben und durch Vorbild anderen als Beispiel zu dienen. Einerseits dürfte unstrittig sein, dass eine Werteeinheit allein noch keine politische Gemeinschaft begründet; vielmehr besteht die Voraussetzung darin, sich auf bestimmte Rahmenbedingungen, Ziele, Vorstellungen von guter Herrschaft zu einigen. Andererseits wird festgestellt, dass eine politische Gemeinschaft nur „so weit Gemeinschaft" ist, „als sie gemeinsame Grundwerte teilt, die ihre Identität, ihre Existenz in der Zeit sichern".[36] Diese Bezugnahme ändert aber nichts daran, dass Werte nicht objektiv sind. Spaemann fordert daher auf, nach den „verborgenen Interessen" sowie danach zu fragen, wer eigentlich Vorteile aus einer bestimmten Werteordnung ziehe. „Und wer dominiert in einer Gesellschaft, wenn diese oder jene Werte obenan stehen? Wer ist Interpret und Sachwalter der obersten Werte?"[37]

Gerade auch angesichts der „Zeitenwende", die Putins Eskalation nicht nur in der bundesdeutschen Außen-, Sicherheits-, Energie- und Finanzpoli-

---

[34] *H. A. Winkler*, Der Westen erodiert, in: Der Spiegel vom 05.10.2018; https://www.spiegel.de/kultur/heinrich-august-winkler-ueber-deutschland-und-europa-der-westen-erodiert-a-00000000-0002-0001-0000-000159786826.

[35] *Nettesheim*, in: *Franzius/Mayer/Neyer* (Hg.), Die Neuerfindung Europas, S. 98.

[36] *U. di Fabio*, Zur Theorie eines grundrechtlichen Wertesystems, in: *Merten/Papier* (Hg.), Handbuch der Grundrechte in Deutschland und Europa, Bd. II: Grundrechte in Deutschland: Allgemeine Lehren, Heidelberg 2006, S. 1031–1057 (hier: 1034).

[37] *R. Spaemann*, Europa – Wertegemeinschaft oder Rechtsordnung?

tik ausgelöst hat,[38] stellt sich die grundsätzliche Frage, wie sinnvoll es ist, freiheitliche Demokratien über ihre Werte zu definieren. Anstatt eine „einheitsstiftende Ordnung von Werten zu beschwören", liegt es womöglich doch näher, auf die zentrale Gemeinsamkeit demokratisch verfasster Staaten zu verweisen: deren durchaus unvollkommene und immer wieder bedrohte Rechtsordnungen.[39] Eine freiheitliche demokratische Rechtsordnung sichert ihren Angehörigen (das müssen nicht unbedingt Bürgerinnen oder Bürger des Staates sein) dieselben Grundrechte zu: also Freiheitsrechte wie die Unversehrtheit und Freizügigkeit der Person, Meinungs- und Religionsfreiheit aber eben auch Rechte zur Teilnahme am Prozess der gesellschaftlichen und politischen Organisation. Den Kern dieses universalistischen Verständnisses von verfassungsmäßig garantierten Grundrechten bildet die universale Anerkennung von Personen als Personen.[40] Ihnen ist die Möglichkeit eines Lebens in Selbstbestimmung und Selbstachtung zu gewähren, unabhängig davon, welche Merkmale, Fähigkeiten oder eben auch Wertvorstellungen sie haben. Gegenüber dieser integrativen Wirkung einer verbindlichen freiheitlichen Rechtsordnung verblassen Appelle an gemeinsame Werte.

Noch wichtiger erscheint, dass ‚entwickelte' Gesellschaften immer weit mehr als nur eine singuläre Wertordnung hervorgebracht haben: Die ‚westliche Wertegemeinschaft' zeichnet sich gerade auch durch die Vielfalt an Spielräumen der individuellen wie kollektiven Lebensgestaltung und Denkweisen aus, die sie ihren Mitgliedern eröffnet. Eigentlich sind dieser Pluralismus und die mit ihm einhergehende Ausprägung als Streitkultur und ihre Multioptionalität mit dem Beschwören einer einheitsstiftenden Ordnung von Werten nicht vereinbar. Gleichzeitig dürfte es kein Zufall sein, dass der Wunsch, eine ‚Wertegemeinschaft' zu identifizieren, eben auch eine Reaktion auf die vermeintliche Beliebigkeit moderner Gesellschaften und den sich ausbreitenden Werterelativismus und Skeptizismus darstellt. Die Hauptkritik an der Rede von einer ‚Wertegemeinschaft' ergibt sich aus der Diagnose, dass der damit verbundene Anspruch einer verbindlichen Wertordnung deren unterstellten Inhalten – allen voran der Ablehnung absoluter Wahrheiten und unbedingter Einsichten als intolerant – widerspricht.[41] Schließlich trägt Wertedenken immer auch den „Keim des Absoluten in sich". „An Werte glaubt man, wie an „religiöse Offenbarungen; für

---

[38] *O. Scholz*, Regierungserklärung 27.02.2022, Plenarprotokoll 20/19 vom 27.02.2022, S. 1350.
[39] *M. Seel*, Gastkommentar: Ohne Rechte sind Werte nichts wert, in: Neue Zürcher Zeitung vom 26.09.2016, https://www.nzz.ch/meinung/kommentare/wertegemeinschaft-ohne-rechte-sind-werte-nichts-wert-ld.118416.
[40] *Seel*, ebd.
[41] *R. Spaemann*, Europa – Wertegemeinschaft oder Rechtsordnung?

Werte kämpft man, sie bilden als Grundwerte den letzten Sinn eines Menschen, einer Gemeinschaft“.[42]

Das Grundgesetz enthält zwar Werte, aber eben keine „durchgreifende Regel für ihre Konflikte“.[43] Der Wertebezug allein stellt keine rechtlich verwertbare Präferenzregel her. Das hat sich nicht zuletzt in der Pandemiebekämpfung gezeigt: Es gab zeitweilig den verfassungsrechtlich gerade nicht überzeugenden Versuch einzelner Landesregierungen, das Recht auf Leben als eine Art „Supergrundrecht“ zu definieren und dieses stärker wiegen zu lassen als das Recht auf Freiheit der Person.[44]

VI. Fazit

Anstatt sich auf die widerspruchsvolle Existenz einer ‚Wertegemeinschaft‘ zu berufen, scheint es sinnvoller, sich mit der Frage auseinanderzusetzen, welche Ursachen diese Hinwendung hat und welche Funktionen sie in einer von beträchtlichem Misstrauen gegenüber staatlichen Institutionen, politischen Repräsentanten sowie den verschiedenen Facetten des Mediensystems durchzogenen Weltsicht erfüllt. Dabei sind es wohlgemerkt nicht diejenigen, die das Misstrauen z.B. als Coronaspaziergänger auf die Straßen treibt, die von Sehnsucht nach einer Wertegemeinschaft erfüllt werden. Im Gegenteil: Vor allem die nicht minder verunsicherten Anhänger der freiheitlich demokratischen Grundordnung erhoffen sich vom Wertediskurs anscheinend Rückhalt. Angesichts des national und global spür- und sichtbaren Drucks auf die liberale Demokratie verspricht der Wertebezug ein einigendes Band, das mehr bietet als eine rational begründete Rechtsordnung – nämlich auch eine emotionale Ansprache. Angesichts dieser Konstellation wird künftig mehr denn je darauf zu achten sein, dass die Großkrisen des 21. Jahrhunderts nicht zur vermeintlichen Dichotomie zwischen „Vernünftigen“ und „Unvernünftigen“ führen oder zum pluralismusfeindlichen Phänomen der „solidarischen Denunziation“.[45] Die Debatte um die geringe Sinnhaftigkeit einer Wertegemeinschaft fordert den Beteiligten auch Ambiguitätstoleranz ab, also die Fähigkeit, mit Uneindeutigkeit und Unsi-

---

[42] *U. di Fabio*, in: *Merten/Papier* (Hg.), Handbuch der Grundrechte, S. 1038f.

[43] *N. Luhmann*, Das Recht der Gesellschaft, Frankfurt a.M. 1993, S. 96 (im Original hervorgehoben).

[44] Vgl. *H. M. Heinig et al.*, Why Constitution Matters – Verfassungsrechtswissenschaft in Zeiten der Corona-Krise, in: Juristenzeitung Jg. 75 (2020), S. 861–872 (hier: 864).

[45] *E. Moser*, Rückzug des Politischen?, in: Aus Politik und Zeitgeschichte 35–37 (2020), S. 23–28 (hier: 26).

cherheit konstruktiv umzugehen.[46] Und damit auch mit den Uneindeutigkei-
ten des Wertbegriffs und dem Umstand, dass eine ‚Wertegemeinschaft'
deutlich weniger Sicherheit bietet als der Begriff verspricht.

Literaturhinweise

Adomeit, Hannes: Russland und der Westen: Von ‚strategischer Partnerschaft' zur
strategischen Gegnerschaft, in: SIRIUS. Zeitschrift für Strategische Analysen
2021, Jg. 5, Heft 2, S. 107–124.

Bedford-Strohm, Heinrich: Zwischen Wertekrise und Wille zur Zukunft. Wohin
geht unser Land?, in: *Klaus Zierer* (Hg.), Antworten auf die Herausforderungen
des 21. Jahrhunderts in Bildung, Politik und Kultur, München 2020, S. 46–55.

Calliess, Christian: Aktionsplan Resilienz und Demokratie. Wie Deutschland Angriffe auf Demokratie und Gesellschaft abwehren kann, in: *Christian
Mölling/Daniela Schwarzer* (Hg.), Smarte Souveränität: 10 Aktionspläne für die
neue Bundesregierung, Berlin: Forschungsinstitut der Deutschen Gesellschaft für
Auswärtige Politik 2021, S. 67–73.

Fabio, Udo di: Zur Theorie eines grundrechtlichen Wertesystems, in: *Detlef Mer-
ten/Hans-Jürgen Papier* (Hg.), Handbuch der Grundrechte in Deutschland und
Europa, Bd. II: Grundrechte in Deutschland: Allgemeine Lehren I, Heidelberg
2006, S. 1031–1057.

Gabriel, Markus: Moralischer Fortschritt in dunklen Zeiten. Universale Werte für
das 21. Jahrhundert, Bonn 2021.

Heinig, Hans Michael et al.: Why Constitution Matters – Verfassungsrechtswissenschaft in Zeiten der Corona-Krise, in: Juristenzeitung Jg. 75 (2020), S. 861–872.

Hufeld, Ulrich: Die Europäische Union als Wertegemeinschaft, in: *Peter-Christian
Müller-Graff* (Hg.), Kernelemente der europäischen Integration, Baden-Baden
2020, S. 239–270.

Knobloch, Charlotte: Ehrfurcht vor Gott, Achtung vor religiöser Überzeugung und
der Würde des Menschen, in: *Klaus Zierer* (Hg.), Antworten auf die Herausforderungen des 21. Jahrhunderts in Bildung, Politik und Kultur, München 2020,
S. 56–59.

Lenz, Claudia: Ambiguitätstoleranz – ein zentrales Konzept für Demokratiebildung
in diversen Gesellschaften. https://ufuq.de/aktuelles/ambiguitaetstoleranz-ein-zen
trales-konzept-fuer-demokratiebildung-in-diversen-gesellschaften/.

Luhmann, Niklas: Das Recht der Gesellschaft, Frankfurt a.M. 1993.

---

[46] Vgl. *C. Lenz*, Ambiguitätstoleranz – ein zentrales Konzept für Demokratiebildung in diversen Gesellschaften. https://ufuq.de/aktuelles/ambiguitaetstoleranz-ein-zentrales-konzept-
fuer-demokratiebildung-in-diversen-gesellschaften/.

Marx, Kardinal Reinhard: Glaube und Bildung gemäß Art. 131 BV. Zu den Bildungszielen „Ehrfurcht vor Gott, Achtung vor religiöser Überzeugung und vor der Würde des Menschen", in: *Klaus Zierer* (Hg.), Antworten auf die Herausforderungen des 21. Jahrhunderts in Bildung, Politik und Kultur, München 2020, S. 60–66.

Masala, Carlo: Weltunordnung. Die globalen Krisen und das Versagen des Westens, München 2016.

Meyer, Thomas: Gespräch mit Wolfgang Merkel und Michael Zürn, in: Neue Gesellschaft. Frankfurter Hefte, Ausgabe 6/2019, https://www.frankfurter-hefte.de/artikel/die-neue-konfliktlinie-und-die-rolle-des-politischen-2750/.

Moser, Evelyn: Rückzug des Politischen?, in: Aus Politik und Zeitgeschichte (APuZ) 35–37/2020, S. 23–28 (hier: 26).

Münchner Sicherheitskonferenz (Hg.): Turning the Tide. Unlearning Helplessness, Munich Security Report 2022; https://securityconference.org/assets/02_Dokumen te/01_Publikationen/MunichSecurityReport2022_TurningtheTide.pdf.

Nettesheim, Martin: „Gegründet auf Werten ...": Das Narrativ der Wertegemeinschaft und der Sanktionsmechanismus des Art. 7 EUV, in: *Claudio Franzius/ Franz C. Mayer/Jürgen Neyer* (Hg.), Die Neuerfindung Europas. Gesprächskreis „Recht und Politik der Europäischen Union", Baden-Baden 2019, S. 91–110.

Piazolo, Michael: Alte Werte – neue Relevanz: Bedeutung von Werten in Krisenzeiten, in: *Klaus Zierer* (Hg.), Antworten auf die Herausforderungen des 21. Jahrhunderts in Bildung, Politik und Kultur, München 2020, S. 89–94.

Pörksen, Bernhard: Die große Gereiztheit. Wege aus der kollektiven Erregung, München 2018.

Renn, Ortwin: Gefühlte Wahrheiten. Orientierung in Zeiten postfaktischer Verunsicherung, Opladen u.a. 2019.

Scherb, Armin: Der Bürger in der Streitbaren Demokratie. Über die normativen Grundlagen Politischer Bildung, Wiesbaden 2008.

Schiele, Siegfried: Möglichkeiten und Grenzen der politischen Bildung bei der Vermittlung von Werten, in: *Gotthard Breit/Siegfried Schiele* (Hg.), Werte in der politischen Bildung. Schwalbach/Ts. 2000, S. 1–15.

Schiewek, Werner: Kann man Werten trauen? Anmerkungen zum Wertediskurs in der Polizei, in: *Trappe* (Hg.), Verwaltung, Ethik, Menschenrechte. Geschichte und Ethik der Polizei und öffentlichen Verwaltung, Wiesbaden 2021, S. 191–210.

Seel, Martin: Gastkommentar. Ohne Rechte sind Werte nichts wert, in: Neue Zürcher Zeitung vom 26.09.2016, https://www.nzz.ch/meinung/kommentare/wertege meinschaft-ohne-rechte-sind-werte-nichts-wert-ld.118416.

Spaemann, Robert: Europa – Wertegemeinschaft oder Rechtsordnung? Transit – Europäische Revue, Nr. 21/2001. https://www.iwm.at/transit-online/europa-werte gemeinschaft-oder-rechtsordnung.

Winkler, Heinrich August: Was heißt westliche Wertegemeinschaft?, in: Internationale Politik (IP) April 2007, S. 66–85.

Zierer, Klaus (Hg.): Werte in Bayern. Antworten auf die Herausforderungen des 21. Jahrhunderts in Bildung, Politik und Kultur, München 2020.

Hans Hofmann

Werteorientierte Erziehung in der Schule

Das Spannungsfeld von elterlichem Erziehungsrecht, Schulpflicht, staatlichen Bildungszielen und Neutralität des Staates

„Pflege und Erziehung der Kinder sind das natürliche Recht der Eltern und die zuvörderst ihnen obliegende Pflicht. Über ihre Betätigung wacht die staatliche Gemeinschaft"

(Art. 6 Abs. 1 GG)

„(1) Die Jugend ist in der Ehrfurcht vor Gott, im Geiste der christlichen Nächstenliebe, zur Brüderlichkeit aller Menschen und zur Friedensliebe, in der Liebe zu Volk und Heimat, zu sittlicher und politischer Verantwortlichkeit, zu beruflicher und sozialer Bewährung und zu freiheitlicher demokratischer Gesinnung zu erziehen. (2) Verantwortliche Träger der Erziehung sind in ihren Bereichen die Eltern, der Staat, die Religionsgemeinschaften, die Gemeinden und die in ihren Bünden gegliederte Jugend."

(Art. 12 LV Baden-Württemberg)

I. Spannungsfeld zwischen elterlichem Erziehungsrecht und staatlicher Schulaufsicht

Diese Zitate aus dem Grundgesetz und der Landesverfassung Baden-Württembergs beleuchten signifikant das Spannungsfeld oder gar die Paradoxie der Fragestellung, ob werteorientierte schulische Erziehung nach der gesamten Rechtsordnung durch Bundes- und Landesrecht zulässig ist. Ebenso zeigen sie die sich anschließende Richtungsentscheidung auf, um welche Werte es sich dann handeln könnte. Erziehung ist grundsätzlich und in erster Linie Aufgabe der Eltern (II.). Der demokratische Rechtsstaat, ist grundsätzlich nicht dazu berufen, seine Bürger zu erziehen, darin unterscheidet er sich von totalitären Systemen mit zuweilen umfassenden volkspädagogischen, indoktrinierenden Programmen. Zugleich bedienen sich Eltern in Verbindung mit der allgemeinen Schulpflicht bei der Ausübung

ihres Erziehungsrechts – in einer Art von verordneter Delegierung – auch
der Hilfe von staatlichen, schulischen Institutionen, von Religionsgemeinschaften und anderen Vereinigungen (III.). Somit stellt sich die Frage nach
dem Ob und möglichem Inhalt staatlicher Erziehungs- oder auch Bildungsziele im Sinne einer Orientierung an bestimmten Werten in Deutschland.

Zu diesem Zweck gilt es die Erziehungs- und Bildungsziele im Landesrecht zu betrachten, denn die Länder sind die für das Schulrecht und die
Schulverwaltung mit der Bestimmung der Unterrichtsinhalte grundgesetzlich zuständigen Gebietskörperschaften (IV.). Diese Erziehungsziele unterliegen wiederum der Homogenitätsklausel des Art. 28 Abs. 1 S. 1 GG, nach
der die verfassungsmäßige Ordnung der Länder „den Grundsätzen des re-
publikanischen, demokratischen und sozialen Rechtsstaates im Sinne dieses
Grundgesetzes entsprechen" und diese als Leitplanken einhalten müssen.
Dabei wird es entscheidend darauf ankommen, welche Inhalte und Wertorientierung grundgesetzliche Erziehungsziele haben können und wie die Erziehungsziele der Länder an den grundgesetzlichen Grenzen gemessen werden. Denn es finden sich grundgesetzliche Regelungen, in denen der Staat
erzieherische Zuständigkeiten zugewiesen erhält: insbesondere wird der
staatlichen Gemeinschaft durch Art. 6 Abs. 2 Satz 2 GG das *Wächteramt*
über die elterliche Erziehung der Kinder übertragen[1] und ist in Art. 7 Abs. 1
GG das *gesamte Schulwesen* seiner Aufsicht unterstellt. Mögliche verfassungsrechtliche Rechtsgrundlagen einer Werterziehung dienen dann als
Rahmen und Grenze, die aufzeigen, welche Erziehungsziele diskutiert werden könnten und welchen Werten die schulische Erziehung nicht zuwiderlaufen darf (V.).[2] Ein prospektiver Ausblick über weitere Entwicklungen
einer werteorientierten Erziehung in der Schule unter dem Grundgesetz wäre indes zudem zu verknüpfen mit notwendig zu ziehenden Lehren aus der
Covid-Pandemie (VI.).

---

[1] Begriffsdefinition des „staatlichen Wächteramtes" in ständiger Rechtsprechung: BVerfGE
7, 320, 323; 10, 59, 84; 24, 119, 138, 144; 55, 171, 179; 56, 363, 382; *W. Loschelder*, Grenzen staatlicher Wertevermittlung in der Schule, in: Dem Staate, was des Staates – der Kirche
was der Kirche ist. FS für *Joseph Listl*, Berlin 1999, S. 349. Im Gegensatz zu dem von Natur
aus den Eltern zukommende Erziehungsrecht, wird mit der Formulierung des Wächteramtes
durch verfassungsgesetzliche Regulierungsentscheidung dieses Wächteramt staatlich geschaffen.
[2] *A. Dittmann*, Erziehungsauftrag und Erziehungsmaßstab der Schule im freiheitlichen Verfassungsstaat, in: Veröffentlichungen der Vereinigung der Deutschen Staatsrechtslehrer 1995,
S. 47–74 (hier: 59).

II. Kindeserziehung als natürliche und grundsätzlich elterliche Aufgabe

1. Öffnung des elterlichen Erziehungsrechts durch Schulpflicht und Religionsunterricht

Das Grundgesetz enthält einzelne Vorschriften zur Erziehung der Kinder sowie zur schulischen Erziehung; zunächst wird die Erziehung in Art. 6 Abs. 2 GG den Eltern als *natürliches Recht* und zuvörderst obliegende Pflicht zugewiesen. Das Erziehungsrecht ist also die den Eltern primär wie natürlich zukommende Rechtsposition, die nicht etwa vom Staat durch Verfassung, Gesetz oder andere Hoheitsakte verliehen wird, sondern die von diesem als vorgegebenes Recht – Naturrecht – anerkannt wird.[3] Art. 6 Abs. 2 GG bildet zugleich ebenfalls ein Abwehrrecht der Eltern gegen unzulässige Eingriffe des Staates in das elterliche Erziehungsrecht.[4] Dieses Erziehungsrecht ist freilich zugleich unlösbar auch mit der korrespondierenden Erziehungspflicht verbunden (Pflichtbindung des Elternrechts).[5]

Einen ausdrücklichen Auftrag des Staates zur Erziehung oder die Bestimmung von Erziehungszielen des Grundgesetzes expressis verbis sucht man vergebens. Vielmehr findet sich in Art. 6 Abs. 2 S. 2 GG das *Wächteramt* der staatlichen Gemeinschaft über die Betätigung des elterlichen Erziehungsrechts. Auch in Art. 7 Abs. 1 GG finden sich keine ausdrücklichen Hinweise auf einen Auftrag zur oder Definition von Inhalten der Erziehung. Primum factum lässt sich daher kein entsprechender Auftrag im Verfassungstext erkennen.

Daraus könnte der Schluss zu ziehen sein, das staatliche Schulwesen sei nur ein Informationsdienstleister, der den Schülern nur Wissen, nicht aber erzieherisch Werte, Wertvorstellungen, Ideale, Ethiken, Charaktereigenschaften vermitteln darf.[6] Erzieherisch dürfe der Staat demnach nur im Rahmen seines Wächteramtes dort einwirken, wo die Eltern entweder die Erziehung völlig vernachlässigen oder aber ihr Recht freiwillig an die Schule übertragen.[7] Eine freiwillige Übertragung des Erziehungsrechts ist es etwa, wenn die Eltern gem. Art. 7 Abs. 2 GG bestimmen, das Kind möge

---

[3] *M. von Ladenberg-Roberg*, Elternverantwortung im Verfassungsstaat, Tübingen 2020, S. 610ff.; *H. Hofmann*, in: *Schmidt-Bleibtreu/Hofmann/Henneke*, GG, Art. 6 Rn. 44.

[4] BVerfGE 4, 57ff.

[5] BVerfGE 24, 135ff., 138, 143.

[6] Am weitesten in diese Richtung gehen wohl Hagen Weiler und Erich Bärmeier, wobei Bärmeier von Weiler rezipiert und als nicht weitgehend genug kritisiert wurde (*H. Weiler*, Erziehung ohne Indoktrination? Grundrechte wissenschaftlicher, Bildung im Unterricht öffentlicher Schulen, Göttingen 2005, S. 513).

[7] Das Wächteramt übt der Staat durch das Jugendamt aus, die Schule wäre hier nicht zuständig.

an einem Religionsunterricht teilnehmen. Art. 7 Abs. 2 GG gewährt den Eltern ein Grundrecht, über die Teilnahme des Kindes am Religionsunterricht
zu bestimmen.[8] Wird dieses Grundrecht im Sinne einer positiven Teilnah-
meentscheidung elterlich ausgeübt, wird das Erziehungsrecht partiell auf
die Schule delegiert; die Eltern sind durch Art. 7 GG weiterhin ausdrücklich im Rahmen ihres Erziehungsrechts berechtigt über Teilnahme oder
Nichtteilnahme am Religionsunterricht sowie über die Beschulung durch
öffentliche oder private Schulen zu entscheiden. Entscheiden sie sich freilich positiv für den Religionsunterricht, bedeutet dies auch, dass der mit der
Lehrberechtigung ausgestattete Religionslehrer im Religionsunterricht auch
die thematische Behandlung von Werten, Ethiken und Moralen praktizieren
kann. Die Curricula des Religionsunterrichts bilden ein Gemeinschaftswerk
(*Res Mixta*) zwischen Staat und Religionsgemeinschaft.[9] Mit der Etablierung jüdischen oder auch und gerade islamischen Religionsunterrichtes bedeutet dies auch die Legitimation zur Vermittlung solcher Werte, die nicht
aus dem Kanon etwa christlicher Werte entstammen.

2. Neutralitätsgebot und Integrationsgebot bei staatlichen Erziehungsinhalten

Doch wird zutreffend in diesem Kontext auf das Neutralitätsgebot verwiesen, welches den Staat zur Zurückhaltung verpflichtet. Das Grundgesetz sei
als Sammlung von Grundfreiheiten, staatsorganisationsrechtlichen Vorschriften und Verfahrensprinzipien zu verstehen und nicht als Grundwerte-
sammlung. Werte und Moralvorstellungen ließen sich zwar wohlmöglich
aus dem Grundgesetz ableiten, sie seien jedenfalls aber nicht rechtsverbind-
lich. Der Bürger sei daher auch nicht zur Verinnerlichung bestimmter Werte, sondern nur zu äußerlich verfassungskonformen Verhalten verpflichtet.
Aus welchen Wertvorstellungen heraus er diese Verhaltenspflichten erfülle,
sei unerheblich und gehe den Staat nichts an. Auch in dem von der Schulpflicht erfassten Unterricht könne die Schule den Schülern daher nur äußere
Verhaltenspflichten beibringen und von ihnen einfordern. Die Vermittlung

---

[8] Sie dient dem Zweck, die Glaubens- und Gewissensfreiheit bei einem ordentlichen Lehr-
fach zu gewährleisten (BVerwGE 42, 352f.). Umgekehrt proportional zu der graduellen
Grundrechtsfähigkeit des Kindes läuft dieses Bestimmungsrecht der Eltern aus. Das Recht der
Eltern über die Teilnahme am Religionsunterricht zu bestimmen, besteht uneingeschränkt bis
zum 12. Lebensjahr des Kindes (OVG Koblenz, Zeitschrift für das gesamte Familienrecht
1981, 82). Vom 12. Lebensjahr an bedarf eine Entscheidung der Eltern der Zustimmung des
Kindes, weil es gegen seinen Willen nicht in einem bestimmten Bekenntnis erzogen werden
darf. Mit Vollendung des 14. Lebensjahres kann dann das Kind allein sein Bekenntnis und
damit auch die Teilnahme am jeweiligen Religionsunterricht bestimmen (Religionsmündig-
keit, §§ 1 und 5 RKEG).
[9] *Hofmann*, in: *Schmidt-Bleibtreu/Hofmann/Henneke*, GG, Art. 140 Rn. 23.

von dahinterliegenden Werten oder Weltanschauungen wäre hingegen eine Einwirkung auf die Schüler von Innen. Das wäre angesichts des staatlichen Neutralitätsgebots aber bereits eine unzulässige Indoktrination.[10] Kern dieser Argumentation ist, dass der Staat bei der Vermittlung von Wertvorstellungen seine grundgesetzlich manifestierte weltanschauliche Neutralität bewahren muss. Diese kommt in Art. 2 Abs. 1 GG (freie Entfaltung der Persönlichkeit), Art. 4 Abs. 1 GG (Glaubens-, Gewissens-, Religions- und Weltanschauungsfreiheit) und Art. 5 Abs. 1 GG (Meinungsäußerungsfreiheit) zum Ausdruck. Doch unbestritten ist der deutsche Verfassungsstaat etwa in religionsrechtlicher Hinsicht zwar auf eine rechtlich neutrale Haltung gegenüber Religionsgemeinschaften orientiert, doch er ist keineswegs religionspolitisch ‚steril‘ oder ‚kontaktlos‘, nein er darf mit diesen Institutionen kooperieren; der Säkularismus in Deutschland bedeutet eben keine feindliche Trennung, sondern kooperative Trennung.[11]

Den Eltern steht die primäre Entscheidung über Bildung und Bildungsweg des Kindes zu. Da die Eltern als primäre Träger der Kindererziehung anzusehen sind, ist sogar die Möglichkeit in Kauf zu nehmen, dass das Kind durch einen Entschluss der Eltern Nachteile erleidet, die im Rahmen einer nach objektiven Maßstäben betriebenen Begabtenauslese vielleicht vermieden werden könnten. Dieses Bestimmungsrecht der Eltern umfasst beispielsweise auch die Befugnis, den von ihrem Kind einzuschlagenden Bildungsweg in der Schule frei zu wählen.[12] Elternrecht und Recht des Staates zur schulischen Erziehung stehen nach dem *BVerwG* gleichgeordnet einander gegenüber; der Auftrag des Staates ist dem elterlichen Erziehungsrecht nicht nach-, sondern gleichgeordnet.[13] Die gemeinsame Aufgabe von Eltern und Schule ist demnach in einem sinnvoll aufeinander bezogenen Zusammenwirken zu erfüllen.[14] Welches Recht im Einzelfall den Vorrang hat, ergibt sich aus der Güterabwägung.[15] In diesem Sinne hat das *BVerwG* im Jahre 2013 zum *koedukativen Schwimmunterricht* entschieden, dass muslimische Schülerinnen diesen auch gegen die Entscheidung der Eltern besu-

---

[10] So argumentierend: *Weiler*, Erziehung ohne Indoktrination?, S. 546.

[11] *U. di Fabio*, Die Kultur der Freiheit, München 2005, S. 173; *Hofmann*, in: *Schmidt-Bleibtreu/Hofmann/Henneke*, GG, Art. 4 Rn. 45.

[12] *BVerwGE* 18, 42ff.

[13] *BVerwG*, Beschluss vom 8.5.2008, 6 B 65/07.

[14] Zur gemeinsamen Erziehungsaufgabe von Eltern und Schule BVerfGE 34, 165 (183); 98, 218 (244f.). BVerwGE 18, 40; 34, 165 (182); 41, 29 (44); 47, 46 (71); 52, 223 (236); 98, 218 (244).

[15] BVerwGE 5, 156; 21, 289; 35, 113; die staatlichen Erziehungsziele entfalten aber keine Bindungswirkung gegenüber den Eltern (*B. Pieroth*, Erziehungsauftrag und Erziehungsmaßstab der Schule im freiheitlichen Verfassungsstaat, in: Deutsches Verwaltungsblatt 1994, S. 947–961 [hier: 954]).

chen müssen, wenn sie dabei einen sogenannten *Burkini* tragen können.[16] Damit sieht das *BVerwG* in dem Konflikt des elterlich-religiösen Erziehungsrechts gegenüber dem staatlichen Bildungsziel ‚Schwimmunterricht' den Erziehungs- und Bildungsauftrag als überwiegend an. Zugleich wird damit ein annehmbarer Ausgleich zwischen Religionsfreiheit und Bildungsauftrag gefunden, indem muslimische Kinder auch durch den Schwimm- und Sportunterricht am gesellschaftlichen Leben teilhaben können. Der damit durch das *BVerwG* erfolgte Richtungswechsel seiner Judikatur wird ausdrücklich auch mit einem *Integrationsauftrag* des Grundgesetzes im Hinblick auf die *kulturelle Pluralität (Soziodiversität)* von Schülern begründet.

III. Partielle Delegation des Erziehungsrechts durch die Eltern an die Schule und staatlicher Erziehungsauftrag

1. Verfassungsrechtlich autorisierter Bildungsauftrag des Staates

Art. 7 Abs. 1 GG konstatiert die „Aufsicht des Staates" über das gesamte Schulwesen und Art. 7 Abs. 4 spricht von „Lehrzielen" für private Schulen, die der Staat kontrolliert. Hat der Staat also im Spannungsfeld des elterlichen Erziehungsrechts und verfassungsrechtlich autorisierter schulischer Bildungsaufträge und Lehrziele einen schulischen Erziehungsauftrag und beinhaltet dieser auch Werte darzustellen, darüber zu informieren, diese zu vermitteln oder diese anzubieten?

Schule im Sinne des Schulrechts ist nach der Definition des VGH Baden-Württemberg eine organisierte, auf Dauer angelegte Einrichtung, in der eine im Laufe der Zeit wechselnde Mehrzahl von Schülern zur Erreichung allgemein festgelegter Erziehungsziele und Bildungsziele planmäßig durch hierzu ausgebildete Lehrkräfte gemeinsam unterrichtet wird.[17] Hauptauftrag der Schule und der staatlichen Schulaufsicht ist es, im Rahmen des staatlichen Erziehungs- und Bildungsauftrags grundlegende Kulturtechniken und

---

[16] BVerwGE 147, 362; ebenso das vorinstanzliches Urteil VGH HE, Deutsches Verwaltungsblatt 2013, 59; *F. Hufen*, Religionsfreiheit in der Schule, in: Juristische Schulung 2013, S. 666 und *S. Muckel*, Keine Befreiung einer muslimischen Schülerin vom koedukativen Schwimmunterricht, zu: Hess. VGH, Urteil vom 28.09.2012 – 7 A 1590/12, in: Juristische Arbeitsblätter 2013, S. 74; *K.-H. Ladeur*, Die „Burkini"-Entscheidung des Bundesverwaltungsgerichts: Die Pflicht zur Teilnahme am koedukativen Schwimmunterricht ist mit Art. 4 Abs. 1 GG grundsätzlich vereinbar, in: Recht der Jugend und des Bildungswesens 2014, S. 266.
[17] VGH BW ESVGH 52, 255ff.

Wissen zu vermitteln.[18] Der Erziehungs- und Bildungsauftrag der staatlichen Schulen umfasst in seiner Dualität sowohl die Vermittlung von Wissen (Bildung) als auch die Aufgabe der Erziehung.[19] So ist es auch Aufgabe der Schule, die vorrangigen Grundprinzipien des Grundgesetzes und die in ihm verankerten Ziele der Rechtsordnung zu vermitteln. Erzieherische Einflussnahme erfolgt aber zwangsläufig schon durch die Auswahl und durch die Darbietung des Lehrstoffs im Rahmen der Curricula durch Lehrkräfte mit individuell-unterschiedlicher persönlicher Haltung und Position. Die Art und Zulässigkeit solcher Einflussnahme darf und muss der Staat im Rahmen seiner Schulaufsicht steuern. Das geschieht durch die Formulierung spezifischer schulischer Erziehungsziele in Landesverfassungen, Gesetzen und Lehrplänen. Damit folgt daraus, dass der Staat nicht gänzlich zur Wertneutralität verpflichtet ist, d.h. letztlich doch inhaltliche Erziehungsziele verfolgen darf. Das Recht des Schülers auf freie Persönlichkeitsentfaltung ist eingebunden in die verfassungsrechtliche Wertordnung der Grundrechte und Grundnormen (z.B. Menschenwürde, Demokratie, Sozialität, Gleichberechtigung, Toleranz, Gewaltverbot). Diese zu vermitteln und zu sichern, ist Aufgabe des Staates (Sicherung des Grundkonsenses). Damit ist er befugt und verpflichtet, wichtige Gemeinschaftswerte als Erziehungsziele verbindlich zu machen (Grundrechte, Grundwerte und Verfassungsprinzipien als Erziehungsziele und -inhalte).[20]

2. Ausrichtung des schulischen Erziehungsprozesses an verfassungsstaatlichen Werten

Bereits seit langem wird attestiert, dass es dem Staat also prinzipiell gestattet ist, Werte zu formulieren, an denen der schulische Erziehungsprozess ausgerichtet wird.[21] Dies findet seine fundamentale Begründung bereits in Art. 7 Abs. 1 GG, der das Schulwesen ausdrücklich der Aufsicht des Staa-

---

[18] BVerfGE 34, S. 165, 181f.; *P. Huber*, Erziehungsauftrag und Erziehungsmaßstab der Schule im freiheitlichen Verfassungsstaat, Bayerische Verwaltungsblätter 1994, S. 545–554 (hier: 546).

[19] BVerfGE 47, S. 46; BVerfG, Deutscher Juristentag 1981, S. 140; *L. R. Reuter*, Erziehungs- und Bildungsziele aus rechtlicher Sicht, in: *Füssel/Roeder* (Hg.), Recht – Erziehung – Staat. Zur Genese einer Problemkonstellation und zur Programmatik ihrer zukünftigen Entwicklung, Weinheim 2003, S. 28.

[20] *Reuter*, in: *Füssel/Roeder*, Recht – Erziehung – Staat, S. 30.

[21] *E.-W. Böckenförde*, Elternrecht, Recht des Kindes, Recht des Staates, in: Essener Gespräche zum Thema Staat und Kirche, Bd. 14 (1980), S. 54–98 (hier: 84f.); *H.-U. Evers*, Verfassungsrechtliche Determinanten der inhaltlichen Gestaltung der Schule, in: Essener Gespräche zum Thema Staat und Kirche, Bd. 22 (1977), S. 110; *J. Isensee*, Demokratischer Rechtsstaat und staatsfreie Ethik, in: Essener Gespräche, Bd. 11 (1977), S. 92–120 (hier: 112ff.); *W. Loschelder*, Wertbezogene Erziehung – rechtliche Spielräume und Grenzen, in: Renovatio 1985, S. 79f.

tes unterstellt, wobei unter *Aufsicht* höchstrichterlich eine umfassende Bestimmungs- und Gestaltungsbefugnis verstanden wird.[22] Es wird dem Staat nach dem *BVerfG* von Verfassungs wegen vorbehalten, Einrichtungen zu betreiben, deren Zweck darin besteht, den jungen Menschen nicht allein zu bilden und auszubilden, sondern ihn zu erziehen, d.h. auf seine Persönlichkeitsentfaltung einzuwirken, sie zu fördern und zu steuern.[23] Da eine erziehende Einwirkung auf die junge Persönlichkeit in diesem Sinne jedoch nicht wertfrei geschehen kann, sich vielmehr ganz wesentlich als Einführung in die Ordnung der Werte vollzieht,[24] legitimiert schon Art. 7 Abs. 1 GG für sich genommen die Vermittlung von Werten durch die Schule.[25]

Das elterliche Erziehungsrecht erfährt nach dem *BVerfG* durch den dem Staat in Art. 7 Abs. 1 GG erteilten *inzidenten Erziehungsauftrag* mittels der allgemeinen landesgesetzlichen Schulpflicht eine Beschränkung. Zum Thema Sexualerziehung hat es etwa 2008 judiziert, dass im Einzelfall Konflikte zwischen dem Erziehungsrecht der Eltern und dem Erziehungsauftrag des Staates im Wege einer Abwägung nach den Grundsätzen der praktischen Konkordanz zu lösen sind.[26] Zwar darf der Staat auch unabhängig von den Eltern *eigene Erziehungsziele* verfolgen, dabei muss er aber *Neutralität und Toleranz gegenüber den erzieherischen Vorstellungen der Eltern* aufbringen. Diese Verpflichtung stellt bei strikter Beachtung sicher, dass unzumutbare Glaubens- und Gewissenskonflikte nicht entstehen und eine Indoktrination der Schuler (etwa auf dem Gebiet der Sexualerziehung) unterbleibt. Die Schule hat nach Ansicht des *BVerfG* beispielsweise mit der Sensibilisierung der Kinder für etwaigen sexuellen Missbrauch und dem Aufzeigen von Möglichkeiten, sich dem zu entziehen, das ihr obliegende Neutralitätsgebot nicht verletzt. Die auf einer Glaubensüberzeugung beruhenden elterlichen Vorstellungen von der *Sexualerziehung* ihrer Kinder sind durch solche Präventionsveranstaltungen nicht in Frage gestellt worden, weil diese die Kinder nicht dahin beeinflusst haben, ein bestimmtes Sexualverhalten zu befürworten oder abzulehnen.[27]

---

[22] BVerfGE 47, 46, 71f.; 93, 1, 21; BVerwGE 94, 82, 84f.; *Loschelder*, in: FS Listl, S. 354.

[23] BVerfGE 34, 165, 183; noch weitergehend ist der Auftrag der Schule nicht auf die bloße Vermittlung von Realien, von „beruflich mittelbar oder unmittelbar verwertbarem Wissen", beschränkt, sondern hat auch die geistig-sittliche Entwicklung zum Gegenstand; dies gehört demnach zum Kerngehalt der gewachsenen Institution Schule (*Loschelder*, in: FS Listl, S. 354).

[24] *Huber,* in: Bayerische Verwatungsblätter 1994, S. 545ff.; *E.-W. Böckenförde*, Diskussionsbeitrag, in: Veröffentlichungen der Vereinigung der Deutschen Staatsrechtslehrer 54 (1995), S. 126; *J. Isensee*, Diskussionsbeitrag, in: Veröffentlichungen der Vereinigung der Deutschen Staatsrechtslehrer 54 (1995), S. 115f.

[25] *Loschelder*, in: FS Listl, S. 354.

[26] BVerfG, Die öffentliche Verwaltung 2009, S. 866ff.

[27] BVerfG, ebd. Die Schule hatte in diesem Fall auch einen schonenden Ausgleich zwischen den Rechten der Eltern und dem staatlichen Erziehungsauftrag zusätzlich dadurch ge-

In einer ähnlichen Konstellation zur Befassung mit Spiritismus und schwarzer Magie als schulischem Erziehungsinhalt hat das *BVerwG* festgehalten, dass Schule nicht aufgrund des religiösen Erziehungsrechts der Eltern verpflichtet ist, einen Schüler von der Teilnahme an der Vorführung des Filmes *Krabat* zu befreien. Auch hier wird darauf abgestellt, dass sich das (religiöse) Erziehungsrecht der Eltern sowie das staatliche Bestimmungsrecht im Schulwesen gleichrangig gegenüber stehen [28] und gemäß dem Grundsatz praktischer Konkordanz der wechselseitigen Begrenzung bedürfen. Dabei stellt das *BVerwG* besonders darauf ab, dass die verfassungsrechtlich anerkannte *Bildungs- und Integrationsfunktion der Schule* nur unvollkommen Wirksamkeit erlangen würde, wenn der Staat die Schul- und Unterrichtsgestaltung auf den kleinsten gemeinsamen Nenner der Vorstellungen der Beteiligten ausrichten müsste. Die Entscheidung über Inhalt und Modalitäten des Unterrichts ist daher dem Staat überantwortet, der im Gegenzug aber Gewähr dafür tragen muss, (religiöse) Positionen der Eltern wenigstens nicht absichtsvoll zu konterkarieren. Ist die staatliche Pflicht zur Rücksichtnahme auf religiöse Belange aus Gründen der Praktikabilität und insbesondere auch aufgrund der Integrationsfunktion der Schule im Prinzip begrenzt, so folgt hieraus für alle Eltern, dass sie in einem bestimmten Umfang *Beeinträchtigungen* (religiöser) Erziehungsvorstellungen als typische, von der Verfassung von vornherein einberechnete *Begleiterscheinung des staatlichen Bildungs- und Erziehungsauftrags* und der seiner Umsetzung dienenden Schulpflicht hinzunehmen haben.[29]

In diesem Sinn erfährt das elterliche Erziehungsrecht durch die allgemeine Schulpflicht und den in Art. 7 Abs. 1 GG implizierten Erziehungsauftrag eine Beschränkung: Zwar darf der Staat auch unabhängig von den Eltern eigene Erziehungsziele verfolgen, dabei muss er aber Neutralität und Toleranz gegenüber den erzieherischen Vorstellungen der Eltern aufbringen; dies ist in den deskribierten Entscheidungen auf das religiöse Erziehungsrecht bezogen, muss aber für sonstige Erziehungsvorstellungen der Eltern ebenso gelten. Diese Verpflichtung stellt bei strikter Beachtung sicher, dass unzumutbare Gewissens- und Interessenskonflikte nicht entstehen und eine Indoktrination der Schüler unterbleibt.

---

sucht, dass sie zwei alternative Angebote zur Verfügung gestellt hat und damit die Teilnahme fakultativ ausgestaltet hat. Das Gericht hat in diesem Beschluss auch keinen Verstoß gegen das Neutralitätsgebot durch die fakultative Teilnahme an einer Karnevalsveranstaltung gesehen, da diese nicht mit religiösen Handlungen verbunden gewesen ist und die Kinder weder gezwungen waren, sich zu verkleiden noch aktiv mitzufeiern.

[28] So bereits das BVerfG in ständiger Rechtsprechung: BVerfGE 98, 218ff.

[29] BVerwG, Neue Juristische Wochenschrift 2014, S. 804ff. Es kommt dabei auch darauf an, welcher Stellenwert einem religiösen Verhaltensgebot – etwa als imperatives Verhaltensgebot mit bindender Wirkung – im Rahmen des Gesamtgerüsts seiner Glaubensüberzeugungen zukommt.

IV. Erziehungsziele nach Landesrecht

1. Länder-Erziehungsziele in Landesverfassungen und Landesschulgesetzen qua Schul- und Bildungskompetenz des Grundgesetzes

Bildungspolitik ist nach dem Grundsatz des Art 30 GG Ländersache. Da das Schulsystem in Deutschland deshalb nicht zentral organisiert, sondern Länderangelegenheit ist, zeichnen die Kultusministerien der 16 Länder für die Lehrinhalte verantwortlich. In jedem Bundesland kann das Angebot an Fächern und Lehrplänen anders geregelt sein. Das Grundgesetz beschränkt sich auf die Feststellung des staatlichen Erziehungs- und Bildungsauftrags durch das öffentliche Schulwesen; die meisten Landesverfassungen enthalten darauf aufbauend explizite Erziehungs- und Bildungsziele.[30] Denn die Kulturhoheit der Länder umfasst die Kompetenz zur rechtlichen Regelung des Bildungs- und Erziehungsauftrages des Staates und dessen Konkretisierung in ausführlichen Bildungs- und Erziehungszielkatalogen der Verfassungen und Schulgesetze der Länder. Dies haben die Landtage insbesondere zwischen 1980 und 1995 durch Schulgesetze mit umfangreichen Aussagen zu den Bildungs- und Erziehungszielen ausgeübt.[31]

Die Länder formulieren also in unterschiedlicher Weise Erziehungsziele und gestalten sie aus. Die meisten Länder haben ihren Erziehungszielen dabei sogar Verfassungsrang eingeräumt, teilweise (zum Beispiel in Berlin) werden sie aber auch nur durch das Schulgesetz festgelegt. Der Grundsatz des Vorbehalts des Gesetzes sowie die Wesentlichkeitstheorie bedingen, dass solche Eingriffe in die Grundrechte von Schülern sowie in das Elternrecht, durch den Gesetzgeber als wesentliche Fragen des Schulwesens geregelt werden sollten. Sie setzen dabei in oft ausführlich-epischen Katalogen mit lyrisch-philosophisch anmutenden Begriffen und allgemein gehaltenen Formulierungen unterschiedliche Akzente. Exemplarisch sind beispielsweise folgende schulische Erziehungs- und Bildungsziele in den 16 Landesverfassungen vorzufinden:

Bildung zur sittlichen Persönlichkeit,
Brüderlichkeit aller Menschen,

---

[30] Dies mag auch der Grund dafür sein, dass das Grundgesetz in seinem Wortlaut keinen Hinweis auf eine schulische Erziehung enthält. Indem das Grundgesetz dem von den Ländern in Anspruch genommenen staatlichen Erziehungsauftrag keine Absage erteilte, akzeptierte es ihn. Die Zurückhaltung des Parlamentarischen Rates beim Wortlaut des Grundgesetzes lässt sich damit erklären, dass die wesentlichen bildungspolitischen Entscheidungen schon auf Länderebene getroffen waren und dies von den Besatzungsmächten auch so vorgegeben war: *Dittmann*, Veröffentlichungen der Vereinigung der Deutschen Staatsrechtslehrer 1995, S. 54.
[31] *Reuter*, in: *Füssel/Roeder*, Recht – Erziehung – Staat, S. 30.

Ehrfurcht vor allem Lebendigen,

Entwicklung zur freien Persönlichkeit,

Erziehung zur Achtung vor der Wahrheit, zum Mut, sie zu bekennen und das als richtig und notwendig Erkannte zu tun,

Erziehung zur Teilnahme am kulturellen Leben,

freiheitlich-demokratische Gesinnung,

Friedensliebe,

Heimatliebe,

Hilfsbereitschaft,

Nächstenliebe,

Rechtlichkeit und Wahrhaftigkeit,

Rücksichtnahme auf religiöse und weltanschauliche Empfindungen,

Sachlichkeit und Duldsamkeit gegenüber den Meinungen anderer,

Selbstbeherrschung,

unverfälschte Darstellung der Vergangenheit,

Verantwortung für die Gemeinschaft und für künftige Generationen,

Verantwortungsbewusstsein für Natur und Umwelt,

Verantwortungsgefühl,

Wille zu sozialer Gerechtigkeit.

Besonders werteorientiert zum Beispiel erscheint Art. 28 der Verfassung von Brandenburg:

„Erziehung und Bildung haben die Aufgabe, die Entwicklung der Persönlichkeit, selbständiges Denken und Handeln, Achtung vor der Würde, dem Glauben und den Überzeugungen anderer, Anerkennung der Demokratie und Freiheit, den Willen zu sozialer Gerechtigkeit, die Friedfertigkeit und Solidarität im Zusammenleben der Kulturen und Völker und die Verantwortung für Natur und Umwelt zu fördern."

2. Homogenität der Länder-Erziehungsziele mit dem Grundgesetz gemäß Art. 28 Abs. 1 S. 1 GG

Die Länder haben also entsprechend der Ihnen grundgesetzlich zugewiesenen Kompetenz den Erziehungsauftrag durch Festlegung von Erziehungszielen ausgearbeitet. Gleichwohl müssen sich diese bereits festgelegten Erziehungsziele und auch etwaige neue Erziehungsziele an der sogenannten *Homogenitätsklausel* des Art. 28 Abs. 1 S. 1 GG am Grundgesetz messen lassen. Mit Art. 28 GG soll eine Homogenität in den politischen Grundentscheidungen zwischen Bund und Ländern sowie unter den Ländern im Sinne einer Bindung an die leitenden Prinzipien des Grundgesetzes erreicht

werden.[32] Betrachtet man diese Vielzahl an Formulierungen zu Erziehungszielen, so bewegen sich diese grundsätzlich innerhalb des vom Grundgesetz
abgesteckten Rahmens, indem sie sich an dort grundgelegte Prinzipien an-
lehnen. Beispielsweise propagieren die Baden-Württembergische und die
Saarländische Verfassung eine Erziehung zu freiheitlich-demokratischer
Gesinnung. Das Schleswig-Holsteinische Schulgesetz nimmt explizit auf
das Grundgesetz Bezug und fordert eine Ausrichtung des Bildungsauftrags
„an den im Grundgesetz verankerten Menschenrechten".

Zu einigen Formulierungen gibt es einzelne kritische Bedenken, ob sie
dem grundgesetzlich gesteckten Rahmen entsprechen, wie etwa bei religiösen Bezugnahmen:[33] Insbesondere die oft in den alten Bundesländern zu
findenden Bezugnahmen auf dezidiert religiöse Werte begegnen vereinzelt
der Kritik, angesichts der aus Art. 4 Abs. 1 GG abgeleiteten negativen Religionsfreiheit nicht mit dem staatlichen Neutralitätsgebot vereinbar zu sein.
Allein aus der Bezugnahme auf religiöse bzw. christliche Wurzeln lässt sich
jedoch noch kein Eingriff in die negative Religionsfreiheit ableiten. Schließlich ist auch das Grundgesetz Ergebnis einer kulturellen Entwicklung, die
ihre Wurzeln unter anderem im Christentum findet.[34] Dies kommt nicht zuletzt darin zum Ausdruck, dass das Grundgesetz ausweislich der Präambel
„In Verantwortung vor Gott und den Menschen" verabschiedet wurde,[35] so
dass sich ein solcher Rekurs im Rahmen des grundgesetzlichen Erziehungsauftrags bewegt.[36] Auch Formulierungen wie die der bayerischen Verfassung, die ausdrücklich eine Erziehung nach den Grundsätzen der *christlichen
Bekenntnisse* fordert, sind im Wege einer säkularisierten Interpretation[37]
grundgesetzkonform so auszulegen dass die negative Religionsfreiheit der
einzelnen Schüler und das Erziehungsrecht der Eltern gewahrt bleibt.

Auch gegen das Ziel der Erziehung zu *Leistungswillen*, wie man es beispielsweise in der Baden-Württembergischen Verfassung findet, werden
vereinzelt Bedenken vorgebracht, da dies insbesondere die allgemeine Hand-

---

[32] BVerfGE 9, 279; 24, 367, 390; 27, 56; 41, 116; 60, 175, 207f.; 83, 58; 90, 60, 85. Der
Grundsatz der Homogenität fordert aber keine Konformität oder Uniformität.
[33] Vgl. *Dittmann*, Veröffentlichungen der Vereinigung der Deutschen Staatsrechtslehrer
1995, S. 61.
[34] *Hofmann*, in: *Schmidt-Bleibtreu/Hofmann/Henneke*, GG, Art. 4 Rn. 45ff.
[35] Auch bei der Wahl einer prima facie nicht-religiösen Formulierung wie die der Sächsi-
schen Verfassung, die eine Erziehung „zur Ehrfurcht vor allem Lebendigen und zur Nächstenliebe" fordert, ist eine Verwurzelung in christlich-abendländischen Werten festzustellen.
[36] Entscheidend ist dabei, dass die grundlegenden gemeinsamen Überzeugungen, auf denen
Identität und Zusammenhalt des gesellschaftlich-staatlichen Gemeinwesens beruhen, „Werte
und Normen" betreffen, die „vom Christentum maßgeblich geprägt, auch weitgehend zum
Gemeingut des abendländischen Kulturkreises geworden sind" (BVerfGE 41, 65, 84f.).
[37] *Dittmann*, Veröffentlichungen der Vereinigung der Deutschen Staatsrechtslehrer 1995,
S. 61.

lungsfreiheit beeinträchtigen könne.[38] Die Förderung des Leistungswillens dient jedoch gerade dazu, dem Schüler eine freie, eigenverantwortliche Entfaltung seiner Persönlichkeit zu ermöglichen und bewegt sich daher innerhalb des Zulässigkeitsrahmens des Art. 2 GG.[39] Schließlich finden sich schulische Erziehungsziele im *patriotischen* Kontext teilweise in Sequenzen wie „Liebe zu Volk und Heimat" (Art. 12 LVerfBW) bzw. zur „bayerischen Heimat" (Art. 131 Abs. 3 BayVerf); dies könnte die Frage aufwerfen, ob Schule zu *Landespatriotismus* erziehen darf und ob dies mit einer gesamtdeutschen Staatsraison des Grundgesetzes zu vereinbaren ist? Jedenfalls bis zu dem Punkt, an dem einzelne Länder beginnen, in der Schule separatistische Bestrebungen zu verbreiten, sind solche Klauseln Ausdruck der vom Grundgesetz geschützten föderalen Vielfalt.

Die Erziehungs- und Bildungsziele der Verfassungen und Schulgesetze transformieren teilweise grundgesetzliche Verfassungsprinzipien in das Schulwesen und ihr inhaltlicher Fokus bezieht sich insgesamt auf Bereiche der menschlichen Existenz: individuelles Leben, Partnerschaft, Familie und Gruppe, Wirtschaft und Arbeitsleben, Gesellschaft, Staat und Völkergemeinschaft.[40] In der historischen Entstehungsanalyse lassen sich *Trenderscheinungen oder Moden* differenzieren: In älteren Verfassungen und Schulgesetzen wird *Gemeinschaftswerten* wie Gemeinsinn, Übernahme von Pflichten oder politische Verantwortung eine größere Rolle als Individualwerten wie Selbstverwirklichung, Wahrnehmung von Rechten oder Kritikfähigkeit eigeräumt. Hingegen finden sich in den jüngeren Verfassungen und neueren Schulgesetzen sowohl *Gemeinschaftswerte* als auch *Individualwerte*.[41] Bei den neueren Zielen lässt sich deutlich die Konzentration auf neue gesellschaftliche Entwicklungen oder Gefährdungslagen vorfinden, wie dem Umweltbewusstsein, der Multikulturalität der Gesellschaft (Empathie für das Fremde, Toleranz gegenüber Minderheiten), der Verantwortung zwischen den Generationen und der Medienkompetenz.[42] Es kann insgesamt resümiert werden, dass die Erziehungs- und Bildungsziele der Länder sich an den grundlegenden Verfassungsprinzipien wie Grundrechten, Grundwerten, Staatsgrundnormen und Staatszielbestimmungen des Grundgesetzes orientieren und diese einhalten.

Das Verhältnis des grundsätzlich vorliegenden grundgesetzlichen Erziehungsauftrages zu den Erziehungszielen in den Landesverfassungen und

---

[38] Siehe bei *Evers*, in: Essener Gespräche, Bd. 22, 1977, S. 128.
[39] Vgl. *Dittmann*, Veröffentlichungen der Vereinigung der Deutschen Staatsrechtslehrer 1995, S. 58, mit Verweis auf *Evers*, in: Essener Gespräche, Bd. 22, 1977, S. 128.
[40] *Reuter*, in: *Füssel/Roeder*, Recht – Erziehung – Staat, S. 30f.
[41] Doch wird Individualwerten insgesamt ein größeres Gewicht eingeräumt: *Reuter*, in: *Füssel/Roeder*, Recht – Erziehung – Staat, S. 30f.
[42] *Reuter*, in: *Füssel/Roeder*, Recht – Erziehung – Staat, S. 30f.

Landesschulgesetzen könnte so zu beschreiben sein, dass die Erziehungsziele der Länder grundgesetzlich verpflichtende Erziehungsziele bilden, die
im Wege einer „pädagogischen Verfassungsinterpretation" aus dem Grundgesetz entwickelt werden müssen.[43] Angesichts der Kompetenzverteilung
im Schulwesen zugunsten der Länder könnte man den grundgesetzlichen
Erziehungsauftrag aber auch nur als Rahmen sehen, der aufzeigt, welche
Erziehungsziele möglich sind und welchen Werten die schulische Erziehung keinesfalls zuwiderlaufen darf.[44] Trotz der besonderen Zurückhaltung
des Grundgesetzes in diesem Bereich sind die Länder verfassungsrechtlich
insbesondere wegen ihrer Bindung an die Grundrechte zu einer diesbezüglich werteorientierten schulischen Erziehung verpflichtet. Dabei bleibt freilich die Art und Weise der Erfüllung des Erziehungsauftrages die Angelegenheit und Sache der Länder; diese müssen sich jedoch wegen der
Homogenitätsklausel des Art. 28 Abs. 1 S. 1 GG an die aufgezeigten ‚Leitplanken' des Grundgesetzes halten.

V. Grundgesetzlicher Wertekanon als Rahmen
staatlicher Erziehungsinhalte

1. Staatliche Notwendigkeit zur Wertevermittlung in der Schule
zur Verteidigung des eigenen Wertefundaments

Das Verfassungsrecht des Bundes enthält nach seinem Text und dessen in-
terpretativer Auslegung einen originären Wertekanon: das Grundgesetz ist
keineswegs darauf reduziert, staatliches Organisationsstatut zu sein, sondern formuliert und postuliert Werte, die es – wie es *Rudolf Smend* nannte –
als *Fundament der staatlichen Einheitsbildung des Volkes* ansieht.[45] Die
Verfassung ist als Programm der Integration der Bürger und Mitbewohner
zu verstehen; zentral für ein solches Programm sind die Menschenwürde
und die selbstbestimmte Entfaltung der Persönlichkeit,[46] die Grundentscheidungen für den demokratischen und sozialen Rechts- und Bundesstaat,[47] die
Präambel mit der „Verantwortung vor Gott und den Menschen" und der

---

[43] *P. Häberle*, Erziehungsziele und Orientierungswerte im Verfassungsstaat, Freiburg/Mün-
chen 1981, S. 71; diese von *Häberle* geprägte Begrifflichkeit beschreibt wohl die Begründung
des am stärksten werteorientierten schulischen Erziehungsauftrags.
[44] *Dittmann*, Veröffentlichungen der Vereinigung der Deutschen Staatsrechtslehrer 1995,
S. 59.
[45] *R. Smend*, Verfassung und Verfassungsrecht, in: *ders.*, Staatsrechtliche Abhandlungen,
3. Aufl., Berlin 1994, S. 119–276 (hier: 189ff.) zur Verfassung als Programm der Integration.
[46] Art. 1 Abs. 1, 2 Abs. 1 GG.
[47] Art. 20 Abs. 1–3, 28 Abs. 1 GG.

Staatszielbestimmung für den Zusammenschluss Europas und den Frieden in der Welt.[48]

Es wäre unzutreffend, aus der weltanschaulichen Neutralität des Grundgesetzes auf eine *Werteneutralität oder -sterilität* zu schließen.[49] Das Grundgesetz enthält klare Wertungen mit dem Bekenntnis zur Menschenwürde in Art. 1 Abs. 1 GG an herausgehobener Stelle. Es ist mehr als ein objektives Regelwerk, das sich gleichsam im luftleeren Raum bewegt, sondern es beruht auf einem Wertefundament, das der staatlichen Gemeinschaft seine Kontur gibt.[50] Zum Schutze dieses Fundaments ist der Staat zur Einhaltung und Förderung des Konsenses verfassungsrechtlich relevanter Werte nachgerade verpflichtet. Die Notwendigkeit einer gewissen Erziehung zu Werten ergibt sich also schon direkt aus dem Grundgesetz. Verfassungsrechtlich ist der Staat, um Sicherung der freiheitlich demokratischen Gemeinschaft für die Zukunft zu garantieren, auch zur Vermittlung seiner grundsätzlichen Prinzipien verpflichtet. Das ist er nicht nur aus Gründen der Staatsraison, sondern auch um die Grundrechte der Einzelnen zu bewahren. Dazu darf und muss er keine Weltanschauung indoktrinieren, er muss aber der heranwachsenden Generation den Kanon der grundlegenden Werte vermitteln, wie er sich aus dem Grundgesetz ergibt. Wenn diese Werte präventiv geschützt werden sollen, ist deren Lehre in der Schule der notwendige erste Schritt zur Prävention und zur Bewahrung dieser Werte.[51]

Zu dem Fundament gehört aber auch das Prinzip der Pluralität und weltanschaulichen Toleranz, die das Gebot staatlicher Neutralität begleiten. Dies ist so anzuwenden, dass es den Staat nicht daran hindert, das eigene Wertefundament Schülern staatlicher Schulen zu vermitteln und sie darin einzuüben. Vielmehr muss das Prinzip staatlicher Neutralität mit anderen Verfassungsnormen im Wege der praktischen Konkordanz zum Ausgleich gebracht werden. Daraus folgt, dass der Staat in der Schule in gewissem Rahmen erzieherisch, wertevermittelnd tätig werden muss, um das eigene Wertefundament zu verteidigen, zu vermitteln und zu beschützen.

---

[48] Art. 23 Abs. 1 GG.

[49] *M. Bothe*, Erziehungsauftrag und Erziehungsmaßstab der Schule im freiheitlichen Verfassungsstaat, in: Veröffentlichungen der Vereinigung der Deutschen Staatsrechtslehrer 1994, S. 7–46 (hier: 30f.).

[50] *Häberle*, Erziehungsziele, S. 22; *Gibis*, Erziehungsziele und Orientierungswerte im Verfassungsstaat, Frankfurt a.M. u.a. 2008, S. 35ff.

[51] Nach der von *Gibis* vertretenen Ansicht lässt diese Notwendigkeit sich auch über das allgemeine Polizeirecht begründen. Dieses ermächtigt den Staat, die öffentliche Ordnung durch präventive Maßnahmen zu bewahren. In dem Begriff der öffentlichen Ordnung kommen in einem hohen Maße auch die grundgesetzlichen Wertvorstellungen zum Ausdruck (*Gibis*, Erziehungsziele, S. 74).

2. Diskurs über die Bestimmung der verfassungskonform vermittelbaren Wertinhalte

Damit gelangen die Überlegungen zur Kernfrage, welche Werte der schulische Erziehungsauftrag des Grundgesetzes konkret umfasst, wo die Grenzen des staatlichen Erziehungsauftrages liegen und wie dies insbesondere mit dem Erziehungsrecht der Eltern in Einklang gebracht werden kann. Als Maßstab für den staatlichen Erziehungsauftrag kommen zunächst die *Grundrechte* in Betracht, die mit ihrer Bindungswirkung für alles staatliche Handeln einen *Wertekompass* auch für die Betätigung des Staates bei der schulischen Erziehung setzen. Dazu kann ein – exemplarischer – Diskursanstoß zu einigen, ausgewählten, klassisch-vermittelbaren Grundrechtspositionen, Staatzielbestimmungen und Staatsstrukturprinzipien sowie zugleich zu den durch sie implizierten Grenzen werteorientierter schulischer Erziehung gegeben werden:

a) Art. 2 Abs. 1 GG – Entfaltung der Persönlichkeit

Um die freie Entfaltung der Persönlichkeit wirksam zu gewährleisten, kann es die Aufgabe der Schule sein, Schülern die Fähigkeit zu vermitteln, dieses Recht auch selbstbestimmt wahrzunehmen und dabei eigenständig zu einem vernünftigen Lebensentwurf zu kommen.[52] Die Entfaltung der Persönlichkeit bildet in diesem Sinne nicht nur ein Abwehrrecht gegen totalitärstaatliche Bestimmung eines Lebensweges, vielmehr darf der Staat aktiv unterschiedliche Möglichkeiten der Persönlichkeitsentwicklung aufzeigen und fördern.

b) Art. 3 Abs. 1 u. 2 GG – Gleichbehandlung

Aus Art. 3 Abs. 1 GG folgt neben der legalen Gleichheit, dass die zu vermittelnden Werte für alle grundsätzlich die gleichen sein müssen, Art. 3 Abs. 2 GG erteilt insbesondere eine Absage an geschlechtsspezifische Werte und Erziehungsziele.[53] Aus Art. 3 folgt aber auch der Anspruch an die Schule, Chancengleichheit herzustellen;[54] für eine werteorientierte Erziehung bedeutet das, dass Schule dort besonders stark erzieherisch tätig werden muss, wo sich zum Beispiel durch mangelnde elterliche Erziehung besondere Lücken auftun.

---

[52] *Bothe*, Veröffentlichungen der Vereinigung der Deutschen Staatsrechtslehrer 1995, S. 16; vgl. auch *Gibis*, Erziehungsziele, S. 255.
[53] *M. Möstl*, in: *Lindner/Möstl/Wolff*, Kommentar zur BayVerf, Art. 131 Rn. 18.
[54] *H. Krieger*, in: *Schmidt-Bleibtreu/Hofmann/Henneke*, GG Art. 3 Rn. 6, 27.

c) Art. 4 Abs. 1 GG – Religions- und Weltanschauungsfreiheit

Das Gebot weltanschaulicher (wie religiöser) Neutralität des Staates spielt insbesondere eine bedeutende Rolle bei der Begrenzung des staatlichen Erziehungsauftrages; der Staat darf nicht zu einer bestimmten Weltanschauung oder Religion hin erziehen und die Schüler auf diese Weise indoktrinieren.[55] Vielmehr kann die Schule auch hier die unterschiedlichen Möglichkeiten aufzeigen, soweit sie sich im Übrigen mit den Verfassungszielen in Einklang bringen lassen und ermuntern, eigenständig und mündig eine Entscheidung zu treffen.

d) Art. 5 Abs. 1 u. 2 GG – Meinungsfreiheit

Die Ausübung der Meinungsfreiheit ist ein Erziehungsziel, doch zugleich setzt Meinungsfreiheit ebenfalls der Schule eine Grenze. Sie muss insbesondere die unterschiedlichen Meinungen der Schüler tolerieren und darf nicht bestimmte Meinungen fördern. Schule darf aber auch klarmachen, dass der Meinungsfreiheit mit Art. 5 Abs. 2 GG Grenzen gesetzt sind.

e) Art. 5 Abs. 3 GG – Freiheit von Kunst und Wissenschaft, Forschung und Lehre

Aus Art. 5 Abs. 3 GG lässt sich nicht nur eine gewisse pädagogische Freiheit der Lehrer ableiten. Die (Verfassungs-)Treueklausel des Satz 2 macht auch deutlich, dass wie alle staatliche Gewalt auch die Lehrkräfte an die Verfassung gebunden sind. Daraus lässt sich nochmals der Auftrag des einzelnen Lehrkörpers zu einer an der Verfassung orientierten Lehre ablesen, der eine Erziehung zu den verfassungstragenden Werten einschließt.[56]

f) Art. 6 Abs. 1 u. 2 GG – Ehe und Familie

Art. 6 Abs. 2 GG enthält mit dem elterlichen Erziehungsrecht das fundamentale Moment, das den staatlichen Erziehungsauftrag begrenzt und mit dem elterlichen Erziehungsauftrag im Wege der praktischen Konkordanz in Ausgleich gebracht werden muss.[57] Auch Art. 6 Abs. 1 GG ist aber als wertgebende Grundsatznorm per se bedeutend und bringt zum Ausdruck, dass

---

[55] *Hofmann*, in: *Schmidt-Bleibtreu/Hofmann/Henneke*, GG Art. 4 Rn. 13, 23.
[56] *K. von der Decken*, in: *Schmidt-Bleibtreu/Hofmann/Henneke*, GG Art. 5 Rn. 54.
[57] BVerfG, Die öffentliche Verwaltung 2009, S. 866f.

das Grundgesetz Ehe und Familie als besonders schutzwürdig ansieht. Auch diese besondere Schutzwürdigkeit kann schulische Erziehung aufzeigen und darf zu Achtung von Ehe und Familie erziehen.[58]

g) Art. 14 Abs. 2 GG – Eigentum verpflichtet

Eine weitere für die schulische Erziehung bedeutsame Wertung enthält auch Art. 14 Abs. 2 GG. Dass Eigentum nicht nur staatlich gewährleistet wird, sondern auch dazu verpflichtet, es zum Wohle der Allgemeinheit zu gebrauchen, verdeutlicht, dass in konsumorientierten Gesellschaften auch Verantwortung für Eigentum bedeutsam ist (Sozialbindung des Eigentums).[59]

h) Staatsziele und Staatsstrukturprinzipien als vermittelnswerte Wertentscheidungen

Mit seinen Staatszielbestimmungen verbindet das Grundgesetz auch andere Wertentscheidungen, die für die schulische Erziehung in Betracht kommen. So sollte Schule zum Schutz der natürlichen Lebensgrundlagen und der Tiere nach Art. 20a GG,[60] der Verwirklichung eines vereinten Europas nach Art. 23 Abs. 1 GG sowie im Sinne der Verpflichtung zur internationalen Zusammenarbeit und zur Völkerverständigung (Präambel, Art. 9 Abs. 2 und 24 Abs. 2 GG) erziehen. Diese Staatsziele bilden zugleich eine negative Grenze: schulische Erziehung sollte sich nicht gegen die Staatszielbestimmungen wenden. Von höchster Bedeutung sind zudem die von der Ewigkeitsklausel geschützten Staatstrukturprinzipien des Art. 20 GG: *Republikprinzip, Demokratieprinzip, Rechtstaatsprinzip, Bundesstaatsprinzip und Sozialstaatsprinzip*. Auch ihnen darf die schulische Erziehung nicht entgegenlaufen; vielmehr kann die Schule Demokratiebewusstsein beispielsweise durch Ermunterung zur demokratischen Teilhabe fördern.

---

[58] *Hofmann*, in: *Schmidt-Bleibtreu/Hofmann/Henneke*, GG Art. 6 Rn. 16 mit dem Wandlungen unterworfenen Ehebild als Gegenstand des Schutzes, etwa die Stichworte: monogame Ehe, Ehefähigkeitsalter ab 18 Jahre, Ehe für Alle. Der besondere Schutz von Ehe und Familie enthält aber eine grundgesetzliche Wertung, die angepasst an heutige Vorstellungen weiterhin ein wichtiges Erziehungsziel sein kann.

[59] *Hofmann*, in: *Schmidt-Bleibtreu/Hofmann/Henneke*, GG Art. 14 Rn. 61.

[60] So ist nach dem Klimaschutzbeschluss des BVerfG 157, 30, 132 sogar von einem Klimaschutzgebot als Erziehungsziel auszugehen: *G. Krings*, in: *Schmidt-Bleibtreu/Hofmann/Henneke*, GG Art. 20a Rn. 31.

VI. Werteorientierte Erziehung in der Schule unter dem Grundgesetz – Aktualisierung des Werte-Kanons

1. Staatliche Aufgabe der Integration und Existenzerhaltung durch Vermittlung der identitätsbegründenden gemeinsamen Werte

Das Grundgesetz legt keine ausdrücklichen Erziehungsziele fest. Ein Auftrag zu werteorientierter schulischer Erziehung lässt sich dennoch verfassungsrechtlich begründen. Insbesondere die Grundrechte, Staatszielbestimmungen und Staatsstrukturprinzipien als das Grundlegende der normierten, gesellschaftlichen Wertvorstellungen (*ordre public*) dienen dabei als Leitlinien für staatliche Erziehungsinhalte. Die Länder haben entsprechend ihrer Kompetenz den Erziehungsauftrag durch Festlegung von Erziehungszielen in Landesverfassungen und Landesschulgesetzen formuliert. Grundsätzlich bleibt die Art und Weise der Erfüllung des Erziehungsauftrages Angelegenheit und Sache der Länder. Der Vorbehalt des Gesetzes und die Wesentlichkeitstheorie sprechen dafür, solche Grundrechtseingriffe in Schüler- und Elternrechte durch Gesetze als wesentliche Fragen des Schulwesens zu regeln. Die bereits festgelegten Erziehungsziele und weitere, neue Erziehungsziele müssen sich im Sinne der Homogenitätsklausel des Art. 28 Abs. 1 S. 1 GG am Grundgesetz messen lassen.

Die skizzierten Verfassungsvorgaben des Staates im Grundgesetz definieren zunächst verpflichtende *Maßstäbe für das Handeln der staatlichen Organe*: demokratische Haltung, soziale Orientierung und solidarisches Denken, Akzeptanz und Respektanz des Rechtsstaates, bundesstaatliche Treue und Kooperation, Bindung an die geltenden Gesetze. Zugleich jedoch kann und muss es – so schon *Wolfgang Loschelder*[61] – staatliche Aufgabe sein, im Kontinuum gesellschaftlicher Existenz die Pflege und Bildung der Gemeinschaft, des Gemeinwohls sowie insbesondere die staatliche Integration zu fördern, indem man Werte identifiziert und kultiviert, an denen sich die schulische Erziehung orientiert. Versteht man es nicht zu Recht als eine der vornehmsten Aufgaben einer gesellschaftlich-staatlichen Kommunität, durch seine Organe und mit den von Verfassungs wegen zustehenden Instrumenten, den Zusammenhalt, die Pluralität, die Integrität und Identität des politischen Organismus zu bewahren und damit zugleich die freiheitlich-soziale Idee, für die dieser steht? In diesem Sinne lässt sich Art. 7 Abs. 1 GG verstehen als Grundierung, die *Schüler in die Ordnung der Werte* einzuführen, die als die Grundwerte der verfassten staatlichen Gemeinschaft insgesamt zugrunde liegen, indem der Staat seine *Schulen als Instrument der Integration* legitimiert. Dem sich bei diesem Gedanken

---

[61] *Loschelder*, in: FS *Listl*, S. 349–366.

sogleich annoncierenden Bedenken der Beeinträchtigung freier Persönlichkeitsentfaltung, kann mit dem Argument begegnet werden, dass es ja gerade
darum geht, den Wert dieses Gutes (freie Persönlichkeitsentfaltung) und
weitere Werte der staatlichen Ordnung zu vermitteln, die seine Verwirklichung auf Dauer erst ermöglichen.[62] In dieser Perzeption dient der Staat der
ihm immanenten Intention der Integration und Existenzerhaltung, wenn er
in seinen Schulen das Bewusstsein für die identitätsbegründenden gemeinsamen Werte weckt und pflegt.

2. Grenzen der Werteerziehung und aktueller Diskurs über den Kanon der Werte auch als Lehre aus der Covid-Pandemie

Die Grenzen der staatlichen, werteorientierten Erziehung sind gleichwohl
das elterliche Erziehungsrecht des Art. 6 Abs. 1 GG, mit dem der schulische Erziehungsauftrag im Wege der praktischen Konkordanz zum Ausgleich gebracht werden muss, und das staatliche Neutralitätsgebot. Das Gebot der Pluralität im Schulwesen bewirkt zudem ein Verbot jeder etwaig
erzwungenen Annahme oder Übernahme der Werteinhalte durch die Schüler und deren Indoktrination.[63] Immer dann ist weder das Neutralitätsgebot,
noch sind die elterlichen Erziehungsvorstellungen von der *Erziehung* ihrer
Kinder verletzt, wenn die staatliche Werteunterrichtung oder -erziehung die
Kinder nicht dazu bestimmt, angebotene Werte oder Verhalten anzunehmen, zu befürworten oder abzulehnen. Erziehung durch staatliche Instanzen
geht implizit über bloße Wissensvermittlung hinaus, bedarf der Rechtfertigung gegenüber der grundrechtlichen Eigenbestimmtheit von Schülern und
Eltern und definiert damit sowohl Begründung als auch Grenzziehung ihrer
selbst. Die rechtliche Formulierung gesetzlich-festgelegter Erziehungsziele
muss weiterhin dem offenen Charakter der Verfassungsordnung entsprechen sowie ein Gebot zur Erziehung zur Achtung anderer Meinungen, zur
interkulturellen Toleranz, zur Gewaltfreiheit und zu den übrigen Grundwerten der Verfassungsordnung bleiben.[64] Die durch das Grundgesetz garan-

---

[62] *Loschelder*, in: FS *Listl*, S. 354: Ebenso wenig ergibt sich eine Spannung zum offenen,
pluralistischen Prozess gesellschaftlicher Meinungsbildung und gesellschaftlichen Meinungs-
wettbewerbs, aus denen im demokratischen System die politischen Überzeugungen und Entscheidungen erwachsen. Denn dieser Prozess spielt sich oberhalb des hier in Rede stehenden
Fundaments von Grundwerten ab, die von Verfassungs wegen seine Voraussetzung sind und
ihrerseits nicht zur Disposition gesellschaftlichen Dafürhaltens und politischer Auffassungen
stehen, vielmehr auf dem Hintergrund der geschichtlichen Erfahrung gegen jeden Zugriff gesichert sind.
[63] *Häberle*, Erziehungsziele, S. 22ff.; *Bothe*, Veröffentlichungen der Vereinigung der Deutschen Staatsrechtslehrer 1994, S. 29; *Reuter*, in: *Füssel/Roeder*, Recht – Erziehung – Staat,
S. 30.
[64] *Häberle*, ebd.

tierten Prinzipien des Pluralismus und der Offenheit politischer und gesellschaftlicher Optionen dürfen durch Erziehungsziele und Lehrpläne des öffentlichen Schulwesens nicht verkürzt werden.[65]

Auch wenn die Länder zahlreiche Erziehungsziele normiert haben, stellt sich angesichts des steten *gesellschaftlichen, demografischen, digitalen, globalen, politischen* wie *klima-transformativen Wandels* die Frage, ob und wie der Katalog der Erziehungsziele erneuert und aktualisiert werden sollte.[66] Es gilt, neben den Werten, die verfassungsrechtlich ausdrücklich etabliert sind, eine Aktualisierung des Werte-Kanons zu diskutieren. Dies betrifft auch den Werte-Kompass, der in Deutschland im Verlauf der Covid-Pandemie kritisch thematisiert und allenthalben auch damit konnotiert worden ist, die notwendigen Lehren aus dem Umgang mit dieser Gesundheitsnotlage zu ziehen.[67] Betrachtet man weltweit systemunterschiedliche staatliche wie gesellschaftliche Reaktionsweisen auf diese Pandemie, so lassen sich Differenzen im kollektiven wie individuellen Verhalten, in Protestbewegungen, in der Rechtstreue und -akzeptanz, im Gemeinschaftsdenken, im solidarischen Verhalten, in der Impfbereitschaft, in der sich zurücknehmenden Selbstdisziplin und vielem anderen mehr beobachten, die unter anderem auch auf werte-kulturelle Einstellungen zurückzuführen sein dürften. Also gehörten nicht ebenso extrakonstitutionelle Tugenden wie Aufrichtigkeit, Hilfsbereitschaft, Verantwortungsbewusstsein, Fairness, Klimabewusstsein, Solidarität in der Pandemie und einige andere mehr zweifelsfrei zu dem Wertekanon der Erziehungsziele? Dies bedürfte einer intensiven Diskussion und der Fixierung übereinstimmend als verbindlich angesehenen Werte und Verhaltensnormen.[68] Es ist deshalb aktuell notwendig, den

---

[65] *Reuter*, in: *Füssel/Roeder*, Recht – Erziehung – Staat, S. 30f.

[66] Insbesondere die Situation Deutschlands als *Einwanderungsland* sollte dabei zu berücksichtigen sein. Auch die Kinder von Einwanderern erfahren von ihren Eltern in der Regel eine werteorientierte Erziehung. Falls diese möglicherweise nicht dem grundgesetzlichen Wertefundament entspricht, könnte ein Lückenschluss oder Harmonisierung mittels einer verstärkten schulisch-integrativen Ergänzung ratsam sein. Beispielhaft könnte das Erfordernis der „Eingliederung in die deutschen Lebensverhältnisse" wie es in § 10 StAG genannt ist, als Orientierung denkbar sein. Auch die *Digitalisierung* des Lebens könnte im Kanon der Erziehungsziele berücksichtigt werden im Sinne eines verantwortungsbewussten Umgangs mit den sozialen Medien.

[67] Vgl. nur Aussagen des Deutschen Ethikrates und einzelner seiner Mitglieder: Die Impfung gegen Corona sei zunächst mal eine „vernunftbegründete Bürgerpflicht", sagt der Moraltheologe Franz-Josef Bormann, christlich-religiöse Motive brauche es dafür gar nicht, sondern jede Bürgerin, jeder Bürger habe ein Eigeninteresse am Schutz der Gesundheit, aber auch eine moralische Verpflichtung zum Schutz für die Gesundheit anderer (https://www.deutschlandfunkkultur.de/moraltheologe-zur-coronapolitik-100.html).

[68] Ein Kanon von Werten und Grundüberzeugungen, die in der Gesellschaft zumindest weitgehend außer Diskussion stehen, existiert – wie zu vermuten ist – nicht mehr. Stichworte zu Streitthemen über diesen Kanon von Erziehungsinhalten dürften allenfalls beispielhaft aufgeführt sein: das Bild und der Schutz von Ehe und Familie, der Schutz des ungeborenen Lebens, das Verständnis von Leistung und sozialer Gerechtigkeit, die Gewichtung ökonomi-

Diskurs über den Kanon und die inhaltliche Definition schulischer Werte-vermittlung erneut zu suchen. Das Ziel eines solchen Diskurses sollte sein, zu einer möglichst konsensualen, gesellschaftlich-homogenen Differenzie-rung zwischen den Gütern und Werten zu gelangen, die in diesen Grundka-non eingeschlossen sind, und denen, die oberhalb dieser Basis Gegenstand des *Meinungspluralismus* und *des demokratisch-freiheitlichen Streites* blei-ben müssen.[69] Gesellschaftliche Gruppen, Medien und Politiker, auch staat-liche Mandatsinhaber in Parlament und Regierung, mögen über Vorzüge und Nachteile aller Themen außerhalb dieses Definitionskreises streiten. Die Schule hat hier nicht Partei zu ergreifen, Position zu beziehen – ihr er-zieherischer Impetus endet hier. Würden solche Fragen in der öffentlichen Schule mit dem Anschein von Verbindlichkeit beantwortet, so trüge man die politische Auseinandersetzung in die Schule hinein. Hier jedenfalls en-det final die Befugnis der öffentlichen Schule.

Literaturhinweise

Böckenförde, Ernst-Wolfgang: Diskussionsbeitrag, in: Veröffentlichungen der Ver-einigung der Deutschen Staatsrechtslehrer 54 (1995), S. 126.

Ders.: Elternrecht, Recht des Kindes, Recht des Staates, in: Essener Gespräche zum Thema Staat und Kirche, Bd. 14 (1980), S. 54–98.

Bothe, Michael: Erziehungsauftrag und Erziehungsmaßstab der Schule im freiheit-lichen Verfassungsstaat, Veröffentlichung der Vereinigung der Deutschen Staats-rechtslehrer, Heft 54, Berlin/New York 1994, S. 7–46.

Decken, Kerstin von der: Art. 5 GG, in: *Bruno Schmidt-Bleibtreu/Hans Hofmann/ Hans-Günter Henneke*, Kommentar zum Grundgesetz, 15. Aufl., Köln 2022.

Dittmann, Armin: Erziehungsauftrag und Erziehungsmaßstab der Schule im frei-heitlichen Verfassungsstaat, Veröffentlichung der Vereinigung der Deutschen Staatsrechtslehrer, Heft 54, Berlin/New York 1995, S. 47–74.

---

scher und ökologischer Ziele (Klimaschutz), das Verhältnis individueller Selbstverwirkli-chung zum Dienst an überindividuellen Gütern gerade in den Zeiten der Covid-Pandemie, So-lidarität (auch generationenübergreifend), Impfpflichten, Tierversuche, Fortpflanzungsmedi-zin, Energiewende, grüne Gentechnik, Transgender, tradiertes oder modernisiertes Familien-bild (Mitmutterschaft, Verantwortungsgemeinschaften).

[69] Auf dem Feld der Konkurrenz der Meinungen endet final die Befugnis der öffentlichen Schule, verbindliche Festlegungen zu treffen und zu vermitteln. Grundrechtlich verbürgte Freiheit und Eigenbestimmung bis zu einem gewissen Alter der Schüler sowie die Offenheit des politischen Meinungsbildungsprozesses verpflichten den Staat hier auf Nichtidentifikati-on gegenüber den divergierenden Anschauungen; siehe bereits: *K. Schlaich*, Neutralität als verfassungsrechtliches Prinzip, Tübingen 1972, insbes. S. 236ff.; *I. Richter*, Nach welchen Grundsätzen sind das öffentliche Schulwesen und die Stellung der an ihm Beteiligten zu re-geln?, Verhandlungen des 51. Deutschen Juristentages, 1976, M 10, M 27.

Evers, Hans-Ulrich: Verfassungsrechtliche Determinanten der inhaltlichen Gestaltung der Schule, in: Essener Gespräche zum Thema Staat und Kirche, Bd. 22 (1977), S. 110ff.

Fabio, Udo di: Die Kultur der Freiheit, München 2005.

Gibis, Florian: Wertorientierte Erziehung im öffentlichen Schulwesen: Verfassungsrechtliche Betrachtungen zur integrativen Bedeutung von Gemeinschaftswerten, Frankfurt a.M. u.a. 2008.

Häberle, Peter: Erziehungsziele und Orientierungswerte im Verfassungsstaat, Freiburg/München 1981.

Hofmann, Hans: Art. 4 GG, Art. 6 GG, Art. 14 GG, Art. 140 GG, in: *Bruno Schmidt-Bleibtreu/Hans Hofmann/Hans-Günter Henneke*, Kommentar zum Grundgesetz, 15. Aufl., Köln 2022.

Huber, Peter M.: Erziehungsauftrag und Erziehungsmaßstab der Schule im freiheitlichen Verfassungsstaat, Bayerische Verwaltungsblätter 125 (1994), S. 545–554.

Hufen, Friedhelm: Religionsfreiheit in der Schule, in: Juristische Schulung 2013, S. 666–668.

Isensee, Josef: Demokratischer Rechtsstaat und staatsfreie Ethik, Essener Gespräche, Bd. 11 (1977), S. 92–120.

Ders.: Diskussionsbeitrag, in: Veröffentlichungen der Vereinigung der Deutschen Staatsrechtslehrer 54 (1995), S. 115f.

Krieger, Heike: Art. 3 GG, in: *Bruno Schmidt-Bleibtreu/Hans Hofmann/Hans-Günter Henneke*, Kommentar zum Grundgesetz, 15. Aufl., Köln 2022.

Krings, Günter: Art. 20a GG, in: *Bruno Schmidt-Bleibtreu/Hans Hofmann/ Hans-Günter Henneke*, Kommentar zum Grundgesetz, 15. Aufl., Köln 2022.

Ladenberg-Roberg, Michael von: Elternverantwortung im Verfassungsstaat, Tübingen 2020.

Ladeur, Karl-Heinz: Die „Burkini"-Entscheidung des Bundesverwaltungsgerichts: Die Pflicht zur Teilnahme am koedukativen Schwimmunterricht ist mit Art. 4 Abs. 1 GG grundsätzlich vereinbar, in: Recht der Jugend und des Bildungswesens 2014, S. 266–269.

Lindner, Josef Franz/Möstl, Markus/Wolff, Heinrich Amadeus: Verfassung des Freistaates Bayern, Kommentar, 2. Aufl., München 2017.

Loschelder, Wolfang: Grenzen staatlicher Wertevermittlung in der Schule, in: Dem Staate, was des Staates – der Kirche was der Kirche ist, FS *Listl*, Berlin 1999, S. 349–366.

Ders.: Wertbezogene Erziehung – rechtliche Spielräume und Grenzen, in: Renovatio 1985, S. 78–96.

Muckel, Stefan: Keine Befreiung einer muslimischen Schülerin vom koedukativen Schwimmunterricht, zu: Hess. VGH, Urteil vom 28.09.2012 – 7 A 1590/12, in: Juristische Arbeitsblätter 2013, S. 74–76.

Pieroth, Bodo: Erziehungsauftrag und Erziehungsmaßstab der Schule im freiheitlichen Verfassungsstaat, in: Deutsches Verwaltungsblatt 1994, S. 947–961.

Reuter, Lutz Rainer: Erziehungs- und Bildungsziele aus rechtlicher Sicht, in: *Hans-Peter Füssel/Peter Martin Roeder* (Hg.), Recht – Erziehung – Staat. Zur Genese einer Problemkonstellation und zur Programmatik ihrer zukünftigen Entwicklung, Weinheim 2003, S. 28–48. – (Zeitschrift für Pädagogik, Beiheft; 47).

Richter, Ingo: Nach welchen Grundsätzen sind das öffentliche Schulwesen und die Stellung der an ihm Beteiligten zu regeln?, Verhandlungen des 51. Deutschen Juristentages, 1976, M 10, M 27.

Schlaich, Klaus: Neutralität als verfassungsrechtliches Prinzip, Tübingen 1972.

Smend, Rudolf: Verfassung und Verfassungsrecht, in: *ders.*, Staatsrechtliche Abhandlungen, 3. Aufl., Berlin 1994, S. 119–276.

Weiler, Hagen: Erziehung ohne Indoktrination? Grundrechte wissenschaftlicher, Bildung im Unterricht öffentlicher Schulen, Göttingen 2005.

III. Werteerziehung durch die Schule – Erziehung zu Mündigkeit und Werturteilsvermögen

Ino Augsberg

Erziehung zur (Werte-)Mündigkeit

Adornos Radiogespräche mit Hellmut Becker *revisited*

I. Die Ausgangslage

1. „Offenbar kommt es wieder einmal nicht zu einem Streitgespräch…"

Mitte Juli 1969, wenige Tage ehe er in den Urlaub in die Schweiz auf-brach, in dem er Anfang August einen Herzinfarkt erlitt und verstarb, führte Theodor W. Adorno im Frankfurter Funkhaus ein Gespräch mit Hellmut Becker, dem damaligen Direktor des Berliner Max-Planck-Instituts für Bildungsforschung. Titel und Thema dieses Gesprächs, das aufgezeichnet und eine Woche nach Adornos Tod am 13. August 1969 im Radioprogramm des Hessischen Rundfunks gesendet wurde, war die Frage nach einer „Erzie-hung zur Mündigkeit". Das Radiogespräch setzte damit zugleich eine be-reits im Jahr zuvor aufgezeichnete Diskussion zwischen Adorno und Becker fort, in der es um eine ähnliche Thematik, nämlich die „Erziehung zur Ent-barbarisierung", gegangen war. Zuvor bereits hatten Becker und Adorno, ebenfalls jeweils für den Hessischen Rundfunk, im Jahr 1963 über „Fernse-hen und Bildung" und im Jahr 1966 über die Frage „Erziehung – wozu?" miteinander gesprochen. Zwei Jahre nach Adornos Tod wurden diese Ge-spräche in transkribierter Form (zusammen mit einigen weiteren thematisch einschlägigen Aufsätzen Adornos) auch als Buch publiziert.[1]

Die Betonung des Gesprächscharakters macht bereits deutlich, dass bei den Auseinandersetzungen zwischen Becker und Adorno von einer wirklich

---

[1] Vgl. *T. W. Adorno*, Fernsehen und Bildung 1963, in: *ders.*, Erziehung zur Mündigkeit, hg. von G. Kadelbach, Frankfurt a.M. 1971, S. 50–69; *ders.*, Erziehung – wozu? 1966, in: *ders.*, a.a.O., S. 105–119; *ders.*, Erziehung zur Entbarbarisierung 1968, in: *ders.*, a.a.O., S. 120–132; *ders.*, Erziehung zur Mündigkeit 1969, in: *ders.*, a.a.O., S. 133–147. Zu Adornos Radio-gesprächen im Allgemeinen und der Frage, wie stark die Gespräche – gerade auch diejenigen mit Becker – „bisweilen eingreifend bearbeitet, literarisch überformt, ja frisiert wurden, bevor sie erschienen", im Besonderen näher *M. Schwarz*, Öffentliche Gespräche, in: *Klein/Kreuzer/ Müller-Dohm* (Hg.), Adorno-Handbuch, 2. Aufl., Stuttgart 2019, S. 321–331 (hier v.a.: 326).

kontroversen Debatte im Sinn eines streitigen Aufeinanderprallens gegen-
sätzlicher Positionen kaum die Rede sein kann. Beide Gesprächspartner, die
sich auch privat sowie aus anderen beruflichen Zusammenhängen gut kann-
ten – Becker fungierte vor seiner Tätigkeit als MPI-Direktor einige Jahre
lang als Syndikus und Berater des Frankfurter ‚Instituts für Sozialfor-
schung';[2] Adorno hatte eines der Gutachten verfasst, die die Einrichtung
des neuen, von Becker geleiteten Max-Planck-Instituts unterstützten[3] –, erscheinen vielmehr in den wesentlichen Punkten weitgehend einig. Adorno
hatte diese Eigenart der Diskussionen bereits in einem der früheren Gespräche, und damals schon im Rückblick auf noch weiter zurückliegende Erfahrungen, festgehalten: „Offenbar kommt es wieder einmal nicht zu einem
Streitgespräch zwischen uns."[4]

2. Die Zielsetzung der Gespräche

Diese Einigkeit zeigt sich auch in dem letzten Dialog über die „Erziehung
zur Mündigkeit". Adorno eröffnet das Gespräch mit einer umfassenden,
vereinnahmenden Aussage, der zufolge die Forderung nach Mündigkeit in
einer Demokratie eigentlich selbstverständlich scheinen müsse.[5] Becker
stimmt dieser Annahme sofort zu und ergänzt sie lediglich in negativer
Hinsicht um einen Befund zur aktuellen Lage, also zur Situation der Erziehung im Deutschland der späten 1960er Jahre. Es ließe sich, so Becker, der
scheinbaren Selbstverständlichkeit jener Forderung wie zum Trotz „an unserem gesamten Bildungswesen, so wie wir es bisher in der Bundesrepublik
hatten, deutlich machen […], daß wir eigentlich nicht zur Mündigkeit erzogen werden."[6] Dieser Befund wiederum passt offenbar genau zu einer von
Adorno bereits in dem vorangegangenen Gespräch über die „Erziehung zur
Entbarbarisierung" formulierten These, die einige Defizite des gegenwärtigen Bildungssystems notiert hatte: Danach spielten in den vor allem in
Deutschland immer noch

---

[2] Vgl. zu dieser Tätigkeit und der persönlichen Beziehung zu Horkheimer und Adorno Beckers Selbstdarstellung in: *H. Becker/F. Hager*, Aufklärung als Beruf, München 1992, S. 154ff.
[3] Vgl. *U. Herrmann*, Bildungsforschung ohne kritische Theorie der Bildung?, Pädagogische Korrespondenz 49 (2014), S. 9–22. Zur Gründung des MPI und Beckers entscheidendem
Anteil daran näher *L. von Friedeburg*, Bildungsreform in Deutschland, Frankfurt a.M. 1989,
S. 349ff. Adornos Wertschätzung für Becker lässt sich auch etwa daran erkennen, dass er ihm
neben nur 15 weiteren Personen (darunter Thomas Mann, Gottfried Benn und Helmuth Plessner) über den Verlag ein Freiexemplar seines 1955 erschienenen Bandes „Prismen" zukommen ließ. Vgl. dazu *A. Demirović*, Der nonkonformistische Intellektuelle, Frankfurt a.M.
1999, S. 585.
[4] Vgl. *Adorno*, Erziehung – wozu?, S. 108.
[5] Vgl. *Adorno*, Erziehung zur Mündigkeit, S. 133.
[6] *Becker*, in: *Adorno*, Erziehung zur Mündigkeit, S. 133.

„herrschenden Anschauungen über Erziehung [...] Vorstellungen eine große Rolle [...] wie etwa, daß die Menschen Bindungen gewinnen sollen, oder daß sie sich anpassen sollen an das herrschende System, oder daß sie an gewissen objektiv geltenden, dogmatisch gesetzten Werten sich orientieren sollen."[7]

Es geht beiden Gesprächspartnern also um eine Erziehung zur Mündigkeit als Voraussetzung der Demokratie. Eine „Demokratie, die nicht nur funktionieren, sondern ihrem Begriff gemäß arbeiten soll", so formuliert Adorno bereits in dem Gespräch „Erziehung – wozu?", „verlangt mündige Menschen. Man kann sich verwirklichte Demokratie nur als Gesellschaft von Mündigen vorstellen."[8] Gewährleistet werden soll diese Voraussetzung durch die Abwehr eines Erziehungsmodells, das als sein freudig präsentiertes Ergebnis ein „immer angepaßteres Kind" vorstellt, also ein Kind, das auf die funktionalen Forderungen seiner Umwelt nicht mit Widerstand reagiert, sondern diese Forderungen als solche akzeptiert und ihnen zu entsprechen versucht.[9] Mündigkeit meint in diesem Zusammenhang offenbar die einer derartigen Anpassung entgegengesetzte Bewegung, das heißt die Fähigkeit, sich aus der Bindung durch lediglich autoritär vorgegebene Wertvorstellungen lösen zu können. Mündig ist danach, wer sich jener von Adorno als „stets noch kollektivistisch-reaktionär" bezeichneten „Tendenzen" zu erwehren vermag, die „von außen her Ideale [...] präsentieren, die nicht aus dem mündigen Bewußtsein selber entspringen oder besser vielleicht: vor ihm sich ausweisen"[10].

3. Mündigkeit und „Wertordnung"

Mit dieser Perspektive einher geht ein kritisches Verständnis davon, was Werte bedeuten und was sie sowohl für den Einzelnen als auch für die Gesamtgesellschaft leisten. Werte bergen danach nicht bereits in sich selbst ein emanzipatorisches Versprechen. Sie fungieren vielmehr als eine Art Exoskelett, das zwar von außen betrachtet eine relativ stabile aufrechte Haltung ermöglichen mag, innen aber zu Atrophie führt. Sie sind aus diesem Grund der Mündigkeit nicht voraus-, sondern entgegengesetzt.

Diese kritische Bewertung der Werte erscheint umso bemerkenswerter, wenn man sie im Gegenhalt zu jener Werterhetorik betrachtet, die sich nicht nur in den zeitgenössischen politischen Debatten, sondern insbesondere in der (damaligen) Rechtsprechung des Bundesverfassungsgerichts zeigt. Ge-

---

[7] *Adorno*, Erziehung zur Entbarbarisierung, S. 121.
[8] *Adorno*, Erziehung – wozu?, S. 107.
[9] Vgl. *Becker*, in: *Adorno*, Erziehung zur Mündigkeit, S. 137.
[10] *Adorno*, Erziehung – wozu?, S. 107.

nau an dem Tag, an dem das letzte Gespräch zwischen Becker und Adorno aufgezeichnet wurde, am 16. Juli 1969, hatte das Gericht seine Mikrozensus-Entscheidung verkündet und dabei noch einmal seine bereits in der früheren Judikatur der 1950er Jahre (vor allem, ausgerechnet, in dem Urteil zum KPD-Verbot) entwickelte Formel bekräftigt, der zufolge das Grundgesetz mehr sein sollte als lediglich der formale normative Rahmen für das „herrschende System" der jungen Bundesrepublik. Die neue Verfassung, die so (noch) nicht heißen durfte, bilde vielmehr zumal eine materielle „Wertordnung", in der „die Menschenwürde der oberste Wert" sei.[11] Dass die Werte selbst nicht notwendigerweise und stets etwas Wertvolles sein müssen, sondern die durch sie bewirkte Bindung auch ein Problem bilden könnte, blieb in dieser verfassungsgerichtlichen Bestimmung offenbar weitgehend unbedacht.

Allerdings bildete dieser Verweis auf das Wertdenken noch nicht das letzte Wort der verfassungsgerichtlichen Bestimmung. Denn der hier genannte „oberste Wert" selbst wurde seinerseits wiederum in Kategorien rekonstruiert, die weitgehend an das auch von Adorno in Anschlag gebrachte kantisch-aufklärerische Erbe anschlossen. Der Menschenwürdegarantie liege, so formulierte das Gericht (in einer allerdings erst einige Jahre später getroffenen Entscheidung), „die Vorstellung vom Menschen als einem geistig-sittlichen Wesen zugrunde, das darauf angelegt ist, in Freiheit sich selbst zu bestimmen und sich zu entfalten."[12] Der oberste Wert innerhalb der grundgesetzlichen Wertordnung war demnach die Autonomie des Menschen. Auf diese Weise bewegte sich die verfassungsrechtliche Diskussion inhaltlich offenkundig doch in unmittelbarer Nähe zu jener (zudem ihrerseits ebenfalls eng mit der demokratischen Idee verknüpften[13]) Vorstellung von Selbstbestimmung und Selbstentfaltung, um die es auch in dem Gespräch zwischen Becker und Adorno ging. Durch das Festhalten an der Wertsemantik blieb sie aber zugleich auf Abstand zu ihr.[14]

---

[11] Vgl. BVerfG, Beschluss des Ersten Senats v. 16.07.1969, BVerfGE 27, 1 (6) – Mikrozensus; ähnlich zuvor bereits BVerfG, Urteil des Ersten Senats v. 17.08.1956, BVerfGE 5, 85 (204) – KPD-Verbot. Allgemein zur Werterhetorik im Ausgang von der Menschenwürde *M. Baldus*, Kämpfe um die Menschenwürde, Berlin 2016, S. 68ff.

[12] BVerfG, Urteil des Ersten Senats v. 21.07.1977, BVerfGE 45, 187 (227) – Lebenslange Freiheitsstrafe. Dazu näher *Baldus*, Kämpfe um die Menschenwürde, S. 105ff.

[13] Vgl. etwa BVerfG, Urteil des Ersten Senats v. 17.08.1956, BVerfGE 5, 85 (204f.) – KPD-Verbot. Zur weiteren Entwicklung näher *Baldus*, Kämpfe um die Menschenwürde, S. 49ff., 223ff.

[14] Diese Nähe zeigt sich etwa auch an einer jüngeren Stellungnahme, die elterliche wie staatliche Erziehungsziele in der Menschenwürde qua Autonomie begründet sieht: „Pflege und Erziehung durch die Eltern sowie Schule unter staatlicher Aufsicht dienen dazu, die Selbstbestimmungspotentiale der Kinder zunehmend zu entfalten" (*R. Poscher*, Menschenwürde, in: *Herdegen et al.* [Hg.], Handbuch des Verfassungsrechts, München 2021, § 17, S. 1101–1161 [hier: 1143]).

II. „Kein typischer Werdegang in der Wissenschaft" – zum biographischen Hintergrund des Gesprächs

Adorno stellt die zwischen ihm und Becker bestehende grundsätzliche Übereinstimmung in der Sache eingangs des Gesprächs über die Erziehung zur Mündigkeit noch einmal ausdrücklich fest: Es werde im Folgenden weniger um die Herausarbeitung eines Dissenses gehen als vielmehr darum, eine von beiden als gleichermaßen problematisch wahrgenommene Situation aus den unterschiedlichen, vorwiegend durch die jeweils eigene, auch professionell bestimmte Sicht abgegrenzten Perspektiven zu beschreiben und dadurch hoffentlich insgesamt schärfer zu konturieren. Der Sinn des Gesprächs, so Adorno, sei

> „weniger der […], daß wir uns um irgend etwas streiten, wovon durchaus ungewiß ist, ob Kontroversen bestehen, sondern daß wir vielmehr von den verschiedenen Erfahrungsbereichen, die uns nun einmal eigentümlich sind, dieselben Fragen berühren und experimentierend sehen, was dabei herauskommt."[15]

Was mit dieser Rede von den „verschiedenen Erfahrungsbereichen", die als solche dem Konsens in der Problemwahrnehmung und -lösung nicht im Wege stehen sollen, auch gemeint sein könnte – im gegebenen Kontext allerdings allem Anschein nach nicht so gemeint ist –, macht ein kurzer Blick auf die Biographie von Adornos Gesprächspartner deutlich.[16] Becker, ein Sohn des preußischen Kultusministers Carl Heinrich Becker, war als Jahrgang 1913 zehn Jahre jünger als Adorno. Seine akademische Karriere verlief – worauf Becker in dem Gespräch etwas kokett anspielt[17] – alles andere als typisch, weil er Direktor einer der renommiertesten Forschungseinrichtungen des Landes wurde, ohne promoviert oder habilitiert zu sein, und sogar ohne das Fach, das er nun an der Spitze seines von ihm mitbegründeten Instituts vertrat, jemals selbst studiert zu haben. Studiert hatte Becker vielmehr Rechtswissenschaft, und zwar nach einem kurzen Beginn in Freiburg und einer ebenso kurzen Station in Berlin seit dem Herbst 1933 an der Rechtswissenschaftlichen Fakultät der Christian-Albrechts-Universität zu Kiel, die in dieser Zeit zur sogenannten nationalsozialistischen „Stoßtrupp-

---

[15] *Adorno*, Erziehung zur Mündigkeit, S. 134.
[16] Vgl. dazu und zum Folgenden die biographische Skizze in *U. Raulff*, Kreis ohne Meister, München 2009, S. 383ff., 403ff.; sowie (im Duktus allerdings weitaus apologetischer und stets um Euphemismen und Verharmlosungen bemüht – so wird etwa Beckers NSDAP-Mitgliedschaft als lediglich „blass-brauner Fleck" auf seiner Vita bezeichnet) *K. Singer/U. Frevert*, 100 Jahre Hellmut Becker (1913–2013), Online-Publikation, Oktober 2014, DOI: 10.14280/08241.29. Ferner, gerade aufgrund der Auslassungen und Verharmlosungen instruktiv, die Selbstdarstellung in *Becker/Hager*, Aufklärung als Beruf, S. 23ff.
[17] Vgl. *Becker*, in: *Adorno*, Erziehung zur Mündigkeit, S. 135.

fakultät" umgebaut werden sollte, indem die zuvor dort tätigen Professoren wie Hermann Kantorowicz oder Gerhart Husserl aufgrund ihrer liberalen Haltung und/oder jüdischen Herkunft ihrer Stellen beraubt und an ihre Stelle junge, als linientreu geltende Wissenschaftler gesetzt wurden.[18] Becker fand Anschluss an den neu berufenen Ordinarius für Öffentliches Recht, Ernst Rudolf Huber, einen Schüler Carl Schmitts, der mit gerade einmal 30 Jahren die Nachfolger des aus politischen Gründen entlassenen Völkerrechtlers Walther Schücking angetreten hatte.[19] 1937, nach dem 1935 abgelegten ersten juristischen Examen und dem danach absolvierten Militärdienst, wurde Becker als Hubers Assistent tätig, nun an der Universität Leipzig, an die Huber gewechselt war. Im selben Jahr trat Becker in die NSDAP ein. 1940 zum Einsatz an der Front eingezogen, kehrte Becker im darauffolgenden Jahr nach einer schweren Verletzung aus diesem Einsatz zurück und begann erneut für Huber zu arbeiten, der jetzt an der Universität Straßburg lehrte. Nach Ende des Krieges wirkte Becker in mehreren NS-Kriegsverbrecher-Prozessen als Rechtsbeistand der Angeklagten mit; dabei und dafür hielt er immer wieder Rücksprache mit seinem ehemaligen akademischen Lehrer, der selbst aufgrund seiner tiefen Verstrickung in das nationalsozialistische System in diesen Jahren noch nicht wieder lehren durfte, aber aus dem Hintergrund Becker bei seinen juristischen Bemühungen unterstützte. Auch Beckers erste publizistische Aktivitäten knüpften an diese Tätigkeit an; sie setzten die juristischen Verteidigungsbemühungen gewissermaßen auf einem anderen, allgemeineren Feld fort. Becker nutzte seine Publikationen, „um die Rechtmäßigkeit des Nürnberger Tribunals in Abrede zu stellen und um Verständnis für intellektuelle Mittäter zu werben."[20] Erst in den 1950er Jahren begann – unter anderem angestoßen durch seine enge Freundschaft mit dem Heidegger-Schüler Georg Picht – Beckers intensivere Beschäftigung mit den Fragen der Bildungsforschung, die ihn dann innerhalb kürzester Zeit zu einem der bekanntesten Vertreter dieses Gebiets machte.[21]

---

[18] Vgl. dazu knapp *J. Eckert*, Hinter den Kulissen, in: Christiana Albertina 58 (2004), S. 18–32; Ausführlich *Chr. Wiener*, Kieler Fakultät und „Kieler Schule", Baden-Baden 2013.

[19] Vgl. zu Huber nur *Chr. Gusy*, Ernst Rudolf Huber (1903–1990) – vom neohegelianischen Staatsdenken zur etatistischen Verfassungsgeschichte, in: *Häberle/Kilian/Wolff* (Hg.), Staatsrechtslehrer des 20. Jahrhunderts, 2. Aufl., Berlin/Boston 2018, S. 763–775; sowie die Beiträge in *E. Grothe* (Hg.), Ernst Rudolf Huber, Baden-Baden 2015. Zu Schücking und den Umständen seiner Nachfolge näher *A. von Arnauld*, Walther Schücking – Völkerrecht im Dienst des Friedens, in: *ders./Augsberg/Meyer-Pritzl* (Hg.), 350 Jahre Rechtswissenschaftliche Fakultät der Christian-Albrechts-Universität zu Kiel, Tübingen 2018, S. 165–190 (hier v.a.: 185).

[20] So die zusammenfassende Bewertung von *Raulff*, Kreis ohne Meister, S. 407. Vgl. auch die Selbstdarstellung in *Becker/Hager*, Aufklärung als Beruf, S. 31ff., 133ff.

[21] Vgl. zu den Hintergründen *Becker/Hager*, Aufklärung als Beruf, S. 23ff.

Dieser Hinweis darauf, dass Becker, der in den Jahren nach Kriegsende zunächst als Anwalt später verurteilter NS-Kriegsverbrecher tätig war – nach seinem ersten wichtigen Einsatz als Verteidiger Ernst von Weizsäckers im sogenannten „Wilhelmstraßenprozess" übernahm er in den darauffolgenden Jahren auch noch die Vertretung von Martin Sandberger und Otto Ohlendorf[22] –, sich wenige Jahre später zum Advokaten einer sich selbst als modern und progressiv verstehenden Bildungskonzeption wandelte, die namentlich die traditionelle Dreigliederung des deutschen Schulsystems als Grundfehler erachtete, ist nicht nur deshalb relevant, weil der Hinweis symptomatisch für die Situation der jungen Bundesrepublik erscheinen dürfte. Er belegt die Berechtigung immer wieder artikulierter Befürchtungen der aus dem erzwungenen Exil nach Deutschland zurückgekehrten Personen, fortwährend mit ehemaligen Nazis oder wenigstens Kollaborateuren des Systems zusammenarbeiten zu müssen. Immerhin ist die Chuzpe beeindruckend, mit der Becker, mit einem leicht augenzwinkernd-jovialen Vereinnahmungsgestus, sowohl Adornos akademische Karriere als auch seine eigene unter die gemeinsame Kategorie „kein typischer Werdegang in der Wissenschaft" bringt und aus dieser Gemeinsamkeit dann für beide Fälle ableiten will, dass „wir [...] gerade dadurch in der Lage sind, uns über den Begriff der Mündigkeit zu unterhalten."[23] Relevant ist der biographische Hinweis im gegebenen Kontext vielmehr vor allem deshalb, weil er die Grundproblematik des Gesprächs wie in einem Brennglas noch einmal zusammenfasst: die Frage nämlich, wie Anpassung als Erziehungsziel vermieden und Widerstandsgeist gefördert werden kann. Kann es eine Erziehung zur Mündigkeit überhaupt geben? Oder steckt in dieser Wendung nicht eine Art *contradictio in adiecto*, die das inhaltlich Geforderte durch die Form der Forderung selbst schon wieder unterläuft und damit die Umsetzung des Geforderten von vornherein zunichtemacht?

III. „Erziehung – wozu?"

1. Mündigkeit als „Herstellung eines richtigen Bewusstseins"?

Die immanente Spannung in der Rede von einer Erziehung zur Mündigkeit liegt auf der Hand. Eine Erziehung, die sich nicht einfach selbst abschaffen, sondern lediglich gegenüber ihren klassischen Formen modifiziert werden soll, steht offenkundig in einem gewissen Widerspruch zu der bekannten kantischen Bestimmung der Mündigkeit, mit der Adorno das Gespräch er-

---

[22] Vgl. näher *Raulff*, Kreis ohne Meister, S. 404ff.
[23] *Becker*, in: *Adorno*, Erziehung zur Mündigkeit, S. 135.

öffnet. Denn in Kants Rede von dem selbstverschuldeten Charakter der Unmündigkeit ist die Fähigkeit wie die Notwendigkeit mitgesetzt, aus der selbstverschuldeten Lage auch selbst, aus eigener Kraft, wieder hinauszugelangen. Demgegenüber liegt in dem klassischen Erziehungsbegriff immer schon der Verweis auf eine Relation, nämlich auf jene komplizierte Beziehung zwischen Lehrer und Schüler, über deren psychologische Besonderheiten der Schüler Adorno seinen allerersten (in der ‚Frankfurter Schüler-Zeitung') publizierten Text geschrieben hatte – einen Text, dessen erster Satz lautet: „Es wird in unsern Tagen wieder viel über Erziehung geredet"[24]. Dieser Bezug auf eine bestimmte Beziehung, die über das einzelne mündige Subjekt hinausweist, hallt auch dann noch in dem Erziehungsbegriff nach und mit, wenn seine Bedeutung, einem Vorschlag Adornos in dem Gespräch „Erziehung – wozu?" zufolge, gegenüber dem traditionell vorherrschenden Modell umgeschrieben und unter Erziehung nunmehr etwas Anderes verstanden werden soll. Erziehung heißt danach

> „nicht sogenannte Menschenformung, weil man kein Recht hat, von außen her Menschen zu formen; nicht aber auch bloße Wissensübermittlung, deren Totes, Dinghaftes oft genug dargetan ward, sondern die *Herstellung eines richtigen Bewußtseins*."[25]

Die beabsichtigte Kontrastierung kann nicht verdecken, dass die hier festgesetzte Differenz, die der als nicht bloß unzureichend, sondern unzulässig markierten von außen kommenden Formung des Menschen eine Alternative gegenüberstellt, die nun offenbar nicht länger entsprechend „von außen her" ansetzen soll, prekär bleibt. Denn auch diese Alternative mutet, wenn sie als „Herstellung eines richtigen Bewußtseins" bezeichnet wird, irritierend technisch an; sie rückt damit doch wieder in die Nähe eines Verfahrens, das wie eine den zu erziehenden Subjekten gegenüber äußerlich bleibende Dressur erscheint. Erziehung oder entsprechend Bildung bezeichnet demzufolge trotz allen gegen mögliche Missverständnisse aufgebotenen Kautelen letztlich immer noch einen Prozess der Veränderung, der von außen induziert und gesteuert wird.[26]

---

[24] *T. W. Adorno*, Zur Psychologie des Verhältnisses von Lehrer und Schüler, in: *ders.*, Gesammelte Schriften, hg. von R. Tiedemann, Bd. 20/2, Frankfurt a.M. 1986, S. 715–728 (hier: 715).

[25] *Adorno*, Erziehung – wozu?, S. 107.

[26] Vgl. zu einer entsprechenden Bestimmung, der zufolge offenbar das Ziel von Erziehung darin liegt, Persönlichkeitsstrukturen „bilden und verändern [zu] können", etwa *T. W. Adorno*, Zur Bekämpfung des Antisemitismus heute, in: *ders.*, Gesammelte Schriften, hg. von R. Tiedemann, Bd. 20/1, Frankfurt a.M. 1986, S. 360–383 (hier: 364).

2. Die Ambiguität von Autorität

Das hier bereits aufscheinende Problem zeigt sich erneut in dem Gespräch über die Erziehung zur Mündigkeit. Ausdrücklich in Frage gestellt wird nun das Verhältnis zwischen Mündigkeit einerseits und Orientierung an Autoritäten andererseits. „Ist es eigentlich richtig", so leitet Becker die entsprechende Erörterung mit einer ersichtlich rhetorisch gemeinten Frage ein,

> „daß wir Autonomie in dieser Form [d.i. im Sinn einer zuvor von Adorno als abschrecken-des Beispiel zitierten pädagogischen Veröffentlichung, IA] als Gegenbegriff zur Autorität setzen? Müßten wir nicht dieses Verhältnis in einer etwas anderen Weise reflektieren?"[27]

Adorno nimmt diese Frage sofort auf und bejaht sie in dem offenkundig bereits von Becker intendierten Sinn. Nachdem er zunächst auf den spezifischen Aspekt der „Sachautorität" verwiesen hat, als „die Tatsache, daß ein Mensch von einer Sache mehr versteht als ein anderer"[28] (weswegen dieser Mensch es sogar verdienen mag, von dem anderen als „Lieber Herr und Meister" angeredet zu werden[29]), kommt er auf den eigentlich problematischen Punkt im Verhältnis von Autorität und Mündigkeit zu sprechen. Danach sind beide sich nicht lediglich qua Selbst- und Fremdbestimmung schlicht entgegengesetzt. Versteht man Mündigkeit nicht als einen immer schon gegebenen Zustand, sondern als das Resultat eines Prozesses, also nicht als Mündigsein, sondern Mündigwerden oder, im kantischen Sinn, als Ausgang aus der Unmündigkeit, bedarf die sich herausbildende Mündigkeit vielmehr der Auseinandersetzung mit Autorität. „Das Moment der Autorität ist," so Adorno, „als genetisches Moment von dem Prozeß der Mündigwerdung vorausgesetzt."[30]

Das besagt aber gerade nicht, dass Autoritäten notwendigerweise überall als solche zu erkennen und zu bekämpfen sind, dass sich also Mündigkeit, wenn nicht als abstrakte Negation von Autorität überhaupt, so doch zumindest als bestimmte Negation der jeweils vorherrschenden Autorität vollziehen muss. Wenn Adorno an einer späteren Stelle des Gesprächs darauf besteht, dass „Erziehung eine Erziehung zum Widerstand und zum Widerspruch"[31] sein muss, dann wird an dieser früheren Stelle unter Verweis zum einen auf Freud, zum anderen auf aktuellere empirische Untersuchungen aus den USA eine kompliziertere Haltung gegenüber den (schulischen) Autoritäten beschrieben, die man kaum lesen kann, ohne im Hintergrund, als

---

[27] *Becker*, in: *Adorno*, Erziehung zur Mündigkeit, S. 139.
[28] *Adorno*, Erziehung zur Mündigkeit, S. 139.
[29] Vgl. *T. W. Adorno/A. Berg*, Briefwechsel 1925–1935, hg. von H. Lonitz, Frankfurt a.M. 1997, etwa S. 42, 141, 157, 169, 173 u.ö.
[30] *Adorno*, Erziehung zur Mündigkeit, S. 140.
[31] *Adorno*, a.a.O., S. 145.

Teil der „verschiedenen Erfahrungsbereiche, die uns nun einmal eigentümlich sind", nun auch die ganz persönlichen Erfahrungen des Schülers „Teddie" Wiesengrund zu vermuten (dessen Abiturzeugnis sowohl bei „Betragen" als auch bei „Fleiß" jeweils ein „sehr gut" notierte[32]).

„Die Art, in der man – psychologisch gesprochen – zu einem autonomen, also mündigen Menschen wird, ist nicht einfach das Aufmucken gegen jede Art von Autorität. Empirische Untersuchungen in Amerika [...] haben gerade das Gegenteil gezeigt, nämlich daß sogenannte brave Kinder als Erwachsene eher zu autonomen und opponierenden Menschen geworden sind als refraktäre Kinder, die dann als Erwachsene sofort mit ihren Lehrern am Biertisch sich versammelt und die gleichen Reden geschwungen haben. Der Prozeß ist doch der, daß Kinder – Freud hat das als die normale Entwicklung bezeichnet – im allgemeinen mit einer Vaterfigur, also mit einer Autorität sich identifizieren, sie verinnerlichen, sie sich zu eigen machen, und dann in einem sehr schmerzhaften und nie ohne Narben gelingenden Prozeß erfahren, daß der Vater, die Vaterfigur dem Ich-Ideal, das sie von ihm gelernt haben, nicht entspricht, dadurch sich davon ablösen und erst auf diese Weise überhaupt zu mündigen Menschen werden."[33]

Adorno beeilt sich zwar, gleich im Anschluss hinzuzufügen, dass diese Phase des Prozesses deswegen selbstverständlich in keiner Weise „zu verherrlichen und festzustellen" sei.[34] Der Befund bleibt dadurch aber nicht weniger eindeutig: Emanzipation bezeichnet dieser Einordnung zufolge zwar nicht, wie im ursprünglichen römisch-rechtlichen Sinn, einen vom Inhaber der absoluten *patria potestas* allererst zu gewährenden, also vollständig heteronomen Akt der Befreiung.[35] Gerade um als Erfahrung der Selbstbefreiung in Erscheinung treten zu können, bedarf es aber offenbar dennoch auch bei der modernen Form der Ablösung von der Vaterfigur einer gewissen Bestimmung von außen. Diese Bestimmung darf ihrerseits allerdings von dem durch sie Bestimmten wiederum nicht nur als äußerer Zwang empfunden werden, auf den mit ähnlich unreflektiertem, gewalttätigem Widerstand

---

[32] Vgl. *S. Müller-Doohm*, Adorno, Frankfurt a.M. 2003, S. 53. Zu einigen von Adorno selbst geschilderten Erfahrungen, die er als „Primus" seiner Klasse mit Lehrern und Mitschülern sammeln musste, etwa – mit Bezug auf die „bösen Kameraden" in der Schule – *T. W. Adorno*, Minima Moralia, Gesammelte Schriften, hg. von R. Tiedemann, Bd. 4, 2. Aufl., Frankfurt a.M. 1996, S. 219; sowie – mit Bezug auf einen geschätzten Lehrer – *ders.*, Reinhold Zickel, in: *ders.*, Gesammelte Schriften, Bd. 20/2, S. 756–767 (hier v.a.: 759f.).

[33] *Adorno*, Erziehung zur Mündigkeit, S. 140. Vgl. dazu mit Blick auf das eigene Verhältnis zu einem Lehrer auch *ders.*, Reinhold Zickel, S. 760: „Wie es bei Freud im Buch steht, habe ich die Autonomie, zu der er mich erzog, auch gegen ihn selber gewandt, mich gegen ihn schon früh zur Wehr gesetzt."

[34] Vgl. *Adorno*, Erziehung zur Mündigkeit, S. 140.

[35] Vgl. dazu näher *Y. Thomas*, Rom: Väter als Bürger in einer Stadt der Väter, in: *Burguière et al.* (Hg.), Geschichte der Familie, Bd. 1, Frankfurt u.a. 1996, S. 277–326.

reagiert wird.[36] Das von außen vorgegebene Vorbild muss vielmehr so stark internalisiert werden, die Identifikation mit ihm muss so vollständig vollzogen werden, dass die Diskrepanz zwischen dem Ideal und seiner realen Verkörperung aufbricht und damit den Prozess der Loslösung ermöglicht.

IV. Autonomie und Heteronomie

Implizit wird auf diese Weise das zuvor zurückgewiesene Erziehungsideal der Anpassung zumindest teilweise wieder rehabilitiert.[37] Noch Adornos in Bezug auf die tatsächliche schulische Praxis beinahe rührend anmutendes (und von Becker entsprechend skeptisch kommentiertes) Zutrauen, es könne eine „Erziehung des ‚Madigmachens‘"[38] dadurch gelingen, dass man Schülern der „Oberstufen von höheren Schulen, aber wahrscheinlich auch von Volksschulen"[39], kommerzielle Filme oder ein Stück aus der Unterhaltungsmusik vorführt, um ihnen dann in Form einer „Schlageranalyse" zu zeigen, inwiefern der vorgeführte Schlager „objektiv so unvergleichlich viel schlechter ist als ein Quartettsatz von Mozart oder Beethoven oder ein wirklich authentisches" – ein bemerkenswertes Prädikat, in dem der im Übrigen inkriminierte „Jargon der Eigentlichkeit" nachhallt – „Stück der neu-

---

[36] An anderer Stelle, in einem 1962 gehaltenen Vortrag über die Frage „Zur Bekämpfung des Antisemitismus heute", wird sogar eine solche Ausübung von Autorität nicht vollständig zurückgewiesen, sondern als für bestimmte Fälle erforderlich behauptet: „Man wird dort, wo es sich um die formativen Prozesse der Persönlichkeit, also um Erziehung in einem allerweitesten Sinn handelt, ganz sicher der Bildung des autoritätsgebundenen Charakters entgegenarbeiten müssen, also konsequent antiautoritär im Sinne auch der Ergebnisse der modernen Erziehungswissenschaft sich zu verhalten haben. Aber wir haben es nicht nur mit Menschen zu tun, die wir bilden oder verändern können, sondern auch mit solchen, bei denen die Würfel bereits ausgespielt sind, vielfach solchen, für deren besondere Persönlichkeitsstruktur es charakteristisch ist, daß sie in einem gewissen Sinn verhärtet, nicht eigentlich der Erfahrung offen sind, nicht recht flexibel, kurz: unansprechbar. Diesen Menschen gegenüber, die im Prinzip lieber auf Autorität ansprechen und die sich in ihrem Autoritätsglauben auch nur schwer erschüttern lassen, darf auf Autorität nicht verzichtet werden. Wo sie sich ernsthaft vorwagen bei antisemitischen Manifestationen, müssen die wirklich zur Verfügung stehenden Machtmittel ohne Sentimentalität angewandt werden, gar nicht aus Strafbedürfnis oder um sich an diesen Menschen zu rächen, sondern um ihnen zu zeigen, daß das einzige, was ihnen imponiert, nämlich wirklich gesellschaftliche Autorität, einstweilen denn doch noch gegen sie steht. Auch die Argumentationen, die man ihnen gegenüber vorbringt, müssen von vornherein so angelegt sein, daß sie, ohne daß man dabei irgend von der Wahrheit abginge, Menschen erreichen können, die eine solche Charakterstruktur haben" (*Adorno*, Zur Bekämpfung des Antisemitismus heute, S. 363f.).
[37] Eine ausdrücklich positivere Bestimmung der Anpassung findet sich in dem früheren Gespräch zur Frage „Erziehung – wozu?", S. 108ff. Dort wird die Anpassung nicht als bloßer Gegensatz zum Widerstand präsentiert, sondern die zu bewältigende Aufgabe gerade darin gesehen, in der Erziehung gleichzeitig Anpassung und Widerstand zu vereinen.
[38] *Adorno*, Erziehung zur Mündigkeit 1969, S. 146.
[39] *Adorno*, a.a.O., S. 145.

en Musik"[40], basiert auf der nun affirmativ gesetzten Vorbildfigur des Mu-
siklehrers, „der einmal nicht aus der Jugendmusikbewegung kommt"[41].

Unthematisch bleibt zudem, dass sich die Referenz zur Freud'schen Psychoanalyse weiter fortsetzen und auf ein bestimmtes „genetisches Moment"
sozialer Normativität überhaupt beziehen ließe.[42] Freuds Narrativ der
Urhorde findet ihre Pointe bekanntlich nicht im Mord an dem Vater, sondern in dessen unheimlicher Wiederauferstehung in seinen Mördern:

> „Der Tote [d.i. der von seinen Söhnen erschlagene Vater, IA] wurde nun stärker, als der
> Lebende gewesen war [...]. Was er früher durch seine Existenz verhindert hatte, das verbo-
> ten sie sich jetzt selbst in der psychischen Situation des uns aus den Psychoanalysen so
> wohlbekannten ‚nachträglichen Gehorsams'"[43].

Internalisierung der Autorität und Ablösung von ihr bezeichnen demnach
nicht notwendig zwei voneinander unterschiedene Bewegungen. Sie können
ebenso sehr zusammenfallen. Der Geist des toten Vaters, die gespenstische
Wiederkehr seines Befehls, demaskiert die Idee der Selbstgesetzgebung der
Söhne als bloßen Effekt jenes „nachträglichen Gehorsams", der zugleich
jedoch umso wirksamer ist, je weniger er sich als solcher zu erkennen gibt,
und das heißt auch; je stärker er sich als Kritik am durch die Tradition vorgegebenen Modell und damit als scheinbarer Ausdruck „wirklich authenti-
scher" Autonomie artikuliert. Gerade auf diese indirekte Weise stellt das
Gespenst des Vaters „die Heteronomie wieder her. Es erfährt gerade durch
die Bestreitung, die man ihm gegenüber geltend macht, seine Bestätigung
und Wiederholung."[44]

Entscheidend für das Verständnis des Freud'schen Modells ist dabei nicht
so sehr der vielfach kritisierte Umstand, dass die Internalisierung des Gesetzes auf der phylogenetischen Ebene vor allem eine quasi-mythische Rekonstruktion des von Freud an anderer Stelle analysierten ontogenetischen
Geschehens darstellt. Entscheidend ist vielmehr die durchaus positive Gewichtung, die das Geschehen in Freuds Analyse erhält. Freud hält „den Mord
am Urvater nicht nur für das alle Religionen durchziehende Ereignis, sondern sogar für den Ursprung von Gesellschaft und Ethik überhaupt."[45] Denn
aus seiner Sicht wäre ohne dieses Urverbrechen „keine soziale Organisation, kein Anerkennen wechselseitiger Verpflichtungen, keine Moral und Jus-

---

[40] *Adorno*, a.a.O., S. 146.

[41] *Adorno*, ebd.

[42] Vgl. allgemein zu Adornos Bezugnahmen auf die Freud'sche Psychoanalyse die Beiträge
in *Kirchhoff/Schmieder* (Hg.), Freud und Adorno, Berlin 2014.

[43] *S. Freud*, Totem und Tabu, in: *ders.*, Gesammelte Werke Bd. IX, Frankfurt a.M. 1961,
S. 173.

[44] *J. Derrida*, Dem Archiv verschrieben, Berlin 1997, S. 111.

[45] *R. J. Bernstein*, Freud und das Vermächtnis des Moses, Frankfurt a.M. 2008, S. 161.

tiz denkbar"[46]. Die Übernahme des Gesetzes bildet demnach kein rein pathologisches, seinerseits erst noch weiter in Richtung Autonomie zu überwindendes Geschehen. Die Übernahme wird vielmehr als unumgängliche Voraussetzung der Subjekt- wie der Gesellschaftskonstitution präsentiert.

V. Dialektik der Mündigkeit

Der etwas genauere Blick auf die Psychoanalyse bestätigt dergestalt nur noch einmal den allgemeinen Befund, den Adorno bereits in dem Gespräch über die Frage „Erziehung – wozu?" formuliert hat: „die Idee der Mündigkeit", so heißt es dort, „ist in eine Dialektik verstrickt."[47] Mit Bezug auf die Frage nach einer denkbaren Erziehung zur Werte-Mündigkeit lässt sich diese Verstrickung in zumindest zwei Richtungen noch einmal näher erläutern, aber damit gerade nicht auflösen, sondern nur weiter verknoten.

Die in der Formel „Erziehung zur Mündigkeit" anklingende Forderung nach Autonomie kann danach zum einen nicht etwa bedeuten, dass die Orientierung an Werten und damit zumal die Erziehung zu ihnen zur Gänze aufzugeben ist. Ebenso wenig aber kann die Autonomie oder die Mündigkeit selbst einfach zum Wert, und sei es zum obersten, umdeklariert und auf diese Weise als Erziehungsziel gesetzt werden. Das Verhältnis ist komplizierter: Nicht obwohl, sondern weil die Werte diesseits der Idee, durch spezielle Akte der Einfühlung oder „Erschauung" ein allgemeines „Wertereich" erschließen zu können, immer nur als dogmatisch gesetzte oder aus der Tradition übernommene, also vom Einzelnen aus betrachtet in jedem Fall fremdbestimmte Werte erscheinen können, bleibt die Bindung an Werte notwendig, um sich aus dieser Bindung lösen zu können und in diesem Sinne mündig zu werden.

Die Absetzung von den dogmatisch gesetzten Werten kann sich deshalb, zum anderen, nicht in Form einer einfachen Negation vollziehen. Diese Negation muss vielmehr ihrerseits negiert werden. Aber auch diese doppelte Negation der Negation schlägt (wie könnte es im gegebenen Kontext anders sein?) nicht einfach in Position um. Sie lässt Erziehung nicht in der „Herstellung des richtigen Bewußtseins" terminieren. So wie, einem der bekanntesten „Monogramme" aus den „Minima Moralia" zufolge, wahr nur die Gedanken sind, die sich selbst nicht verstehen,[48] so ist Bewusstsein kritisch und in diesem Sinne mündig allein dort, wo es sich selbst nicht als vollständig kritisch behauptet, sondern als immer noch dogmatisch begreift.

---

[46] *Bernstein*, ebd.
[47] *Adorno*, Erziehung – wozu?, S. 108.
[48] Vgl. *Adorno*, Minima Moralia, S. 218.

,Richtig' ist es damit nie. Die Dialektik, in die sich die Idee der Mündigkeit verstrickt zeigt, ist zugleich die Dialektik dessen, was Kant mit seiner Inbezugnahme des Ausgangs aus selbstverschuldeter Unmündigkeit bestimmen wollte: Aufklärung.

Literaturhinweise

Adorno, Theodor W.: Erziehung – wozu? 1966, in: *ders.*, Erziehung zur Mündigkeit. Vorträge und Gespräche mit Hellmut Becker 1959–1969, hg. von Gerd Kadelbach, Frankfurt a.M. 1971, S. 105–119.

Ders.: Erziehung zur Entbarbarisierung 1968, in: *ders.*, Erziehung zur Mündigkeit. Vorträge und Gespräche mit Hellmut Becker 1959–1969, hg. von Gerd Kadelbach, Frankfurt a.M. 1971, S. 120–132.

Ders.: Erziehung zur Mündigkeit 1969, in: *ders.*, Erziehung zur Mündigkeit. Vorträge und Gespräche mit Hellmut Becker 1959–1969, hg. von Gerd Kadelbach, Frankfurt a.M. 1971, S. 133–147.

Ders.: Fernsehen und Bildung 1963, in: *ders.*, Erziehung zur Mündigkeit. Vorträge und Gespräche mit Hellmut Becker 1959–1969, hg. von Gerd Kadelbach, Frankfurt a.M. 1971, S. 50–69.

Ders.: Minima Moralia. Reflexionen aus dem beschädigten Leben, Gesammelte Schriften, hg. von Rolf Tiedemann, Bd. 4, 2. Aufl., Frankfurt a.M. 1996.

Ders.: Reinhold Zickel, in: *ders.*, Gesammelte Schriften, hg. von Rolf Tiedemann, Bd. 20/2: Vermischte Schriften II, Frankfurt a.M. 1986, S. 756–767.

Ders.: Zur Bekämpfung des Antisemitismus heute, in: *ders.*, Gesammelte Schriften, hg. von Rolf Tiedemann, Bd. 20/1: Vermischte Schriften I, Frankfurt a.M. 1986, S. 360–383.

Ders.: Zur Psychologie des Verhältnisses von Lehrer und Schüler, in: *ders.*, Gesammelte Schriften, hg. von Rolf Tiedemann, Bd. 20/2: Vermischte Schriften II, Frankfurt a.M. 1986, S. 715–728.

Ders./Berg, Alban: Briefwechsel 1925–1935, hg. von Henri Lonitz, Frankfurt a.M. 1997.

Arnauld, Andreas von: Walther Schücking – Völkerrecht im Dienst des Friedens, in: *ders./Ino Augsberg/Rudolf Meyer-Pritzl* (Hg.), 350 Jahre Rechtswissenschaftliche Fakultät der Christian-Albrechts-Universität zu Kiel, Tübingen 2018, S. 165–190.

Baldus, Manfred: Kämpfe um die Menschenwürde. Die Debatten seit 1949, Berlin 2016.

Becker, Hellmut/Hager, Frithjof: Aufklärung als Beruf. Gespräche über Bildung und Politik, München 1992.

Bernstein, Richard J.: Freud und das Vermächtnis des Moses, Frankfurt a.M. 2008.

Demirović, Alex: Der nonkonformistische Intellektuelle. Die Entwicklung der Kritischen Theorie zur Frankfurter Schule, Frankfurt a.M. 1999.

Derrida, Jacques: Dem Archiv verschrieben. Eine Freudsche Impression, Berlin 1997.

Eckert, Jörn: Hinter den Kulissen. Die Kieler Rechtswissenschaftliche Fakultät im Nationalsozialismus, in: Christiana Alber
ätina. Forschungen und Berichte aus der Christian-Albrechts-Universität zu Kiel 58 (2004), S. 18–32.

Freud, Sigmund: Totem und Tabu, in: *ders.*, Gesammelte Werke Bd. IX, Frankfurt a.M. 1961.

Friedeburg, Ludwig von: Bildungsreform in Deutschland. Geschichte und gesellschaftlicher Widerspruch, Frankfurt a.M. 1989.

Grothe, Ewald (Hg.): Ernst Rudolf Huber. Staat – Verfassung – Geschichte, Baden-Baden 2015.

Gusy, Christoph: Ernst Rudolf Huber (1903–1990) – vom neohegelianischen Staatsdenken zur etatistischen Verfassungsgeschichte, in: *Peter Häberle/Michal Kilian/Heinrich Amadeus Wolff* (Hg.), Staatsrechtslehrer des 20. Jahrhunderts. Deutschland – Österreich – Schweiz, 2. Aufl., Berlin/Boston 2018, S. 763–775.

Herrmann, Ullrich: Bildungsforschung ohne kritische Theorie der Bildung? Ein Gutachten von Theodor W. Adorno zur Gründung eines (Max-Planck) „Instituts für Recht, Soziologie und Ökonomie der Bildung" aus dem Jahre 1961, Pädagogische Korrespondenz 49 (2014), S. 9–22.

Kirchhoff, Christine/Schmieder, Falko (Hg.): Freud und Adorno. Zur Urgeschichte der Moderne, Berlin 2014.

Müller-Doohm, Stefan: Adorno. Eine Biographie, Frankfurt a.M. 2003.

Poscher, Ralf: Menschenwürde, in: *Matthias Herdegen et al.* (Hg.), Handbuch des Verfassungsrechts. Darstellung in transnationaler Perspektive, München 2021, § 17, S. 1101–1161.

Raulff, Ulrich: Kreis ohne Meister. Stefan Georges Nachleben, München 2009.

Schwarz, Michael: Öffentliche Gespräche. Mit einer Chronologie, in: *Richard Klein/Johann Kreuzer/Stefan Müller-Dohm* (Hg.), Adorno-Handbuch. Leben – Werk – Wirkung, 2. Aufl., Stuttgart 2019, S. 321–331.

Singer, Kerstin/Frevert, Ute: 100 Jahre Hellmut Becker (1913–2013). Dokumentation der Ausstellung zu Leben und Werk im Max-Planck-Institut für Bildungsforschung, Online-Publikation, Oktober 2014, DOI: 10.14280/08241.29.

Thomas, Yan: Rom: Väter als Bürger in einer Stadt der Väter, in: *André Burguière et al.* (Hg.), Geschichte der Familie, Bd. 1: Altertum, Frankfurt/New York/Paris 1996, S. 277–326.

Wiener, Christina: Kieler Fakultät und „Kieler Schule". Die Rechtslehrer an der Rechts- und Staatswissenschaftlichen Fakultät zu Kiel in der Zeit des Nationalsozialismus und ihre Entnazifizierung, Baden-Baden 2013.

Dennis Dietz

Mündigkeit verpflichtet

Theologische Überlegungen zu den Ambivalenzen schulischer Wertevermittlung

I. Vorbemerkungen

Der Wertbegriff hat in öffentlichen Debatten und insbesondere im politischen Feld wieder Konjunktur. Das macht sich auch im Bereich schulischer Bildung bemerkbar. Die jüngsten Fassungen der Bildungspläne und Ausbildungsstandards enthalten stärkere und teils explizite Wertbezüge.[1] Auch im Feld der Lehrkräftebildung ist in den letzten Jahren eine Häufung von Publikationen über Wertebildung bzw. -erziehung zu beobachten.[2] Dabei oszilliert der wissenschaftliche Diskurs zwischen neokonservativen und stark progressiven Positionen, die zum Teil direkt an aktuelle gesellschaftliche Fragen anschließen. Soziale Ungleichheit, Migrationsdynamiken, digitale Transformation, Pandemie – mehrfach werden die multiplen Problemlagen der Gegenwart auch und gerade als Fragen politischer, ethischer oder sozialer *Werte* verhandelt. In anderen Disziplinen hingegen wirkt der Diskurs um Werte geradezu suspendiert und der Wertbegriff scheint in merkwürdiger Weise überladen und unterbestimmt zugleich zu sein. Das führt dazu, dass

---

[1] Siehe exemplarisch die Leitperspektiven zum Bildungsplan 2016 in Baden-Württemberg, insb. die Leitperspektive „Bildung für Toleranz und Akzeptanz von Vielfalt"; siehe ferner die Ausbildungsstandards der Seminare für Ausbildung und Fortbildung der Lehrkräfte Baden-Württemberg von 2020.

[2] Exemplarisch sei verwiesen auf *M. Tiedemann* (Hg.), Werte und Wertevermittlung, Dresden 2018; *H. Rockenschaub*, Wertevermittlung in der pädagogischen Ausbildung. Eine qualitative Studie zur Veränderung von Werten durch Theorie und Praxis in der Sozialbetreuungsausbildung, Wien u.a. 2012; *K. Zierer* (Hg.), Schulische Werteerziehung. Kompendium, Baltmannsweiler 2010; *R. Mokrosch/A. Regenbogen* (Hg.), Werte-Erziehung und Schule. Ein Handbuch für Unterrichtende, Göttingen 2009; *M. Stein*, Wie können wir Kindern Werte vermitteln? Werteerziehung in Familie und Schule, München/Basel 2008; *J. Standop*, Werte-Erziehung. Einführung in die wichtigsten Konzepte der Werteerziehung, Weinheim/Basel 2005; *B. Latzko*, Werteerziehung in der Schule. Regeln und Autorität im Schulalltag, Opladen 2006; *K. Fees*, Werte und Bildung. Wertorientierung im Pluralismus als Problem für Erziehung und Unterricht, Opladen 2000.

man, je nachdem in welcher Disziplin man mit dem Thema ‚schulische
Wertevermittlung' vorstellig wird, mit gewissen Ressentiments zu rechnen
hat. Gleichwohl besteht über die Lager hinweg aber auch ein gewisser Konsens, wenn man abstrakter und unter Aussparung des Wertbegriffs auf die
gesellschaftlichen Ziele schulischer Bildung zu sprechen kommt. Dass
Schule über die Vermittlung positiven Wissens hinaus einen Vorbereitungsdienst für die Gesellschaft leisten und Kinder und Jugendliche zu
mündigen, kritischen und kompetenten Teilnehmenden des demokratischen
Diskurses machen soll, ruft selten Widerspruch hervor.

Diese angenommene Konsenslinie soll im Folgenden genauer in den
Blick genommen werden und dazu unter ‚Wertevermittlung' derjenige Teil
des schulischen Bildungsgeschehens verstanden werden, der eine kritische
und insbesondere *selbst*kritische Mündigkeit zum Ziel hat, die sich gleichzeitig solidarisch dem Wohle anderer verpflichtet fühlt. ‚Mündigkeit' werde
ich durch die Parameter ‚Freiheit, Kritik, Autorität und verantwortliche Solidarität' näher zu bestimmen suchen und eine ambivalente Grundstruktur
dieser Parameter herausstellen. In einem interdisziplinären Versuch will ich
dazu drei theologische Ambivalenzfiguren betrachten, die ich hinsichtlich
der Frage nach schulischer Wertevermittlung für aufschlussreich halte. Von
diesen theologischen Figuren her will ich Solidarität als Orientierungsbegriff vorschlagen, mit dem die ambivalente Struktur der Mündigkeit als Ziel
schulischer Wertevermittlung teilweise balanciert werden kann.

Die Bewegung im interdisziplinären Schnittfeld macht Erläuterungen erforderlich, wie der Wertbegriff dabei gebraucht werden soll. Mein Beitrag
wird daher mit entsprechenden Hinweisen einsetzen (II.), wobei ich für einen gewissen terminologischen Pragmatismus plädieren möchte. Anschließend werde ich das Ziel der kritischen Mündigkeit als einen Fluchtpunkt
schulischer Wertevermittlung fixieren (III.) und auf die ambivalente Verantwortung der Lehrperson für die Erreichung dieses Ziels eingehen (IV.).
Im Zentrum des Beitrags steht dann die Betrachtung der drei theologischen
Ambivalenzfiguren, die – so meine These – anthropologische und pädagogische Einsichten bereithalten, die hinsichtlich der Orientierungs- und Modellverantwortung von Lehrkräften bei der Vermittlung und Bildung von
Mündigkeit instruktiv sein können (V.). Der letzte Abschnitt dient dann einer Zusammenführung, in der ich die Parameter Freiheit, Kritik und Autorität im Lichte der theologischen Skizzen präzisieren und Solidarität als ein
Orientierungsmaß von Mündigkeit plausibilisieren möchte (VI.).

II. Wertevermittlung als Frage, Mündigkeit als Ziel. Plädoyer für einen terminologischen Pragmatismus

1. Wertevermittlung als Frage

Wertevermittlung, Wertebildung, Werteerziehung, Wertelernen. Allein die Mehrzahl der Begriffe für einen (fast) gleichen Gegenstand lässt grundlegende Unsicherheiten vermuten. Einerseits ist die Frage nach dem Zusammenhang von Schule und Werten ein thematischer Dauerbrenner, der gerade in der jüngeren Vergangenheit wieder größere Aufmerksamkeit erfährt. Auf der anderen Seite erntet man regelmäßig Augenrollen und auch ernsthafte Irritationen in Philosophie, Theologie und auch nicht selten in der Pädagogik, wenn man dort mit ‚Wertevermittlung' etc. vorstellig wird. In der Tat kommen hier verschiedene Unsicherheiten in einem Terminus zusammen. Für das philosophische Feld scheint der Diskurs um Werte durch fundamentale Einwände seitens der materialistischen, funktionalistischen und liberal-pluralistischer Theorien des letzten Jahrhunderts schwer getroffen.[3] Auch in der (v.a. protestantischen) Theologie stößt man beim Thema Werte in der Regel auf Skepsis. Spätestens mit den Fundamentalkritiken durch die Dialektische Theologie des 20. Jahrhunderts verläuft auch hier der Diskurs um Werte sehr verhalten.[4] Auf pädagogischer Seite wiederum sind zwar zahlreiche und auch jüngere Veröffentlichungen über Werte und Wertevermittlung zu finden, aber auch Zurückweisungen des Themas. Dabei wirkt sich die teils kontroverse Debatte um *das* richtige Verständnis von Werteerziehung, die in der Pädagogik seit etwa fünfzig Jahren geführt wird, bis heute im Diskurs aus.[5]

Der Begriff ‚Wertevermittlung' trägt also gewissermaßen die mehrfache Last unterschiedlich aufgeladener, aber auch ungelöster Diskursspannungen. Angesichts dessen möchte ich für ein sehr pragmatisches und offensiv teleologisches Verständnis von schulischer Wertevermittlung plädieren. Ich will den Ausdruck gerne losgelöst vom terminologischen Erbe eher als Chiffre verstehen. Diese Chiffre steht meines Erachtens für das grundsätzliche Ansinnen, dass Schulen eben nicht nur fachliche, methodische und vielleicht noch staatsbürgerliche Information und Ausbildung leisten, sondern dass Kinder und Jugendliche hier zu einer verantwortungsvollen Persönlichkeit finden können. Die Rede von Wertevermittlung sucht eine Präzisie-

---

[3] Vgl. *H. Joas*, Die Entstehung der Werte. Frankfurt a.M. 1999, 16–22.
[4] Vgl. den Beitrag von *Christian Polke* in diesem Band.
[5] Siehe dazu u.a. *W. Wiater*, Terminologische Vorüberlegungen, in: *Zierer* (Hg.), Schulische Werteerziehung. Kompendium, Baltmannsweiler 2010, S. 17. Wiater differenziert die drei konkurrierenden Konzeptionen einer libertinistischen, einer neokonservativen und einer liberalen Werteerziehung.

rung dieses Ansinnens und dessen, was unter ‚verantwortungsvoll' verstanden werden kann – etwa, dass wir unser Leben schöpferisch, selbstbewusst und gemeinschaftsförderlich zu führen wissen.

Ich lade dazu ein, im Folgenden trotz der verschiedenen Ressentiments den Ausdruck ‚Wertevermittlung' nicht als Problemterminus, sondern als Markierung einer Frage aufzufassen. Eine Frage, die mit dem Ausdruck ‚schulische Wertevermittlung' gestellt ist und die meines Erachtens wie folgt lauten kann: *Wie können unsere Schulen und insbesondere Lehrerinnen und Lehrer dazu beitragen, dass Kinder und Jugendliche Orientierung finden hin zu einer kritischen Mündigkeit, die ihnen gestattet und auferlegt, von ihrer Freiheit verantwortlichen Gebrauch zugunsten anderer zu machen?*

2. Mündigkeit als Meta-Ziel schulischer Wertevermittlung

Mit dieser Frage rückt der Begriff ‚Mündigkeit' ins Zentrum und wird dabei in gewisser Weise als ein ‚Meta-Ziel' schulischer Wertevermittlung exponiert. Diese Exposition scheint mir angemessen und plausibel, weil eine kritische und insbesondere *selbst*kritische Mündigkeit die wesentliche Voraussetzung für die souveräne Auseinandersetzung mit eigenen und fremden Wertvorstellungen ist. Werte bestimmen individuell wie kollektiv über Präferenzen und Unterlassungen mit. Sie wirken als pränormative Instanzen auf unsere Haltungen und Handlungen. Kennzeichnend ist dabei, dass Werte einerseits eine gewisse Robustheit aufweisen und als handlungsleitende Einheiten in der Regel über längere Lebenszeiträume recht stabil bleiben. Andererseits haben Werte einen subtilen Charakter. Sie sind latente Orientierungsfiguren, meist recht abstrakt gefasst und häufig mit einer gewissen emotionalen Verankerung versehen.[6] Der reflektierende Zugriff auf diese hintergründigen Orientierungsfiguren ist anspruchsvoll. Es braucht dazu ein doppeltes ‚Positionsbewusstsein' – d.h. zum einen ein Bewusstsein für die eigene oder fremde Positionalität („dass") und ein Bewusstsein der konkreten Position selbst („das"). Die Orientierung über eigene und fremde Positionsbezüge oder ‚Wertebezogenheiten' ist für eine souveräne und produktive Teilhabe an der Gesellschaft und ihren Diskursen entscheidend. Eine kritische Mündigkeit, die in freier Distanz zu ‚selbstbewussten' Reflexionen und Widersprüchen ermächtigt, ist gewissermaßen eine Meta-Kompetenz zur Reflexion von Werte- und Wertorientierungsprozessen. Da-

---

[6] Vgl. *B. Schmitz*, Werte und Emotionen, in: *Otto* (Hg.), Emotionspsychologie. Ein Handbuch, Weinheim 2000, S. 350f.; vgl. ferner *Standop*, Werteerziehung, S. 15.

her kann Mündigkeit als Meta-Ziel schulischer Wertevermittlung gelten, weil sie souveräne Werteauseinandersetzungen überhaupt erst ermöglicht.[7]

III. Mündigkeit als „regulative Idee der Bildung"

In seinen *Grundzügen eines neuen Allgemeinbildungskonzepts*[8] hat Wolfgang Klafki hinsichtlich des Bildungsbegriffs eine ambivalente Situation herausgestellt, die derjenigen ähnelt, die eingangs für den Wertbegriff festgehalten wurde. Der Bildungsbegriff sei gleichzeitig „überholt" und „unverzichtbar, und zwar in systematischer und historischer Hinsicht".[9] Klafki merkt daraufhin ein Desiderat zur Neubestimmung des Bildungsbegriffs an. Entscheidend sind für ihn „drei Grundfähigkeiten", die er als die „zentralen, normativen Bestimmungen der [...] allgemeinen pädagogischen Zieltheorie"[10] benennt, nämlich die „Befähigung aller Kinder und Jugendlichen zu wachsender Selbstbestimmungsfähigkeit, Mitbestimmungsfähigkeit und Solidaritätsfähigkeit [...]."[11] Dieses Bildungsziel sei nur in der Auseinandersetzung mit Schlüsselproblemen des Lebens und der Gesellschaft erreichbar. Kinder und Jugendliche müssten auf dem Weg zu diesem dreifachen Ziel „im Sinne exemplarischen, gründlichen, verstehenden bzw. entdeckenden Lernens"[12] anhand bestimmter gesellschaftlicher Grundfragen ein kritisches Bewusstsein erlangen. Dabei sei es notwendig,

„einerseits ein Höchstmaß an Gemeinsamkeiten anzustreben, andererseits aber doch immer die Möglichkeiten zu unterschiedlichen und kontroversen Auffassungen, Problemlösungsversuchen, Lebensentwürfen zu gewährleisten und zu verteidigen."[13]

---

[7] In Analogie zu Harry Frankfurts Rede von Wünschen erster und zweiter Ordnung ließe sich Mündigkeit in gewissem Sinne als ein ‚Wert zweiter Ordnung' oder als ‚Meta-Wert' bezeichnen (siehe dazu *H. Frankfurt*, Freedom of the will and the concept of a person, in: Journal of Philosophy 67/1 (1971), S. 5–20). Zu denken wäre dann nicht an Mündigkeit als *dem* Meta-Wert schlechthin, noch soll damit eine hierarchische Ordnung angezeigt werden. Von einem ‚Meta-Wert' Mündigkeit wäre nicht kategorial zu sprechen, sondern eher funktionalistisch: Mündigkeit ermöglicht in beschriebener Weise eine Orientierung über Orientierungsprozesse.

[8] *W. Klafki*, Grundzüge eines neuen Allgemeinbildungskonzepts, in: *ders.*, Neue Studien zur Bildungstheorie und Didaktik. Zeitgemäße Allgemeinbildung und kritisch-konstruktive Didaktik, 6. Aufl., Weinheim/Basel 2007, S. 43–81.

[9] Beide Zitate aus: *H.-Chr. Koller*, Grundbegriffe, Theorien und Methoden der Erziehungswissenschaft. Eine Einführung, Stuttgart 2009, S. 104.

[10] *W. Klafki*, Allgemeine Erziehungswissenschaft. Systematische und Historische Abhandlungen, hg. von *K.-H. Braun/F. Stübig/H. Stübig*, Wiesbaden 2019, S. 89.

[11] *Klafki*, Erziehungswissenschaft, S. 89.

[12] *Klafki*, Grundzüge, S. 62.

[13] *Klafki*, ebd.

Dieses hohe Ziel von Bildung lasse sich nach Klafki nur selbsttätig erreichen und setze daher eine Freiheit und zugestandene Autonomie voraus.
Freiheit wird von ihm damit gleichzeitig als Bedingung der Möglichkeit
von Bildung *und* als Ziel von Bildung bestimmt. Mit dem selbstbestimmten
und eigenverantwortlichen Verstandesgebrauch sowie der daraus ermöglichten unabhängigen Meinungsbildung sind die wesentlichen Parameter
von Mündigkeit benannt, wie sie klassisch auch in der Tradition der Aufklärung verstanden wird und als „das Programm moderner Pädagogik" gelten kann. Als solche kann Selbstbestimmung als die „regulative Idee der
Bildung" überhaupt gelten.[14]

Mündigkeit als Ziel und als „regulative Idee für alles pädagogische und
didaktische Handeln in der Schule ist nicht herstellbar; sie ist vielmehr ein
Lernprozess […]."[15] Dieser Lernprozess vollzieht sich in den besagten
freien Auseinandersetzungen mit Schlüsselproblemen, mit anderen Menschen und in kritischer Auseinandersetzung mit sich selbst. Darüber hinaus
führt der Prozess schließlich zu einer Anerkenntnis dieser Fähigkeiten als
eines Privilegs, mit dem auch ein Anspruch der Solidarität verbunden ist.
Die sich in diesem Prozess zur Mündigkeit entwickelnde Kette beginnt mit
der (noch von außen ermöglichten) Freiheit, befähigt zum selbstbestimmten
Denken, das kritisch sein kann gegen vermeintlich Gesetztes wie gegen sich
selbst. Solche selbstkritische Reflexion, die den Unterschied der eigenen
Person zu anderen sowie Ungleichheiten und Ungerechtigkeiten sehen lässt,
stellt schließlich in persönliche, kritische Verantwortung. Freiheit ermöglicht Widerspruch, Widerspruch erlaubt Kritik, das kritische Denken richtet
sich schließlich auch gegen sich selbst und das wiederum weist auf die eigene Verantwortung: Freiheit, (Selbst-)Kritik, solidarische Verantwortung
sind die Grundparameter von Mündigkeit als ‚regulativer Idee der Bildung'.

IV. Mündigkeit und Autorität – zur ambivalenten Rolle der Lehrperson

Die drei genannten Grundparameter von Mündigkeit sind im Kontext der
Wertevermittlung meines Erachtens noch um den Parameter der Autorität
zu erweitern. In Bezug auf eine *Erziehung zur Mündigkeit*[16] hat Theodor W.

---

[14] Beide Zitate aus *M. Heitger*, Bildung als Selbstbestimmung, hg. von *Böhm/Ladenthin*,
Paderborn u.a. 2004, S. 19.
[15] *Zierer*, Werteerziehung, S. 12.
[16] *T. W. Adorno*, Erziehung zur Mündigkeit, Frankfurt a.M. 1971. Für eine ausführlichere
Darstellung der Gedanken Adornos in *Erziehung zur Mündigkeit* siehe auch den Beitrag von
Ino Augsberg.

Adorno den Begriff deutlich hervorgehoben. Es mag im ersten Moment irritieren, dass gerade der Autorität für eine Erziehung zur Mündigkeit besondere Bedeutung zukommen soll. Für Adorno ist gerade sie eine entscheidende Voraussetzung für Widerspruch, Kritik und schließlich Ablösung. Allerdings nicht einfach, weil kritische Selbstbestimmung und Widerspruch konkrete Gegenüber brauchen, an denen man sich abarbeiten und gegen die man revoltieren kann. Adorno sieht eine tiefergehende Bedeutung der Autorität:

> „Die Art, in der man [...] zu einem autonomen, also mündigen Menschen wird, ist nicht einfach das Aufmucken gegen jede Art von Autorität. Empirische Untersuchungen [...] haben gerade das Gegenteil gezeigt, nämlich daß sogenannte brave Kinder als Erwachsene eher zu autonomen und opponierenden Menschen geworden sind als refraktäre Kinder, die dann als Erwachsene sofort mit ihren Lehrern am Biertisch sich versammelt und die gleichen Reden geschwungen haben. [...] Das Moment der Autorität ist, meine ich, als ein genetisches Moment von dem Prozeß der Mündigwerdung vorausgesetzt."[17]

Jenes ‚genetische Moment' meint einen Prozess der Übernahme und Internalisierung der durch eine Autorität vorgetragenen Position, die für Adorno gerade die Voraussetzung für eine kritische Prüfung und eventuelle Ablehnung ist. Ein Ablösungsprozess, der zu Mündigkeit führen kann, umfasst die Stufe der Identitätsfindung bzw. der Identifikation, für welche die Begegnung mit Autoritäten grundlegend ist. Die Distanzierung von nur äußerlich gebliebenen Positionen und Vorstellungen bleibt so letztlich eine oberflächliche und vielleicht sogar nur scheinbare Kritik. Für ein echtes kritisches, mündiges Bewusstsein gehört neben der Kritik die *Selbst*kritik, die einen innerlich reflektierend vollzogenen Ablösungsprozess von Positionen ermöglicht, die auch und zentral unter dem Eindruck der Autoritäten dem Ich bekannt, bewusst und letztlich auch – vielleicht nur vorübergehend – zu eigen wurden. Eine ‚oberflächliche Mündigkeit', die nur schnellen äußeren Widerspruch, nicht aber die zeitweise identifizierende und dann selbstkritische Prüfung erfahren hat, können nach Adorno letztlich sogar zu neuer und noch stärkerer Unmündigkeit führen:

> „[W]eil es ungezählte Erwachsene gibt, die eigentlich nur den Erwachsenen spielen, der sie nie ganz geworden sind, müssen sie ihre Identifikation [...] womöglich auch noch überspielen, übertreiben, sich in die Brust werfen, mit Erwachsenenstimme daherreden, nur um die Rolle, die ihnen selber eigentlich mißlungen ist, sich und anderen glaubhaft zu machen."[18]

---

[17] *Adorno*, a.a.O., S. 139f.; eine ausführlichere Kontextualisierung dieses Zitats bietet Ino Augsberg in seinem Adorno-Beitrag zu diesem Band (siehe dort bes. die Ausführung im Abschnitt II).
[18] *Adorno*, a.a.O., S. 141f.

Adorno benennt damit implizit eine Grundspannung pädagogischer Autorität. Autorität soll nicht autoritär sein. Ist sie das doch und ist sie also überwältigend, gelingt der Prozess der kritischen Identifikation nicht. Der Lernprozess mündet dann, wenn überhaupt, in eben jenes ‚gespielte Erwachsensein‘ und die Lernenden übernehmen nur opportunistisch oder defätistisch die Position der Autorität – oder sie lernen eine Widerspruchsroutine, die nur reflexartig und nicht reflektiert ist. Die gleiche Gefahr besteht aber eben auch von der anderen Seite her, nämlich dann, wenn im Lernprozess eine zu ‚schwache‘ oder vielleicht sogar gar nicht erfahrbare Autorität vorhanden ist.

Den letzten Punkt hat Roland Reichenbach in seiner *Ethik der Bildung und Erziehung* hervorgehoben und konstatiert, dass eine Pädagogik ohne Autorität und der damit verbundenen Asymmetrie ohnehin unmöglich und der Versuch dazu kontraproduktiv sei. Die Symmetrieverletzung in den Beziehungen zwischen Lehrpersonen und Lernenden sei pädagogisch erforderlich – und gleichzeitig immer problematisch. Aber sie kann nicht ausbleiben. Er spricht daher von der „Zumutung des Erziehens“, die darin bestehe, dass „das Symmetriegebot aus fürsorglichen Gründen verletzt werden muss [...].“[19] Überhaupt liefe jeder Versuch zur Symmetrie in pädagogischen Beziehungen auf eine Scheinsymmetrie hinaus und der „Preis für solche Pseudosymmetrie ist das Verschwimmen der lebensphasentypischen Aufgaben, Pflichten, Freiheiten und Selbstinterpretationen.“[20]

Mündigkeit wurde oben als ‚regulative Idee‘ von Bildung und als zentrale Voraussetzung für die reflektierte und freie Wertebildung herausgestellt. Für die Lehrpersonen, die den Lernprozess hin zu solcher Mündigkeit pädagogisch verantworten müssen, zeigt sich nun die besondere Herausforderung, die Lernenden in diesem Prozess als Autorität, nicht aber autoritär oder paternalistisch zu führen. Reichenbach spricht diesbezüglich auch von einer „Ambivalenz von Führung“, die sich im pädagogischen Prozess notwendig einstelle.[21] Autorität ist im Prozess der (Werte-)Bildung zur Mündigkeit ein ‚genetisches Moment‘ (Adorno). Der Verzicht auf Autorität bedeutet den Verlust von Identifikations- und Kontrapunkten. Aber sie steht auch in beständiger Gefahr der Überwältigung und des Absolutismus. Eine Pädagogik der Wertebildung bedeutet daher einerseits eine ‚Zumutung des Erziehens‘ und also eine produktive Asymmetrie. Andererseits braucht es auch kritische Zurückhaltung des Eigenen, ohne die Autorität autoritär wird: „[e]s gehört aber auch zur eigentlichen Aufgabe, sich als Pädagoge oder Pädagogin überflüssig zu machen.“[22]

---

[19] R. *Reichenbach*, Ethik der Bildung und Erziehung, Stuttgart 2018, S. 43.
[20] *Reichenbach*, ebd.
[21] Vgl. *Reichenbach*, a.a.O., S. 40.
[22] *Reichenbach*, a.a.O., S. 37.

Der Wertepädagogik mit dem Ziel kritischer Mündigkeit ist also eine weitere fundamentale Grundspannung eingeschrieben. Zu ihr gehört immer „auch die Schwierigkeit, dass zwischen Führen und Verführen, zwischen Führern und Verführern nicht immer überzeugend unterschieden werden kann."[23]

V. Produktive Ambivalenz. Theologische Anzeigen zu einer kritischen Mündigkeit zu Gunsten anderer

Mit den genannten Schlüsselbegriffen sind bereits semantische Brückenschläge in die theologische Diskussion des Wertethemas erfolgt. Freiheit, Kritik und Verantwortung sind nicht nur bei der Frage nach Mündigkeit als ‚regulativer Idee' von Bildung elementar, sondern stehen auch im Mittelpunkt der folgenden Denkfiguren. Diese sollen neben den terminologischen vor allem systematische Interferenzen zwischen der pädagogischen und der theologischen Debatte des Themas deutlich machen. Ich will drei Ambivalenzfiguren aus dem Theoriebestand protestantischer Theologie in den Blick nehmen, die in jeweils völlig anderen Kontexten beheimatet sind, aber für die Konturen des Begriffs kritischer Mündigkeit instruktiv sein können.

Dabei ist auf die Schwierigkeiten hinzuweisen, vor denen man stehen kann, wenn man im Feld der protestantischen Theologie unter dem Vorzeichen ‚Wertevermittlung' über Freiheit und Mündigkeit sprechen will. Der Wertbegriff scheint in der jüngeren Geschichte der evangelischen systematischen Theologie einigermaßen verbrannt. Bedeutsam dafür war eine fundamentale Kritik und Zurückweisung des Wertbegriffs für die Theologie, die im letzten Jahrhundert prominent von Eberhard Jüngel vorgetragen wurde.[24]

In seinem Band *Wertlose Wahrheit* hatte Jüngel die „Logik der Werte" grundlegend in einen Gegensatz zur „Logik des Evangeliums" gesetzt.[25] Während letztere auf Wahrheit und Freiheit gerichtet sei, stehe die Werte-Logik mit „der ihr impliziten Steuerung menschlichen Verhaltens"[26] für binäre Positiv-Negativ-Schemata. Werte und Freiheit schlössen sich geradezu aus. Jüngel spricht sogar von einer „ontologischen Aggressivität" [27] des

---

[23] *Reichenbach*, a.a.O., S. 38.
[24] Vgl. für eine ausführlichere Darstellung zur protestantischen Geschichte des Wertbegriffs den Beitrag von *Christian Polke* in diesem Band. Zur Argumentation Eberhard Jüngels siehe dort bes. den Abschnitt I.
[25] Vgl. *E. Jüngel*, Wertlose Wahrheit, 2. Aufl., Tübingen 2003, IX.
[26] *Jüngel*, ebd.
[27] Vgl. *Jüngel*, a.a.O., X.

Wertedenkens, das alles Seiende in bewertende bzw. bewertete Kategorien zwinge. Jede positive Werteäußerung oder -setzung, jedes positive *bewer-ten*, sei im Grunde stets eine „Entwertung seines Gegenteils zum Unwert" und überdies eine Entwertung, die sich nicht nur aufs Denken begrenzt: „[d]er Aggressivität des Denkens folgt die Aggressivität der Tat."[28]

Die von Jüngel sezierte „Logik der Werte" will ich im Folgenden im Lichte von drei theologischen Ambivalenzfiguren weiter aufbrechen und die theologische Kritik und Reflexion anschließend hinsichtlich des pädagogischen Diskurses fruchtbar machen. Die drei exemplarischen Figuren, die ich dazu skizzieren werde, sind Martin Luthers Rede von christlicher Freiheit, Jürgen Moltmanns kreuzestheologische Überlegungen zur (selbst-) kritischen Spannung von Identität und Relevanz sowie Dietrich Bonhoeffers Gedanken über Autorität und Führung.

1. Martin Luthers Freiheitsdiktum

Protestantische Rede von Freiheit ist grundlegend mit Martin Luthers Kernschrift *Von der Freiheit eines Christenmenschen*[29] verbunden. Direkt an den Anfang seiner Abhandlung stellte Luther das berühmte Freiheitsdiktum, das er direkt in den biblischen Texten, v.a. in der paulinischen Theologie verwurzelt findet:

> „Ein Christenmensch ist ein freier Herr über alle Dinge und niemandem untertan. Ein Christenmensch ist ein dienstbarer Knecht aller Dinge und jedermann untertan."[30]

Die prominente Freiheitsschrift Luthers leistet dann eine intensive Erläuterung dieser „zwei sich widersprechenden Reden von der Freiheit"[31]. Dabei ist Luther nicht um eine einfache Auflösung dieser Spannung bemüht, sondern balanciert sie in einer theologischen Anthropologie aus, die die Ambivalenz offenhalten und zugleich verständlich machen will. Grundlegend ist dabei die Einsicht, dass der Mensch zwar Subjekt seiner Lebensführung sei, nicht aber Schöpfer seiner selbst. Seine Existenz hänge nicht vom Erfolg oder Misserfolg seiner Werke ab. Nicht durch bestimmtes Handeln werde der Mensch gerecht vor Gott, sondern seine ‚Rechtfertigung' erfolge allein aus göttlicher Gnade. Diese für Luther entscheidende theologische Erkenntnis, dass Rechtfertigung und Gnade geschenkt sind und durch Jesus Christus denen, die an ihn glauben, zugänglich werden, führt ihn anthropologisch

---

[28] *Jüngel*, ebd.
[29] *M. Luther*, De libertate christiana, WA 7,21, deutsch u.a. in: Luther deutsch Bd. 2. Der Reformator, hg. von *Aland*, Göttingen 1991.
[30] *Luther*, a.a.O, S. 251.
[31] *Luther*, ebd.

in die Feststellung größtmöglicher Freiheit. Da der Mensch gar nicht in der Lage ist, aus sich selbst heraus ein vollkommenes Leben zu führen, ist er auch vom verzweifelten Bemühen darum befreit. Die Erfahrung solcher Befreiung im Glauben ist für Luther eine zutiefst tröstliche und „fröhliche", insofern sie – für den mittelalterlichen Menschen – eine Befreiung aus der Angst vor Hölle und Fegefeuer bedeutete. Sie ist Freiheit von einem verzweifelten Bemühen um die unmögliche und zugleich als heilsnotwendig gedachte Gesetzeserfüllung in Denken und Handeln. In der modernen Rezeption wird diese protestantische Freiheitsrede häufig durch die Rede von einer unhintergehbaren Anerkennung und Würde beschrieben, die durch die Glaubenserkenntnis von Gottes Liebe erfahren wird. Das existenzielle Bedürfnis nach Anerkennung und Respekt ist mit dieser Freiheitsbotschaft von der Welt abgelöst und durch den Zuspruch der göttlichen Liebe verbürgt. Der Mensch ist als Gottes Geschöpf anerkannt, trotz und mit seinen Unzulänglichkeiten und unabhängig von seinen weltlichen Werken und Erfolgen. Wo dieses Glaubenswissen internalisiert und ins Zentrum der Existenz gestellt ist, ermöglicht es eine fundamentale und befreiende Distanz zur Welt und ihren Verwertungslogiken.

Der zweite Satz des Freiheitsdiktums bindet diese Freiheit allerdings direkt zurück an die Welt. Die geschenkte Freiheit ist eigentlich keine Freiheit *von* der Welt, sondern vielmehr eine Freiheit *für* die Welt. Das neue, freie Weltverhältnis der Christenmenschen verleihe ihnen Stärke und Verantwortung, der Welt aus ihrer Freiheit heraus zu dienen. Diese Freiheit bedeutet auch, verantwortlichen Gebrauch von ihr zu machen. Die geistige Befreiung vom Urteil anderer, von Abhängigkeiten, aber auch von Selbstbezogenheit (etwa im Bemühen, aus sich selbst einen ‚gerechten Menschen' zu machen) bedeutet ein Privileg, das verpflichtet. Die Freiheit der Christenmenschen markiert Luther als eine Freiheit *für* die Nächsten und für das Gemeinwesen.

Es ist also gerade der existenzielle Bruch mit bestimmten Logiken der Welt, die verantwortliche Freiheit ermöglicht. Die christliche Freiheitsbotschaft bricht – so auch die Jüngel'sche Kritik – gerade mit den Urteilen und mit *Be*wertungs- und *Ver*wertungslogiken der Welt. Richtigerweise warnte Jüngel daher davor, dass sich die christliche Theologie nicht unversehens nun wieder gerade in diese Logiken zurückverstricken dürfe, indem sie sich diese wertetheoretisch zu eigen macht. Die Grundaussage christlicher Freiheit lässt sich allerdings gerade umgekehrt als instruktive Perspektive in den Diskurs um Wertevermittlung einspielen, indem sie die Distanz zu und die Kritik der Werte als Voraussetzung für ein freies Weltverhältnis macht. Für ein gelingendes Gemeinwesen sind dann gerade freie Subjekte nötig, die sich aber nicht frei *von* diesem Gemeinwesen verstehen, sondern aus dem Privileg ihrer Freiheit heraus gerade diesem Gemeinwesen verpflichtet wissen. Was wir bisher unter Mündigkeit verstanden haben, lässt sich dann als Grundfähigkeit zur Kritik der etablierten und routinisierten Logiken des Gemeinwesens einsehen. Mündigkeit als Selbstbestimmung bedeutet damit keine isolierte Willkürfreiheit; sondern eine gebundene Freiheit des solidarischen und gerade deshalb kritischen Denkens.

Die fünfhundert Jahre alte Freiheitsbotschaft Luthers markiert neben dem kritischen und dabei dienenden Selbst- und Weltverhältnis noch einen weiteren Punkt, der auch für die Grundstruktur von ‚Mündigkeit' als regulative Idee von Bildung entscheidend ist. So wie Luthers christlicher Freiheitsbegriff möglich wird auf dem Fundament des Glaubens – „eine feste Burg ist unser Gott" – ist auch für ganz und gar säkulare, spätmoderne Diskussion um Mündigkeit deutlich, „daß zur Mündigkeit eine bestimmte Festigkeit des Ichs" [32] gehört. Eine im Gefühl der Freiheit gründende Festigkeit des Ichs wird zur Basis des verantwortlichen Gebrauchs mündiger Freiheit.

2. Jürgen Moltmann über das Verhältnis von Identität und Relevanz

Im vorigen Abschnitt stand der Gedanke der Freiheit im Zentrum. Ein weiterer essentieller Parameter unseres Verständnisses von Mündigkeit war der Aspekt der Kritik, also das kritische Selbst- und Weltverhältnis. Inwiefern sich dieses gerade aus der Freiheitsbotschaft entwickeln kann, wurde bereits angezeichnet. Im Folgenden soll, nachdem zuvor die ambivalente, weil ‚gebundene' Freiheit als notwendige Bedingung von kritischer Mündigkeit markiert wurde, die *Kritik* selbst als ein ambivalenter Begriff herausgestellt werden. Die theologische Referenz, die hier für den Diskurs um Mündigkeit instruktiv gemacht werden soll, ist Jürgen Moltmanns Überlegung zu Identität und Relevanz des Glaubens, die er an den Anfang seiner Christologie *Der gekreuzigte Gott*[33] gestellt hat. Jürgen Moltmann veröffentlicht seine Christologie in den Siebzigerjahren des letzten Jahrhunderts, als er das Christentum in Deutschland in einer gleichzeitigen Identitäts- und Relevanzkrise sah. (Inwiefern sich beides unverändert für die Gegenwart attestieren ließe, kann hier nicht weiter erörtert werden.) Moltmann sieht im Kreuz Jesu das „innere Kriterium"[34] des Christentums. Vom Kreuz gehe eine permanente Infragestellung der Welt und der Menschen aus. Für Christinnen und Christen stirbt im Kreuzesereignis Gott selbst, nachdem er sich der Welt ausgeliefert hatte. Dass dieser Gott, der sich zur Rettung der Welt inkarnierte, von dieser Welt ans Kreuz geschlagen und aus der Welt hinausgedrängt wurde, offenbare gerade die destruktiven Dynamiken der Welt.

---

[32] *Adorno*, Erziehung, a.a.O., S. 143.
[33] *J. Moltmann*, Der gekreuzigte Gott, 2. Aufl., München 1973.
[34] *Moltmann*, a.a.O., S. 12.

Das Kreuzesleiden Gottes ist daher ein dauernder Anstoß, ein Stachel, ein *skandalon*, das Christinnen und Christen daran erinnert, dass jedes Denken und Wollen in der Gefahr kapitaler Irrtümern, der Stumpfheit und Selbstgerechtigkeit steht. Das Kreuz ermahne das Denken und auch „[j]ede Theologie [...] über ihren eigenen Standpunkt [...] zu reflektieren."[35]

Dass die vom Kreuz theologisch ausgehende Infragestellung des Eigenen also unbequem und penetrant ist, habe zu einer gewissen Einklammerung kreuzestheologischer Perspektiven geführt, gerade in der Moderne. Für Moltmann bedeutet das einen Verlust an theologischer und selbstkritischer Redlichkeit und überdies mache sich die Kirche mit der Preisgabe ihres kritischen Potentials gesellschaftlich obsolet:

> „Der Exodus aus einer Gesellschaft, die psychologisch wie sozial den Schmerz am Leiden in der Welt verdrängt und leidende Menschen an den Rand drängt, um ihre Kreise ungestört ziehen zu können, führt auch zum Exodus aus einer Kirche, die nicht entschlossen mit diesen Abwehr- und Komfortmechanismen ihrer gesellschaftlichen Umgebung bricht, sondern sich auf einen faulen Frieden mit der frigiden Gesellschaft einlässt."[36]

In der Kreuzestheologie wird das Kreuz als widerständiges und ‚skandalöses' Kriterium des Christentums wieder aufgerufen und zur radikalen Kritik des Eigenen geführt. Ein dergestalt kritisches, theologisches Denken müsse insbesondere absolute Standpunkte aufgeben:

> „Ein absoluter Standpunkt wäre gleichbedeutend mit Standpunktlosigkeit. Die Verabsolutierung des eigenen Standpunktes wäre nur borniert. Das bedeutet keinesfalls Relativismus. Wer die Relativität der Relativität einsieht, wird sich relational einstellen, d.h. sich ins Verhältnis zu anderen setzen, was nicht heißt, sich selbst aufzugeben. Die Relationalität des eigenen Standpunktes zu anderen bedeutet, in konkreten Verhältnissen zu leben und in Bezug auf anderes das Eigene zu denken."[37]

Das markiert eine Ambivalenz der eigenen Position. Einerseits wird die Aufgabe des absoluten Standpunktes zur Voraussetzung eines kritischen Denkens gemacht, das im eigenen Denken stets relational auf anderes bezogen bleibt und sich von diesem her immer wieder infragestellen lässt. Andererseits bedeutet das gerade nicht einen völligen Relativismus, sondern Andersartigkeit und kritische Distanz werden gerade vorausgesetzt: „[j]enes vielbeschworene ‚Dasein für andere' [...] wäre sinnlos, wenn man gar nicht mehr anders ist als andere, sondern nur ihr Mitläufer."[38] Die Öffnung des

---

[35] *Moltmann*, a.a.O., S. 15.
[36] *Moltmann*, a.a.O., S. 14.
[37] *Moltmann*, a.a.O., S. 15f.
[38] *Moltmann*, a.a.O., S. 21.

eigenen Denkens, die kritische Selbstrelativierung wird damit zur Voraussetzung für Relevanz. Ich muss Eigenes preisgeben können, um für andere anschlussfähig zu sein. Gleichzeitig wird diese Selbstrelativierung gänzlich unproduktiv, wo sie opportunistische Selbstaufgabe bedeutet und zum Mitläufer macht. Der Mitläufer dient dem Anderen genauso wenig wie der Absolutist. Die erforderliche Vermeidung beider Extrema bedeutet eine komplizierte Spannung von Relevanz und Identität: „Wo Identität gefunden wird, wird Relevanz fraglich. Wo Relevanz erreicht wird, wird Identität fraglich."[39]

Moltmann hat bei seinen Erwägungen freilich die Kirche im Sinn und die Frage nach ihrer Relevanz und Identität in der Moderne. Explizit bezieht er seine Ausführungen auch auf die Theologie und das Denken von Christinnen und Christen. Die von ihm dabei durchleuchtete Spannung von Identität und Relevanz kann für unseren Zusammenhang aber auch hinsichtlich der Position der Lehrperson aufschlussreich sein. Diese soll einerseits eine Autorität sein, auch authentisch und in ihrer eigenen Identität erkennbar sein. Gleichzeitig ist auch hier die Nicht-Identität als selbstentäußernde Suche nach dem Bestritten-Werden und Bestreiten ein Relevanzkriterium. Relevanzbemühen darf dabei allerdings nicht in Anbiederung und Selbstpreisgabe führen. Relevanz heißt nicht Opportunismus, sondern Aufgabe und Kritik des eigenen Absolutismus. In gewisser Weise besteht also eine gleichzeitige Gefahr von zu viel und zu wenig Kritik des Eigenen. Auf dieser kritischen Skala der Selbstbehauptung und -entäußerung wird über Identität und Relevanz entschieden. Das Verhältnis beider ist nur dann ‚dienend' und hilfreich, wenn eine Balance von eigener Position, Reflexion derselben und auch eine Zurücknahme des Eigenen erreicht wird. Für den kirchlichen Kontext schlägt Moltmann hier die Kreuzestheologie als „Verifikationsmodell"[40] vor, das über das je angemessene Verhältnis von Identität und Relevanz zu entscheiden helfen und vor Kontaktverlust wie Mitläufertum warnen kann. Es braucht eine Kritik der Kritik und diese könne theologisch durch das Kreuz erfolgen. Für den pädagogischen Kontext kann das fruchtbar gemacht werden, wenn man den Aspekt der Solidarität hervorhebt, den Moltmann konsequent mitdenkt: das Kreuzesereignis dokumentiere nicht nur als Skandalon die destruktive Kraft von Selbstverabsolutierung, Ignoranz oder Mitläufertum, sondern eben auch Gottes „Solidarität mit dem Leiden der Armen und dem Elend der Unterdrückten wie der Unterdrücker"[41]. Identität, die aus der Identifikation mit diesem Geschehen gewonnen werde, sei eben dann immer auch eine Identifikation mit den Schwa-

---

[39] *Moltmann*, a.a.O., S. 29.
[40] *Moltmann*, a.a.O., S. 16.
[41] *Moltmann*, a.a.O., S. 29.

chen. Anhand der Frage nach der Solidarität mit anderen lässt sich das Verhältnis von Identität und Relevanz kritisch prüfen. Es wird verifiziert in dem Maß, in dem dieses Verhältnis je und je neu zugunsten anderer bestimmt wird. Für die Identität gilt, dass diese „nur im Bereich der Nichtidentität der Entäußerung an das andere und der Solidarität mit anderen spruchreif"[42] wird. Für die Relevanz gilt hingegen, dass sie sinnlos wird, ja destruktiv, wenn sie den Dienst am anderen verunmöglicht, weil „man gar nicht mehr anders ist als andere, sondern nur ihr Mitläufer."[43] Die Fragen nach Identität und Relevanz, nach Autorität und Zuwendung, nach Authentizität und Selbstpreisgabe werden damit zu Solidaritätsfragen. Das Orientierungsmaß dieser ambivalenten Verhältnisse sind dann ‚die Nächsten‘. Über Identität (etwa mit sich selbst und den eigenen Werten) und Relevanz (für andere und in deren Wahrnehmung) ist dann sehr situativ und vor allem zu Gunsten anderer zu entscheiden.

3. Dietrich Bonhoeffer über Autorität und Führerschaft

Im Februar 1933 hält Dietrich Bonhoeffer, der „Theologe im Widerstand"[44], einen Radiovortrag mit dem Titel *Wandlungen des Führerbegriffes*. Der Vortrag wird vorzeitig abgebrochen, nachdem Bonhoeffer offene Kritik am nationalsozialistischen Führerkult äußert. In ausführlicher Fassung findet sich der im Nachlass Bonhoeffers enthaltene Text schließlich unter dem Titel *Der Führer und der Einzelne in der jungen Generation* in der posthum erschienenen Werkausgabe. In seinem dichten Aufsatz stellt Bonhoeffer auch Überlegungen zum Begriff der Autorität an. Er unterscheidet dabei scharf zwischen der Autorität, die einem vorgesetzt ist – etwa qua Amt – und solcher, die man frei anerkennt und anderen zugesteht. Jene gesetzte, amtliche Autorität sei grundsätzlich eine „begrenzte Autorität", die in der Regel zwar akzeptiert wird, aber nicht automatisch auch durch eine innerliche Anerkennung der ihr Untergeordneten gedeckt ist. Solcher Autorität fügt man sich ohne innerliche Verpflichtung. Sie ist deshalb begrenzt, auch hinsichtlich der durch sie gewirkten Normativität. Anders verhält es sich bei der Autorität, die verliehen und innerlich zugestanden wird. Diese sei eben nicht verordnet, sondern eine geliehene und gerade deshalb „in der Gefahr, maßlose Autorität zu werden" und mit einer solchen „befreie ich mich nur wiederum selbst, bringe ich mich selbst zur Geltung."[45] Das klingt zunächst etwas irritierend, dass die geliehene Autorität gerade die größere

---

[42] *Moltmann*, a.a.O., S. 22.
[43] *Moltmann*, a.a.O., S. 21.
[44] *Chr. Tietz*, Dietrich Bonhoeffer. Theologe im Widerstand, München 2013.
[45] Beide Zitate aus: *D. Bonhoeffer*, Werke Bd. 12, Berlin 1932–1933, hg. von *Nicolaisen/ Scharffenorth*, München 1997, S. 256f.

Gefahr birgt. Aber es ist eben die Autorität, die durch die starke persönliche Verbindlichkeit gedeckt ist. Den Unterschied zwischen beiden Autoritäts-formen markiert Bonhoeffer klar vor dem Hintergrund der zeitgeschichtlichen Ereignisse:

> „Es besteht ein entscheidender Unterschied zwischen der Autorität des Vaters, des Lehrers, des Richters, des Staatsmannes einerseits und der Autorität des Führers andererseits. Jene haben Autorität durch ihr Amt und allein in ihm; der Führer hat Autorität durch seine Person."[46]

Beide Autoritätsformen können freilich zusammenfallen. Eine Amtsautori-tät – wie es etwas formal eine Lehrerin in der Schule ist – kann zugleich qua Person eine Autorität in der Klassengemeinschaft sein und als solche auf Kinder und Jugendliche in besonderer Form wirken. Bonhoeffer warnt nun nicht so sehr vor dem Missbrauch amtlicher Autorität. Für gefährlicher hielt er 1933 den Missbrauch der persönlichen Autorität. Die persönliche Autorität, auch etwa die eines Lehrers, bedeutet daher ein hohes Maß an Verantwortung und Selbstreflexion. Wo Autorität in ein pathologisches Verhältnis kippt, ist es die Autoritätsperson, die sich um die Begrenzung ih-rer Macht und Wirkung bemühen muss:

> „Der Mensch und insbesondere der Jugendliche wird so lange das Bedürfnis haben, einem Führer Autorität über sich zu geben, als er sich selbst nicht reif, stark, verantwortlich genug fühlt, den in diese Autorität verlegten Anspruch selbst zu verwirklichen. Der Führer wird sich dieser klaren Begrenzung seiner Autorität verantwortlich bewußt sein müssen. Versteht er seine Funktion anders, als sie so in der Sache begründet ist, gibt er nicht dem Geführten immer wieder klar Auskunft über die Begrenztheit seiner Aufgabe und über dessen eigenste Verantwortung, läßt er sich von dem Geführten dazu hinreißen, dessen Idol darstellen zu wollen – und der Geführte wird das immer von ihm erhoffen – dann gleitet das Bild des Führers über in das des Verführers."[47]

Der Übertrag dieser klar historisch kontextualisierten Zeilen in unsere Überlegungen hinsichtlich schulischer Wertevermittlung und einer kriti-schen Mündigkeit als ‚regulative Idee von Bildung' ist ohne Zweifel ge-wagt und natürlich fragil. Gesteht man ihn aber zu, lässt sich den Sätzen Bonhoeffers strukturell einiges für die Reflexion der Rolle von Lehrperso-nen als Autoritäten gewinnen. Auch hier stellt sich nämlich eine ambivalen-te Situation ein.[48] Einerseits haben Lehrkräfte einen päd*agogischen* Auftrag,

---

[46] *Bonhoeffer*, a.a.O., S. 257.
[47] *Bonhoeffer*, a.a.O., S. 258.
[48] Siehe oben, *Roland Reichenbachs* Rede von der „Ambivalenz der Führung" (*Reichen-bach*, Ethik, S. 40).

einen Erziehungsauftrag, der sich nicht allein aus amtlicher Autorität erfüllen lässt. Sie müssen auch als persönliche Autoritäten „hineinführen in die Verantwortlichkeit gegenüber den Ordnungen des Lebens"[49] und auch der staatliche Erziehungsauftrag ist ohne eine persönliche Wirkung der Lehrkräfte nicht realisierbar. Implizit und explizit stellen sich darüber Normativitätsmomente ein, in denen Lehrpersonen Einfluss nehmen und ‚führen'. Eben diese Momente sind in Bonhoeffers Augen gleichermaßen notwendig und gefährlich. Pädagogisch wirksame, persönliche Autorität sei „unentbehrlich", aber nur solange man diesen Zustand solcher Autorität als „notwendig *vorübergehenden*" verstehe und man sich auf diese Aufgabe der Führung in „aller Nüchternheit" beschränke.[50] Das Ziel solcher Führung und Anleitung durch die persönliche (und also die besonders wirkmächtige und deshalb gefährliche) Autorität sei immer die letztendliche Mündigkeit der Geführten und damit die schließliche Überflüssigkeit der eigenen Autorität. Im Moment der Führung dürfe die Autoritätsperson

„diese Selbstentrechtung, Selbstentmündigung der einzelnen nur im Hinblick darauf hinnehmen, daß [… sie] den einzelnen erst in die eigentliche Mündigkeit zu führen habe. Zur Mündigkeit des Menschen aber gehört eben die Verantwortlichkeit gegenüber den anderen, gegenüber den gegebenen Ordnungen, das […] sich begrenzen lassen. [sic]"[51]

Für den Christen Bonhoeffer ist diese Selbstbegrenzung persönlicher Autorität letztlich theologisch begründet: „Führer und Amt, die sich selbst vergotten, spotten Gottes […]."[52] Seine Überlegungen zu Autorität und Führung lassen sich aber auch ganz säkular als Hinweise für die Frage nach schulischer Wertevermittlung und die dabei relevante Position der Lehrkräfte lesen. Sie markieren eine doppelte Form kritischer Mündigkeit: das Ziel der pädagogischen Arbeit ist die ‚Mündigkeit der Geführten', die insofern kritisch und mündig ist, als sie die Autorität schließlich infrage zu stellen weiß. Voraussetzung für das Erreichen dieses Ziels ist aber auch eine (selbst-)kritische Mündigkeit der Pädagoginnen und Pädagogen selbst, die mündig gegenüber sich sind und die notwendige Begrenztheit ihrer eigenen Autorität kennen und herstellen. Zu ihrer kritischen Mündigkeit gehört der Anspruch, die eigene Autorität überflüssig werden zu lassen. Zur kritischen Mündigkeit als Ziel schulischer Bildung gehört die Fähigkeit des verantwortlichen Rückzugs. Anhand von Bonhoeffers Überlegungen lässt sich die (selbst-)kritische Mündigkeit nicht nur als regulative Idee der Bildung und

---

[49] *Reichenbach*, ebd.
[50] Alle Zitate *Reichenbach*, ebd., Hervorhebungen wie im Original.
[51] *Reichenbach*, ebd.
[52] *Reichenbach*, a.a.O., S. 259f.

also als Ziel für Schülerinnen und Schüler, sondern auch als Anforderung und personale Voraussetzung für Lehrpersonen deutlich machen.

VI. Freiheit, Kritik und Autorität als Parameter, verantwortliche Solidarität als Orientierungsmaß von Mündigkeit

Eingangs wurden zwei konkrete Hinsichten benannt, unter denen die Überlegungen zur schulischen Wertevermittlung in diesem Beitrag geführt werden sollten: Mündigkeit als (Meta-)Ziel schulischer Wertevermittlung einerseits und die Autoritäts- und Modellverantwortung der Lehrperson für die Wertevermittlung andererseits. In den voranstehenden Abschnitten zeichnete sich bereits ab, dass diese beiden Hinsichten eng zusammenhängen. Denn einerseits sind kritische Mündigkeit und ihre Näherbestimmungen als Freiheit, (Selbst-)Kritik und Solidarität leitende Bildungs*ziele*; andererseits sind diese auch notwendige persönliche *Voraussetzungen*, über die Lehrkräfte selbst souverän verfügen und die sie verkörpern können müssen. Ferner trat die Bedeutung der Autoritätsfrage für die Modell- und Normativitätswirkung in den Vordergrund. Diese unterschiedlichen Aspekte will ich in diesem Schlussabschnitt zusammenführen und dabei insbesondere Impulse aus der Betrachtung der drei theologischen Ambivalenzfiguren für die Überlegungen zur schulischen Wertevermittlung fruchtbar machen.

Die drei skizzierten Figuren haben jeweils einen der Begriffe, die für das hier fixierte Verständnis von Mündigkeit zentral waren, theologisch konzeptualisiert – Martin Luthers Diktum von der *Freiheit*, Jürgen Moltmanns kreuzestheologisch begründete Theologie der *Kritik*, Dietrich Bonhoeffers Vortrag über zwei Formen der *Autorität*. Alle drei haben eine Struktur der ambivalenten Gleichzeitigkeit in den jeweiligen Begriffen deutlich gemacht, indem sie diese jeweils in theologische Spannungsfelder eingesetzt haben. Als Pole dieser Spannungsfelder lassen sich abstrakt jeweils Paare von Zentralität und Exzentrizität bzw. von Selbstreferenz und Fremdreferenz ausmachen. Luthers Christenmensch ist zugleich unabhängiger Herr *und* jedermanns Knecht; Moltmanns kritische Theologie weist auf die Komplementarität von Identität *und* Relevanz hin; Bonhoeffer behauptet eine gleichzeitige Notwendigkeit von Übernahme *und* Preisgabe persönlicher Autorität. In allen drei Fällen war es schließlich eine Form diakonischer Solidarität, die als Kriterium der Vermittlung von Selbst- und Fremdreferenz fungieren könnte. Luthers Freiheitsgedanke gründet auf dem unerschütterlichen Gefühl des Anerkanntseins durch Gott, wodurch eine

Freiheit-*für* induziert wird, die dann keine isolierte Willkürfreiheit, sondern eine gebundene Freiheit des solidarischen und gerade deshalb kritischen Denkens ist. Moltmanns ‚inneres Kriterium des Kreuzes‘ weist orientierend auf die Nächsten: über Identität und Relevanz ist zugunsten anderer zu entscheiden. Bonhoeffer schließlich entscheidet die Frage von präsenter Autorität und Selbstzurücknahme nach dem pädagogischen Ziel der ‚Mündigkeit der Geführten‘. In dem Maß, in dem die eigene Autorität anderen zugutekommt, ist diese zu viel oder zu wenig.

Freiheit, (Selbst-)Kritik und Autorität werden von den drei theologischen Bearbeitungen als fundamental ambivalente Begriffe ausgewiesen, die zwischen Selbstbezug und Fremdbezug changieren. Ihre ambivalente Spannung lässt sich nicht auflösen, aber am Maßstab der verantwortlichen Solidarität orientieren. Herrschaft und Dienst, Identität und Relevanz, Autorität und Selbstzurücknahme – jedes dieser Elemente kann in zerstörerischer Weise über- oder unterbestimmt werden. Sowohl eine dominante, selbstgewisse Autoritätsposition als auch eine dienende, um Resonanz bemühte Selbstzurücknahme können mal produktiv, mal destruktiv wirken. Über das jeweils Angemessene ist situativ und unter dem Gesichtspunkt des Diakonischen zu entscheiden.

Neben Hinweisen zu den Modi von Wertevermittlung lassen sich den drei Figuren ferner Einsichten über die Voraussetzungen zur Mündigkeit entnehmen. Wer Mündigkeit ermöglichen will, muss selber frei und mündig sein und solche Mündigkeit braucht eine ‚feste Burg‘ (Luther) in der sie gründet. Wer anderen zur Mündigkeit verhelfen will, muss solche Burgen bauen – und selbst in einer wohnen. In dieser Burg darf man sich gleichwohl nicht einmauern. Wertevermittlung braucht permanente Kritik und Reflexion, um nicht einen ‚faulen Frieden‘ (Moltmann) mit sich und der Welt zu machen. Zur Wertevermittlung gehört daher das Vorleben und Vorgeben einer kritischen und selbstkritischen Redlichkeit im Denken, das sich weder im Mitläufertum noch in einem Quietismus der reflexhaften Ablehnung einrichtet. Zur Mündigkeit des Menschen gehört ein ‚Sich-begrenzen-Lassen‘ (Bonhoeffer), das der Mündigkeit anderer Menschen Raum gibt.[53]

---

[53] Diese Begrenzung ist als eine doppelte zu denken: einerseits geht es um eine Selbstbegrenzung zugunsten anderer, die modellhaft sichtbar werden muss – ohne dabei zur Selbstaufgabe zu übersteuern. Andererseits geht es aber auch um ein Sich-begrenzen-Lassen, in dem Sinne, dass man die nicht selbst gewählten und gesetzten Grenzen akzeptiert. Nicht im ‚faulen Frieden‘, aber auch nicht in pathologischen Selbstexpansionsversuchen, die danach streben, äußere wie innere Grenzen und die eigenen Fehler unsichtbar zu machen. Zur selbstkritischen Mündigkeit gehört dann auch die Fähigkeit, eigene Unzulänglichkeiten und den eigenen Dilettantismus souverän erkennen zu lassen. Werteerziehung zur Mündigkeit heißt auch eine „Einführung in das unvollkommene Leben" (*Reichenbach*, Ethik, S. 35) zu leisten. Souveränität ist genauso wenig identisch mit Absolutismus wie Dilettantismus mit Scheitern.

Mündigkeit lässt sich für unseren Zusammenhang durch die Parameter *Freiheit, Kritik* und *Autorität* näher bestimmen. Diese charakterisieren Mündigkeit als ein ‚Meta-Ziel' schulischer Wertebildung *und* bezeichnen zugleich die entscheidenden personalen Kompetenzen von Lehrerinnen und Lehrern, auf die es bei der Wertevermittlung ankommt. Genauso wenig wie Kinder und Jugendliche Mündigkeit ‚haben' können[54], genauso wenig ‚besitzen' Lehrkräfte diese. Mündigkeit, näher bestimmt durch Freiheit, Kritik und Autorität, sind ambivalente Größen, die sich nicht als Gegenstände, sondern nur im Prozess vermitteln und verkörpern lassen. In diesem Prozess stehen sie in wechselhaften, ambivalenten Spannungsverhältnissen. Orientierend – nicht mehr und nicht weniger – kann dabei die Frage nach dem solidarischen Austrag der eigenen Mündigkeit bzw. der eigenen Freiheit, Kritik und Autorität sein. Solidarität kann so zum Orientierungsmaß von Mündigkeit werden. Sie ist daher auch das dritte und letzte Grundverhältnis, dass Wolfgang Klafki ans Ende des Lernprozesses von Selbstbestimmung stellt.[55] Mündigkeit als Ziel schulischer Wertevermittlung ist herausfordernd ambivalent – und sie ist eine zur Solidarität verpflichtende Mündigkeit. Es ist dieser Verpflichtungscharakter der Mündigkeit, den die theologischen Ambivalenzfiguren unterstreichen und der im Prozess der Wertebildung für alle Beteiligten zentral ist. Die ‚regulative Idee' schulischer Wertevermittlung ist die Idee einer (selbst-)kritischen, zur Solidarität verpflichtenden Mündigkeit.

Literaturhinweise

Adorno, Theodor W.: Erziehung zur Mündigkeit, Frankfurt a.M. 1971.

Bonhoeffer, Dietrich: Berlin 1932–1933, Werke Bd. 12, hg. von *Carsten Nicolaisen/Ernst-Abert Scharffenorth*, München 1997.

Fees, Konrad: Werte und Bildung. Wertorientierung im Pluralismus als Problem für Erziehung und Unterricht, Opladen 2000.

Frankfurt, Harry: Freedom of the will and the concept of a person, in: Journal of Philosophy 67/1 (1971), S. 5–20.

Das Gegenteil gilt: „die Einsicht in den eigenen Dilettantismus [ist] eine gute Voraussetzung für die Akzeptanz der unverbesserlichen anderen." (*Reichenbach*, a.a.O., S. 47).

[54] Siehe oben, vgl. *Zierer*, Werteerziehung, S. 12.

[55] Siehe auch: „Wer das Recht auf Selbstbestimmung und auf Mitbestimmung über die gemeinsamen Angelegenheiten in einer Gesellschaft für sich fordert und in Anspruch nimmt, der muss […] sich auch für diejenigen einsetzen und sich nach Möglichkeit mit ihnen zusammenschließen, denen eben solche Selbst- und Mitbestimmungsmöglichkeiten […] vorenthalten oder begrenzt werden." (*Klafki*, Erziehungswissenschaft, S. 103f.).

Heitger, Marian: Bildung als Selbstbestimmung, hg. von *Winfried Böhm/Volker Ladenthin*, Paderborn u.a. 2004.

Joas, Hans: Die Entstehung der Werte, Frankfurt a.M. 1999.

Jüngel, Eberhard: Wertlose Wahrheit, 2. Aufl., Tübingen 2003.

Klafki, Wolfgang: Allgemeine Erziehungswissenschaft. Systematische und Historische Abhandlungen, hg. von *Karl-Heinz Braun/Frauke Stübig/Heinz Stübig*, Wiesbaden 2019.

Ders.: Grundzüge eines neuen Allgemeinbildungskonzepts, in: *ders.*, Neue Studien zur Bildungstheorie und Didaktik. Zeitgemäße Allgemeinbildung und kritisch-konstruktive Didaktik, 6. Aufl., Weinheim/Basel 2007, S. 43–81.

Koller, Hans-Christoph: Grundbegriffe, Theorien und Methoden der Erziehungswissenschaft. Eine Einführung, Stuttgart 2009.

Latzko, Brigitte: Werteerziehung in der Schule. Regeln und Autorität im Schulalltag, Opladen 2006.

Luther, Martin: De libertate christiana, WA 7,21, deutsch in: Luther deutsch Bd. 2. Der Reformator, hg. von *Kurt Aland*, Göttingen 1991.

Mokrosch, Reinhold/Regenbogen, Arnim (Hg.): Werte-Erziehung und Schule. Ein Handbuch für Unterrichtende, Göttingen 2009.

Moltmann, Jürgen: Der gekreuzigte Gott, 2. Aufl., München 1973.

Reichenbach, Roland: Ethik der Bildung und Erziehung, Stuttgart 2018.

Rockenschaub, Helmut: Wertevermittlung in der pädagogischen Ausbildung. Eine qualitative Studie zur Veränderung von Werten durch Theorie und Praxis in der Sozialbetreuungsausbildung, Wien u.a. 2012.

Schmitz, Britta: Werte und Emotionen, in: *Jürgen Otto* (Hg.), Emotionspsychologie. Ein Handbuch, Weinheim 2000, S. 349–360.

Standop, Jutta: Werte-Erziehung. Einführung in die wichtigsten Konzepte der Werteerziehung, Weinheim/Basel 2005.

Stein, Margit: Wie können wir Kindern Werte vermitteln? Werteerziehung in Familie und Schule, München/Basel 2008.

Tiedemann, Markus (Hg.): Werte und Wertevermittlung, Dresden 2018.

Tietz, Christiane: Dietrich Bonhoeffer. Theologe im Widerstand, München 2013.

Wiater, Werner: Terminologische Vorüberlegungen, in: *Klaus Zierer* (Hg.), Schulische Werteerziehung. Kompendium, Baltmannsweiler 2010, S. 6–22.

Zierer, Klaus (Hg.): Schulische Werteerziehung. Kompendium, Baltmannsweiler 2010.

René Torkler

Werten, Verstehen und Urteilen

Überlegungen zur Wertorientierung in der ethischen Bildung

Werte sind – verglichen mit anderen Begrifflichkeiten der philosophischen Ethik – eine vergleichsweise junge Angelegenheit; ihre „philosophische Stunde"[1] schlägt letztlich erst im 19. Jahrhundert, wie Helmut Kuhn in den 1970er Jahren einmal sehr prägnant beschrieben hat:

> „Um die Wende von 19. zum 20. Jahrhundert drang [...] [der Wertbegriff] in die philosophischen Erörterungen ein. In den beiden ersten Dekaden unseres Jahrhunderts wurde [...] [er] auf dem Exerzierplatz der neukantianischen Logik in Zucht genommen, von Phänomenologen in einen systematisch geordneten ‚Wertehimmel' gehoben [...], um, nach solcher Behandlung bereichert, wieder in die Umgangssprache entlassen zu werden."[2]

Dieser Beginn der philosophischen Karriere des Wertbegriffs deutet bereits manche Schwierigkeit an, in die wir mit dem Wertbegriff im Kontext von Erziehung und Bildung heute geraten: Ein Begriff, der ursprünglich ökonomischer Herkunft ist, etabliert sich im Diskurs der Philosophie und wird um eine ethische Bedeutungsebene angereichert, die ihm ursprünglich so nicht zu eigen gewesen war – wodurch die Werte in der Folge als etwas „im Himmel Hängendes"[3] erscheinen, von wo aus sie die menschlichen Angelegenheiten mit weltenthobener Übersicht zu ordnen vermögen. Und in genau diesem ethisch und ontologisch aufgeladenen Verständnis wird der Wertbegriff zusehends auch im alltäglichen Sprechen geläufig.

---

[1] *J. Gebhardt*, Die Werte. Zum Ursprung eines Schlüsselbegriffs der politisch-sozialen Sprache der Gegenwart in der deutschen Philosophie des späten 19. Jahrhunderts, in: *Hofmann/Jantzen/Ottmann* (Hg.), Anodos – Festschrift für Helmut Kuhn, Weinheim 1989, S. 35–54 (hier: 35).

[2] *H. Kuhn*, Werte – eine Urgegebenheit, in: *Gadamer/Vogler* (Hg.), Neue Anthropologie, München 1974, S. 343–373 (hier: 343).

[3] *W. Schweidler* (Hg.), Weltweite Werte? Paradigmen des 21. Jahrhunderts, Bochum 2000, S. I–IV (hier: III).

Kuhns Befund scheint auch nach knapp 50 Jahren noch zutreffend zu sein; der Wertbegriff hat sich in unserer Alltagssprache, aber auch in vielen gesellschaftlichen, politischen und auch wissenschaftlichen Diskursen fest als *ethischer* Begriff etabliert und ist uns in diesem Gehalt inzwischen fast geläufiger als in seiner ursprünglichen ökonomischen Bedeutung. Dazu hat wohl nicht unwesentlich die Grundwertedebatte[4] der 1970er Jahre beigetragen, auf die es zurückgehen dürfte, dass sich der Wertbegriff auch in Erziehung, Bildung und Didaktik fest verankerte, wo er vielfach heute noch anzutreffen ist. Damit stellt sich jedoch unweigerlich die Frage, ob auch Kuhns weitergehende Diagnose hier zutrifft: „Der Begriff von Wert sollte in den Platz einrücken, der einst vom Begriff des Guten eingenommen wurde. Aber der Ersatz […] versagt schließlich vor dem ihm zugemuteten Dienst."[5] Gilt das auch für die ethische Bildung im Philosophie- und Ethikunterricht?

Um einer Antwort auf diese Frage näher zu kommen, soll in diesem Beitrag zunächst auf einige Überlegungen aus Schul- und Religionspädagogik eingegangen werden, da sich diese Disziplinen in den letzten Jahr(zehnt)en eingehender mit der Frage nach Werten befasst haben als die Philosophie- und Ethikdidaktik. Dabei wird in einem ersten Schritt (I.) auf mögliche Probleme hingewiesen, die sich mit dem Begriff der Werte*erziehung* verbinden, um dann (II.) herauszustellen, dass sich Bildung durchaus auch als ein Prozess des *Wertenlernens* fassen lässt. Dieser Prozess wird im Folgenden (III.) mit Michael Walzer als *Verstehensvorgang* rekonstruiert und diese Überlegung dann (IV.) für den Zusammenhang eines Ethik- und Philosophieunterrichts diskutiert, der auf den Präkonzepten Lernender aufbaut und auf Verstehen und Urteilen ausgerichtet ist. In einem weiteren Schritt soll (V.) mit Charles Taylor gezeigt werden, dass sich die Werthaltungen Lernender nur bedingt als solche Präkonzepte verstehen lassen, da sie fest mit den Identitätsbildungsprozessen von Lernenden verknüpft sind. Abschließend soll auf der Grundlage dieser Überlegungen vorgeschlagen werden, den Zusammenhang von Werten und Bildung im Kontext von Bildungstheorie und Philosophiedidaktik (VI.) begrifflich als einen Prozess der Wert-

---

[4] Der Forderung nach Werteerziehung ist in diesem Zusammenhang – und das wohl zu Recht – entgegengehalten worden, dass es eine Erziehung, die nicht auf Werte Bezug nähme, ohnehin nicht geben könne und dass, wie schon Schleiermacher es formuliert hat, „die Frage, wie der Mensch erzogen werden soll, nicht anders als aus der Idee des Guten beantwortet werden kann" (*F. D. E. Schleiermacher*, Theorie der Erziehung. Die Vorlesungen aus dem Jahre 1826, in: *ders.*, Ausgewählte pädagogische Schriften, Paderborn 1983, S. 36–61 [hier: 51f.].) Man kann in der Forderung nach mehr Werten in der Erziehung daher eine „höchst unklare und mißveständliche Parole" sehen, mit der konservative Kräfte sich gegen die „einseitige Überbetonung von ‚Emanzipation', ‚Anti-Autorität', ‚Gesellschaftskritik' und „Wissenschaftsorientierung'" richteten. (*W. Brezinka*, Glaube, Moral und Erziehung, München/Basel 1992, S. 151).
[5] *Kuhn*, Werte, S. 354.

orientierung zu fassen. Ein zusammenfassendes Fazit (VII) schließt den Beitrag ab.

I. Probleme pädagogischer Wertbegriffe: *Erziehung, Vermittlung, Transmission*

Dass es *Werte* sind, die das Geschehen in der ethischen Bildung bestimmen, ist besonders in Schul- und Religionspädagogik bei vielen Autoren eine mit großer Regelmäßigkeit anzutreffende Vorstellung. Dabei besteht jedoch keineswegs Einigkeit darüber, was mit dem Begriff ‚Wert' eigentlich gemeint ist.[6] Häufig wird Werteerziehung recht allgemein als Oberbegriff für die ethische Bildung von Schülerinnen und Schülern insgesamt verstanden. Die Kuhnsche Diagnose vom Wert als einem generellen Substitut für das Gute bzw. die Güter erweist sich hier also wieder als treffend. Auch die Augsburger Schulpädagogin Eva Matthes schreibt: „Das Wort ‚Wert' ist mehrdeutig. In der abendländischen Tradition war an Stelle von ‚Werten' lange von ‚Gütern' gesprochen worden."[7]

Insgesamt ist man gut beraten, die Autoren, die sich in Pädagogik oder Religionspädagogik das Anliegen der Werteerziehung zu eigen machen, nicht als eine geschlossene *Richtung* ethischer Bildung zu verstehen, die sich auf einen gemeinsamen und klar konturierten Wertbegriff beziehen würde. Vielmehr handelt es sich um durchaus unterschiedliche Ansätze, die auch unterschiedliche ethische Positionen und Argumentationsstrategien zugrunde legen. Und oft werden andere ethische Grundbegriffe wie Prinzipien, Normen, Tugenden oder Güter nicht sehr scharf vom Begriff des Werts unterschieden, sondern synonym zu diesem verwendet. Dadurch ist nicht immer ganz klar, ob es sich beim Anspruch der Werteerziehung in Pädagogik und Religionspädagogik um späte Reminiszenzen an die wertphilosophische Tradition in der Pädagogik handelt (etwa im Anschluss an Theodor Litt u.a.) oder um die Übersetzung angelsächsischer Begriffsbildungen im Umfeld der *values education*, wie Rogers „values clarification"

---

[6] Diese begriffliche Unklarheit ließ sich schon zur Zeit der sogenannten ‚Grundwertedebatte' beobachten, zu der Brezinka schreibt: „Leider hat das Reden über ‚Grundwerte' von Anfang an darunter gelitten, daß keine Klarheit darüber bestand, was ‚Grundwerte' sind. Es wurden unter diesem Namen so verschiedene Dinge verstanden wie Tugenden, Gesinnungs-Einstellungen, Haltungen von Personen, aber auch kulturelle Normen, Prinzipien, Moral- und Rechtssätze sowie Institutionen wie Ehe, Familie, soziale Marktwirtschaft, Demokratie und Rechtsstaat. In den einschlägigen Texten herrscht begriffliches Chaos." (*Brezinka*, Glaube, Moral und Erziehung, S. 150).

[7] *E. Matthes*, Werteorientierter Unterricht – aktuelle Konzeptionen, in: *dies.* (Hg.), Werteorientierter Unterricht – eine Herausforderung an die Schulfächer, Donauwörth, S. 12–25 (hier: 14).

oder ähnliche Positionen der ethischen Bildung (wie *moral education* oder *civic education*).[8]

Georg Wagensommer bringt das auch von vielen anderen bemerkte Problem der *Polysemie* des Wertbegriffs schön auf den Punkt:

> „Das dem Wertebegriff innewohnende Potenzial geht mit einem mangelnden Konsens an Konzeptualisierungen und Definitionen einher, was wiederum mit seiner Vieldeutigkeit und interdisziplinären Verwendung zusammenhängt."[9]

Will man sich eine Schneise durch dieses etwas unübersichtliche Feld schlagen, das sich zwischen Werten und Erziehung öffnet, so können zwei Überlegungen als grundlegend gelten, die beide miteinander zusammenhängen: Zum einen sollte ein Konzept ethischer Bildung den reflexiven Anspruch, der mit dem oder den zugrunde gelegten Konzept(en) von *Ethik* verbunden ist, nicht unterschreiten und zum anderen sollte sich ein Konzept ethischer Bildung stets als *Bildung*skonzept verstehen. Beide Punkte bedürfen der Erläuterung.

Die erste Überlegung könnte man für eine Selbstverständlichkeit halten – und dennoch erweist sie sich in vielen Fällen keineswegs als beherzigter Grundsatz. Ansätze philosophischer Ethik sehen sich in aller Regel gewissen Mindeststandards argumentativer Konsistenz und vor allem begrifflicher Klarheit verpflichtet, von denen Ansätze ethischer Bildung nicht ohne Weiteres absehen können. Daher können Werte auch hier nicht als Integrativkonzepte fungieren und dazu dienen, bestehende Gegensätzlichkeiten zwischen verschiedenen Argumentationsrichtungen philosophischer Ethik einfach zu verdecken und so zu harmonisieren, wie dies in pädagogischen Konzeptionen zur Werteerziehung bisweilen geschieht – möglicherweise um sich den entsprechenden philosophischen Problemen nicht stellen zu müssen. Problematisch ist es etwa, wenn Eva Steinherr in ihrem Buch „Werte im Unterricht"[10] Tugenden mit Werten gleichsetzt[11], gleichzeitig

---

[8] Vgl. *A. Hügli*, Werterziehung; moralische Erziehung; Moralpädagogik, in: *Ritter et al.* (Hg.), Historisches Wörterbuch der Philosophie (HWPh), Bd. 12, Basel/Stuttgart 2005, S. 592–609 (hier: 601ff.).

[9] *G. Wagensommer*, Normen und Werte, in: *ders./F. Schweitzer* (Hg.), Wertebildung, Interesse und Religionsunterricht. Ethisch und religiös ausgerichteter Unterricht im Vergleich. Theoretische und empirische Untersuchungen zur Wirksamkeit des BRU, Münster 2018, S. 57–67 (hier: 61).

[10] *E. Steinherr*, Werte im Unterricht. Empathie, Gerechtigkeit und Toleranz leben, Stuttgart 2017. Steinherr steht hier *pars pro toto* für die beschriebene Tendenz eines wenig terminologischen Gebrauchs des Wertbegriffs in vielen Diskussionen um einen pädagogischen Begriff der Werteerziehung.

[11] „So lassen sich Aristoteles zufolge vier Merkmale einer Tugend (= eines Wertes) identifizieren […]." (*Steinherr*, a.a.O., S. 15); „Am Beispiel der Menschenwürde als oberstem Grundwert soll verdeutlicht werden, was ein […] Wert ist." (*Steinherr*, a.a.O., S. 42).

Kants Begriff der Menschenwürde als „obersten Grundwert" verstehen will, „Liebe als Grundlage aller Werte" begreift und daneben noch Freundschaft, Empathie, Gerechtigkeit, Toleranz, Dankbarkeit sowie Heiterkeit und Humor ebenfalls als „Grundwerte" pädagogischer Prozesse deklariert. Dies verbindet sie mit dem umfassenden Anspruch, „allgemeine Werte [...] als *Grundwerte* zu begründen, indem ihr Bezug zur *Menschenwürde* verdeutlicht wird."[12]

Hier werden offensichtlich Theoreme verschiedener, miteinander nicht umstandslos vereinbarer (deontologischer und teleologischer) Argumentationsrichtungen philosophischer Ethik *gleichzeitig* als konkrete Zielvorstellungen ethischer Bildungsprozesse in Anspruch genommen, die kaum ohne weitere theoretische Anstrengungen in eine konsistente Position überführbar sind. Dadurch wird der Wertbegriff zu einer Projektionsfläche einander widersprechender ethischer Ansprüche und Anliegen gemacht. Die Verwendung des Wertbegriffs dispensiert jedoch nicht von der Verpflichtung, das, was man als ethisch verbindlich („Grundwerte") begreifen will, auch konsistent zueinander ins Verhältnis zu setzen oder sich auf ein Konzept philosophischer Ethik zu beziehen, das dies gewährleistet. Eklektizismus ist hier nicht nur in theoretischer Hinsicht unzureichend, sondern hat auch in praktischer Hinsicht hochproblematische Konsequenzen: Wo ethische Bildung Schülerinnen und Schüler auf diese Weise sogar mit unvereinbaren Forderungen konfrontiert, ist notwendigerweise Desorientierung die Folge.

Die zweite Überlegung hängt mit einem Missverständnis zusammen, dem man leicht erliegt, wenn man Werten im Kontext ethischer Bildung eine zentrale Rolle zuschreiben will. Das Missverständnis besteht in der Vorstellung, dass Werte etwas wären, über das Lehrende *verfügen* und das im Anschluss an entsprechende pädagogische Prozesse auch die Schülerinnen und Schüler *haben* – so als wären ihnen die Werte schlicht übertragen worden. Auf diese Weise würde man (1) sowohl den *Gegenstand* als auch (2) den *Prozess* ethischer Bildung missverstehen.

Mit Blick auf den Gegenstand muss man (1) feststellen: wir *haben* solche verbindlichen und gleichzeitig hinreichend konsensfähigen Werte, auf die wir Lernende in pluralistischen Gesellschaften verpflichten könnten, *nicht* (oder nur in einem sehr begrenzten Umfang und in begrenzter Reichweite). Dieser Befund ist besonders dann zu beachten, wenn Wertebildung mehr anstrebt, als die Geltung von Grundrechten oder Menschenwürde einzufordern und sich anschickt, auch mit Blick auf ein gutes Leben Orientierung stiften zu wollen. In diesem Zusammenhang erweist sich vor allem Werte*vermittlung* als ein extrem problematischer Begriff. Vermitteln kann man nur etwas, das als objektiver Wissensbestand bereits vorliegt und für das

---

[12] *Steinherr*, a.a.O., S. 42, 44, 87.

man nur noch als Mittler auftreten müsste. Mit dem Begriff der Wertevermittlung unterstellt man also leicht, es gäbe eben den „systematisch geordneten ‚Wertehimmel'", von dem Kuhn schreibt und wir würden über quasihimmlische Werte verfügen, auf die wir Schülerinnen und Schüler verpflichten könnten. Davon können wir in pluralistischen Gesellschaften jedoch kaum ausgehen – und selbst *wenn* wir sie hätten, wären es keine Gegenstände, die sich einfach *weitergeben* ließen. Dieser Punkt wird im dritten und vierten Teil dieses Beitrags wieder aufgenommen und ausführlicher behandelt werden.

Aber nicht nur mit Blick auf den *Gegenstand*, sondern (2) auch mit Blick auf den entsprechenden pädagogischen *Prozess* wäre das Modell der Wertevermittlung aus zwei Gründen problematisch.

Ein Missverständnis in diesem Zusammenhang hat letztlich schon Platon an den Sophisten kritisiert: Wir sollten Bildungsprozesse nicht missverstehen als die bloße Übertragung von Inhalten, die man wie Wasser von einer Amphore in die andere gießt.

Das zweite Problem hängt mit dem ersten zusammen und besteht darin, dass der Begriff der Werte*vermittlung* ethische Bildung von einem zuvor bekannten und feststehenden Ende her denken würde. Werte lassen sich jedoch weder auf Lernende übertragen noch nach einem vorausgehenden Plan durch entsprechende didaktische Techniken in den Lernenden *erzeugen*. Eine solche Übertragung oder Erzeugung ist nicht nur nicht möglich, sie würde den pädagogischen Prozess auch strukturell missverstehen und damit sein eigentliches Anliegen unterlaufen. In aristotelischen Begrifflichkeiten formuliert könnte man sagen: Bildung ist kein poietischer, sondern ein praktischer Prozess. Bildung wird nicht nach einem vorgefassten Plan im Lernenden *hergestellt*, sondern sie ereignet sich in einem Prozess der *Interaktion freier Personen*, die sich miteinander über sich und ihre Sicht auf verschiedenste Gegenstände der Welt verständigen und dabei *selbst* Wertungen vornehmen und *eigene* Urteile fällen. In diesem Sinne ist Bildung immer *Selbst*bildung und wäre eben gar keine Bildung, wenn wir den sich Bildenden das Ergebnis ihres Bildungsprozesses bereits vorwegnehmen wollten. Gerade eine ethische Haltung muss vielmehr *in Freiheit eingenommen* werden, wenn der Prozess ethischer Bildung nicht als solcher verfehlt und dadurch dessen eigentliches Ziel – nämlich die Ergreifung dieser Haltung durch die sich Bildenden *selbst* – nicht von vornherein vereitelt werden soll. Der Wertbegriff suggeriert uns hier leicht, etwas Konkretes in der Hand zu haben, das wir als wesentlichen Teil des *Ergebnisses* eines *erfolgreichen* Werteerziehungsprozesses bereits zuvor kennen und das wir diesem Prozess als konstitutives Merkmal unseres pädagogischen Plans *voranstellen* können. Dies widerspricht jedoch letztlich der Offenheit, die wir für Prozesse ethischer Bildung zugrunde legen müssen.

Der Tübinger Religionspädagoge Friedrich Schweitzer hat sich darum (neben vielen anderen) wiederholt dafür ausgesprochen, von Werte*bildung* zu sprechen, um damit den Aspekt von Freiheit und Selbsttätigkeit zu betonen:

> „Ich [...] [spreche] nicht von Werte*erziehung*, sondern von Werte*bildung*, um auf diese Weise die zum Teil problematischen Assoziationen einer Wertetransmission oder eines bloßen ‚Abrichtens‘ von Kindern und Jugendlichen zu vermeiden.“[13]

II. Bildung als Wertenlernen

Wo dieser Aspekt der freien Selbsttätigkeit vernachlässigt wird, da steht letztlich der Sinn ethischer Bildung selbst auf dem Spiel, da diese heute nur als eine Ertüchtigung Lernender verstanden werden kann, eine *eigene* begründete Lebenshaltung zu finden und in Freiheit zu realisieren. Wie kann das nun überhaupt zusammenpassen mit dem Begriff von Werten? In überraschender Einigkeit betonen die ansonsten durchaus verschiedenen pädagogischen Positionen der Werteerziehung in diesem Zusammenhang, dass Werte nicht einfach „entdeckt“[14], „erfunden“[15] oder „aufgefunden“[16] werden.

Besonders Konrad Fees hat in einer viel beachteten Arbeit herausgestellt, dass es nicht darum gehen kann, Werte zu entdecken, um sie sodann in den Unterricht hineinzubringen – oder gar in den Schüler oder die Schülerin –, sondern vielmehr darum, den „Unterricht als Ort des Wertenlernens“ zu begreifen. Fees zufolge sollte die Intention eines wertebildenden Unterrichts nicht darin bestehen, „vorformulierte Werte zu setzen, sondern den Edukanden dazu befähigen, in der Auseinandersetzung mit Gegenständen bzw. Werten Werte zu gestalten, die einer argumentativen Nachfrage auch standhalten können.“[17]

Es geht ihm also nicht um die Vermittlung bestehender, fester Werte; im Zentrum des Bildungsprozesses steht vielmehr ein dialogischer *Akt des Wertens*, der integraler Bestandteil dessen ist, was als Bildung verstanden werden kann:

---

[13] *F. Schweitzer*, Wie wirksam ist Wertebildung in der Schule? Zur Wirksamkeit ethischer Bildung im Fachunterricht, in: *ders./Wagensommer* (Hg.), Wertebildung, Interesse und Religionsunterricht, S. 23–35 (hier: 24).

[14] *Wagensommer*, Normen und Werte, S. 64.

[15] *H. von Hentig*, Ach, die Werte! Über eine Erziehung für das 21. Jahrhundert, München/Wien 2007, S. 69.

[16] *Steinherr*, Werte im Unterricht, S. 41.

[17] *K. Fees*, Werte und Bildung. Wertorientierung im Pluralismus als Problem für Erziehung und Unterricht, Opladen 2000, S. 322.

„Der Mensch muß in einem unablässigen Prozess, den wir ‚Bildung' nennen, sich darum bemühen, seine Urteile rational zu begründen. Die pädagogische Aufgabe lautet daher, das Subjekt zu ‚gültigen' Werten zu führen, es zur ‚Geltungsbindung' zu geleiten. Damit ist keine Bindung an eine irgendwie geartete Ontologie gemeint. [...] Denn wie es material wertet, kann nicht vorweggenommen werden. Es können formal lediglich die Maßgaben dieses Aktes zur Darstellung gelangen."[18]

Es ist Fees ohne Abstriche darin zuzustimmen, dass die Wertungen von Schülerinnen und Schülern für die Lehrenden *als solche unverfügbar* sind und es im Bildungsprozess nicht um gültige Werte im Sinne von etwas *Seiendem* gehen kann, sondern um die Selbsttätigkeit von Schülerinnen und Schülern bei der Auseinandersetzung mit Werten und Werthaltungen.[19] Werte können eben auch im Kontext von Bildung nie als etwas ‚Fertiges' oder gar Ewiges begriffen werden, das nur zu den Lernenden gebracht werden müsste oder könnte. Vielmehr geht es darum, Lernende *zum Akt des Wertens zu bringen* und sie bei diesem zu unterstützen. Werte würden in diesem Akt des Wertens nicht einfach als etwas Bestehendes, zuvor Bekanntes auf konkrete oder persönliche Problemstellungen angewendet, sondern für Fees in einem dialoggebundenen Prozess überhaupt erst *als* etwas konstituiert, das für uns von Bedeutung ist. Bildung wäre der Weg, auf dem dies zustande gebracht würde und in dem Personen *sich* und in diesem Zuge auch *eigene Werthaltungen* (aus)bilden. Wie können wir uns diesen Weg vorstellen; um was für einen ‚Akt' handelt es sich?

III. Verstehen als Weg zur Moral

Michael Walzer hat in seinem Text „Drei Wege in der Moralphilosophie"[20] drei Möglichkeiten beschrieben, sich die Herkunft moralischer Verbindlichkeit vorzustellen und diese Unterscheidung ist auch für unseren Zusammenhang von Werten und ethischer Bildung aufschlussreich. Explizit unterscheidet Walzer als mögliche Ursprünge moralischer Prinzipien einen Pfad der *Entdeckung*, einen Pfad der *Erfindung* und einen Pfad der *Interpretation* voneinander – und es nimmt wohl nicht zu viel Spannung, wenn hier vorwegschickt wird, dass er selbst den Pfad der Interpretation für den

---

[18] *Fees*, a.a.O., S. 281. Zu den benannten „Maßgaben" gehören für Fees vor allem Selbsttätigkeit und Dialogbindung des Bildungsprozesses.

[19] Vgl. *Fees*, a.a.O., S. 327.

[20] *M. Walzer*, Kritik und Gemeinsinn. Drei Wege der Gesellschaftskritik, Frankfurt a.M. 1993, S. 9–42.

eigentlichen Weg hält, wie wir uns die Entwicklung ethischer Orientierung vorstellen sollten. Doch fangen wir vorne an:

Man kann sich die Herkunft verbindlicher moralischer Prinzipien wie einen Akt der *Entdeckung* vorstellen, in dem uns quasi-göttliche Gebote offenbart werden – wie der *Dekalog*, den Moses auf dem Berg Sinai erhält oder im Feld der Philosophie die *Ideen*, die sich Platon in einer Ideenschau offenbaren. Auch ein Verständnis von ‚ewigen‘ Werten, bei dem Werte in einem Akt des Wertfühlens zugänglich würden, ließe sich wohl diesem Weg zuordnen.

Ein zweiter möglicher Weg, die Herkunft moralischer Verbindlichkeit zu begreifen, könnte in einem Akt der *Erfindung* gesehen werden, bei dem die Fixpunkte ethischer Orientierung wie Werte und Normen nicht *vorgefunden*, sondern selbst in einem elaborierten Verfahren erst *er*funden werden, wobei die Rolle der Philosophie vor allem darin besteht, eine entsprechende Methodologie entwerfen. Als Beispiele nennt Walzer den Rawls'schen Urzustand mit dem Schleier des Nichtwissens oder den Habermas'schen Diskurs, die als Konstruktionsverfahren dienen, in denen ethische Grundsätze nicht *identifiziert* oder *gefunden*, sondern eben erst von den Teilnehmern des Gedankenexperiments oder des Diskurses selbst ersonnen oder in ihrer Genese der Erfindung zumindest nachvollzogen werden können.

Walzer will letztlich darauf hinaus, dass ethische Positionen, die sich einem dieser Wege zuordnen lassen, sich auf einem moralphilosophischen Holzweg befinden und

„daß weder Entdeckung noch Erfindung notwendig sind, weil wir bereits über das verfügen, was sie uns zu beschaffen versprechen. [...] Wir müssen die moralische Welt nicht entdecken, weil wir immer schon in ihr gelebt haben. Wir brauchen sie nicht zu erfinden, weil sie bereits erfunden wurde [...]."[21]

Es kann also in der Moralphilosophie nicht darum gehen, *noch grundlegendere* Gesetze der Moral aufzuspüren oder neue Werte, Normen oder Prinzipien zu ersinnen. Vielmehr geht es um die Interpretation dessen, was in Form gelebter Praxen, bestehender Institutionen und der literarischen, historischen und philosophischen Tradition menschlichen Zusammenlebens bereits an „Werten, Prinzipien, Codes und Konventionen"[22] entstanden *ist*. Unser moralisches Vokabular entsteht Walzer zufolge in dem kulturellen Prozess eines Wechselspiels aus Erfahrungen und Reaktionen auf diese Erfahrungen, die sich schließlich in unseren ethischen Institutionen und den Begrifflichkeiten einer Tradition ausdrücken. Die Moralphilosophie treibt

---

[21] *Walzer*, a.a.O., S. 29.
[22] *Walzer*, a.a.O., S. 40.

diese kulturellen Aushandlungsprozesse voran, wobei die Diskussionen um
Fragen ethischer Orientierung letztlich nie an ein Ende kommen.

> „Erst wenn die Diskussionen eine gewisse Kontinuität annehmen und sich das wechselseiti-
> ge Verstehen allmählich verdichtet, erhalten wir so etwas wie eine moralische Kultur – eine
> Kultur, in der das moralische Urteilen und Bewerten, die Kriterien für die Güte von Perso-
> nen und Dingen detaillierte Gestalt annehmen."[23]

Auf diese Weise entsteht ein Grundbestand ethisch-moralischer Orientie-
rungswerkzeuge, die Walzer die „moralische Welt" oder „moralisches Vokabular" nennt und bei denen es nicht darauf ankommt, sie zu *erweitern*
oder zu *ersetzen*, sondern in erster Linie, sie durch Interpretation angemessen zu *verstehen*. Walzer zufolge gibt es überhaupt keine anderen Möglichkeiten, sich in ethischen Angelegenheiten zu orientieren, als die Interpretation und Neu-Interpretation des Bestands ethischer Praxen, Institutionen
und Begrifflichkeiten einer Tradition, in der unser moralisches Fragen genauso steht wie alle darauf möglichen Antworten:

> „Diese Fragen werden innerhalb einer Tradition moralischen Urteilens verfolgt, ja sie ent-
> stehen überhaupt erst im Rahmen dieser Tradition – und sie werden dadurch verfolgt, dass
> wir das Vokabular dieser Tradition interpretieren."[24]

Letztlich sind alle Versuche, moralische Werte als *vorgefundene* ewige
Werte auszugeben oder neu *er*fundene Normen als allgemeingültiges Ergebnis eines konsensuellen Verfahrens darzustellen für Walzer Illusionen
oder Taschenspielertricks, da wir dem Vokabular der Tradition, in dem wir
sie formulieren, damit nie vollständig entkommen. „Die Pfade der Entdeckung und Erfindung sind Fluchtversuche [...]"[25], die aber am Ende scheitern müssen: Denn auch wenn man vorgeben mag, schon immer gültige
Grundsätze gefunden oder neue, allgemeingültige Grundsätze entwickelt zu
haben, bedient man sich dabei eines historisch gewachsenen Vokabulars
und steht damit in der Tradition einer bereits gewachsenen moralischen
Welt. „Die philosophische Entdeckung und Erfindung [...] sind verkleidete
Interpretationen; es gibt also in Wirklichkeit nur einen Pfad in der Moralphilosophie."[26]
    Wir tun Walzer zufolge also gut daran, Werte weder als Entitäten zu be-
greifen, die von ewigem Charakter sind und mit Wahrheitsanspruch aufge-
spürt werden könnten, noch als solche, die im Rahmen einer spezifischen

---

[23] *Walzer*, a.a.O., S. 35.
[24] *Walzer*, a.a.O., S. 33.
[25] *Walzer*, a.a.O., S. 31.
[26] *Walzer*, a.a.O., S. 29.

Methodologie erst erfunden werden müssten. Werte sind vielmehr etwas, das in den Wertungen und Unterscheidungen, die Menschen in ihren gelebten kulturellen Praxen wie im Kontext literarischer, religiöser und philosophischer Tradierungsvorgänge konkret vorgenommen haben, bereits vorliegt und das im Rahmen von Prozessen der Interpretation artikuliert, explizit gemacht, geordnet und überprüft werden muss. Was würde dieser Befund mit Blick auf Prozesse ethischer Bildung im Philosophie- und Ethikunterricht bedeuten?

IV. Werthaltungen als Präkonzepte?

Es wurde eingangs bereits darauf hingewiesen, dass der Wertbegriff in aktuellen Diskussionen der Philosophie- und Ethikdidaktik eine weit geringere Rolle gespielt hat als in der Religionspädagogik und den Erziehungswissenschaften.[27] Dies liegt nicht nur daran, dass die besonders mit Scheler und Hartmann verbundene Tradition philosophischer (Wert-)Ethik, die ein wichtiges Karrieresprungbrett des ethischen Wertbegriffs gebildet hatte, in der philosophischen Ethik seitdem über lange Zeit kaum noch eine Rolle gespielt hat, sondern auch an der problematischen Polysemie, auf die oben bereits hingewiesen worden war.

Klar ist auch, dass sich die Philosophiedidaktik der letzten Jahrzehnte in weiten Teilen auf ein Sokratisch-Kantisches Erbe berufen hat, nach dem zum einen *Dialogizität* eine zentrale Rolle für Unterrichtsprozesse spielt und zum anderen statt *Philosophie*-Lernen Philosophie*ren*-Lernen anzustreben ist. Auch hier wird also mit Blick auf die Zielvorstellungen von Unterricht *Tätigkeiten* und *Fähigkeiten* eine wichtigere Rolle zugeschrieben als materialen *Inhalten* – und darin liegt sicher eine strukturelle Ähnlichkeit zu Fees' Überlegungen vom *Wertenlernen* und dessen *Dialogbindung*.

Gleichzeitig steht es wohl außer Frage, *dass* Menschen werten und dass die Wertungen, die sie vornehmen, mit bestimmten Wert*haltungen* korrespondieren. Hier würde sich der Philosophie- und Ethikunterricht gerade als der Ort verstehen, an dem Werthaltungen nicht nur im *Umfeld* des Fachunterrichts eine Rolle spielen, sondern wie in kaum einem anderen Fach *explizit* gemacht werden. Vor allem die Möglichkeiten zur Begründung normativer Einstellungen unter Rückgriff auf Positionen und Argumentationsstrategien aus Philosophiegeschichte und Gegenwartsphilosophie rückt hier als

---

[27] Eine Ausnahme bildet hier ein unlängst erschienener Sammelband, der sich mit Blick auf den Ethikunterricht kritisch mit dem Anspruch der Wertneutralität auseinandersetzt. Vgl. *M. Kim et al.* (Hg.), Werte im Ethikunterricht. An den Grenzen der Wertneutralität, Opladen u.a. 2021.

fachlicher Gegenstand selbst ins Zentrum des unterrichtlichen Geschehens.
Die Auseinandersetzung mit Werthaltungen ist im Philosophie- und Ethikunterricht also nicht nur Teil des allgemeinen Erziehungs- und Bildungsauftrags, sondern Kerngeschäft und wird hier selbst thematisch.

Dabei ist es vielen Autorinnen und Autoren der Philosophie- und Ethikdidaktik wichtig, vor allem den Zusammenhang von Werten und Urteilen herauszustellen.[28] Schon für Fees lief *Wertenlernen* letztlich darauf hinaus,
nicht bei einer unreflektierten Form des Wertens stehen zu bleiben, sondern
die eigenen Wertungen und Werthaltungen in ihrer Vorläufigkeit zu verstehen und in reflektierte, besser begründete Urteile zu überführen: „Der Unterricht verfolgt hierbei das Ziel, Vor-Urteile in begründete Urteile zu überführen"[29].

Auch philosophiedidaktisch sollte es darum gehen, die vorgängigen Wertungen und Werthaltungen von Schülerinnen und Schülern nicht als bloß
vorreflexive und defizitäre *Meinungen* zu sehen, deren Gehalt durch die
Überlegungen philosophischer Ethik zu überbieten und zu überwinden ist,
sondern sie als das Potenzial zu verstehen, von dem die ethische Bildung
ausgehen muss und aus dem heraus sie lebt. Die anfänglichen Werthaltungen von Lernenden gehören als *Vor*-Urteile in das notwendigerweise *vor*
dem ethisch reflektierten Urteilen liegende Stadium des Urteilsprozesses,
den der Philosophie- und Ethikunterricht letztlich anstrebt. Solche Vor-
Urteile wären damit jedoch nicht das *Gegenteil* gültiger Urteile, sondern
konstitutive Bestandteile und notwendige Ausgangspunkte *im Prozess des
Urteilens*. Dazu muss der Blick jeder und jedes Einzelnen zurückgewendet
werden auf die sozio-kulturelle Bedingtheit der eigenen Werthaltungen und
auf die Frage, inwiefern diese sich argumentativ im dialogischen Prozess
des Philosophie- und Ethikunterrichts zu bewähren imstande sind. In der
fachdidaktischen Diskussion ist dieser Zusammenhang in den letzten Jahren
zunehmend unter dem Stichwort der *Präkonzeptforschung*[30] thematisiert
worden: „Dabei werden […] [den Lernsubjekten] ihre eigenen Präkonzepte
als Basis für die kritische Beurteilung bewusst; diese erfahren zugleich eine

---

[28] Vgl. *Chr. Thein*, Ethische Bildung im Philosophieunterricht zwischen Urteilsbildung und
Wertevermittlung, in: *Kim*, Werte im Ethikunterricht, S. 179–194; *F. Irmler*, Moralische Urteilsbildung wider die Moral- und Werteerziehung, in: *Kim*, a.a.O., S. 231–156.
[29] *Fees*, Werte und Bildung, S. 327.
[30] Bei Peter Zimmermann wird der Begriff der Präkonzepte folgendermaßen gefasst: „Unter diesen Begriff werden diejenigen grundlegenden Auffassungen, Erklärungshypothesen
und Theorien gefasst, die Lernende bereits besitzen, bevor sie im Unterricht mit fachwissen-
schaftlichen Erkenntnissen konfrontiert werden. Als grundlegend gelten dabei Auffassungen,
die im Denken der Lernenden eine organisierende Rolle spielen". *P. Zimmermann*, Fachliche
Klärung und didaktische Rekonstruktion, in: *ders./J. Pfister* (Hg.), Neues Handbuch des Philosophieunterrichts, Bern 2015, S. 61–78 (hier: 63).

argumentative Durchleuchtung und Legitimation."[31] Mit Blick auf unseren Zusammenhang ist nun entscheidend, dass Lernende nicht *ohne* Werte in den Unterricht hineingehen und *mit* Werten wieder hinaus, sondern dass es *ihre* Werthaltungen sind, an denen der Unterricht anzusetzen hat und die sie – in einem diskursiven Akt des Gebens und Nehmens von Gründen und in dialogischer Auseinandersetzung mit der philosophischen Tradition – *selbst* reflektieren, daraufhin gegebenenfalls reformulieren und so in eigene Urteile überführen. Anders als bei Fees, der das Urteilen nur als abschließenden Synthese-Schritt im *Prozess des Wertens* versteht, lässt sich der Unterrichtsprozess auf diese Weise auch *insgesamt* als ein Prozess der *Urteilsbildung* verstehen, der von der Tätigkeit vorreflexiven Wertens seinen Ausgang nimmt, um eigene Werthaltungen in einem Prozess des Verstehens auszudifferenzieren und letztlich zu konfirmieren oder zu verändern.

Für ein Gelingen dieses Prozesses ist es also zum einen notwendig, dass Lernende ihre Fragehaltung und die im jeweiligen Zusammenhang von ihnen vertretenen Werthaltungen reflektieren und in ihrer Begründung erweitern oder revidieren.

Zum anderen bildet die Auseinandersetzung mit Positionen und Problemen aus Gegenwartsphilosophie und Philosophiegeschichte einen konstitutiven Bezugspunkt dieses Prozesses, denn für eine argumentative Erweiterung oder eine reflektierte Revision bedarf es materialer Alternativen zu den vorreflexiven Werthaltungen. Das Erfassen dieser Positionen der philosophischen Ethik ist wiederum selbst kaum möglich, ohne im Sinne eines hermeneutischen Vorverständnisses an den Frage- und Werthaltungen der Schülerinnen und Schüler anzuknüpfen. Hier steht also ein (im positiven Sinne) *zirkuläres*, hermeneutisches Verständnis philosophischen Lernens im Hintergrund, das man durchaus in einer gewissen Strukturanalogie zu Gadamers „Rehabilitierung des Begriffs des Vorurteils"[32] begreifen kann und das daher auch durchaus nicht so neu ist, wie der Begriff des Präkonzepts und manche Beiträge der aktuellen Diskussion suggerieren mögen. Der Ethik- und Philosophieunterricht erweist sich damit letztlich als ein Verstehensprozess, der von den Präkonzepten Lernender ausgeht, diese bewusst macht und die Lernenden daraufhin in eine dialogische Auseinandersetzung mit Positionen der philosophischen Tradition bringt, die ihrer eige-

---

[31] *R. Henke*, Die Förderung philosophischer Urteilskompetenz durch kognitive Konflikte, in: *Nida-Rümelin/Tiedemann/Spiegel* (Hg.), Handbuch Philosophie und Ethik, Bd. 1: Didaktik und Methodik, Paderborn 2015, S. 86–94 (hier: 89).

[32] *H.-G. Gadamer*, Hermeneutik I. Wahrheit und Methode. Grundzüge einer philosophischen Hermeneutik (= Gesammelte Werke, Bd. 1), Tübingen 2010, S. 281.

nen Fragehaltung entspricht und ihnen hilft, ihre mitgebrachten normativen Einstellungen kritisch zu prüfen und ggf. selbsttätig zu reformulieren.[33]

Das Ziel ethischer Bildung bestünde in diesem Sinne folglich nicht darin, dass Lernende am Ende dieses Prozesses bestimmte Werte ‚haben‘, die sie vorher nicht hatten. Es wäre vielmehr darin zu suchen, dass Schülerinnen und Schüler lernen, ihre eigenen, intuitiven Werthaltungen in einem reflektierten Verstehensprozess im Gespräch mit anderen Lernenden an der Tradition ethischen Denkens zu überprüfen, zu erweitern und in (besser) begründete Urteile zu überführen. Mit Walzers Überlegungen kommt dieses Modell insofern überein, als es sich im Kern um einen hermeneutischen Prozess handelt, der eine (Selbst-) Interpretation zugrunde legt – die im Rahmen des Bildungsprozesses zu einer differenzierteren, besser begründeten Haltung ausgebaut werden soll.

Der Weg zu argumentativ besser begründeten normativen Urteilen lässt sich in dieser Modellierung fraglos plausibel beschreiben. Es spricht jedoch einiges dafür, dass der Prozess ethischer Bildung über diese kognitiv fokussierte, argumentativ basierte Ebene hinausgreift und noch vor einem breiteren Horizont betrachtet werden muss.

V. Identitätsbildung im moralischen Raum

Dass didaktische Prozesse an Präkonzepten anzusetzen haben, ist eine Überlegung, die auf Lernprozesse im Allgemeinen anwendbar ist und von der daher auch der Philosophie- und Ethikunterricht profitieren kann. Allerdings unterscheiden sich Prozesse *ethischen* Lernens an dieser Stelle sehr deutlich von anderen Lernprozessen – was nicht zuletzt daran liegt, dass sich die Werthaltungen Lernender, die stets den Ausgangspunkt von Prozessen ethischen Lernens bilden, ganz grundsätzlich von vielen Präkonzepten unterscheiden, die im Rahmen anderer Lernprozesse weiterentwickelt werden sollen. Werthaltungen sind weit weniger punktuell als einzelne Präkonzepte oder Urteile, auch weil sie nicht nur die argumentative Ebene des moralischen Lebens umfassen, sondern fest in den Gefühlen, vorrefle-

---

[33] Christian Thein spricht in diesem Zusammenhang von einer Transformation von Präkonzepten in Gründe: „Auf dieser Grundlage einer Transformation der Präkonzepte in Gründe können sich die nachfolgenden fachbezogenen Verstehens- und Urteilsbildungsprozesse im Unterricht ausbilden. Ziel einer solchen normativ unterlegten Entwicklung von philosophischen Begriffs- und Argumentationsstrukturen ist es, die SchülerInnen in die Lage zu versetzen, ein begründetes Urteil auszuformulieren." *Chr. Thein*, Präkonzepte und Gründe im lebensweltbezogenen Philosophieunterricht – Zur Relevanz der Gegenwartsphilosophie für die fachdidaktische Grundbildung, in: *Torkler* (Hg.), Fachlichkeit und Fachdidaktik, Stuttgart 2020, S. 157–171 (hier: 161).

xiven Intuitionen und dem gesamten Habitus von Lernenden verankert sind und ihre Persönlichkeit im Ganzen betreffen. Ethische Bildungsprozesse können sich daher nicht auf argumentative Zusammenhänge beschränken, sondern müssen stets die gesamte Breite ethisch relevanter Persönlichkeitsdispositionen in den Blick nehmen und adressieren. Dieser Umstand lässt sich unter Rückgriff auf Charles Taylors Begriff der Identitätsbildung verdeutlichen, der im Zusammenhang mit seiner Vorstellung eines moralischen Raumes steht.

Es ist in der philosophischen Bildung bereits verschiedentlich bemerkt worden, dass auch Bildung insofern als Vorgang mit einer räumlichen Dimension begriffen werden kann, als den Interaktionsprozessen *zwischen* den Lernenden einerseits und zwischen den *Lernenden* und den Bildungs*gegenständen* andererseits, *Raum gegeben* werden muss.[34] Diese Überlegung konvergiert nun sehr deutlich mit Taylors Begriff eines moralischen Raumes und der Vorstellung, dass „Identitätsbildung"[35] stets als ein *Gespräch* zwischen Vertreterinnen und Vertretern der eigenen sozio-kulturellen Gemeinschaft einerseits und philosophischen Expertinnen und Experten andererseits zu verstehen ist – auch wenn „das ‚Gespräch' im letzteren Fall nicht ausschließlich mit lebenden Mitmenschen geführt wird, sondern auch Verstorbene einbezieht, z.B. Propheten, Denker und Schriftsteller."[36] Es handelt sich also um einen Vorgang, der sich stets im Medium sprachlicher Auseinandersetzung vollzieht und in diesem Sinne gemeinschaftsorientiert ist; „ein relationaler Prozess im Zwischen von sich, anderen und anderem. Im Lernen verschränken sich Selbst- Welt- und Anderenrelationen"[37]. Damit bringt Taylor zwei wichtige Grundüberlegungen der beiden vorigen Abschnitte dieses Beitrags zusammen:

Zum einen reflektiert seine Überlegung den oben schon bei Walzer herausgestellten Umstand, dass es sich bei Werten und anderen Bestandteilen unseres moralischen Vokabulars weder um objektive Gegenstände handelt, die wir als solche schlicht *vor*finden noch um solche, die wir selbst *er*funden hätten, sondern um *Bedeutungszusammenhänge*, die sich in den performativ vorgenommenen Wertungen kultureller Praxen, Traditionen sowie

---

[34] Vgl. *V. Steenblock*, Kulturphilosophie. Der Mensch im Spiegel seiner Deutungsweisen. München/Freiburg 2018, S. 156f.; *R. Torkler*, Der lebendige Raum der Didaktik. Philosophiedidaktische Überlegungen im Anschluss an Hannah Arendt, Zeitschrift für Didaktik der Philosophie und Ethik 03 (2015), S. 86–95.

[35] *Ch. Taylor*, Quellen des Selbst. Die Entstehung der neuzeitlichen Identität, Frankfurt a.M. 1996, S. 74.

[36] *Taylor*, a.a.O., S. 76.

[37] *T. Künkler*, Von starken Wertungen, Umwertungen und der Fülle des Lebens. Charles Taylor lesen als Umlernprozess, in: *N. Balzer/J. Beljan/J. Drerup*, Charles Taylor. Perspektiven der Erziehungs- und Bildungsphilosophie, Paderborn 2020, S. 41–58 (hier: 42).

entsprechend vermittelten „intuitiven Moralvorstellungen"[38] des eigenen
sozio-kulturellen Umfeldes manifestieren und die zunächst in einem diskursiven Prozess der Interpretation verständlich und explizit gemacht werden
müssen. Insofern bildet das „Gewebe [...] der gegebenen historischen Gemeinschaft"[39] als notwendiger Ausgangspunkt einen konstitutiven Bestandteil jedes Identitätsbildungsprozesses, bei dem wir nicht so tun können, als
ließen sich Vorgänge der ethischen Bildung von diesen Zusammenhängen
unabhängig betrachten – „ähnlich den Spielzeugrädern im Kindergarten, die
dort zurückgelassen werden und die für den Erwachsenen keine Rolle mehr
spielen."[40] Von Taylor aus gedacht, müsste ethische Bildung genau hier ansetzen und dabei helfen, die „Hintergründe" und „Hintergrundsprachen"[41]
der intuitiv von uns vorgenommenen Wertungen zu erhellen, uns im Rahmen einer entsprechenden „Artikulationsarbeit"[42] die Grundlagen des eigenen Urteilens verständlich zu machen und ihnen eine „diskussionsfähige
Gestalt"[43] zu geben. Philosophiedidaktisch formuliert ist damit zunächst die
Ebene der Präkonzepte angesprochen, die sich im Kontext ethischer Bildung jedoch nicht als kontingente Vorkenntnisse zu einem beliebigen neuen
Wissensgebiet erweisen, sondern mit Taylor verstanden werden können als
integrale Konstitutionsmerkmale im Prozess der Identitätsbildung, der bis
hier vor allem ein Prozess der Selbstinterpretation ist. Für diese Selbstinterpretation bietet Taylor uns mit seinem Begriff des moralischen Raumes insofern ein griffiges Modell an, als er damit an der räumlichen Metaphorik
der moralischen Alltagssprache anknüpft, in der wir Werte als höhere oder
niedrigere, Personen als oberflächlich oder moralische Haltungen als Positionen oder Standpunkte bezeichnen.[44] Zu dieser ethischen Bedeutungsdi-
mension menschlicher Existenz müssen wir uns als Personen notwendigerweise verhalten – unabhängig davon, wie reflektiert sich dieses Verhältnis
gestaltet. In dieser Hinsicht unterscheidet sich die Arbeit an Werthaltungen
sehr grundlegend von der Arbeit an Präkonzepten anderer Lernkontexte,
weil unsere Bewegung im moralischen Raum „keine Angelegenheit beliebiger Entscheidung ist."[45] Im Vergleich zu den Präkonzepten anderer, eher
fakultativer ‚Lernbereiche', die zu Gegenständen schulischen Lernens werden können – oder auch nicht –, sind Werthaltungen für „ein Dasein als
menschlicher Akteur"[46] von dezidiert nicht-optionalem Charakter und damit

---

[38] *Taylor*, Quellen des Selbst, S. 83.
[39] *Taylor*, a.a.O., S. 74f.
[40] *Taylor*, a.a.O., S. 74.
[41] *Taylor*, a.a.O., S. 16.
[42] *Taylor*, a.a.O., S. 27.
[43] *H. Joas*, Die Entstehung der Werte, Frankfurt a.M. 1999, S. 209.
[44] Vgl. *Joas*, a.a.O., S. 206.
[45] *Taylor*, Quellen des Selbst, S. 85f.
[46] *Taylor*, ebd.

notwendige Bestandteile von Identitätsbildung überhaupt. Mit Blick auf Wertfragen gibt es keine Option, sich mit ihnen zu beschäftigen oder nicht. Als handelnde Menschen treffen wir Entscheidungen und nehmen normativ relevante Unterscheidungen vor, die mit Wertungen einhergehen und unsere mehr oder weniger klar artikulierten Werthaltungen zum Ausdruck bringen. So gesehen steht es für uns qua Menschsein nicht zur Wahl, uns zu moralischen Angelegenheiten zu positionieren oder nicht, da wir zu ihnen immer schon positioniert sind. Wir können uns also nicht entscheiden, den von Taylor so genannten moralischen Raum zu betreten oder nicht, weil wir uns als Menschen immer schon in diesem Raum bewegen – auch wenn wir unsere Position darin möglicherweise nicht kennen oder noch über unzureichende Kenntnisse der entsprechenden Topographie verfügen. Es handelt sich bei unserer Positionierung im moralischen Raum daher um

> „keine potenziell neutrale Frage, zu der wir uns gleichgültig verhalten können [...]. Im Gegenteil, hier gelangen wir zu einer besonders grundlegenden Bestrebung der Menschen: dem Bedürfnis nach Verbindung oder Berührung mit dem, was ihrer Ansicht nach gut, von maßgeblicher Bedeutung oder von grundlegendem Wert ist."[47]

Zum anderen stellt Taylor – sehr viel deutlicher als Walzer – heraus, dass sich „unsere Stellung in der hier so bezeichneten Ausgangslage der Identitätsbildung verwandelt, während sie uns keineswegs völlig aus ihr herauslöst."[48] Wenngleich wir uns also kaum je völlig von den Ausgangspunkten dieses Prozesses abzulösen vermögen, so sind wir doch in der Lage, diese im Rahmen von Bildungsvorgängen zugunsten einer „späteren, höherstehenden unabhängigeren Haltung"[49] zu überschreiten. Damit ist eine Art Transformationsprozess vorgezeichnet, dessen strukturelle Ähnlichkeiten zu dem Prozess der Konzeptveränderung, bei dem die vorreflexiven Präkonzepte zugunsten reflektiert(er)er Urteile überschritten werden sollen, kaum übersehbar sind. Allerdings wird sich zeigen, dass der von Taylor beschriebene Transformationsprozess sich nicht nur auf einer argumentativen Ebene bewegt, sondern in hohem Maße auch emotionale und habituelle Dispositionen von Personen betreffen muss.

---

[47] *Taylor*, ebd.
[48] *Taylor*, a.a.O. S. 74.
[49] *Taylor*, a.a.O. S. 77.

VI. Ethische Bildung als transformatorischer
Orientierungsprozess

Vor dem Hintergrund dieser Überlegungen Taylors lässt sich ethische Bildung verstehen als Orientierung im moralischen Raum, bei der es wie bei der geographischen Orientierung darum gehen muss, den eigenen Standpunkt zu bestimmen, ihn zu möglichen anderen Standpunkten ins Verhältnis zu setzen und die Möglichkeiten für alternative Positionen auszuloten. So wie wir uns als körperliche Wesen immer schon an einem Platz auf der Welt befinden – unabhängig davon, ob wir dessen Position auf Basis unserer geographisch-topologischen Kenntnisse angemessen zu artikulieren imstande sind – so sind wir als Menschen immer bereits in dem von Taylor sogenannten moralischen Raum positioniert und können dort auch nicht an keiner Stelle stehen oder an mehreren gleichzeitig, können also in der Moral nicht *keine* Position beziehen oder *mehrere*, kurz: Wir können uns in Wertfragen schon deshalb nicht einer Positionierung entziehen, weil wir handelnde Wesen sind. Ethische Bildung kann uns über Irrtümer in diesem Zusammenhang aufklären – und wird damit nicht *Werte schaffen*, sondern Orientierungsarbeit im moralischen Raum leisten. Solche Orientierungsarbeit kann helfen, unser Werten zu erhellen, entsprechende Artikulationsmöglichkeiten zu erweitern und zu differenzieren, Positionierungen zu plausibilisieren, Alternativen abzuwägen und so möglicherweise Positionsänderungen zur Folge haben – oder uns durch umfänglichere Orientiertheit besser verstehen lassen, warum wir da stehen, wo wir stehen.

Taylors Metapher eines moralischen Raumes liefert der ethischen Bildung auch deshalb ein wichtiges Modell für das eigene Selbstverständnis, weil sie ein genaueres Bild zeichnet sowohl von den Beteiligten als auch von Prozess und Ziel ethischer Bildung. Die Formulierung einer Orientierung im Raum erliegt nicht dem „Missverständnis des Selbst als einem punktuellen Selbst"[50], sondern legt mit Blick auf die sich bildenden Personen eine Vorstellung leiblicher Wesen nahe, deren ethisches Leben sich nicht auf die rational-kognitive Seite des Menschen oder Zielvorstellungen wie Autonomieentwicklung verengen lässt, sondern zugrundeliegende Wahrnehmungszusammenhänge und emotionale Bedingungen mitberührt:

---

[50] *Künkler*, Von starken Wertungen, Umwertungen und der Fülle des Lebens, S. 49. Taylor selbst beschreibt dieses Missverständnis folgendermaßen: „Der Akteur der radikalen Wahl hätte im Augenblick der Wahl ex hypothesi keinen Werthorizont. Er wäre völlig ohne Identität. Er wäre eine Art ausdehnungsloser Punkt, ein bloßer Sprung ins Leere." *Ch. Taylor*, Was ist menschliches Handeln?, in: *ders.*: Negative Freiheit. Zur Kritik des neuzeitlichen Individualismus, Frankfurt a.M. 1992, S. 9–51 (hier: 38).

„One example that is very much neglected in our civilisation is the ability to read people emotionally. Some people have this capacity more than others, but you certainly could and should develop it in everybody. This is the ability to see where people are and what really matters to them [...]. [...] I think that this is tremendously important for the ethical and moral life."[51]

So sehr Taylor sprachliche Vorgänge im Zentrum der von ihm fokussierten Identitätsbildung sieht, so sehr ist er sich über die Wechselwirkungen von Sprache und Emotionalität im Klaren und weiß daher auch um die Bedeutung menschlicher Gefühlsvermögen für die menschliche Entwicklung. Dabei misst er Haltungen wie Solidarität und Empathie eine besondere Bedeutung bei. „That is all central for human development: not just for autonomy, but for human development as such"[52] – und das nicht zuletzt deshalb, weil es sich um eben die Art von Haltungen handelt, in denen sich Wertungen manifestieren und deren leiblich-habitueller Charakter nicht weniger konstitutiv ist für die jeweilige Persönlichkeit von Lernenden als ihre sprachlich-rationalen Argumentationsvermögen:

„Unsere Identität ist daher durch bestimmte Wertungen definiert, die untrennbar mit uns als Handelnden verknüpft sind. Würden wir dieser Wertungen beraubt, so wären wir nicht länger wir selbst. Damit meinen wir nicht, daß wir in dem trivialen Sinne anders wären, daß wir andere Eigenschaften hätten als die, die wir jetzt haben – dies wäre tatsächlich nach jeder noch so kleinen Veränderung der Fall –, sondern daß wir in diesem Fall insgesamt die Möglichkeit verlieren würden, ein Handelnder zu sein, der wertet. Unsere Existenz als Personen und damit unsere Fähigkeit, als Personen an bestimmten Wertungen festzuhalten, würde außerhalb des Horizonts dieser wesentlichen Wertungen unmöglich, wir würden als Personen zerbrechen, wären unfähig, Personen im vollen Sinne zu sein."[53]

Hier ließe sich fragen, ob sich dieser Zusammenhang von einem Modell der „Konzeptveränderung"[54] angemessen einfangen lässt – und ob die Weiterentwicklung von Präkonzepten zu Gründen oder Urteilen nicht zu punktuell gedacht ist, um den von Taylor entwickelten und hier nur grob skizzierten Prozess der Identitätsbildung angemessen in den Blick zu bekommen. Die im Modell der Konzeptveränderung angestrebte „begriffliche Transformation [...] der Präkonzepte in Gründe"[55] bewegt sich wesentlich auf der Ebene einzelner Begriffe und Urteile und bleibt damit nicht nur mit Blick auf die

---

[51] *J. Beljan/J. Drerup/Ch. Taylor*, Culture, Identity and Education, in: *N. Balzer/J. Beljan/ J. Drerup*, Charles Taylor, S. 9–37 (hier: 34).
[52] *Beljan/Drerup/Taylor*, a.a.O., S. 32.
[53] *Taylor*, Was ist menschliches Handeln?, S. 37.
[54] *Zimmermann*, Fachliche Klärung und didaktische Rekonstruktion, S. 63.
[55] *Thein*, Präkonzepte und Gründe, S. 161.

emotionale Ebene ethischer Bildung eigenartig blind, sondern scheint auch die Rückkoppelung an die Ebene von Identität und Gesamtpersönlichkeit als die weiteste Bedeutungsebene ethischer Bildungsprozesse nicht in jeder Hinsicht mitzudenken.[56] Demgegenüber legt die bei Taylor entwickelte „Verbindung einer Theorie der Werte mit einer intersubjektivistischen Theorie der Identitätsbildung"[57] nahe, dass ethische Bildung als ein Prozess gedacht werden muss, in dem wir es immer mit dem breiteren Horizont von Identität und Gesamtpersönlichkeit zu tun haben. Ein Modell ethischer Bildung sollte daher über Lernprozesse im Sinne der bloßen Akkumulation oder Reorganisation von Wissen hinausgehen und in der Lage sein, die Rückkopplung zu dieser umfassenderen Ebene der Identitätsbildung mit abzubilden.

Auch Positionen der transformatorischen Pädagogik legen nahe, dass sinnvollerweise überhaupt erst von Bildung zu sprechen wäre, wo nicht nur lernend weiteres Wissen akkumuliert wird, sondern in Lernprozessen höherer Ordnung das eigene Selbst- und Weltverhältnis und damit der Rahmen solchen Lernens *selbst* einer Transformation ausgesetzt ist. Diese Rahmenbedingungen von Lernprozessen umfassen jedoch nicht nur das begrifflich-argumentative Vermögen von Lernenden, sondern auch deren Habitus, der als Wahrnehmungsgefüge deutlich über ein begriffliches Weltverhältnis hinausreicht – womit entsprechende Transformationserlebnisse die Horizontstruktur von Wahrnehmung und Erfahrung im Ganzen betreffen.[58]

Mit diesen auf Koller zurückgehenden Überlegungen befinden wir uns nun auf einer vergleichbaren Fallhöhe wie mit Taylors Anspruch der Identitätsbildung und es ist unlängst sehr überzeugend herausgestellt worden, inwiefern sein Denken eine wichtige Perspektive für die transformatorische Pädagogik bereitstellt. So kann die von Koller und anderen geforderte Transformation mit Taylor als ein Moment begriffen werden,

„in welchem neuartige ethische Werte erstmals in unserem existenziellen Wirk- und Erfahrungsraum entstehen, oder in welchem bisher implizit und inkonsequent angewandte ethische Werte [...] für den Akteur konkret, folgenreich oder bedeutsam werden."[59]

---

[56] Auch die Vorstellung, dass Lernende auf diese Weise ein „reflexives Verhältnis zu ihrem lebensweltlichen Hintergrund, der sich aus Vorwissen und Vormeinungen konstituiert" (*Thein*, ebd.), löst diesen Anspruch ethischer Bildung nicht in vollem Umfang ein, da der bei Koller und anderen formulierte Gedanke einer *Transformation der sich bildenden Person selbst* als Kriterium für Bildungsprozesse die Reichweite von Modellen der Konzeptveränderung klar überschritten wird.

[57] *Joas*, Die Entstehung der Werte, S. 196.

[58] Vgl. *H.-Chr. Koller*, Bildung anders denken. Einführung in die Theorie transformatorischer Bildungsprozesse, Stuttgart 2018, S. 15ff., 23ff., 75f.

[59] *D. Yacek*, Anders werden – besser werden. Alternativen zur transformatorischen Bildungstheorie, in: *N. Balzer/J. Beljan/J. Drerup*, Charles Taylor, S. 81–107 (hier: 99).

Wenn wir Bildung auf diese Weise als einen Transformationsprozess des eigenen Selbst denken, muss die eigene Position im Rahmen ethischer Bildungsprozesse freilich dennoch nicht zwingend *geräumt* werden, damit eine Transformation vorliegt: Wie neue Punkte in der moralischen Landkarte auch ohne Positionsveränderung zusätzliche Orientiertheit schaffen können, kann auch eine erweiterte Begründung der eigenen Position das eigene Selbstverhältnis transformieren. Auch dann, wenn im Ergebnis keine inhaltliche Korrektur der eigenen Position erfolgt, können wir es also mit einem Transformationsprozess in diesem Sinne zu tun haben. Welche Erfahrungen von Wandlung und Wachstum als solche Bildungsprozesse gelten können, ist für Taylor letztlich nur aus der Innenperspektive heraus bestimmbar:

> „I do not think that better and worse can be distinguished simply by referring to criteria. [...] The main way we know that we are moving ahead is *internal to the transition itself* that is undergone."[60]

Taylors Denken kreist damit um einen Transformationsprozess, der in normativer Perspektive weder blind noch affirmativ gedacht wird. Diese normative Offenheit bildet eine wichtige Grundlage dafür, dass der moralische Raum auch als Raum ethischer Bildungsprozesse verstanden werden kann, in dem eine umfassende Auseinandersetzung mit dem eigenen Werten und Urteilen möglich ist, ohne dass das Ergebnis dieses Prozesses vorweggenommen würde: Bei Taylor wird das Selbst zwar notwendig aus seinem Verhältnis zum Guten heraus verstanden – es bleibt aber selbst ein Prozess, bei dem nicht vorgegeben ist, worin dieses Gute zu bestehen hat.

VII. Fazit

Mit Blick auf die Rolle von Werten in der ethischen Bildung lässt sich im Anschluss an die lange Auseinandersetzung mit dem Wertbegriff in Diskussionen vergangener Jahr(zehnt)e feststellen, dass Werte nicht als feststehende Entitäten in einem ontologischen Sinne in Bildungsprozesse eingehen können, sondern als Bedeutungsgehalte, die vor allem in den kulturellen Praktiken sozialer Gemeinschaften und in den Haltungen der diese konstituierenden Personen greifbar sind. Als solche müssen sie – wie mit Walzer verdeutlicht wurde – selbst zunächst in einem Prozess der Interpretation zugänglich gemacht werden. In der Folge ist auch jeder Zusammenhang zwischen Werten und Bildung nicht im Sinne eines Vermittlungs-

---

[60] *Beljan/Drerup/Taylor*, Culture, Identity and Education, S. 23.

oder Transmissionsprozesses zu denken – zum einen, da feststehende objektive Werte, wie man sie für einen solchen Prozess wohl zugrunde legen müsste, in modernen pluralistischen Gesellschaften kaum in der erforderlichen Konsensfähigkeit vorliegen und zum anderen, weil ein solches Verständnis ethischer Bildung als einer *Vermittlung von Werten* der Freiheit und Selbsttätigkeit, die als zentrale Charakteristika von Bildungsprozessen weitestgehend anerkannt werden, diametral widersprechen würde. Gerade in der Philosophie- und Ethikdidaktik herrscht aus diesem Grund ein breiter Konsens zu der Vorstellung, dass dem Philosophieren als einer freien (Selbst-) Tätigkeit der Vorzug gegeben werden sollte gegenüber der Vermittlung feststehender Inhalte, Positionen oder verbindlicher Werte.

Wenn Werte weder in der Ethik noch in Bildungstheorie oder Didaktik als objektive Gegebenheiten zugrunde gelegt werden können, sondern zunächst in einem Interpretationsprozess explizit gemacht werden müssen, dann muss auch der Philosophie- und Ethikunterricht bei den Haltungen und Praxen der Lernenden wie der sie umgebenden kulturellen und historischen Gemeinschaften ansetzen, um vorliegende Werthaltungen zu klären und so die konstitutiven Ausgangspunkte für jegliche Prozesse der ethischen Bildung transparent zu machen. Dieser hermeneutische Prozess betrifft zum einen die eigenen, nicht hinreichend artikulierten Werthaltungen wie auch die Werthaltungen, die sich aus den Praxen anderer Traditionen ergeben können, die das eigene gesellschaftliche Umfeld mitprägen. „Historische Gemeinschaft" ist auch bei Taylor durchaus nicht kulturaffirmativ im Sinne einer kulturell homogenen Gemeinschaft zu verstehen, sondern im Sinne der faktisch vorliegenden Gemeinschaft und ihrer kulturellen Praxen, die durchaus einen hohen Grad an kultureller Diversität aufweisen kann: „The idea is that you educate for a really charitable hermeneutical understanding of differing views, including views that are very different from the ones children may acquire at home."[61]

Philosophiedidaktisch entscheidend ist nun vor allem die Einsicht, dass ethische Bildung niemals von einer normativen *tabula rasa* aus operiert, sondern dass in ihren Adressaten stets bereits die Werthaltungen verkörpert sind, welche sich aus der jeweiligen sozio-kulturellen Situation ergeben – und dass diese Werthaltungen zur Ausgangslage von Prozessen ethischer Bildung gehören, die didaktisch stets mitzureflektieren ist. Diese Überlegung kommt nicht zuletzt in der Intention vieler Autorinnen und Autoren der philosophischen Bildung zum Ausdruck, bei der Reflexion didaktischer Prozesse von Präkonzepten auszugehen und diese als konstitutiven Teil des Urteilsprozesses zu begreifen, als der der Philosophie- und Ethikunterricht insgesamt verstanden wird.

---

[61] *Beljan/Drerup/Taylor*, Culture, Identity and Education, S. 19.

Hier macht nun die Auseinandersetzung mit Taylor klar, dass gerade *ethische* Bildung immer *Identitäts*bildung ist und deshalb von Vorbedingungen ausgeht, die dichter sind als Präkonzepte, weil sie als Werthaltungen weit über die Ebene kognitiver Fähigkeiten hinausreichen und sich in emotionalen und habituellen Vorbedingungen konkretisieren, die in hohem Maße persönlichkeitskonstitutiv sind. Das Programm der Konzeptveränderung scheint daher auf den Zusammenhang von Werten und Bildung nur in begrenztem Maße übertragbar zu sein und in dieser Hinsicht mindestens einer Erweiterung zu bedürfen, um besonders die emotionalen Bedingungen ethischer Bildungsprozesse angemessen thematisieren zu können.

Taylors Begriff des moralischen Raumes verdeutlicht, dass der Begriff der *Orientierung* Prozessen ethischer Bildung insgesamt weit besser gerecht zu werden vermag.[62] Nicht nur werden die Lernenden hier als leibliche Wesen nicht auf ihre kognitiven Fähigkeiten und deren Weiterentwicklung reduziert. Die Reflexion der räumlichen Dimension ethischer Bildungsprozesse erlaubt es auch, sich ein differenziertes Bild von den Bedingungen und Zielen solcher Prozesse zu machen – in denen es doch im Kern darum gehen muss, sich in einem Feld kulturell bedingter Bedeutsamkeiten Überblick zu verschaffen, Klarheit über die eigene Position zu gewinnen sowie Aufklärung zu erhalten über Möglichkeiten der Positionsveränderung und entsprechender Bewegungen im moralischen Raum: „Es geht also nicht nur um die Frage, wo wir uns gerade befinden, sondern auch um die Frage, wohin wir unterwegs sind"[63].

Die Frage, wohin wir unterwegs sind, können wir im Anschluss an die transformatorische Pädagogik als Hinweis auf den Anspruch einer Transformation deuten, die sich mit Bildungsprozessen verbindet. An dieser im Bildungsgeschehen erfahrenen Wandlung wird zudem deutlich, dass sich Bildung nicht nur in einer räumlichen, sondern auch in einer zeitlichen Dimension verstehen lässt, die mit der narrativen Struktur des Lebenszusammenhanges zusammenhängt: „Wir vergewissern uns des Ortes unseres Strebens, indem wir unser Leben als eine Geschichte erzählen."[64] Ausgehend von einer solchen narrativen Form der Selbstinterpretation, wie sie sich auch bei Taylor findet, ergeben sich zahlreiche Perspektiven für Bildungsphilosophie und Philosophiedidaktik.[65]

---

[62] Zum Orientierungsbegriff in der philosophischen Bildung vgl. auch *R. Torkler*, Philosophische Bildung und politische Urteilskraft. Hannah Arendts Kant-Rezeption und ihre didaktische Bedeutung, Freiburg/München 2015, S. 83–152.

[63] *Taylor*, Quellen des Selbst, S. 93.

[64] *Joas*, Die Entstehung der Werte, S. 207.

[65] Vgl. mit Blick auf Taylor: *Yacek*, Anders werden – besser werden, S. 99–104; für die Bildungsphilosophie: Vgl. *Koller*, Bildung anders denken, S. 168–181; für die Philosophiedidaktik: Vgl. *R. Torkler*, Der narrative Ansatz, in: *Peters/Peters*, Moderne Philosophiedidaktik, Hamburg 2021, S. 193–212.

Der immense Wert von Charles Taylors Denken für die Reflexion ethischer Bildung besteht darin, dass er vom Prozess der Wertorientierung ein sehr genaues Bild zeichnet – für die Frage jedoch, wohin wir unterwegs sind, zwar Richtungen aufzeigt, aber keine Vorentscheidung trifft: Ohne Zweifel daran zu haben, dass eine Orientierung an Werten substanziell ist für Prozesse der Identitätsbildung, lässt Taylor offen, wie die sich Bildenden das Gute zu ergreifen haben – und was für sie vor dem Hintergrund ihres eigenen Selbst als bedeutsam und wertvoll zu gelten hat.

Literaturhinweise

Beljan, Jens/Drerup, Johannes/Taylor, Charles: Culture, Identity and Education, in: *Nicole Balzer/Jens Beljan/Johannes Drerup*, Charles Taylor. Perspektiven der Erziehungs- und Bildungsphilosophie, Paderborn 2020, S. 9–37.

Brezinka, Wolfgang: Glaube, Moral und Erziehung, München/Basel 1992.

Fees, Konrad: Werte und Bildung. Wertorientierung im Pluralismus als Problem für Erziehung und Unterricht, Opladen 2000.

Gadamer, Hans-Georg: Hermeneutik I. Wahrheit und Methode. Grundzüge einer philosophischen Hermeneutik (= Gesammelte Werke, Bd. 1), Tübingen 2010.

Gebhardt, Jürgen: Die Werte. Zum Ursprung eines Schlüsselbegriffs der politisch-sozialen Sprache der Gegenwart in der deutschen Philosophie des späten 19. Jahrhunderts, in: *Rupert Hofmann/Jörg Jantzen/Henning Ottmann* (Hg.), Anodos. Festschrift für Helmut Kuhn, Weinheim 1989, S. 35–54.

Henke, Roland: Die Förderung philosophischer Urteilskompetenz durch kognitive Konflikte, in: *Julian Nida-Rümelin/Markus Tiedemann/Irina Spiegel* (Hg.), Handbuch Philosophie und Ethik, Bd. 1: Didaktik und Methodik, Paderborn 2015, S. 86–94.

Hentig, Hartmut von: Ach, die Werte! Über eine Erziehung für das 21. Jahrhundert, München/Wien 2007.

Hügli, Anton: Werterziehung; moralische Erziehung; Moralpädagogik, in: *Joachim Ritter et al.* (Hg.), Historisches Wörterbuch der Philosophie (HWPh), Bd. 12, Basel/Stuttgart 2005, S. 592–609.

Irmler, Frank: Moralische Urteilsbildung wider die Moral- und Werteerziehung, in: *Minkyung Kim et al.* (Hg.), Werte im Ethikunterricht. An den Grenzen der Wertneutralität, Opladen u.a. 2021, S. 231–156.

Joas, Hans: Die Entstehung der Werte, Frankfurt a.M. 1999.

Kim, Minkyung et al. (Hg.): Werte im Ethikunterricht. An den Grenzen der Wertneutralität, Opladen u.a. 2021.

Koller, Hans-Christoph: Bildung anders denken. Einführung in die Theorie transformatorischer Bildungsprozesse, Stuttgart 2018.

Kuhn, Helmut: Werte – eine Urgegebenheit, in: *Hans-Georg Gadamer/Paul Vogler* (Hg.), Neue Anthropologie, Bd. 7, München 1974, S. 343–373.

Künkler, Tobias: Von starken Wertungen, Umwertungen und der Fülle des Lebens. Charles Taylor lesen als Umlernprozess, in: *Nicole Balzer/Jens Beljan/Johannes Drerup*, Charles Taylor. Perspektiven der Erziehungs- und Bildungsphilosophie, Paderborn 2020, S. 41–58.

Matthes, Eva: Werteorientierter Unterricht – aktuelle Konzeptionen, in: *dies.* (Hg.), Werteorientierter Unterricht – eine Herausforderung an die Schulfächer, Donauwörth 2004, S. 12–25.

Schleiermacher, Friedrich Daniel Ernst: Theorie der Erziehung. Die Vorlesungen aus dem Jahre 1826, in: *ders.*, Ausgewählte pädagogische Schriften, Paderborn 1983, S. 36–61.

Schweidler, Walter: Werte im 21. Jahrhundert: Wer bestimmt die Richtung?, in: *ders.* (Hg.), Weltweite Werte? Paradigmen des 21. Jahrhunderts, Bochum 2000.

Schweitzer, Friedrich: Wie wirksam ist Wertebildung in der Schule? Zur Wirksamkeit ethischer Bildung im Fachunterricht, in: *ders./Georg Wagensommer* (Hg.), Wertebildung, Interesse und Religionsunterricht. Ethisch und religiös ausgerichteter Unterricht im Vergleich. Theoretische und empirische Untersuchungen zur Wirksamkeit des BRU, Münster 2018, S. 23–35.

Steenblock, Volker: Kulturphilosophie. Der Mensch im Spiegel seiner Deutungsweisen, München/Freiburg 2018.

Steinherr, Eva: Werte im Unterricht. Empathie, Gerechtigkeit und Toleranz leben, Stuttgart 2017.

Taylor, Charles: Quellen des Selbst. Die Entstehung der neuzeitlichen Identität, Frankfurt a.M. 1996.

Ders.: Was ist menschliches Handeln?, in: *ders.*, Negative Freiheit. Zur Kritik des neuzeitlichen Individualismus, Frankfurt a.M. 1992, S. 9–51.

Thein, Christian: Ethische Bildung im Philosophieunterricht zwischen Urteilsbildung und Wertevermittlung, in: *Minkyung Kim et al.* (Hg.), Werte im Ethikunterricht. An den Grenzen der Wertneutralität, Opladen u.a. 2021, S. 179–194.

Ders.: Präkonzepte und Gründe im lebensweltbezogenen Philosophieunterricht – Zur Relevanz der Gegenwartsphilosophie für die fachdidaktische Grundbildung, in: *René Torkler* (Hg.), Fachlichkeit und Fachdidaktik, Stuttgart 2020, S. 157–171.

Torkler, René: Der lebendige Raum der Didaktik. Philosophiedidaktische Überlegungen im Anschluss an Hannah Arendt, Zeitschrift für Didaktik der Philosophie und Ethik 03 (2015), S. 86–95.

Ders.: Der narrative Ansatz, in: *Jörg Peters/Martina Peters*, Moderne Philosophiedidaktik, Hamburg 2021, S. 193–212.

Ders.: Philosophische Bildung und politische Urteilskraft. Hannah Arendts Kant-Rezeption und ihre didaktische Bedeutung, Freiburg/München 2015.

Wagensommer, Georg: Normen und Werte, in: *ders./Friedrich Schweitzer* (Hg.), Wertebildung, Interesse und Religionsunterricht. Ethisch und religiös ausgerichteter Unterricht im Vergleich. Theoretische und empirische Untersuchungen zur Wirksamkeit des BRU, Münster 2018, S. 57–67.

Walzer, Michael: Kritik und Gemeinsinn. Drei Wege der Gesellschaftskritik, Frankfurt a.M. 1993.

Yacek, Douglas: Anders werden – besser werden. Alternativen zur transformatorischen Bildungstheorie, in: *Nicole Balzer/Jens Beljan/Johannes Drerup*, Charles Taylor. Perspektiven der Erziehungs- und Bildungsphilosophie, Paderborn 2020, S. 81–107.

Zimmermann, Peter: Fachliche Klärung und didaktische Rekonstruktion, in: *ders./ Jonas Pfister* (Hg.), Neues Handbuch des Philosophieunterrichts, Bern 2015, S. 61–78.

Bernhard Dressler

Werten lernen

Zur Förderung von Urteilskraft in Bildungsprozessen

I. Was sind Werte?

1. Konjunktur der Werterhetorik

Die Konjunktur der Forderung nach „Werteerziehung" ist spätestens seit den 1990er Jahren zu beobachten.[1] Es dominierten dabei zunächst Positionen einer eher konservativen Kritik an der seit den 1970er Jahren augenfälligen Dominanz sogenannter „emanzipatorischer" oder „antiautoritärer" Erziehungsmaximen in den Schulen, aber auch in den familialen Erziehungsstilen in mittelständischen Milieus, die sich selbst als kulturell fortschrittlich verstehen.[2] Hinzu kamen zunehmend Motive, die sich als Reaktion auf jene gesellschaftlichen Entwicklungen verstehen lassen, die unter den Stichworten „Pluralisierung" und „Individualisierung"[3] als Verlust sozialer Ligaturen und solidarischer Normen gedeutet wurden. Unter diesen Vorzeichen drängte die Forderung nach Werteerziehung zunehmend auch über konservative Kreise hinaus in die Mitte der pädagogischen Institutionen und Professionsmilieus. Die wachsende Konkurrenz unterschiedlicher Wertorientierungen wurde als Werteverlust, gar als „Werteverfall" gedeutet. In einer pluralisierten Welt gibt es aber nicht zu wenig, sondern gleichsam „zu viel[e]" Werte, d.h. es gibt Werte nur in Form von Wertekonflikten. „Moral

---

[1] Siehe dazu etwa: *B. Dressler*, Werteerziehung? Eine Zumutung an die Schule, in: Loccumer Pelikan 1 (1994), S. 39.

[2] Kritik ist schon früh nicht nur von konservativer Seite zu beobachten. So hat etwa der Erziehungswissenschaftler Thomas Ziehe in kulturhermeneutischer Perspektive bereits früh die kulturellen Verödungen in den Blick genommen, die mit den Prozessen von Subjektivierung und Entformalisierung in der von ihm so genannten „70er-Jahre"-Pädagogik verbunden waren. Vgl. *Th. Ziehe*, Zeitvergleiche. Jugend in kulturellen Modernisierungen, Weinheim/München 1991. Ähnlich (und selbstkritisch) auch: *K. Mollenhauer*, Vergessene Zusammenhänge, Weinheim/München 1983.

[3] *U. Beck*, Risikogesellschaft. Auf dem Weg in eine andere Moderne, Frankfurt a.M. 1986.

nimmt dann polemogene Züge an: sie entsteht aus Konflikten und sie feuert Konflikte an."[4]

Die Konjunktur der Werterhetorik griff bald sukzessive auf nahezu alle Politik- und Kulturbereiche über. Diese Entwicklung ist zu deuten als Reaktion auf wachsende Desintegrationsphänomene unter neoliberalen Vorzeichen, besonders auch auf die unter dem Druck der Globalisierung drängende Notwendigkeit, die Konkurrenzfähigkeit des ,Wirtschaftsstandorts' unter ökonomisch-funktionalistischen Kriterien zu sichern – mittels der Werterhetorik sollen die wachsende soziale Kälte und ökonomische Unsicherheiten kompensiert werden. D.h. die Folgekosten wachsender Weltmarktkonkurrenz werden ideologisch den Individuen zugeschrieben. Das ist umso intrikater, als der Wertbegriff selbst seine ökonomische Herkunft als Bestimmungsgrund des Preises einer Ware gar nicht abstreifen kann. Werden Freiheit und Gleichheit als Werte gehandelt, wird gerade von jenen Defiziten abgelenkt, die sie aus ökonomischen Gründen erleiden.

2. Problematik der Werterhetorik

Was in den immensen gesellschaftlichen Umbrüchen, deren Zeitzeugen wir seit Jahrzehnten sind, verlorengeht, sind ja nicht in erster Linie ,Werte', sondern soziale Bindekräfte und verhaltensstabilisierende Selbstverständlichkeiten. Weniger brechen Sitten, Tugenden, moralische Normen weg, sondern die lebensweltlichen Rückhalte, die die Beschwörung von Sitten, Tugenden und moralischen Normen überflüssig machten, solange ihre Integrationskraft fraglos wirkte. Und wenn Werteerziehung als Kompensation der tiefen Verunsicherungen durch die desintegrierende Kraft von Modernisierungs- und Ökonomisierungsprozessen begründet wird, ist das umso widersprüchlicher, als der von der Ökonomie geforderte flexible Mensch eigentlich gar keine feste Wertorientierung besitzen darf.[5] Die Forderung nach der Wiederherstellung von Werten ist gerade umso wohlfeiler (um nicht zu sagen: verlogener), je mehr sie als Begleitmusik eines rasanten Modernisierungsschubes intoniert wird, in dem alle Lebensverhältnisse verflüssigt werden. Wer in Sonntagsreden Werte beschwört, hat ihnen oft schon im politischen und ökonomischen Alltag zuvor den Boden unter den Füßen weggezogen. Im Zuge einer alle Poren der Gesellschaft durchdringenden Ökonomisierung wird die Sphäre des Tauschhandels immer mehr

---

[4] *N. Luhmann*, Die Gesellschaft der Gesellschaft, Bd. 1, Frankfurt a.M. 1998, S. 404. Dass es Werte nur unter den Bedingungen von „Wertekollisionen" gibt, hat schon Max Weber in seinem berühmten Vortrag über „Wissenschaft als Beruf" von 1922 ausgeführt.

[5] *R. Sennet*, Der flexible Mensch. Die Kultur des neuen Kapitalismus, Berlin 1998.

zum Ersatz für die Frage nach Wahrheit.[6] Das Vordringen der ‚Wertedebatte' ist genau dafür ein Symptom. Interessant ist nicht, was wahr ist, sondern was wirksam, was effektiv, was wertvoll ist. Mit der Werterhetorik verbirgt sich hinter dem Gestus des Bewahrens von Tugenden und kultureller (angeblich: ‚jüdisch-christlicher') Erbschaftssicherung ihr Einklang mit den Kräften und Wirkmechanismen, in deren Interesse moralische Urteile utilitaristisch begründet werden. Es ist in der abendländischen Geistesgeschichte nicht zufällig Nietzsche, der den Werten als Erster vorrangige Bedeutung beimisst: Als von der Frage nach Wahrheit abgekoppelte und interessengeleitete Wertungen, als „Umwertung aller Werthe".[7] In den Werten überwältigt das *Interesse* die Ethik. Indem sich der Blick zugleich „von individuellen zu gesellschaftlichen Werten" wandte, „denen alsbald auch eine besondere Funktion für die soziale Integration zugemessen wurde", erwiesen sich Werte zunehmend als „ein weltliches Surrogat für die religiösen Gewissheiten früherer Tage, die lange verloren sind."[8]

3. Die Unterbestimmtheit und Subjektivität der Werte

Schon die Frage, was Werte eigentlich sind, ist gar nicht klar zu beantworten. ‚Es gibt' ja keine Werte auf die gleiche Weise, wie es Sachverhalte gibt. Werte existieren immer nur als Wertungen, die von Subjekten situationsbedingt vollzogen werden; es sei denn, man nimmt mit Max Scheler einen objektiven Wertekosmos, eine Werteontologie an, was philosophisch kaum noch denkbar, aber auch theologisch – jedenfalls aus Sicht der evangelischen Rechtfertigungstheologie – unhaltbar wäre.[9]

Am ehesten könnte man Werte als Verhaltens- und Geschmackspräferenzen verstehen. Alfred K. Treml sieht Werte aus pädagogischer Sicht als Kommunikationsmedien, als bloße „Strukturierungshilfen von moralischer Kommunikation", statt als psychisch verankerte Handlungsdispositionen.[10] Ähnlich beurteilt Niklas Luhmann Werte als Medien, mit denen eine Gemeinsamkeit zwischen Menschen angenommen oder unterstellt wird, und

---

[6] *E. Jüngel*, Wertlose Wahrheit. Christliche Wahrheitserfahrung im Streit gegen die „Tyrannei der Werte", in: *ders.*, Wertlose Wahrheit. Zur Identität und Relevanz des christlichen Glaubens, Theologische Erörterungen III, München 1990, S. 91.

[7] Ein Beispiel unter vielen: „Unterschätzen wir dies nicht: wir selbst, wir freien Geister, sind bereits eine ‚Umwertung aller Werthe', eine leibhafte Kriegs- und Siegs-Erklärung an alle alten Begriffe von ‚wahr' und ‚unwahr'". (*F. Nietzsche*, Der Antichrist, KSA 6, S. 179).

[8] *U. Volkmann*, Wertedämmerung, in: Merkur 834 (11/2018), S. 7.

[9] Dies ist der zentrale Gedanke bei *Jüngel*, Wertlose Wahrheit.

[10] *A. K. Treml*, Ist Werteerziehung möglich? Möglichkeiten und Grenzen moralischer Bildung in einer pluralistischen Gesellschaft; in: *H.-P. Burmeister/B. Dressler* (Hg.), Werterziehung in der Pluralität? Herausforderungen an Theologie und Pädagogik, in: Loccumer Protokolle 3 (1996), S. 149.

durch die eingeschränkt wird, was gesagt oder gefordert werden kann – ohne dass Werte positiv regeln könnten, was je konkret getan werden soll,
zumal sie „keine Regel für den Fall des Konflikts zwischen Werten" enthalten.[11] Dass Wertorientierungen immer prekär und empirisch kaum zu fassen
sind, zeigt sich auch daran, dass Wertpräferenzen sich nicht als Verhal-
tensprädiktoren eignen.[12]

Unvermeidlich ist der Zirkel des Wertens: „Sind Grundwerte Orientierungen für unser Handeln, weil sie Grundwerte sind, oder sind Grundwerte
Grundwerte, weil sich Menschen an ihnen orientieren?" – schon diese Frage
relativiert die zur Beratung anstehenden Grundwerte *als Grundwerte*, suspendiert aber nicht „die Frage nach der Orientierung menschlichen Handelns".[13] Eher muss man umgekehrt sagen, dass die Rede von Grundwerten
den Dialog über die richtige Orientierung im Handeln zu beenden droht.

In diesem Zusammenhang ist an Immanuel Kants Unterscheidungen zwischen Personen und Sachen und parallel dazu zwischen Würde und Wert[14]
zu erinnern. Sachen haben Wert, aber Personen haben Würde – und zwar
unbedingt und unabhängig von ihren Eigenschaften und Leistungen.[15] Zu
widersprechen ist also den Positionen, die aus dem Prinzip der Würde der
Person einen Wert und aus Grund*rechten* Grund*werte* machen. Die fundamentale Differenz zwischen Grundrecht und Grundwert besteht darin, dass
unsere Grundrechte mit dem Prinzip der Würde der Person vereinbar sein
müssen – und nicht umgekehrt die Würde sich vor Werten zu legitimieren
hat. Pointiert formuliert: „Grundwerte sind verfassungswidrig".[16] Grund-
rechte dagegen ermöglichen, dass mit unterschiedlichen Weltanschauungen
gleiche Handlungsorientierungen verbunden sein können. Im Konfliktfall
ermöglichen sie die Proceduralisierung von Lösungen bei bleibenden Diffe-

---

[11] *Luhmann*, Gesellschaft, S. 341. Und: „Man kann die Tatsache, dass konsensfähige Werte
erst im Wertkonflikt relevant werden, für den dann keine konsensfähige Lösung mehr zur
Verfügung steht, nicht ihrerseits wieder bewerten." (*Luhmann*, a.a.O., S. 403).

[12] Vgl. *R. Münchmeier*, Jugend – Werte – Religion. Über die Lebenslage und die Probleme
alltäglicher Lebensbewältigung von jungen Leuten heute, in: *H. Rupp/Chr. Scheilke/H.
Schmidt* (Hg.), Zukunftsfähige Bildung und Protestantismus, Stuttgart 2002, S. 126, 133. Das
wusste allerdings auch schon der Apostel Paulus: „Das Gute, das ich will, das tue ich nicht;
sondern das Böse, das ich nicht will, das tue ich." (Röm 7, 19).

[13] *D. Benner*, Studien zur Theorie der Erziehung und Bildung, Bd. 2, Weinheim/München
1995, S. 248.

[14] *I. Kant*, Grundlegung zur Metaphysik der Sitten, 2. Abs., III.

[15] Leider ist auch der kirchliche Sprachgebrauch in dieser Hinsicht oft – vorsichtig gesagt –
nachlässig. So heißt es in der Bildungs-Denkschrift der EKD: „Der Mensch gewinnt seine
Würde daraus, wie er seine Erfahrungen, Gefühle, Hoffnungen und Ängste verarbeitet und
auf dem Hintergrund einer konkreten Lebenslage denkt und handelt". (*EKD-Kirchenamt*, Maße des Menschlichen. Evangelische Perspektiven zur Bildung in einer Wissens- und Lerngesellschaft. Eine Denkschrift des Rates der EKD, Gütersloh 2003, S. 215). Mit dieser Formulierung macht der Rat der EKD die menschliche Würde von Eigenschaften und Handlungen
abhängig und spricht ihr damit Unbedingtheit ab.

[16] *Chr. Graf von Krockow*, Ethik und Demokratie (1979); zit. bei *Benner*, Studien, S. 262.

renzen und Wertungskollisionen. Indem in der Politik Werte beschworen werden, statt auf der Geltung von Rechten zu bestehen, wird dem Recht geschadet. Es ist geradezu gefährlich, wenn sich der Staat – und neuerdings sogar der gesamte „Westen" – als „Wertegemeinschaft" versteht.[17] Gesinnungskontrolle droht dann an die Stelle der Forderung nach Rechtsgehorsam zu treten. Als Rechtsgemeinschaft erkennt der liberale Rechtsstaat die Rechte seiner Bürger unabhängig von ihren weltanschaulichen Orientierungen an, solange diese die Gesetze achten. Man muss, um die Gesetze des Staates zu akzeptieren, nicht unbedingt die Werte teilen, aufgrund derer andere Bürger diesen Gesetzen ebenfalls gehorchen.[18]

Es sind, so versteht es Ingolf U. Dalferth, „Ideale", die das Denken orientieren können, aber

„Ideale […] sind keine Werte, die als Resultate oder Kriterien von Bewertungsakten zu Werthierarchien gehören, die ich von Unwerten bis zu höchsten Werten erstrecken. Werte sind Aspekte des Bewertens, keine Gegebenheiten des Lebens auf die man stoßen könnte. Werden sie als Realitäten gesehen, die etwas Allgemeines unterschiedlich exemplifizieren, verliert man das Entscheidende aus dem Blick. […] Werte sind keine Allgemeinbegriffe, die durch Ereignisse exemplifiziert würden. Es ist auch nicht egal, ob man das Gute, Schöne oder Gerechte hier oder dort, in dieser oder jener Konkretion hat. Was für den einen gut ist, ist es deshalb noch lange nicht für den anderen. Jeder Fall muss vielmehr als Einzelfall bewertet werden. […] Werte sind abstrakte Beurteilungsaspekte, Ideale sind die Messlatten, die wir anlegen, um uns in einem bestimmten Bereich oder Gebiet des Lebens zu orientieren."[19]

---

[17] Als „Wertegemeinschaft", wo zuvor nur von „Grundsätzen" die Rede war, bezeichnet sich die EU nicht zufällig im Vertrag von Lissabon (2007) *nach* dem Scheitern des Projekts einer EU-Verfassung. (Vgl. *Volkmann*, Wertedämmerung, S. 9).
[18] So der Tenor der Ausführungen des Rechtsphilosophen *U. Volkmann* (Wertedämmerung). Auch der Staatsrechtler und vormalige Verfassungsrichter Ernst-Wolfgang Böckenförde hat darauf hingewiesen, dass es eine „Werteordnung der Verfassung" im Sinne einer „rational kontrollierbaren Erkenntnis von Werten […] nicht gibt." Nicht einmal ein „rational begründetes Vorzugs- und Abwägesystem für konkurrierende Geltungsansprüche verschiedener, oftmals miteinander kollidierender Werte" sei zu erkennen. „Freiheit, Gleichheit, Gerechtigkeit, Sicherheit, Selbstverwirklichung, Solidarität, Schutz des Lebens werden heutzutage als in der Verfassung enthaltene ‚Werte' nebeneinandergestellt, ohne daß gesagt wird, warum sie ‚Werte' sind und in welchem Rang- und Zuordnungsverhältnis sie und die aus ihnen sich ergebenden rechtspraktischen Folgerungen zueinander stehen." Böckenförde sieht in der Berufung auf die Werte lediglich „eine pluralistische Einigungsformel" für etwas, was „im Hinblick auf die Fundierung der staatlichen und gesellschaftlichen Ordnung einer sinnvermittelnden Begründung bedarf, ohne daß diese Begründung mit dieser Berufung selbst schon gegeben ist." (*E.-W. Böckenförde*, Staat, Gesellschaft, Freiheit. Studien zur Staatstheorie und zum Verfassungsrecht, Frankfurt a.M. 1976, S. 60, 81ff.).
[19] *I. U. Dalferth*, Die Krise der öffentlichen Vernunft. Über Demokratie, Urteilskraft und Gott, Leipzig 2022, S. 211f.

Dass der politische Wertediskurs zunehmend aus dem konservativen Lager
auf das linke und liberale Lager übergreift, mag daran liegen, dass sich dahinter die gleiche hilflose und letztlich, wenn auch unbeabsichtigt: zyni-
sche, weil strukturelle Bedingungen ignorierende, Kapitalismuskritik verbirgt wie hinter der auf Diskursherrschaft drängenden Identitätspolitik, die
ebenfalls strukturelle Probleme durch Sprachregelungen und Gesinnungs-
kontrollen überwinden zu können wähnt.

II. „Werte“ in Erziehungs- und Bildungsprozessen

1. Schulen sind keine Wertevermittlungsagenturen

Bereits aus den genannten Gründen können und sollen die Erziehungs- und
Bildungsinstitutionen nicht als Wertevermittlungsagentur verstanden werden. Es kommen allerdings pädagogische und das Bildungsverständnis betreffende Gründe hinzu. In der gerade umrissenen ideologiekritischen Perspektive kann die vielbeschworene ‚Werteerziehung‘ gar nicht gegen die
Dynamiken ankommen, die hinter dem diagnostizierten ‚Werteverfall‘ auf-
zudecken wären. Die damit verbundenen pädagogischen Ziele sind empirisch irreal, aber sie sind auch normativ problematisch. Wenn von ‚Wertevermittlung‘ die Rede ist, wird ja verkannt, dass Werte keine ‚Substanz‘
besitzen, die man vermitteln könnte. Der Erziehungswissenschaftler Heinz-
Elmar Tenorth äußert sich zur angeblichen Aufgabe der Schule, Werte zu
vermitteln, prononciert:

> „Die Schule ist für mich *nicht* der Ort, an dem Werte primär normativ verinnerlicht […]
> und im Modus der Identifikation gelehrt werden. Sie lehrt nicht primär Werte, sondern sie
> lehrt Möglichkeiten der begründeten und begründenden Bewertung. Sie ist […] nicht der
> Ort, an dem man […] Identitäten stiftet. Und ich füge hinzu: Gott sei Dank – sonst würde
> ich meine Kinder nicht mehr dahin schicken.“[20]

Gründe für eine solche Position liegen, wie schon zu sehen war, im selbst.
Daneben ist eine pädagogisch-*empirische* Grenze zu betonen: Unterrichtli-
che Moralerziehung funktioniert in aller Regel nicht so, wie das in den Plä-
doyers für Wertevermittlung unterstellt wird.[21] Schon in der Lebenserfahrung, aber auch im professionellen pädagogischen Blick zeigt es sich, dass

---

[20] *H.-E. Tenorth*, Welche Orientierung liefern Tests und Standards dem Bildungssystem
(nicht)?, in: *V. Elsenbast/M. Götz-Guerlin/M. Otte* (Hg.), wissen – werten – handeln. Welches
Orientierungswissen braucht die Bildung? Berlin 2005, S. 42.
[21] Vgl. hierzu grundsätzlich: *E.-M. Kenngott*, Perspektivenübernahme. Zwischen Moralphilosophie und Moralpädagogik, Wiesbaden 2012.

moralische Dispositionen und Präferenzen nicht durch Belehrung, sondern durch Erfahrungen in sozialen Handlungszusammenhängen entstehen. Wenn die Schule etwas zur – um einmal bei diesem Begriff zu bleiben – Werteorientierung der Kinder und Jugendlichen beiträgt, dann vor allem im informellen Schulleben auf dem Schulhof, oder eben auch – hoffentlich – mittels einer entsprechend gestalteten Schulkultur. Nur insofern auch Unterrichtsstile zur Schulkultur gehören, ist der Unterricht hier in den Blick zu nehmen. Tolerant z.B. wird man nicht wegen moralischer Appelle oder unterrichtlicher Einsichten, sondern aufgrund von Erfahrungen mit Toleranz – v.a. wegen erfahrener Anerkennung, die es Menschen möglich macht, eigene Gewissheit (also gerade nicht Indifferenz) oder andere „Einstellungen"[22] mit dem Respekt vor anderen Gewissheiten oder Einstellungen zu verbinden. Schulen können die sozialmoralischen Desintegrationserscheinungen, die außerhalb der Schule erlebt werden, nur unvollständig kompensieren und allenfalls abfedern, weil sie generell als *Sozialisations*agenturen zu schwach sind. Vor allem: In pädagogischer Hinsicht ist als eine *ethische* Grenze die Achtung der Freiheit der Kinder und Jugendlichen nicht nur zu beachten, sondern normativ geltend zu machen: Bildung hat, mit Blick auf die pädagogische Paradoxie von Freiheit und Zwang[23], so weit wie möglich die Freiheit der Kinder und Jugendlichen zu achten. Selbstverständlich können Menschen gezwungen werden, eine Handlung auszuführen, aber nicht, deren Vollzug auch zu *wollen*. In der erziehungswissenschaftlichen Literatur schlägt das Problem immer wieder durch: „Kinder müssen lernen, die Normen nicht nur zu kennen, sondern auch befolgen zu wollen."[24] Erziehender Unterricht kann und darf aber niemanden nötigen, etwas zu wollen; nicht einmal wir selbst können uns ja dazu entscheiden, etwas, was wir tun wollen, auch gerne zu tun – dass wir etwas gerne tun, liegt gleichsam außerhalb unserer Willensfreiheit.[25] Die Lehrbarkeit von Moral (im Unter-

---

[22] Der in diesem Zusammenhang oft gebrauchte Begriff der „Einstellungen" fördert eine bezeichnende Konnotation: Nur Maschinen stellt man ein, und zwar um eindeutige Reaktionen durch eindeutige Impulse zu erzeugen. Anders als Maschinen gehen Menschen nicht darin auf, für etwas gut zu sein.

[23] „Wie kultiviere ich die Freiheit bei dem Zwange?" lautet die Grundfrage der Erziehung bei Immanuel Kant: *Ders.*, Ausgewählte Schriften zur Pädagogik und ihrer Begründung. Besorgt von Hans-Hermann Groothoff, 2. Aufl., Paderborn 1982, S. 20.

[24] *G. Nunner-Winkler*, Zur moralischen Sozialisation; in: *H. Huber* (Hg.), Sittliche Bildung. Ethik in Erziehung und Unterricht, Asendorf 1993, S. 105. Schon Jean-Jaques Rousseau sieht in seinem Erziehungsroman „Emile" das Ziel einer moralischen Erziehung erst dann als erreicht an, wenn der Zögling nicht nur das tut, was der Lehrer will, sondern wenn er das auch wollen will: „Zweifellos darf es (das Kind) tun, was es will, aber es darf nur das wollen, von dem ihr wünscht, dass es das tut." (*J.-J. Rousseau*, Emile oder Über die Erziehung, Stuttgart 1963, S. 265). Die berühmt-berüchtigte Frage im Kindergarten: „Müssen wir heute wieder tun, was wir wollen?" ist die Kehrseite dieser Paradoxie.

[25] Das ist ein geradezu moderner Grundgedanke in Martin Luthers Schrift „Von der Freiheit eines Christenmenschen".

schied zu ethischer Urteilsfähigkeit) ist also weder operationalisierbar noch
wünschbar, weil das bildende Selbstverhältnis der Lernenden zu ihren
Lerngegenständen der Bedingung unterliegt, keine besondere Werte- oder
Haltungserziehung abzuspalten. Moralerziehung liefe sonst darauf hinaus,
mit pädagogischen Begründungen jene Optionen wieder auszuschalten, die
im Bildungsprozess freizugeben sind.

2. Unterscheidung zwischen Bildung und Werteerziehung

Die hier nur kurz angedeuteten pädagogischen Zirkel und Paradoxien können nur durch die Unterscheidung zwischen Bildung und Werteerziehung
umgangen oder entschärft werden.[26] In Bildungsprozessen sollen Heranwachsende zum Gebrauch ihrer Freiheit bei der Gestaltung ihrer Hand-
lungsmöglichkeiten befähigt werden. Darum dürfen bestimmte Optionen,
wenn es Alternativen gibt, nicht als unerwünscht gelten. Man kann *Wissen*
über moralische Regeln und Maximen vermitteln, aber man kann dieses
Wissen nicht intentional (also im Sinne eines vorsätzlichen Erziehungs-
ziels) zugleich als einen Willen anstreben. Urteilsfähigkeit wird nicht aner-
zogen, sondern kann nur in solchen Bildungsprozessen wachsen, in denen
die Lernenden den ihnen von den Lehrenden gebotenen Inhalten und Überzeugungen auch widersprechen können. Das schließt natürlich nicht aus,
dass *gelehrte* Regeln und Werthaltungen auch *gelernt* und angeeignet werden. Dies aber geschieht nicht so, dass man durch bestimmte Maßnahmen
mit gewisser Wahrscheinlichkeit auch bestimmte Resultate erzielen könnte,
sondern (pointiert gesagt) *zufällig*. Erziehungsprozesse sind eigensinnig
und unplanbar. Es ist gottlob nicht möglich, die Lebensgeschichte, aber
auch nicht den Charakter eines Kindes auf der Grundlage von Beobachtungen über seine Erziehung zu prognostizieren. Bildung ist keine Garantie für
moralische Güte – sie kann es nicht sein, und sie soll es auch um den Preis
der Freiheit willen nicht sein.

Bildungstheoretisch ist in diesem Zusammenhang von einem Grundge-
danken Hannah Arendts zu lernen. Sie hat mit dem Begriff der „Natalität",
des Geborenseins, die Möglichkeit von Neuanfängen stark betont. Eben
deshalb sieht sie genau da, wo Erwachsene das pädagogische Handeln mit –
vermeintlich noch so menschenfreundlichen – Zukunftsprojekten verbinden, einen Übergriff auf die Personwürde von Kindern. Pädagogik gelinge,
so Hannah Arendt, im intergenerationellen Verhältnis nur dann, wenn die

---

[26] Bildung und Erziehung sind freilich nur analytisch zu unterscheiden, empirisch hingegen
nicht zu trennen. So wie man zwischen Menschen nicht nicht kommunizieren kann, kann man
im Unterricht nicht nicht erziehen. Für das pädagogische Handlungsethos freilich ist die analytische Unterscheidung essentiell.

Erwachsenengeneration für ihre Welt eintrete und deren Verstehen im Modus der Weltzuwendung ermögliche. Gegenüber den Kindern als den „Fremdlingen" in der Welt haben die Erwachsenen „Verantwortung für Welt, in die sie sie hineingezeugt und hineingeboren haben", zu übernehmen. „Unsere Hoffnung hängt immer an dem Neuen, das jede Generation bringt; aber gerade weil wir nur hierauf unsere Hoffnung setzen können, verderben wir alles, wenn wir versuchen, das Neue so in die Hand zu bekommen, dass wir, die Alten, bestimmen können, wie es aussehen wird. Gerade um des Neuen und Revolutionären willen in jedem Kinde muss die Erziehung konservativ sein."[27] Die Erwachsenen sollen also mit Autorität die Geltungsansprüche der Welt, in der wir leben, vertreten, bevor sie sie der Kritik unterziehen. Nachwachsende dürfen – um der Offenheit der Zukunft willen – nicht als Mittel für Projekte der Weltveränderung beansprucht werden – und sei es auch ‚nur' unter der verräterischen sozialtechnologischen Zielsetzung der „Prävention", deren Gelingen niemals evaluiert sein kann, mit der aber „die Jugend" mit der Unterstellung „potentieller Devianz" (so schon der Soziologie-Altmeister Durkheim[28]) zur Risikogruppe erklärt wird.

3. Die Ideologieanfälligkeit der Bildungspolitik

Die Verwechselung der allgemeinbildenden Schule mit einer Dienstleistungsagentur für den Arbeitsmarkt und einer Erziehungsanstalt für korrekte Gesinnungen ist offenbar im bildungspolitischen Handeln aller Parteien verbreitet. Dass z.B. eine überwunden geglaubte autoritär-affirmative Pädagogik gerade bei denen wieder auflebt, die ‚Emanzipation' und ‚Kritikfähigkeit' besonders laut im Munde führen, zeigt nur die notorische Ideologieanfälligkeit der Bildungspolitik. Neben der Aufgabe, Kulturtechniken zu vermitteln, sollte die Schule in einer demokratischen Gesellschaft doch vor allem die nachwachsenden Generationen befähigen, urteilsfähig am kulturellen Gesamtleben der Gesellschaft (zu dem dann das Erwerbsleben auch gehört) teilnehmen zu können. Das in der schulpädagogischen Theorie derzeit dominante, die Verbindung von Wissen und Können anstrebende Konzept der Kompetenzorientierung spricht nicht dagegen. Es wird jedoch immer dann übergriffig, wenn es auf ‚Einstellungen' und ‚Haltungen' durchgreifen will und meint, Mentalitäten – statt individueller Urteilskraft –

---

[27] *H. Arendt*, Zwischen Vergangenheit und Zukunft. Übungen im politischen Denken, München 1994, S. 165, 273.
[28] Vgl. *R. Ortmann*, Abweichendes Verhalten und Anomie – Entwicklung und Veränderung abweichenden Verhaltens im Kontext der Anomietheorien von Durkheim und Merton, Freiburg 2000.

operativ erzeugen zu können.[29] Nach aller Erfahrung gelingt das gottlob
eher selten. Der regelmäßige Kollateralschaden einer solchen Pädagogik ist
aber nicht nur die Beeinträchtigung des Autonomiebewusstseins der Heranwachsenden, sondern damit verbunden auch der Verlust an politischer
und kultureller Partizipationsbereitschaft.

Moralische Dispositionen und Präferenzen entstehen in sozialen Handlungszusammenhängen und hängen an den darin gemachten Erfahrungen.
Nur durch Bildung zur Religion (also im Kontext einer bestimmten Welt-
und Selbstdeutung) oder durch Bildung zur ethischen Urteilsfähigkeit kann
auch sozial erwünschtes Handeln in den Blick geraten – aber im Sinne freier, und nur deshalb auch stabiler Selbstorientierung. Emotionen, Haltungen,
Einstellungen, die im Zuge des Bildungsprozesses entstehen, stehen weder
den Pädagogen noch den Bildungspolitikern zur Disposition – und zwar de
facto, weil das pädagogische Handeln hier auf eine Grenze seiner Operatio-
nalisierbarkeit stößt, aber auch aus Gründen der Würde der zu Erziehenden.

III. „Werte" in der Religionspädagogik[30]

1. Religionsunterricht ist kein Werteunterricht

Unter dem Vorzeichen der Wertevermittlung ließe sich Religionsunterricht
nur schwer gegen die zuweilen zu hörenden Forderungen nach Ethik-
Unterricht als obligatorischer Staatserziehung behaupten.[31] Der Ruf nach
Werteerziehung gefährdet nicht nur den Religionsunterricht, sondern fördert die bereits weit fortgeschrittene Sozialpädagogisierung der Schule als
gesellschaftlichem Reparaturbetrieb für anderswo entstandene Schäden. Es
handelt sich dabei um ein ideologisches Kompensationsprogramm, das
schon deshalb, weil es die Schadensquellen nicht stopfen kann, die Schule
zwar in Atem halten, aber niemals zu einem guten Ende führen kann. Dieses Programm ist entweder hypertroph (zwei wöchentliche Unterrichtsstun-

---

[29] Einschlägig hierfür ist der Bildungsplan der baden-württembergischen rot-grünen Koali-
tion von 2014. Vgl. *H. Schmoll*, Der Gesinnungslehrplan; in: Frankfurter Allgemeine Zeitung
vom 24.01.2014.

[30] Im folgenden Textabschnitt greife ich auf Passagen aus Kap. 4.2.2 meines Buches „Religionsunterricht. Bildungstheoretische Grundlegungen" (Leipzig 2018) zurück, ohne sie jeweils als Selbstzitate auszuweisen. *Pädagogisch* argumentiert in der Sache ganz ähnlich,
wenn auch ohne Verzicht auf den problematischen „Wert"-Begriff: *H. Joas*, Wertevermittlung in einer fragmentierten Gesellschaft, in: *N. Killius/J. Kluge/L. Reisch* (Hg.), Die Zukunft
der Bildung, Frankfurt a.M. 2002, S. 58.

[31] In Berlin (hier gilt der Art. 7 Abs. 3 GG nicht) ist der Ethik-Unterricht für alle obligatorisch. Gleiches gilt im Grundsatz für das Fach LER (Lebensgestaltung/Ethik/Religionskunde)
in Brandenburg. Einem der Berliner Protagonisten wird das Bekenntnis in Richtung der Kirchen zugeschrieben: „Was Werte sind, bestimmen jetzt wir."

den sollen moralerzieherisch gegen die Wucht aller anderswo gemachten Lebenserfahrung aufkommen) oder zynisch (die als Werteverfall diagnostizierten Folgen von Modernisierungs- und Ökonomisierungsprozessen werden in die Verantwortung überforderter Individuen abgeschoben). Wo Religion dafür in Anspruch genommen wird, bewirkt sie ihre eigene Selbstauflösung. Ein werteerzieherisch missverstandener Religionsunterricht endet in einem postulatorischen Moralismus, dessen kulturkritische Klage indessen nichts bewirkt, schon gar nicht den Aufbau frommer Gegenwelten. Hinsichtlich dessen, was aber zu ändern ist, nämlich im Blick auf das Selbst- und Weltverständnis von Menschen, die ihr Leben inmitten der Wertekollisionen moderner Gesellschaften zu führen haben, bleibt ein solcher Unterricht wirkungslos.

2. Staatlicher Ethikunterricht als staatlich verordneter Werteunterricht?

Das gilt nicht nur für den Religionsunterricht, sondern auch für die in den verschiedenen Bundesländern unter unterschiedlichen Bezeichnungen eingeführten Ersatz- oder Alternativfächer (‚Ethik‘, ‚Werte und Normen‘). Eingeführt wurde der Ethikunterricht (um bei der häufigsten Bezeichnung zu bleiben) als Äquivalent zum Religionsunterricht für diejenigen Schüler, die das Recht auf Nichtteilnahme (Art. 7 Abs. 2 Grundgesetz) in Anspruch nehmen. Nicht nur deshalb, aber auch deshalb darf auch der Ethikunterricht keine staatliche Werteerziehung sein. Nicht nur, weil dies den Schulen grundsätzlich nicht zusteht, sondern weil er sonst gerade kein Äquivalent zum Religionsunterricht wäre. Er hätte vielmehr eigentlich in seinem Schwerpunkt, nicht nur am Rande, religiöser Bildung zu dienen. Selbstverständlich ist ein schulisches Äquivalent zum Religionsunterricht auf eine religionskundliche Gestaltung verpflichtet, die keiner Religion, aber auch keinem Säkularismus, normativ verpflichtet ist. Ob allerdings Neutralität im Blick auf Religion überhaupt möglich ist, bzw. ob Neutralität nicht auch eine an eine bestimmte Wissenschaftsperspektive gebundene Positionalität bedeutet, bleibt umstritten. Der Religionsunterricht hätte demgegenüber den Vorteil, dass er seine Positionalität transparent macht. Schon deshalb wäre es falsch, ein ethisch orientierendes Schulfach obligatorisch zu machen und den Religionsunterricht zu einem Zusatzangebot. Die Fähigkeit, andere Überzeugungen zu achten, verlangt persönliche, von eigener Überzeugung getragene Stärke, nicht Gleichgültigkeit. In dieser Hinsicht Wertneutralität zu postulieren, ist entweder naiv – oder es bemäntelt die eigene positionelle Erziehungsabsicht. Diese Erziehungsabsicht wäre als staatliches Ziel ein illiberaler Übergriff, im Zweifelsfall auch ein Verstoß gegen die in Art. 4 GG gesicherte Integrität religiöser Überzeugungen und gegen die Religionsfrei-

heit. Die für das Ersatzfach zumeist üblichen unglücklichen Begriffe
(‚Ethik' oder ‚Werte und Normen' statt ‚Praktische Philosophie') lassen im
Übrigen den Schluss zu, dass sie genau jenem fatalen Missverständnis geschuldet sind, wonach der Religionsunterricht kirchlich-konfessionell mit-
bestimmte Wertevermittlung sei.

3. Religion als Quelle ethischer Orientierung

Nun ist die Rede von ‚Wertebildung' oder ‚Wertevermittlung' im religions-
pädagogischen Diskurs nicht gerade selten. Zwar ist die bisweilen be-
obachtbare Gleichsetzung von religiöser Bildung und ‚Wertebildung' einem
Autor wie Friedrich Schweitzer, in diesem Zusammenhang die wohl ge-
wichtigste Stimme, nicht anzulasten. Wohl aber steht er in meiner Sicht
exemplarisch für eine problematische Verundeutlichung des Verhältnisses
von Ethik und Religion im Blick auf den schulischen Religionsunterricht,
bei der die – ja völlig unbestreitbare – moralische Orientierungskraft von
Religion in einer Zweck-Mittel-Relation operationalisiert und damit letztlich instrumentalisiert wird.[32] Schweitzer geht davon aus, dass sich „die gesellschaftlichen Erwartungen an die Religionspädagogik vor allem auf deren Beitrag zur Werteerziehung (richten)".[33] Der Kritik an diesen Erwartungen stimme er „gern zu. […] Soweit sich die Religionspädagogik aber nicht
aktiv selbst überflüssig machen will, wird sie kaum vermeiden können, eine
Beteiligung an der gesellschaftlichen Aufgabe ethischer Bildung und Erziehung zu bejahen".[34] Noch schärfer: „Eine religionspädagogische Selbstposi-
tionierung durch ausdrücklichen Verzicht auf jeden moralpädagogischen
Anspruch […] wäre m.E. suizidal hinsichtlich der öffentlichen Relevanz
von Religionspädagogik."[35] Auch ohne Klarheit darüber, was unter einem
„Verzicht auf jeden moralpädagogischen Anspruch" zu verstehen ist, wird
hier mit Rücksicht auf öffentliche Erwartungen die Verundeutlichung des
Propriums religiöser Bildung in Kauf genommen. Der Versuch einer nähe-
ren Klärung des Verhältnisses von Religion und Ethik zeigt das deutlich:
Religionspädagogik ziele auf eine „Form der religiösen Kommunikation,
die zugleich wertebildend ist."[36] Zur Erläuterung wird aus einer EKD-
Verlautbarung zitiert:

---

[32] Vgl. *F. Schweitzer*, Religiöse Bildung ohne Ethik?, in: Jahrbuch der Religionspädagogik
31 (2015) („Ethisches Lernen"), S. 31, 22.
[33] *F. Schweitzer*, Die religionspädagogische Großwetterlage: Diskurse, Bezüge, Forschungsrichtungen, in: *Th. Schlag/Th. Klie/R. Kunz* (Hg.), Ästhetik und Ethik. Die öffentliche
Bedeutung der Praktischen Theologie, Zürich 2007, S. 34.
[34] *Schweitzer*, a.a.O., S. 35.
[35] *Schweitzer*, a.a.O., S. 36.
[36] *Schweitzer*, a.a.O., S. 37.

„Manchmal wird religiöse Bildung bloß als eine Form der Werteerziehung angesehen. Aus evangelischer Sicht geht jedoch mit dem Bezug auf Gott die Wahrheitsfrage allen Werten voraus. Der Glaube beruht nicht auf Werten, sondern umgekehrt folgen Werte aus dem Glauben. Werte lassen sich auch ohne Bezug auf Religion begründen. Ebenso richtig bleibt aber, dass Religion in Geschichte und Gegenwart zu den wichtigsten Quellen der ethischen und normativen Orientierung zu zählen ist."[37]

Fraglos gehört Religion zu den Quellen ethischer Orientierung. Und in der Tat beruht der Glaube nicht auf Werten. Aber es folgen eben nicht umgekehrt „Werte aus dem Glauben". Anstelle dieser ethischen Abstraktion soll der christliche Glaube moralisches *Handeln* motivieren. In der berühmten Formulierung Martin Luthers: „Gute fromme Werke machen nimmermehr einen guten frommen Mann, sondern ein guter frommer Mann macht gute fromme Werke." Die Erfahrung, von und vor Gott gerechtfertigt, also als Person ohne Anrechnung von Eigenschaften oder Taten anerkannt zu sein, soll die Quelle eines veränderten Selbstbildes, und dann auch eines nicht mehr nur der eigenen Selbstbehauptung dienenden Handelns sein. Es ist ein Missverständnis des lutherischen Rechtfertigungsverständnisses, im religiösen Glauben an einen gnädigen Gott ein Mittel zu sehen, um gute Werke zu fördern, von Werten einmal ganz abgesehen.

Die Verlautbarungen der EKD sind kaum geeignet, das in ‚aufgeklärten' Kreisen verbreitete Missverständnis zurückzuweisen, die christliche Religion als eine Doktrin auf der Grundlage vorwissenschaftlicher Sachverhaltsbehauptungen zu verstehen, und zugleich als ein (ebenfalls zumeist veraltetes) System moralischer Regeln. Oft geht die Verwechselung von Religion und Ethik auch mit der Erwartung einher, Wissenschaften, Recht, Ethik und Moral ließen sich ohne religiöses Fundament nicht hinreichend begründen. Mit der Erwartung lassen sich indes

„weder Säkularisierungsprozesse aufhalten noch die Entzauberung der Welt umkehren – womit freilich nicht gesagt sein soll, die Religionen verlören in solchen Prozessen ihre genuine Funktion und Bedeutung. Das Gegenteil ist der Fall. Die Inanspruchnahme der Religion[en] als Garant[en] sozialer Ordnungen unterschätzt deren wirkliche Leistung und verdirbt diese zugleich."[38]

Nicht die Zuschreibung moralischer Orientierungskraft, sondern die Instrumentalisierung für moralische Zwecke wird der christlichen Religion nicht gerecht. Religion dient nicht der Durchsetzung von Moral, sondern

---

[37] *Rat der EKD*, Religionsunterricht. 10 Thesen des Rates der EKD, Hannover 2006, S. 3.
[38] *M. Moxter*, Vernunft und Religion im Zeitalter knapper Ressourcen. Zur Aktualität theologischer Wissenschaft; in: Zeitschrift für Theologie und Kirche 4 (2014), S. 411.

eröffnet eine Möglichkeit, mit den Ambivalenzen und Differenzen des Lebens zu leben. Und sie motiviert aus der im Gottvertrauen erfahrenen Anerkennung zu moralischem Handeln. Dass insofern auch der Religionsunterricht einen Beitrag zu moralischer Orientierung leistet, ist ebenso unbestreitbar, wie es unzulässig ist, ihn dadurch in erster Linie charakterisiert zu sehen.

Dass ethisches Lernen jenseits aller Zweckkalküle stattfindet, ist gerade dadurch zu fördern, dass es nicht moralpädagogisch operationalisiert wird. Und es ist in pädagogischer Hinsicht ratsam, eine Ethik nicht dogmatisch zu deduzieren, sondern mit dem in der Gottesbeziehung gründenden Selbstverhältnis zu verbinden. Darin kann sich der Kern eines christlichen Erziehungsverständnisses zeigen: Anerkennung und Liebe kommen uns und unserem Handeln immer schon zuvor. Es ist nicht unser, uns womöglich gegenüber anderen Menschen noch besonders heraushebendes Vermögen, das uns zu moralischem Handeln befähigt. Mit Blick auf Kinder wird evident, dass ohne liebevolle Zuwendung Liebesfähigkeit nicht wachsen kann. Es kennzeichnet diese Evidenz, dass sie nicht in ein einfaches Verhaltenskalkül im Sinne eines Kausalschemas übersetzbar ist. Es ist Gottes liebevoller Blick, mit dem er sich zu seiner Kreatur hinabbeugt, der uns Menschen als seine Kreaturen wiederum zu dem aufmerksamen Blick der Anteilnahme befähigen kann, wie ihn der barmherzige Samariter auf die Welt richtet. Als eine Kultur der Gestaltung der Gottesbeziehung schließt Religion nicht ‚Werte‘, sondern ein Ethos aufmerksamer Weltwahrnehmung und Weltzuwendung ein.

Ohne die hier erörterten Unterscheidungen würde die zu Recht oft beklagte Unterbestimmtheit der Themen des Religionsunterrichts nicht überwunden werden können, und damit nicht nur die Depotenzierung und das oft beklagte Nachhaltigkeitsdefizit seiner Bildungswirkung verstärkt werden, sondern es würde sich die ebenso oft beklagte Langeweile themenunspezifischer ‚Diskussionen‘ über ‚Sinnfragen‘ und moralische Themen fortsetzen – das berühmt-berüchtigte Laberfachsyndrom. In der Geschichte der Religionspädagogik ist ja der ‚Trend‘ notorisch, „sich aus dem Religionssystem zu verabschieden bzw. zumindest andere Systemreferenzen zuzulassen." Vor allem auch unter der Programmfloskel der „Wertefächer" gibt es „massive Versuche [...], den Religionsunterricht statt über das Religionssystem über das Ethik-/Moralsystem zu codieren"[39], womit nicht nur Schule und Religionsunterricht überfordert, sondern Religion und Moral trivialisiert werden – wenn etwa die biblische Schöpfungsüberlieferung, wie es

---

[39] *G. Büttner/V.-J. Dieterich*, Religion als Unterricht. Ein Kompendium, Göttingen 2004, S. 115.

leider immer noch vorkommt, vornehmlich auf Verhaltensregeln zur Natur-
bewahrung befragt wird.

4. Religionsunterricht als Inanspruchnahme
positiver Religionsfreiheit

Seinen ersten Zweck hat der Religionsunterricht an öffentlichen Schulen
eines religiös und weltanschaulich neutralen Staates in der Befähigung der
Heranwachsenden zur urteilsfähigen Inanspruchnahme eines Grundrechts
dieses Staates: dem Recht auf positive Religionsfreiheit. Die christliche Religion kann nur in ihrem Ineinander von Vorstellungsgehalten und Voll-
zugsformen angemessen verstanden werden. Der Religionsunterricht hat
deshalb auf die Erschließung religiöser Kommunikationsformen und -regeln
zu zielen. Seine moralische Engführung beschädigt geradezu sein Proprium:
Über Religion (urteilsfähig) reden zu lernen und (sachangemessen) religiös
kommunizieren zu lernen. Wenn für das Christentum Werte beansprucht
werden, handelt es sich im Übrigen zumeist um moralische Regeln, um
Einstellungen etc., die auch von Menschen geteilt werden können, die keine
Christen sind. Anders hätte es auch wenig Sinn, in öffentlichen Deklaratio-
nen Werte zu vertreten. Das Proprium der christlichen Religion – eine
Weltdeutung im Licht einer vertrauensvollen Gottesbeziehung – lässt sich
damit aber gerade nicht erschließen.

Literaturhinweise

Arendt, Hannah: Zwischen Vergangenheit und Zukunft. Übungen im politischen
Denken, München 1994.
Beck, Ulrich: Risikogesellschaft. Auf dem Weg in eine andere Moderne, Frankfurt
a.M. 1986.
Benner, Dietrich: Studien zur Theorie der Erziehung und Bildung, Bd. 2, Weinheim/
München 1995.
Böckenförde, Ernst-Wolfgang: Staat, Gesellschaft, Freiheit. Studien zur Staatstheo-
rie und zum Verfassungsrecht, Frankfurt a.M. 1976.
Büttner, Gerhard/Dieterich, Veit-Jakobus: Religion als Unterricht. Ein Kompendi-
um, Göttingen 2004.
Dalferth, Ingolf U.: Die Krise der öffentlichen Vernunft. Über Demokratie, Urteils-
kraft und Gott, Leipzig 2022.
Dressler, Bernhard: Werteerziehung? Eine Zumutung an die Schule, in: Loccumer
Pelikan 1 (1994), S. 39–42.

EKD-Kirchenamt: Maße des Menschlichen. Evangelische Perspektiven zur Bildung in einer Wissens- und Lerngesellschaft. Eine Denkschrift des Rates der EKD, Gütersloh 2003.

Dass.: Rat der EKD, Religionsunterricht. 10 Thesen des Rates der EKD, Hannover 2006.

Joas, Hans: Wertevermittlung in einer fragmentierten Gesellschaft; in: *Nelson Killius/Jürgen Kluge/Linda Reisch,* (Hg.), Die Zukunft der Bildung, Frankfurt a.M. 2002, S. 58–77.

Jüngel, Eberhard: Wertlose Wahrheit. Christliche Wahrheitserfahrung im Streit gegen die „Tyrannei der Werte", in: *ders.,* Wertlose Wahrheit. Zur Identität und Relevanz des christlichen Glaubens; Theologische Erörterungen III, München 1990, S. 91–109.

Kant, Immanuel: Ausgewählte Schriften zur Pädagogik und ihrer Begründung. Besorgt von *Hans-Hermann Groothoff,* 2. Aufl., Paderborn 1982.

Kenngott, Eva-Maria: Perspektivenübernahme. Zwischen Moralphilosophie und Moralpädagogik, Wiesbaden 2012.

Luhmann, Niklas: Die Gesellschaft der Gesellschaft, Bd. 1, Frankfurt a.M. 1998.

Mollenhauer, Klaus: Vergessene Zusammenhänge, Weinheim/München 1983.

Moxter, Michael: Vernunft und Religion im Zeitalter knapper Ressourcen. Zur Aktualität theologischer Wissenschaft, in: Zeitschrift für Theologie und Kirche 4 (2014), S. 416–463.

Münchmeier, Richard: Jugend – Werte – Religion. Über die Lebenslage und die Probleme alltäglicher Lebensbewältigung von jungen Leuten heute, in: *Hartmut Rupp/Christoph Scheilke/Heinz Schmidt* (Hg.), Zukunftsfähige Bildung und Protestantismus, Stuttgart 2002, S. 125–139.

Nietzsche, Friedrich: Sämtliche Werke, Kritische Studienausgabe in 15 Bänden (KSA), Bd. 6, 11. Aufl., München 2014.

Nunner-Winkler, Gertrud: Zur moralischen Sozialisation; in: *Herbert Huber* (Hg.), Sittliche Bildung. Ethik in Erziehung und Unterricht, Asendorf 1993, S. 105–127.

Ortmann, Rüdiger: Abweichendes Verhalten und Anomie – Entwicklung und Veränderung abweichenden Verhaltens im Kontext der Anomietheorien von Durkheim und Merton, Freiburg 2000.

Rousseau, Jean-Jacques: Emile oder Über die Erziehung, Stuttgart 1963.

Schmoll, Heike: Der Gesinnungslehrplan; in: Frankfurter Allgemeine Zeitung vom 24.01.2014.

Schweitzer, Friedrich: Die religionspädagogische Großwetterlage: Diskurse, Bezüge, Forschungsrichtungen, in: *Thomas Schlag/Thomas Klie/Ralph Kunz* (Hg.), Ästhetik und Ethik. Die öffentliche Bedeutung der Praktischen Theologie, Zürich 2007, S. 25–39.

Ders.: Religiöse Bildung ohne Ethik?, in: Jahrbuch der Religionspädagogik (JRP) 31 (2015) („Ethisches Lernen"), S. 13–23.

Sennet, Richard: Der flexible Mensch. Die Kultur des neuen Kapitalismus, Berlin 1998.

Tenorth, Heinz-Elmar: Welche Orientierung liefern Tests und Standards dem Bildungssystem (nicht)?, in: *Volker Elsenbast/Marcus Götz-Guerlin/Matthias Otte* (Hg.), wissen – werten – handeln. Welches Orientierungswissen braucht die Bildung?, Berlin 2005, S. 41–50.

Treml, Alfred K.: Ist Werteerziehung möglich? Möglichkeiten und Grenzen moralischer Bildung in einer pluralistischen Gesellschaft, in: *Hans-Peter Burmeister/ Bernhard Dressler* (Hg.), Werterziehung in der Pluralität? Herausforderungen an Theologie und Pädagogik, in: Loccumer Protokolle 3 (1996), S. 139–156.

Volkmann, Uwe: Wertedämmerung, in: Merkur 834 (11/2018), S. 5–17.

Ziehe, Thomas: Zeitvergleiche. Jugend in kulturellen Modernisierungen, Weinheim/ München 1991.

Die Autoren

Ino Augsberg
  ist seit 2013 Inhaber des Lehrstuhls für Rechtsphilosophie und Öffentliches Recht an der Christian-Albrechts-Universität zu Kiel.

Dennis Dietz
  ist evangelischer Theologe und Mitarbeiter im interdisziplinären Forschungs- und Transfercluster „Wertevermittlung und Neutralität" an der Heidelberg School of Education, dem gemeinsamen Lehrerbildungszentrum der Universität und der Pädagogischen Hochschule Heidelberg.

Bernhard Dressler
  ist Professor für Praktische Theologie (i.R.) mit dem Schwerpunkt Religionspädagogik am Fachbereich Evangelische Theologie der Philipps-Universität Marburg. Dort auch von 2008–2009 Geschäftsführender Direktor des Zentrums für Lehrerbildung.

Hans Hofmann
  ist Jurist und war (zuletzt als Abteilungsleiter) bei der Bundesregierung (Bundeskanzleramt, Bundesinnenministerium, Justizministerium), im Deutschen Bundestag und bei der EU-Kommission tätig; er lehrt als Honorarprofessor an der Humboldt-Universität, leitet den Advisory Council der Hertie School und ist in der internationalen und politischen Rechtsberatung tätig.

Moritz von Kalckreuth
  ist wissenschaftlicher Mitarbeiter im Fach Philosophie an der Bergischen Universität Wuppertal. Er ist zugleich assoziierter Postdoc-Fellow am Max-Weber-Kolleg in Erfurt.

Stephan Kirste
  ist Universitätsprofessor für Rechts- und Sozialphilosophie an der Rechts- und Wirtschaftswissenschaftlichen Fakultät der Paris-Lodron-Universität Salzburg und dort Leiter des Fachbereichs Völker-, Europarecht und Grundlagen des Rechts, Professor Colaborador (außerordentlicher Professor) an der (Pontifícia Universidade Católica do Rio Grande do Sul – PUCRS) und

Mitglied des Universitätsrats der deutschsprachigen Andrássy Universität Budapest.

Paula Kirsten
ist Juristin und Wissenschaftliche Mitarbeiterin an der Universitätsprofessur für Öffentliches Recht und das Recht der digitalen Gesellschaft (Prof. Dr. Margrit Seckelmann) an der Leibniz Universität Hannover.

Christof Mandry
ist Professor für Moraltheologie und Sozialethik am Fachbereich Katholische Theologie der Johann Wolfgang Goethe-Universität Frankfurt am Main.

Ursula Münch
ist Politikwissenschaftlerin an der Universität der Bundeswehr München (beurlaubt) und Direktorin der Akademie für Politische Bildung in Tutzing, einer überparteilichen und überkonfessionellen Anstalt des öffentlichen Rechts.

Christian Polke †
war evangelischer Theologe und von 2016–2023 Inhaber des Lehrstuhls für Ethik im Rahmen der Systematischen Theologie an der Theologischen Fakultät der Georg-August-Universität Göttingen.

Magnus Schlette
ist Referent für Philosophie und Leiter des Arbeitsbereichs „Theologie und Naturwissenschaft" an der Forschungsstätte der Evangelischen Studiengemeinschaft e.V. (FEST) sowie außerplanmäßiger Professor für Philosophie an der Universität Heidelberg.

Margrit Seckelmann
ist Juristin und Historikerin sowie Inhaberin der Universitätsprofessur für Öffentliches Recht und das Recht der digitalen Gesellschaft an der Leibniz Universität Hannover.

Dorothea Steffen
ist Historikerin und Projektmitarbeiterin an der Universitätsprofessur für Öffentliches Recht und das Recht der digitalen Gesellschaft (Prof. Dr. Margrit Seckelmann) an der Leibniz Universität Hannover.

René Torkler
ist Inhaber des Lehrstuhls für Philosophie und ihre Didaktik an der Christian-Albrechts-Universität zu Kiel.

A. Katarina Weilert
    ist promovierte und habilitierte Juristin und arbeitet als wissenschaftliche
    Referentin an der Forschungsstätte der Evangelischen Studiengemeinschaft
    e.V. (FEST) sowie als Privatdozentin an der Juristischen Fakultät der Rup-
    recht-Karls-Universität Heidelberg.

Personenregister

Die kursiv gesetzten Seitenzahlen verweisen auf Fußnoten.

Sachregister

Die kursiv gesetzten Seitenzahlen verweisen auf Fußnoten.

Religion und Aufklärung

herausgegeben von der
Forschungsstätte
der Evangelischen Studiengemeinschaft
Heidelberg

„Religion" und „Aufklärung" sind voraussetzungsreiche Kategorien, die für das Verständnis von Dynamiken der Modernisierung unabdingbar sind. Sie stehen historisch wie systematisch in einer spannungsvollen Verbindung, die sich mit einfachen Schemata wie „irrationale Religion" oder „antireligiöse Aufklärung" nicht erfassen lässt. Vielmehr weisen sie auf ein komplexes Netz an Themen und Bezügen, das es zu erschließen gilt – in der begrifflichen Grundlagenreflexion wie in der multiperspektivischen Beschreibung von konkreten Problemlagen. Die Reihe *Religion und Aufklärung* bündelt Untersuchungen, die dazu im Kontext der Forschungsstätte der Evangelischen Studiengemeinschaft in Heidelberg in interdisziplinärer Zusammenarbeit durchgeführt werden.

ISSN: 1436-2600
Zitiervorschlag: RuA

Alle lieferbaren Bände finden Sie unter *www.mohrsiebeck.com/rua*

Mohr Siebeck
www.mohrsiebeck.com